教育部人文社会科学重点研究基地
中国政法大学法律史学研究院 主办

中华法系

第十五卷

主　编：顾　元
执行主编：陈　煜
编　委：朱　勇　张中秋
　　　　陈新宇　刘晓林
　　　　刘昕杰　李　栋

北京

图书在版编目（CIP）数据

中华法系. 第十五卷 / 顾元主编. -- 北京：法律出版社，2025. -- ISBN 978 - 7 - 5244 - 0457 - 6

Ⅰ. D909.2

中国国家版本馆 CIP 数据核字第 2025EL4636 号

中华法系（第十五卷）	顾　元　主编	责任编辑　孙东育　曲　杰
ZHONGHUA FAXI(DI-SHIWU JUAN)		装帧设计　李　瞻

出版发行	法律出版社	开本	A5
编辑统筹	学术·对外出版分社	印张 16　字数 414 千	
责任校对	晁明慧	版本	2025 年 6 月第 1 版
责任印制	胡晓雅　宋万春	印次	2025 年 6 月第 1 次印刷
经　　销	新华书店	印刷	北京建宏印刷有限公司

地址：北京市丰台区莲花池西里 7 号（100073）
网址：www.lawpress.com.cn
投稿邮箱：info@ lawpress.com.cn
举报盗版邮箱：jbwq@ lawpress.com.cn
版权所有·侵权必究

销售电话：010 - 83938349
客服电话：010 - 83938350
咨询电话：010 - 63939796

书号：ISBN 978 - 7 - 5244 - 0457 - 6　　　　定价：78.00 元

凡购买本社图书，如有印装错误，我社负责退换。电话：010 - 83938349

目 录

学术研究

张中秋:中华法系道德传统与创新性发展论纲 …………………（3）
王宏治:略论汉唐之际经学与法学的关系 …………………（9）
王若时:清代章程简说 …………………………………………（52）
黄宇昕:天人合一的亲证——释"吾十有五……从心所欲不逾矩"
　………………………………………………………………（66）
包晓悦:论唐代官府文案行判模式及其形态 ……………………（88）
闫强乐:因革损益:六部体制的历史传统 ………………………（110）
梁　健:"大经大法":中华法系的一个经典命题 ………………（125）
王　进:多元司法:明清时期非正式诉讼制度兴起的法律社会史
　考察 …………………………………………………………（154）
张雪娇:试析《理藩院则例》之发冢例——从一个侧面看嘉庆朝
　发冢罪的变化 ………………………………………………（179）
李亚琦:我国刑事责任年龄制度弹性化之提倡——清律"老小
　废疾收赎"条的现代启示 …………………………………（194）
杨　潇:表达与实践的疏离——南京国民政府时期文官考试
　法规收效甚微的原因探析 …………………………………（209）
张玉苏:中国古代人与非人的辩证关系 …………………………（231）
黄　巍:试释秦汉简牍中的"篡遂纵之/囚"和"蘳火" …………（246）

学术聚焦
吴官政:国际法传入对晚清领海主权意识的塑造 ……………（261）
郝　斌:宋代以来中国国家治理的基本理念、源流与法治路径
　…………………………………………………………（282）

法治人物
杨　晋:"求实":宋理宗法治理论的核心理念 ……………（307）
卢晓航:变法视野下的沈家本:沈家本与修订法律馆 ………（322）

学术新人
翟文豪:略论清代的查旗御史 …………………………………（345）
刘正良:明代内阁制度的"职责不副"之弊 …………………（370）
赵　曤:偶然的正义——《苏三起解》所见明代司法的程序问题
　…………………………………………………………（385）
陶鹏飞:北魏班禄酬廉考论 ……………………………………（404）

学术动态
[希腊]叶西乌-法尔齐著　顾　元译:古代雅典的公开审判
　——基本原则与当代意义 ……………………………（437）
[德]卡尔·克罗施尔著　王银宏译:中世纪宪法史与法律史
　研究 ……………………………………………………（470）
教育部文科重点研究基地·中国政法大学法律史学研究院
《中华法系》约稿启事(修订版) ……………………（507）

学术研究

【编者按】 本卷《中华法系》"学术研究"专栏部分载有十三篇研究论文,内容涵盖了中国法律制度史、思想史以及比较法律史。我们理解中华法系,就应该从一个"全域性"的角度来考察,这样远近高低,才能一窥全豹。本卷学术研究栏目,就有这样的倾向。

中华法系道德传统与创新性发展论纲

张中秋[*]

【摘要】 中华法系之所以能够在世界上独树一帜,是因为有其卓越的哲学和理论底蕴。中华法系在世界法系当中,是最注重道德的,所以可从广义上将该传统称为"道德传统","道德主义"也由此成为中华法系的内在义理。这种义理在当代,在一定的条件下,可以进行创新性的发展,从而焕发生命力。

【关键词】 中华法系;道德主义;创新性发展

一

大家知道,中华法系是公认的世界五大法系之一,拥有丰富深厚悠久的传统,可以说是中华文明的典型代表,蕴含着许多跨时空的思想和历史文化资源,所以,作为教育部基地的中国政法大学法律史学研究院,在设计"十四五"规划时,努力从学科出发融入现实,将"中华法系传统与创新性发展研究"作为规划项目。在这个项目的主攻方向下,笔者代表课题组申请了"中华法系道德传统与创新发展研究"的课题。课题组选择申请这个课题,一是考虑到它符合项目主攻方向并能与其衔接。二是考虑到法律史和比较法研究都表明,凡法系都有传统,其中有关思想、理论和文化的传统是它重要的

---

[*] 作者系中国政法大学法律史学研究院教授。

组成部分。对此,中华法系亦不例外。譬如,在法的思想方面,中华法系有以思想家为代表的传统和以统治者为代表的传统;在法的理论方面,中华法系前有先秦儒家的礼乐政刑论、道家的效法自然说、法家的刑期无期重刑轻罪说等,后有汉代董仲舒的天人感应说、魏晋名教的法理说、唐代的德主刑辅论,以及宋元明清的理学法律观等;在法的文化方面,中华法系有以中原王朝为代表的汉族文化传统和周边少数民族以及由少数民族入主中原后建立王朝所代表的少数民族文化传统,等等。总体来看,有关中华法系思想、理论和文化方面的传统,大多分别已经得到了相当的研究和揭示,但那种能够贯通思想、理论和文化的根本传统,还没有得到应有的重视和足够的研究。那么,什么是中华法系在思想、理论和文化方面的根本传统呢?笔者认为,道德传统可谓是中华法系的根本传统,亦即道德传统是中华法系在思想、理论和文化方面一以贯之的传统。为什么说道德传统是一以贯之的传统,这主要是因为道德传统是原理性的,所以它能够覆盖和贯通思想、理论和文化,从而成为中华法系在思想、理论和文化方面最根本最深刻的共同传统。因此,笔者今天来研究这个传统及其可能的创新性发展,不仅具有重要的学术价值,而且还有切实的实际意义。为抛砖引玉,笔者提出这份粗疏的论纲,目的是希望得到大家的关注和指教,为下一步的研究提供帮助和指明方向。

二

在对论纲作说明之前,有几点要先作交代,一是论纲中的中华法系是指作为其母法的中国传统法,这种以母法作为法系的代表在比较法和法系研究中是可行的。二是作为中华法系传统的道德传统,实际上不仅具有根本性,还有弥散性的特点,这意味着中华法系在整体上,包括其思想、制度和实践等,都存在和渗透着道德传统,但本论纲中只专注讨论思想领域的道德传统,其制度和实践领域的道德传统不在讨论范围,部分已由项目的其他课题承担;另外,这里的思想领域是指包括理论和文化的大思想范畴。三是这里对论纲的说明是概要性的,未作详细的论证,详细的论证还有待以后的研究。

论纲一是对中华法系道德传统的证明。这包括中华法系与道德,中华法系道德传统的内涵,以及中华法系道德传统的表征。笔者认为中华法系与道德关系深厚,如果说中华法系是体,那么道德就是其魂;中华法系道德传统的内涵是,道德支配和指引着法律的存在与发展;它广泛表现和存在于法系的各个方面,特别是其思想、理论和文化方面最根本最深刻的传统。二是中华法系道德传统的历程。这包括中华法系道德传统的开端,中华法系道德传统的发展,以及中华法系道德传统的完善。依据我们的观察和研究,中华法系道德传统的历程与中国社会的转型密切相关,中国社会已经历和正在经历的社会转型有三次,它们分别发生在殷周之际、春秋战国和晚清以来,其中在唐宋之间还经历了一次准转型的社会变动。伴随着中国社会的转型和准转型,中华法系道德传统先后经历了开端、发展与完善以及在近代以来的变化。三是中华法系道德传统的特征。我们沿着形象→结构→机制→本质的思路,层层递进地审视中华法系道德传统的特征,认为这些特征是有机一体、两元主从、辩证发展和道德人文。这些特征是中华法系内生、固有和特有的,它们相互之间存在互动、联动和贯通的辩证逻辑关系,其中道德人文是根本。四是中华法系道德传统的核心。这包括中华法系道德传统的核心是正义观,中华法系道德传统的正义观是动态的合理正义观,以及动态的合理正义观的基本内涵和原则及其理论结构。笔者认为中华法系道德传统的核心是正义观,其内涵是适宜、恰当、正当、应当、公平、合理之类,以及在当时与此相通的纲常礼教;其原则是等者同等、不等者不等、等与不等辩证变动的有机统一,其等与不等、变与不变的正当性都在于合理,所以可以称为动态的合理正义观。这种动态的合理正义观的理论结构由简到全依次递进可以分为三类,第一类是依义制律,第二类是依仁→理/义/礼→制律,第三类是依天地→阴阳→道德→仁义→德礼→制律;通过这个结构可以看到,中华法系动态的合理正义观的法理和哲理,其法理是植根于仁、义、礼之中的合理,其哲理是体现在天理/天道中的自然法则,亦即一阴一阳之道,实即德生道成的道德原理。这种正义观的价值蕴含与追求,从法哲学上说,分而言之是求真、求善、求和,总而言之是真、善、美的有机统一;从法理和立法、司法层面上说,是天理、国法、人情或者说情、理、法的统一。五是中华法系道德传统的精神。这包括中华法系道德传统的精神是道德人文,中华法系道德人文精神的表征,以及中华法系道德人文精神的哲学。笔者认为中华法系道德传统的精神的是道德人文,亦即在人为称首的思想指导下,以仁义为内核的重生与讲礼的对立统一。道德人文精神的表征是三纲五常在法律上的贯彻和实施,因为三纲五常是中华法系道德传统的纲要和精神所系。中华法系道德人文精神的哲学是从天之像到天之道的有机宇宙观,亦即从自然现象到自然法则再到哲学和社会原理以至政教原理的贯通。六是中华法系道德传统的原理。这包括中华法系道德传统的原理是道德原理,中华法系道德原理的表征,以及中华法系道德原理的价值。中华法系道德传统的原理可以称为道德原理;道德原理可以从价值与理念、原则与规范、感觉与态度三个层面表证;道德原理在对人与法和社会这三方面都有积极的意义。七是对中华法系道德传统的比较。这包括中华法系道德传统与西方法自由传统的结构和特征比较,中华法系道德传统与西方法自由传统的原理和哲学比较,以及中华法系道德传统与西方法自由传统的历史命运和价值比较。笔者认为,通过对中华法系的代表《唐律疏议》与古代西方法的代表《法学阶梯》的比较分析,可以揭示出中华法系的道德传统与罗马法的自由传统;这两种传统的原理和哲学分别是有机的自然观和无机的自然观;这两种传统对中华法系与罗马法的结构、特征和价值都产生了深远影响,其中道德传统立足全体、效法自然、追求和谐,赋予了中华法系责任—权利的结构、道德的精神和人类全体以及人类与自然共生共荣的价值目标;自由传统立足个体、依据理性、追求正义,赋予了罗马法权利—义务的结构、自由的精神和人类独立与进步的价值目标。这两种传统的价值既有永恒性又有互补性,因为人是个体的但人类是群体的,所以道德与自由都是人类所必需的。八是中华法系道德传统与创新性发展。这包括中华法系道德传统对人的意义,中华法系道德传统对法的意义,以及中华法系道德传统对社会的意义。笔者认为,中华法系道德传统追求与保护有德的人,这意味着中华法系道德传统所蕴含的人文价值在今天有创新性发展的必要和可能;同时,中华法系道德传统还追求与保护合理的法,这意味着中华法系道德传统所蕴含的法治价值在今天亦有创新性发展的必要和可能;最后,中华法系道德传统全力追求与保护和谐的社会,这意味着中华法系道德传统所蕴含的善治价值在今天仍有创新性发展的必要和可能。

三

从上述说明中可以看到,这个论纲内含某种逻辑上的体系,而其意图则是通过对中华法系道德传统的内涵、历程、特征、核心、精神、原理等内容进行系统的考察,并通过与西方法自由传统的比较,以期达到深度揭示和整体呈现中华法系道德传统的目标,并进而在此基础上,从中华民族伟大复兴出发,结合当下中国式现代化的法治理论与实践,努力寻找中华法系道德传统与今天的联系以及在当下创新性发展的必要与可能。

作为课题来说,这个论纲中的重点和难点,首先是如何准确把握其内涵和外延,亦即如何把对课题的讨论集中到中华法系的"道德传统"和"创新性发展"上来,明确主旨是对中华法系道德传统与创新性发展的揭示和分析,而不是对中华法系与道德及其价值的一般性研究。其次是中华法系道德传统的各项内容是如何形成与发展的,是如何从思想理论文化转化为传统的,又是如何渗透和支配中华法系存在与发展的。最后是在对中华法系道德传统的比较与创新性发展中,怎样做到科学与价值的统一,对此,我们初步的设想是,从中国文化的主体性出发,结合当下中国法治建设与中华民族伟大复兴,同时参照现代和西方多重视野,秉持科学理性与人文价值的统一,就问题进行合理、审慎的比较与评估。

总体来说,如何做好这项研究,全在于如何深度揭示和整体呈现中华法系道德传统及其创新性发展的可能与方面。为此,笔者要认真征求大家的意见,在此笔者先提一个核心观点以便向大家请教。笔者认为中华法系道德传统的核心是动态的合理正义观,动态的合理正义观是中华法系的公平正义观,其内涵为道德、仁义、情理以及这三者的贯通,其原则是等者同等、不等者不等、等与不等辩证变动的有机统一,其哲学是贯通天、地、人、法的阴阳—道德文化原理,其终极价值是使人成为有德的人、法成为合理的法、社会成为和谐的社会,因此,在当下中国法治建设和中华民族伟大复兴中,它具有人文、法治和善治三个方面创新性发展的必要与可能。

略论汉唐之际经学与法学的关系

王宏治*

【摘要】 中国传统法学和经学之间存在很大的关联性,法学在很长的时间之内一直沦为经学法附庸。但是自汉代开始引经决狱之后,传统法学开始走上独立之路,之后经过魏晋南北朝的据经注律,到隋唐的纳经入律,传统法学作为一门独立的学问,由此摆脱了经学的附庸地位。

【关键词】 汉唐之际;经学;法学

一、汉代的引经决狱

中华法系最鲜明的特点就是"礼法结合"。早在周秦之时,礼本身就具有了法的属性,荀子说:"礼者,法之大分,类之纲纪也。"[1] 汉代经学家通过论经解律,得以引经决狱,将礼治引入司法审判领域,首先在司法实践中践行礼法结合。中国古代的"法学",脱胎于经学。汉武帝时始设"五经博士",以儒学经典作为官学,从表面看,似乎与法学毫无关系。

经字,据《说文解字》:"经,织也,从丝,至声。"段玉裁注曰:"织之从丝谓之经,必先有经而后有纬,是故三纲、五常、六艺谓之天地

---

* 作者系中国政法大学法律史学研究院教授。
〔1〕《荀子·劝学篇》。

之常经。"经原指织布时的经线,后被引申为代表儒家思想的纲常与儒家经典。儒家的礼制,也被称为经,而反映儒家思想的书自然也就成为"经典"。正如晋国的叔向所说:"礼,王之大经也。一动而失二礼,无大经矣。言以考典,典以志经,忘经而多言举典,将焉用之?"孔颖达在此疏曰:"言以至用之,《正义》曰:人之出言,所以成典法也,典法所以记礼经也。"〔1〕从"经"的角度讲,礼与法都以经为其源。

中国古代以经学为代表的精神被后来的儒家学者概括为尊尊、亲亲的伦理原则。《孝经》引孔子曰:"五刑之属三千,而罪莫大于不孝。"〔2〕相传夏、商两代都以"不孝罪"入律。周朝更将尊尊、亲亲的伦理观与礼治结合,使之成为"经国家,定社稷,序民人,利后嗣者也"〔3〕。春秋、战国时期,诸子百家,学说各异,但对"六经"的态度及伦理观出入并不大。

> 今异家者各推所长,穷知究虑,以明其指,虽有蔽短,合其要归,亦《六经》之支与流裔。使其人遭明王圣主,得其所折中,皆股肱之材已。仲尼有言:"礼失而求诸野。"方今去圣久远,道术缺废,无所更索,彼九家者,不犹愈于野乎? 若能修六艺之术。而观此九家之言,舍短取长,则可以通万方之略矣。〔4〕

中华民族始终将伦理哲学作为自身的处世之道,非独儒家谨守此道。秦国奉行法家之说,后人即以为秦将传统全部推翻。但在

---

〔1〕《春秋左传正义》昭公十五年。转引自《十三经注疏》,中华书局影印本1980年版,第2078页。
〔2〕《孝经注疏》卷六《五刑章》,载《十三经注疏》(下),中华书局影印本1980年版,第2556页。
〔3〕《左传·隐公十一年》
〔4〕《汉书》卷三〇,《艺文志》。

《睡虎地秦墓竹简》中,却反映出秦对"不孝"罪的制裁,也是超乎寻常的。

免老告人以为不孝,谒杀,当三环之不?不当环,亟执勿失。[1]

告子　爰书:某里士五(伍)甲告曰:"甲亲子同里士五(伍)丙不孝,谒杀,敢告。"即令令史己往执。令史己爰书:与牢隶臣某执丙,得某室。丞某讯丙,辞曰:"甲亲子,诚不孝甲所,毋(无)它坐罪。"[2]

家长可以通过举报要求官府处决自家犯有不孝罪的儿子,有人举报"不孝"罪,官府必须立即抓捕。在《为吏之道》中也可看到《礼记》的内容,说明秦仍遵循着三代以来的经义精神。所以陈寅恪先生说:"秦之法制实儒家一派学说所附系。《中庸》之'车同轨,书同文,行同伦。'(即太史公所谓'至始皇乃能并冠带之伦'之'伦'。)为儒家理想之制度,而于秦始皇之身,而得以实现之也。"[3]

儒家以"六经"为其学说的基本经典。所谓"六经"是指孔子删述的《诗》《书》《礼》《乐》《易》《春秋》六部经典著作。中国历史上最早的学问除巫术外,从本质上说,应该说是史学,可以说史学是中国诸学之本。中国古代的所有学问几乎都渊源于史官文化,儒、道、墨、法、名、阴阳、纵横等诸学皆源于史官文化,儒学仅为史官文化的一部分,其中最重要的经学,即产生于史学,其基本内容是历史,其中法律又占据重要位置。法学既直接兴生于史学,又与史学同源,

---

[1]　《睡虎地秦墓竹简·法律答问》,文物出版社1978年版,第195页。
[2]　《睡虎地秦墓竹简·封诊式》,文物出版社1978年版,第263页。
[3]　陈寅恪:《金明馆丛稿二编》之《冯友兰中国哲学史下册审查报告》,上海古籍出版社1980年版,第251页。

汉代以后又繁荣、发展为律学,当然也不可或缺地受到经学的影响。实际上,在先秦时期,六经并非儒家一家之经,道、法、名、墨、阴阳、纵横诸家,无不将此视为经典。章学诚在其《文史通义》中曾就史学的角度说,"六经皆史";我们不妨从法学的角度说"六经皆法",除去已不存在的《乐经》外,实际上只有五经。它们从不同角度记述了先民的历史,同时也反映了中国古代的文化的原典精神。汉儒将史籍尊为经典,朝廷立于学官,创立经学,从此史学、文学等都成为经学的附庸,法学自不能例外。五经自然成为中华法文化的原典。著名经学史家皮锡瑞称:

> 惟前汉今文学能兼义理、训诂之长。武、宣之间(公元前140～前49年),经学大昌,家数未分,纯正不杂,故其学极精而有用。以《禹贡》治河,以《洪范》察变,以《春秋》决狱,以三百五篇当谏书,治一经得一经之益也。[1]

汉武帝独尊儒术,以五经取士,公孙弘因学《春秋》对策合上意,拜为博士,后受到重用,从内史、御史大夫直到宰相。《汉书·儒林传序》说:"公孙弘以治《春秋》为丞相封侯,天下学士靡然向风矣。"公孙弘的榜样作用带动了一股学经的社会风潮。张汤本是刀笔吏出身,在当时社会风气的影响下,也以附会经义作为断案决狱的准绳。史载:

> 是时,上方响文学,(张)汤决大狱,欲附古义,乃请博士弟子治《尚书》《春秋》,补廷尉史,平亭疑法。奏谳疑,必奏先为上分别其原,上所是,受而著谳法廷尉挈令,扬主之明。[2]

---

[1] 皮锡瑞:《经学历史》,中华书局1959年版,第90页。
[2] 《汉书》卷五九,《张汤传》。

武帝与宣帝之时,用人多以"通经"为标准,如兒宽,以治《尚书》,补廷尉文学卒史,"时张汤为廷尉,廷尉府尽用文史法律之吏","以宽为奏谳掾,以古法义决疑狱"[1]。后见武帝与谈经学,解读《尚书》受到赏识,得以提拔。朱买臣因严助推荐受到武帝召见,"说《春秋》,言楚辞,上甚说之",得到重用,"迁左内史"[2]。吾丘寿王,从董仲舒受《春秋》,迁侍中中郎[3]。主父偃,原学纵横术,"晚乃学《易》《春秋》百家之言"。上书阙下,得召见,"所言九事,其八事为律令"[4]。

元帝时,朱云"年四十,乃变节从博士白子友受《易》,又事前将军萧望之受《论语》,皆能传其业"[5]。梅福,"少学长安,明《尚书》《穀梁春秋》,为郡文学,补南昌尉"[6]。隽不疑"治《春秋》,为郡文学",后官拜青州刺史,以《春秋》治卫太子狱闻名天下[7]。于定国父为县狱史,定国学法于父,父死袭职。但宣帝时朝廷重通经之士,"定国乃迎师学《春秋》,身执经,北面备弟子礼。为人谦恭,尤重经术士",后迁御史,又为丞相[8]。王吉自幼学明经,"兼通五经,能为驺氏《春秋》,以《诗》《论语》教授,好梁丘贺说《易》,令子骏受焉"[9]。贡禹"以明经洁行著闻,征为博士"[10]。韦贤"为人质朴少欲,笃志于学,兼通《礼》《尚书》,以《诗》教授,号称邹鲁大儒。征为博士,给事中,进授昭帝《诗》"。其子"复以明经历位至丞相,故邹鲁

---

[1]《汉书》卷五八,《兒宽传》。
[2]《汉书》卷六四上,《朱买臣传》。
[3]《汉书》卷六四上,《吾丘寿王传》。
[4]《汉书》卷六四上,《主父偃传》
[5]《汉书》卷六七,《朱云传》。
[6]《汉书》卷六七,《梅福传》。
[7]《汉书》卷七一,《隽不疑传》。
[8]《汉书》卷七一,《于定国传》。
[9]《汉书》卷七二,《王吉传》。
[10]《汉书》卷七二,《贡禹传》。

谚曰：'遗子黄金满籝，不如一经。'"[1]。魏相"明《易经》，有师法，好观汉故事及便宜章奏"[2]。丙吉"本起狱法小吏，后学《诗》《礼》，皆通大义。及居相位，上宽大，好礼让"[3]。这类实例，不胜枚举。反之，薛宣"以明习文法诏补御史中丞"，先后历任诸郡太守，以执法公正闻名，在其他官员的推荐下，虽为御史大夫、丞相，但因"经术又浅，上亦轻焉"[4]。

汉时选官，除明经科外，还设有明律令一科，"选廷尉正、监、平案章，取明律令"[5]。自武帝以来，将通经史与选拔官员密切结合，推动了经学的发展；又将经学理论与执政理念结合，使经学成为立法的指导思想；汉儒又用经义决断疑狱，经学与法律融为一体，直接引导司法审判，引经入律成为必然之势，为律学的发展奠定了基础。

二、魏晋南北朝的据经注律

魏晋南北朝是经学向法学转化的关键时期，体现在"律学"的成熟，并脱离经学成为独立的学科。

汉承秦制，但在武帝时独尊儒术，将"五经"入学官，从此经学成为儒家的专学，五经的原典精神也就成为儒家的理论。董仲舒所倡导的"经义决狱"，使五经的理念与法律结合。所谓"经义决狱"，并不仅限于《春秋》一经，《春秋》三传、三《礼》、《尚书》、《诗经》和《周易》，以及"五经"之外的《孝经》《尔雅》等经史之书，皆可以作为审判案件的理论依据，以补法律条文之不足，有时甚至其效力还高于法条。如《春秋》中"君亲无将"的提法，成为后世重处"谋反""谋

---

[1]《汉书》卷七三，《韦贤传》。
[2]《汉书》卷七四，《魏相传》。
[3]《汉书》卷七四，《丙吉传》。
[4]《汉书》卷八三，《薛宣传》。
[5]《汉旧仪》卷上。转引自(清)孙星衍等辑《汉官六种》，中华书局1990年版，第68页。

叛""恶逆"等罪的理论依据。孔子的"父为子隐,子为父隐,直在其中矣"的说法,发展成为"亲亲得相首匿"原则,后入《唐律》之"同居相隐"条。

在立法方面,要求合乎儒家的经典及由此而衍生的义理,并不是汉武帝时才出现的,正如东汉梁统所说:"窃谓高帝以后,至乎孝宣,其所施行,多合经传,宜比方今事,圭遵前典。"[1]曹魏制《新律》,将《周礼》之"八辟"编入正文,称为"八议",其刑制也是"更依古义为五刑""贼斗杀人,以劾而亡,许依古义,听子弟得追杀之"[2]。所谓"古义",就是指儒家传统的经义,也就是所谓的"原典"精神。明帝时,卫觊任尚书,上奏曰:

> 九章之律,自古所传,断定刑罪,其意微妙,百里长吏,皆宜知律。刑法者,国家之所贵重,而私议之所轻贱;狱吏者,百姓之所县命,而选用之所卑下。王政之弊,未必不由此也。请置律博士,转相教授。[3]

此奏得到批准,"事遂施行"。魏晋南北朝,律博士皆设于廷尉或大理寺,一般设一至四人,负责教授刑法,从此法律成为官学。南齐还在国学中设律学助教,南梁及陈称胄子律博士[4]。

西晋制定《泰始律》,引礼入律,所谓"峻礼教之防,准五服以制罪也",服制入律遂成为中华法系的最突出的特征。注释律学是这一时期最突出的特点,有杜预、张斐皆以注释《晋律》名闻天下。

杜预(公元222~284年),曾以守河南尹的身份参与《晋律》的

---

[1]《后汉书》卷三四,《梁统传》。
[2]《晋书》卷三〇,《刑法志》。
[3]《三国志》卷二一,《魏书·卫觊传》。
[4]《南史》卷六,《梁本纪上》。

修订,《晋书·杜预传》载:

> 杜预,字元凯,京兆杜陵人也。祖畿,魏尚书仆射。父恕,幽州刺史。预博学多通,明于兴废之道,常言:"德不可以企及,立功立言可庶几也。"初,其父与宣帝不相能,遂以幽死,故预久不得调。文帝嗣立,预尚帝妹高陆公主,起家拜尚书郎,袭祖爵丰乐亭侯。在职四年,转参相府军事。钟会伐蜀,以预为镇西长史。及会反,僚佐并遇害,唯预以智获免,增邑千一百五十户。
>
> 与车骑将军贾充等定律令,既成,预为之注解,乃奏之曰:"法者,盖绳墨之断例,非穷理尽性之书也。故文约而例直,听省而禁简。例直易见,禁简难犯。易见则人知所避,难犯则几于刑厝。刑之本在于简直,故必审名分。审名分者,必忍小理。古之刑书,铭之钟鼎,铸之金石,所以远塞异端,使无淫巧也。今所注皆纲罗法意,格之以名分。使用之者执《名例》以审趣舍,伸绳墨之直,去析薪之理也。"诏班于天下。

杜预是晋代著名的经学大师,自称"左传癖",其亲自注释的《春秋左氏经传集解》至今仍是研究《春秋》的必读之作。其解律既侧重于经学义理,又注重于法意。杜注律称:"今所注皆网罗法意,格之以名分,使用之者执《名例》以审趣舍,伸绳墨之直,去析薪之理"[1];即以注释的方法,搜求法律的精神实质,使概念明确,便于执法者依照《名例律》的原则去判定有罪与无罪。此外,他还著有《律本》二十一卷,《杂律》七卷,均已失佚。

张斐(晋代人,生卒年不详),《晋书》无传,但《刑法志》载其所上注律表,对二十个专用法律名词作了释义:

---

[1]《晋书》卷三四,《杜预传》。

其知而犯之谓之故,意以为然谓之失,违忠欺上谓之谩,背信藏巧谓之诈,亏礼废节谓之不敬,两讼相趣谓之斗,两和相害谓之戏,无变斩击谓之贼,不意误犯谓之过失,逆节绝理谓之不道,陵上僭贵谓之恶逆,将害未发谓之戕,唱首先言谓之造意,二人对议谓之谋,制众建计谓之率,不和谓之强,攻恶谓之略,三人谓之群,取非其物谓之盗,货财之利谓之赃:凡二十者,律义之较名也。

张斐是以廷尉明法掾的身份为《晋律》作注,其目的是"明发众篇之多义,补其章条之不足",用注释的方式,阐明和揭示《晋律》中各篇章之间的丰富含义,弥补条目的疏漏,并使律文中的名词、概念明确化、严密化。据《隋书·经籍志二》载,张斐还著有《汉晋律序注》一卷,《杂律解》二十一卷;《新唐书·艺文志》有张斐《律解》二十卷,亦皆失佚。《晋书·刑法志》中摘要转录的张斐注律后给皇帝所上的"进律表"中对当时的立法原则、律文的适用等都有所说明,特别是对数十个法律专用名词逐个进行了精确的解释,对中国注释法学的发展具有深远意义,尤其是对《唐律》的注疏影响最为重大。

杜预、张斐对《晋律》的注释,不同于汉儒以《春秋》决狱。汉代的经义解律是将儒家经书穿凿附会、牵强引申于司法案件之中,带有很大的随意性,不是科学意义上的法学。但是,有人据此认为"中国古代没有法学,只有律学",并得出了"律学非科学","律学亦非法学"的结论,恐又失之偏颇。杜预、张斐解律,是从司法审判的原则出发,特别着重于法律名词术语的解释,他们不仅吸取了以往律学的成果,还有所发展创新,为古代法律词汇的规范化奠定了基础,为中国法学的科学化作出了开创性的贡献。尤其是他们的注解,经朝廷认可,颁行天下,成为全国普遍遵行的法律解释,其注文与律文通行,具有同等的法律效力,故后世又称《晋律》为"张杜律"。晋代的律学,标志着当时法学发展的最新水平,并为唐代注释法学的典范——《唐律疏议》提供了模本。

永嘉之乱后,晋室东迁,"朝廷草创,议断不循法律,人立异议,高下无状。"主簿熊远上奏建议:"凡为驳议者,若违律令节度,当合经传及前比故事,不得任情以破成法。愚谓宜令录事更立条制,诸立议者皆当引律令经传,不得直以情言,无所依准,以亏旧典也。"[1]此建议使南北朝经义断狱之风重启,"经传"在议狱中起着决定性的作用。元康九年(299年),刘颂为三公尚书(掌断狱之事),上疏,质疑当时"法渐多门,令甚不一"的现象,提出"律法断罪,皆当以法律令正文,若无正文,依附名例断之,其正文、名例所不及,皆勿论。"[2]这被后人评为中国古代的"罪行法定主义"。

在东晋十六国时期,石勒称王前,曾下书:"今大乱之后,律令滋烦,其采集律令之要。为施行条制。"又命"法曹令史贯志造《辛亥制度》五千文,施行十余岁,乃用律令"[3]。晋大兴二年(319年),后赵石勒称帝,改称赵王元年:

> 始建社稷,立宗庙,营东西宫。署从事中郎裴宪、参军傅畅、杜嘏并领经学祭酒,参军续咸、庾景为律学祭酒,任播、崔濬为史学祭酒。中垒支雄、游击王阳并领门臣祭酒,专明胡人辞讼。[4]

在这里,"学"是学科的意思,即在国家设立的官学中设置经学、律学与史学三个学科专业,用现在的话说就是设了三个系。经学、律学与史学同时并列于学官,一方面可见其关系的密切;另一方面也说明其开始分立,尤其是法学与史学既不受神学控制,又摆脱了

---

[1]《晋书》卷三〇,《刑法志》。
[2]《晋书》卷三〇,《刑法志》。
[3]《晋书》卷一〇四,《载记四·石勒上》。
[4]《晋书》卷一〇五,《载记五·石勒下》。

经学的束缚,各自成为独立的学科。石勒之子石弘(后为太子),"受经于杜嘏,诵律于续咸"[1]。后秦姚兴于弘始元年(399年)"立律学于长安,召郡县散吏以授之。其通明者还之郡县,论决刑狱。"[2]

南齐永明九年(491年)的孔稚珪上《请置律学助教表》:

> 臣闻匠万物者,以绳墨为正;驭大国者,以法理为本。是以古之圣王,临朝思理,远防邪萌,深杜奸渐,莫不资法理以成化,明刑赏以树功者也……
>
> 寻古之名流,多有法学。故释之(张释之)、定国(于定国),声光汉台;元常(钟繇之字)、文惠(高柔之字)绩映魏阁。[3]

孔稚珪上此表的背景是永明七年(489)尚书删定郎王植奉诏对《晋律》的旧注进行"详正"。王植请公卿八座参议。孔稚珪因此上表,要求在国学中设置律学助教,以提高学法士人的地位。这里的"法学"一词就是有关法律方面的学问的意思。值得注意的是,与之相应的是在此之前还有"法理"一词的出现,说明当时"法学"与"法理"已具有了相当的联系。至此,可以说通过魏晋的据经注律到南朝,中国古代的法学(或说是律学),已成为独立的学科。

北魏太武帝拓跋焘太平真君六年(445年),"诏诸有疑狱皆付中书,以经义量决。"[4]《魏书·刑罚志》称:"六年春,以有司断法不平,诏诸疑狱皆付中书,依古经义论决者。"同书《高允传》载:

> 初,真君中以狱讼留滞,始令中书以经义断诸疑事。(高)

---

[1] 《晋书》卷一〇五,《载记五·石勒下附子石弘传》。
[2] 《晋书》卷一一七,《载纪·姚兴上》。
[3] 《南齐书》卷四八,《孔稚珪传》。
[4] 《魏书》卷四下,《世祖纪下》。

允据律评刑,三十余载,内外称平。[1]

也就是说,北魏以经义断狱延续了相当长的时间。孝文帝首创"存留养亲"制度,这也是"以孝治天下"的"亲亲"原则在刑律中的体现。陈寅恪先生评说:

> 元魏刑律实综汇中原士族仅传之汉学及永嘉乱后河西流寓儒者所保持或发展之汉魏晋文化,并加以江左所承西晋以来之律学,此诚可谓集当日之大成者……且汉律之学自亦有精湛之意旨,为江东所坠失者,而河西区域所保存汉以来之学术,别自发展,与北魏初期中原所遗留者亦稍不同。故北魏前后定律能综合比较,取精用宏,所以成此伟业者,实有其广收博取之功,并非偶然所致也。
>
> 于是元魏之律遂汇集中原、河西、江左三大文化因子于一炉而冶之,取精用宏,宜其经由北齐,至于隋唐,成为两千年来东亚刑律之准则也。[2]

北齐之大理寺设律博士四人,明法掾二十四人,明法十人。河清三年(564年),《北齐律》颁布后,"又敕仕门之子弟,常讲习之。齐人多晓法律,盖由此也"。又列"重罪十条:一曰反逆,二曰大逆,三曰叛,四曰降,五曰恶逆,六曰不道,七曰不敬,八曰不孝,九曰不义,十曰内乱",对特别严重的罪行单独列出严加惩处。[3]是为隋唐以后"十恶"之滥觞。隋唐立法,采取融经义于刑律之中的指导思想,经的义理已寓于法条之中。《周礼》中的八议、五刑、五听、三刺、三宥、

---

[1] 《魏书》卷四八,《高允传》。
[2] 陈寅恪:《隋唐制度史渊源略论稿·刑律》,中华书局1963年版,第107页。
[3] 《隋书》卷二五,《刑法志·后齐之制》。

三赦之法,全部融入《唐律》。汉以来儒家化了的原典精神至此已与刑律全面结合。

在诉讼、审判方面,曹魏基于汉律编目的混乱,尤其是没有独立的关于诉讼、审判的法规,故在制定《新律》时,对汉律及科条进行了整理和编辑。据《晋书·刑法志》引魏《新律》序略说:"《囚律》有告劾、传覆,《厩律》有告反、逮受,科有登闻道辞,故分为《告劾律》。《囚律》有系囚、鞫狱、断狱之法,《兴律》有上狱之事,科有考事报谳,宜别为篇,故分为《系讯》《断狱》律。"至此,有关诉讼、审判的法律开始独立成篇。《晋律》沿用《魏律》篇目,其《告劾》《系讯》《断狱》三篇仍存,南朝各代立法与《北魏律》也都保留了这三篇。而《北齐律》化繁为简,将《告劾》《系讯》与《斗律》合为《斗讼》,将《断狱律》与《捕亡律》合为《捕断律》。隋制《开皇律》,沿用《斗讼律》,而将《捕断律》又分为《捕亡律》与《断狱律》,为《唐律》奠定基础。

魏晋南北朝正是中古法律儒家化的时期,表现在诉讼制度上,法律禁止子孙控告父母、祖父母,违者要被处死。若父母、祖父母控告子孙不孝,或违犯教令,要求官府杀之,官府应当允许。

南北朝都对"诬告反坐"作了规定,如魏文帝曾下诏说:"敢以诽谤相告者,以所告者罪罪之。"[1]晋律规定,八十岁以上的老人,犯一般的罪可以"勿论",但若"诬告谋反者,反坐"[2]。《北魏律》也对"诬告"规定:"诸告事不实,以其罪罪之。"[3]此外,法律对老百姓的自诉权也作了一些限制性规定,如十岁以下儿童不得告状,奴婢不得告主人等。对在狱囚徒的告诉权也加以限制,"囚徒诬告人反,罪及亲属,异于善人,所以累之,使省刑息诬也"[4]。

---

[1]《三国志》卷二四,《魏书·高柔传》。
[2]《晋书》卷三〇,《刑法志》。
[3]《魏书》卷六〇,《韩麒麟附孙子熙传》。
[4]《晋书》卷三〇,《刑法志》。

汉代出现的"经义决狱",即用儒家的经义对法律进行解读,奠定了汉代律学的基本特征,并开魏晋律学的先河,为中华法系的形成奠定了理论基础。因此,在某种意义上应该说,中华法系的理论基础就是经学。

曹魏制《新律》,将《周礼》之"八辟"编入正文,其刑制也是"更依古义为五刑"。"贼斗杀人,以劾而亡,许依古义,听子弟追杀之"[1]。所谓"古义",就是指儒家传统的经义。曹丕为五官将时,召卢毓为门下贼曹,"时天下草创,多遁逃,故重士亡法,罪及妻子。亡士妻白等,始适夫家数日,未与夫相见,大理奏弃市。"卢毓驳之曰:

> 夫女子之情,以接见而恩生,成妇而义重。故《诗》云:"未见君子,我心伤悲;亦既见止,我心则夷。"又《礼》"未庙见之妇而死,归葬女氏之党,以未成妇也。"今白等生有未见之悲,死有非妇之痛,而吏议欲肆之大辟,则若同牢合卺之后,罪何所加?且《记》曰"附从轻",言附人之罪,以轻者为比也。又《书》云"与其杀不辜,宁失不经",恐过重也。苟以白等皆受礼聘,已入门庭,刑之为可,杀之为重。

卢毓这一段驳奏,引用了《诗经》《仪礼》《礼记》《尚书》四部经书,曹操肯定了他的执奏,称其"引经典有意,使孤叹息",并由此迁其为"丞相法曹议令史,转西曹议令史"[2]。

司马懿遣人告曹爽"阴谋反逆",交由"公卿朝臣廷议,以为《春秋》之义,'君亲无将,将而必诛'。"因此定罪"谋图神器","大逆不

---

[1]《晋书》卷三〇,《刑法志》。
[2]《三国志》卷二二,《魏书·卢毓传》。

略论汉唐之际经学与法学的关系

道",而被夷三族。[1] 王凌与外甥令狐愚谋讨司马氏,事败自尽,受牵连者"悉夷三族"。当时的朝议也是以《春秋》定论:

> 朝议咸以为《春秋》之义,齐崔杼、郑归生皆加追戮,陈尸斫棺,载在方策。(王)凌、(令狐)愚罪宜如旧典。乃发凌、愚冢,剖棺,暴尸于所近市三日,烧其印绶、朝服、亲土埋之。[2]

朝臣以《春秋》中齐国崔杼、郑国归生的事例为依据,对已经亡故的"弑君"者,也要加以"追戮",因这是记载在"方策"上的"旧典"。

北魏后期,羊侃谋叛失败,其兄羊深"时为徐州行台,府州咸欲禁深",而时任徐州刺史的杨昱说:"昔叔向不以鲋也见废,《春秋》贵之,奈何以侃罪深也。宜听朝旨。"[3] 即以《春秋》之义,否决了众人的意见。廷尉少卿袁翻认为犯罪之人若"竞诉",则"枉直难明","遂奏曾染风闻者,不问曲直,推为狱成,悉不断理"。宣武帝下诏"令门下、尚书、廷尉议之"。辛雄议曰:

> 《春秋》之义,不幸而失,宁僭不滥。僭则失罪人,滥乃害善人……古人虽患忠察狱不精,未闻知笼而不理。[4]

宣武帝采纳了辛雄的意见。窦瑗在出帝时曾任廷尉卿、后外放刺史。既还京师,上表曰:

---

[1]《三国志》卷九,《魏书·曹爽传》。
[2]《三国志》卷二八,《魏书·王凌传》。
[3]《魏书》卷五八,《杨昱传》。
[4]《魏书》卷七七,《辛雄传》。

臣在平州之日，蒙班《麟趾新制》，即依朝命宣示，所部士庶忻仰有若三章。臣闻法象巍巍，乃大舜之事；政道郁郁，亦隆周之轨。故元道股肱，可否相济。声教之闻，于此为证。伏惟陛下应图临宇，握纪承天，克构洪基，会昌宝历，式张琴瑟，且调宫羽，去甚删泰，革弊迁浇，俾高祖之德不坠于地。画一既歌，万国欢跃。

臣伏读至三公曹第六十六条，母杀其父，子不得告，告者死。再三返覆之，未得其门。何者？案律，子孙告父母、祖父母者死。又汉宣云"子匿父母，孙匿大父母，皆勿论。"盖谓父母、祖父母，小者攘羊，甚者杀害之类，恩须相隐，律抑不言。法理如是，足见其直。未必指母杀父止子不言也。若父杀母，乃是夫杀妻，母卑于父，此子不告也。而母杀父，不听子告，臣诚下愚，辄以为惑。昔楚康王欲杀令尹子南，其子弃疾为王御士而上告焉。对曰："泄命重刑，臣不为也。"王遂杀子南，其徒曰："行乎？""吾与杀吾父，行将焉入！"曰："臣乎？"曰："杀父事仇，吾不忍。"乃缢而死。注云："弃疾自谓不告父为与杀，谓王为仇，皆非礼，《春秋》讥焉。"斯盖门外之治，以义断恩，知君杀父而子不告，是也。母之于父，同在门内，恩无可掩，义无断割。知母将杀，理应告父；如其已杀，宜听告官。今母杀父而子不告，便是知母而不知父。识比野人，义近禽兽。且母之于父，作合移天，既杀己之天，复杀子之天，二天顿毁，岂容顿默！此母之罪，义在不赦，下手之日，母恩即离，仍以母道不告，鄙臣所以致惑。

今圣化淳洽，穆如韶夏，食椹怀音，枭镜犹变，况承风禀教，识善知恶之民哉。脱下愚不移，事在言外，如或有之，可临时议罪，何用豫制斯条，用为训诫。诚恐千载之下，谈者喧哗，以明明大朝，有尊母卑父之论。以臣管见，实所不取。如在淳风厚俗，必欲行之。且君、父一也。父者子之天，被杀事重，宜附"父谋反大逆子得告"之条。父一而已，至情可见。窃惟圣主有作，明贤赞成，光国宁民，厥用为大，非下走顽蔽所能上测。但受恩深重，辄献瞽言，傥蒙收察，乞付评议。

诏付尚书，三公郎封君义立判云："身体发肤，受之父母，生我劳悴，续莫大焉。子于父母，同气异息，终天靡报，在情一也。今忽欲论其尊卑，辨其优劣，推心未忍，访古无据。母杀其父，子复告母，母由告死，便是子杀。天下未有无母之国，不知此子将欲何之！案《春秋》，庄公元年，不称即位，文姜出故。服虔注云：'文姜通兄齐襄，与杀公而不反。父杀母出，隐痛深讳。期而中练，思慕少杀，念至于母。故《经》书：三月夫人逊于齐。'既有念母深讳之文，明无仇疾告列之理。且圣人设法，所以防淫禁暴，极言善恶，使知而避之。若临事议刑，则陷罪多矣。恶之甚者，杀父害君，著之律令，百王罔革。此制何嫌，独求削去。既于法无违，于事非害，宣布有年，谓不宜改。"瑗复难云。

寻局判云："子于父母，同气异息，终天靡报，在情一也。今欲论其尊卑，辨其优劣，推心未忍，访古无据。"瑗以为《易》曰："天尊地卑，乾坤定矣。"又曰："乾天也，故称父；坤地也，故称母。"又曰："乾为天，为父；坤为地，为母。"《礼·丧服》《经》曰："为父斩衰三年，为母齐衰期。"尊卑优劣，显在典章，何言访古无据？

局判云："母杀其父，子复告母，母由告死，便是子杀。天下未有无母之国，不知此子将欲何之！"瑗案典律，未闻母杀其父而子有隐母之义。既不告母，便是与杀父，天下岂有无父之国，此子独得有所之乎！

局判又云："案《春秋》，庄公元年，不称即位，文姜出故。服虔注云：'文姜通于兄齐襄，与杀公而不反。父杀母出，隐痛深讳，期而中练，思慕少杀，念至于母。故《经》书：三月夫人逊乎齐。'既有念母深讳之文，明无仇疾告列之理。"瑗寻注义。隐痛深讳者，以父为齐所杀，而母与之。隐痛父死，深讳母出，故不称即位,非为讳母与杀也。是以下文以义绝,其罪不为与杀明矣。《公羊传》曰:"君杀,子不言即位,隐之也。"期而中练,父忧少衰,始念于母,略书"夫人逊乎齐"。是内讳出奔,犹为罪文。传曰:"不称姜氏,绝不为亲,礼也。"注云:"夫人有与杀桓之罪,绝不为亲,得尊父子义。善庄公思大义,绝有罪,故曰礼也。"以大义绝有罪,得礼之衷,明有仇疾告列之理。但《春秋》桓、庄之际,齐为大国,通于文姜,鲁公谪之。文姜以告齐襄,使公子彭生杀之。鲁既弱小而惧于齐。是时天子衰微,又无贤霸,故不敢仇之,又不敢告列,惟得告于齐曰:"无所归咎,恶于诸侯,请以公子彭生除之。"齐人杀公子彭生。案卿此断,虽有援引,即以情推理,尚未遣惑。

事遂停寝。[1]

围绕"母杀其父",其子是否当告发其母,若告发是否当判其死刑一案,廷尉与尚书省反复讨论,辩论双方都以儒家经典为据,引古礼,引《春秋》,引《礼记》,引《周易》等经典,据礼法,据人情,可知其法理皆出于经义。

北齐琅邪王高俨,于武平二年(571年)矫诏举兵杀佞臣和士开,失败后,齐幼主欲尽杀琅邪王属下的"文武职吏"。赵彦深以"《春秋》责帅",说服幼主,"于是罪之各有差"[2]。北周宇文邕推崇《周礼》,以经义决狱。孝闵帝元年(557年),"楚国公赵贵谋反,伏诛",帝下诏曰:"法者天下之法,朕既为天下守法,安敢以私情废止?《书》曰:'善善及后世,恶恶止其身。'其贵、通、兴、龙仁罪止一家,僧衍止一房,余皆不问。惟尔文武,咸知时事。"[3]北周武帝宇文邕于

---

[1] 《魏书》卷八八,《良吏·窦瑗传》。
[2] 《北齐书》卷一二,《武成十二王·琅邪王俨传》。
[3] 《周书》卷三,《孝闵帝纪》。

天和七年(572年)诛杀大宰冢晋国公宇文护,发诏书曰:"君亲无将,将而必诛。"[1]以《春秋》的义理,诛杀疑似谋反的重臣,至此,《春秋》决狱走向其反面。

三、隋唐的纳经入律

隋初文帝杨坚,仍重儒学,接受经义断狱。如柳彧为治书侍御史时,曾引《春秋》与《礼》弹劾应州刺史居丧嫁娶案:

> 有应州刺史唐君明,居母丧,娶雍州长史库(宏按:当作"厍",音 she。)狄士文之从父妹。(柳)彧劾之曰:"臣闻天地之位既分,夫妇之礼斯著,君亲之义生焉,尊卑之教攸设。是以孝惟行本,礼实身基,自国刑家,率由斯道。窃以爱敬之情,因心至切,丧纪之重,人伦所先。君明钻燧虽改,在文无变,忽旄劳之痛,成宴尔之亲,冒此苴缞,命彼褕翟。不义不昵,《春秋》载其将亡,无礼无仪,诗人欲其遄死。士文赞务神州,名位通显,整齐风教,四方是则,弃二姓之重匹,违六礼之轨仪。请禁锢终身,以惩风俗。"二人竟坐得罪。隋承丧乱之后,风俗颓坏,彧多所矫正,上甚嘉之。[2]

隋初大理寺设有律博士、明法掾,刑部及地方州县置律生,"断决大狱,皆先牒明法,定其罪名,然后依断"。但没两年,因地方有个别律生舞文弄法,文帝即下诏,"其大理律博士、尚书刑部曹明法、州县律生,并可停废"[3]。这简直就是因噎废食。

---

[1]《周书》卷一一,《晋荡公护传》。
[2]《隋书》卷六二,《柳彧传》。
[3]《隋书》卷二五,《刑法志》。

文帝暮年,"精华稍竭,不悦儒术,专任刑名,执政之徒,咸非笃好"。而炀帝即位,"外事四夷,戎马不息,师徒岁散,盗贼群起。礼义不足以防君子,刑罚不足以威小人。"致使"后进之士不复闻《诗》《书》之言,皆怀攘夺之心,相与陷于不义。"[1]

隋代律学隶属于大理寺,唐改为国子监,"律令为颛业,兼习格式法例"[2]。唐代科举选士,定《选人条例》:

> 不习经史,无以立身;不习法理,无以效职。举人出身以后,当宜习法。其判问,请皆问以时事、疑狱,令约律文断决。其有既依律文,又约经义,文理弘雅,超然出群,为第一等;其断以法理,参以经史,无所亏失,粲然可观,为第二等;判断依法,颇有文彩,为第三等;颇约法式,直书可否,言虽不文,其理无失,为第四等。此外不收。[3]

该《条例》规定唐代的科举是以"经史"与"法理"作为基本标准。其"既依律文,又约经义"者为第一等;"断以法理,参以经史"者为第二等。仅仅是"判断依法"者,只能入三四等。经史、法理皆不通者,则不予录取。从其考试内容看,也是以"时事"和"疑狱"作为出题范围,此可从唐人的《判集》文中得到佐证。"凡明法,试律七条,令三条,全通为甲第,通八为乙第。""律学,生五十人"[4]。

唐代立法,亦重经学,据《贞观政要·政体》:

> 贞观二年,太宗过问王圭曰:"近代君臣理国,多劣于前古,

---

[1]《隋书》卷七五,《儒林传序》。
[2]《新唐书》卷四八,《百官志下》。
[3]《通典》卷一七,《选举五》。
[4]《新唐书》卷四四,《选举志上》。

何也?"对曰:"古之帝王为政,皆志尚清静,以百姓心为心。近代则唯损百姓以适其欲,所以任用大臣,复非经术之士。汉家宰相,无不精通一经,朝廷若有疑事,皆引经史决定。由是人识礼教,理致太平。近代重武轻儒,或参以法律,儒行既亏,淳风大坏。"太宗深然其言。

可以说,从太宗始,唐代立法,多用儒臣通经之士,如房玄龄、杜如晦、刘文静、魏征等。高宗命撰《律疏》,领衔者是长孙无忌,参与修撰释律者,如于志宁、褚遂良、柳奭、唐临、段宝玄、韩瑷、来济、裴弘献等,非一代名儒,即著名法官。他们"摭金匮之故事,采石室之逸书,捐彼凝脂,敦兹简要,网罗训诰,研核丘坟,撰《律疏》三十卷。"[1]

隋唐立法,采取融经义于刑律之中的指导思想,经的义理已寓于法条之中,以下就用《唐律疏议》为例,看经学是如何与法律结为一体的。

(一)总论

首先,《唐律疏议》在开篇即对《名例律》本身进行释义,几乎全部运用经典。"三才肇位",源自《周易·说卦》:"立天之道曰阴与阳,立地之道曰柔与刚,立人之道曰仁与义,兼三才而两之。"接下来"于是结神启路,盈坎疏源",源自《周易·坎卦》"习坎,重阴也。水流而不盈,行险而不失其信。"再引《易》曰:"天垂象,圣人则之。"语见《周易·系辞上》:"天垂象,见吉凶,圣人象之。河出图,洛出书,圣人则之。""观雷电而制威刑",语见《周易·噬嗑》:"象曰:雷电噬嗑,先王以明罚敕法。"这是以《周易》解律意。

其次,"以刑止刑,以杀去杀",语出《尚书·大禹谟》:"刑期于无刑,民协于中,时乃功,懋哉。"孔传曰:"虽或行刑,以杀止杀,终无犯

---

[1] (唐)长孙无忌撰:《唐律疏议》附录,《进律疏表》。

者;刑期于无所刑,民皆合于大中之道。是汝之功,勉之。"以《尚书》注律。其后引:"古者大刑用甲兵,其次用斧钺;中刑用刀锯,其次用钻笮;薄刑用鞭扑。"其语出自《国语·鲁语上》。史书与经书同为如家经典,亦可以用于解律。

再者,"昔白龙、白云,则伏羲、轩辕之代;西火、西水,则炎帝、共工之年。鹔鸠箴宾于少暤,金政策名于颛顼。咸有天秩,典司刑宪。"其文源于《左传》"昭公十七年"。鹔鸠为少暤时的掌刑官,即后世的司寇,主盗贼。

再次,"尧舜时,理官则谓之为'士',而皋陶为之;其法略存,而往往概见,则《风俗通》所云:'《皋陶谟》:虞造律'是也。"所引为《尚书·皋陶谟》。再往后,其释"律"的含义。"律者,训铨,训法也。《易》曰:'理财正辞,禁人为非曰义。'故铨量轻重,依义制律。《尚书大传》曰:'丕天之大律。'注云:'奉天之大法。'法亦律也,故谓之为律。"引《易经》与《尚书大传》以释律之义,提出"依义制律",即按照儒家的经义制定法律。在对"疏"字的释义中,先追溯历史,"昔者,圣人制作谓之为经,传师所说则谓之为传,此则丘明、子夏于《春秋》《礼经》作传是也。近代以来,兼经注而明之则谓之为义疏。疏之为字。本以疏阔、疏远立名。又《广雅》云:'疏,识也。'案疏训识,则书疏记识之道存焉。《史记》云:'前主所是著为律,后主所是疏为令。'《汉书》云:'削牍为疏。'故云疏也。"将"义疏"二字,既作历史考察,又作训诂释义,完全符合经学之师法。

最后,是对"刑"的历史阐释,可以说就是一部唐朝以前的法制简史,其文曰:

> 昔者,三王始用肉刑。赭衣难嗣,皇风更远,朴散淳离,伤肌犯骨。《尚书大传》曰:"夏刑三千条。"《周礼》"司刑掌五刑",其属二千五百。穆王度时制法,五刑之属三千。周衰刑重,战国异制,魏文侯师于李悝,集诸国刑典,造《法经》六篇:一、《盗

法》;二、《贼法》;三、《囚法》;四、《捕法》;五、《杂法》;六、《具法》。商鞅传授,改法为律。汉相萧何,更加悝所造《户》《兴》《厩》三篇,谓《九章之律》。魏因汉律为十八篇,改汉《具律》为《刑名第一》。晋命贾充等,增损汉、魏律为二十篇,于魏《刑名律》中分为《法例律》。宋、齐、梁及后魏,因而不改。爰至北齐,并《刑名》《法例》为《名例》。后周复为《刑名》。隋因北齐,更为《名例》。唐因于隋,相承不改。

其文引经者有《尚书大传》曰:"夏刑三千条。"引《周礼》"司刑掌五刑"。此文之后提到那句耳熟能详的"德礼为政教之本,刑罚为政教之用,犹昏晓阳秋相须而成者也"。以说明制作《唐律疏议》的本意。这段文字所引书除五经之外,历史典籍极多,如《国语》《史记》《汉书》等,汉代的经学与史学是不分家的,合称"经史之学"。如西汉刘向、刘歆首创的中国古代第一部系统目录——《七略》,其后东汉班固撰《汉书·艺文志》,所用的"六略"图书分类法,都没有"史略",史书没有单独分类,如《国语》《战国策》,甚至就连《史记》也以《太史公百三十篇》之名,列于"六艺略"之"春秋家"目下,可见史学仅是经学的附庸,还没有独立成学。[1] 反过来说,经学也是以史学为基本文献,经书就是史书,即所谓"六经皆史"也。[2]

《唐律疏议》以大量的儒家经典来释义法律条文,将经学义理作为法学原理,经学义理即为法源,使法律与经义融为一体,以经义说明唐律法条的正当性、合理性,进而证实其合法性。经义释律在此达到最高峰,从而形成中华法系的特色,奠定了中华法系的理论基础,并对后世产生重大影响。正如宋代赵彦卫在评论《宋刑统》时就

---

[1] 此可参见王宏治:《试论中国古代史学与法学同源》,载《政法论坛》2003年第2期。

[2] 参见章学诚:《文史通义》卷一,《内篇一·易教上》。

说:"《刑统》皆汉、唐旧文,法家之五经也。"[1]将《宋刑统》比作"法家之五经",这是非常确切的。元代柳赟在为《唐律疏议》作序时说:"法家之律,犹儒家之经。五经载道以行万世,十二律垂法以正人心。道不可废,法岂能独废哉!"[2]《四库全书总目·唐律疏议提要》也说:"论者谓唐律一准乎礼,以为出入得古今之平,故宋世多采用之。元时断狱,亦每引为据。"[3]这些评说都是将《唐律》与儒家的经典并论,故今天我们在探讨中华法系的理论基础时不能忽略经学的关键作用。乾隆在钦定二十四史时说:"盖正史体尊,义与经配,非悬诸令典莫敢私增。"[4]官方肯定的史书必须是"义与经配"者,而法学类书,一直是作为史部的分支存目。研究中国古代文化,不能离开史学,如学中文专业者常说"文史不分家"。研究中国法律史则离不开经学,经史之学是法律史学的基础,也是中华法系的理论基础[5]。仅以《名例律》为例说明之。

(二)五刑

《唐律》的第一条五刑,是规定唐代最基本的刑制,《唐律疏议》在释"五刑"之义时,多取经义。

1. 笞刑

"笞刑"条引《书》云"扑作教刑",即其义也。本句出自《尚书·舜典》,孔传曰:"扑,榎楚也,不勤道业则挞之。"又引《孝经·援神契》云:"圣人制五刑,以法五行。"以说明现行的五刑制度是效法自然界的五行而制成的,将"天人合一"的理念与刑罚制度相结合。又引《礼》云:"刑者,侀也,成也。一成而不可变,故君子尽心焉。"此语

---

[1] (宋)赵彦卫:《云麓漫抄》卷四。
[2] (元)柳赟:《唐律疏议序》,载《唐律疏议》附录,中华书局1983年版。
[3] 《四库全书总目》卷八二,《史部·政书类二·唐律疏议提要》。
[4] 《四库全书总目》卷四五,《史部总叙》。
[5] 参见王宏治:《经学:中华法系的理论基础——试论〈唐律疏议〉与经学的关系》,载《中华法系国际学术研讨会文集》,中国政法大学出版社2007年版。

出自《礼记·王制》。再引《孝经·钩命决》云:"刑者,侀也,质罪示终。"对一个最简单的"笞刑"共引用经典四部以释其义。并说:"然杀人者死,伤人者刑,百王之所同,其所由来尚矣。"这句出于《荀子·正论》。

2. 杖刑

"杖刑"条引《说文》云"杖者,持也。"引《孔子家语》云:"舜之事父,小杖则受,大杖则走。"又引《国语》云:"薄刑用鞭扑。"又引《书》云:"鞭作官刑。"并说鞭刑"犹今之杖刑者也。""又蚩尤作五虐之刑,亦用鞭扑。源其滥觞,所从来远矣。"用古经义说明笞、杖之刑的古老。

3. 徒刑

"徒刑"条引《周礼》云"其奴男子入于罪隶",又"任之以事,置之圜土而收教之。上罪三年而舍,中罪二年而舍,下罪一年而舍。"并说明"此并徒刑也。盖始于周。"说明徒刑始于西周。其语前句为《秋官·司厉》:"其奴,男子入于罪隶,女子入于舂藁。"后语见《秋官·司圜》:"凡害人者弗使冠饰,任之以事而教之,能改者,上罪三年而舍,中罪二年而舍,下罪一年而舍。其不能改而出圜土者,杀。虽出,三年不齿。"

4. 流刑

"流刑"条引《书》云:"流宥五刑。"又曰:"五流有宅,五宅三居。"并说:"大罪投之四裔,或流之于海外,次九洲之外,次中国之外。盖始于唐虞。"是说流刑产生于虞舜时代,原因是"不忍刑杀,宥之于远也"。上述《尚书》所引文皆出自《舜典》:"象以典刑,流宥五刑,鞭作官刑,扑作教刑,金作赎刑。""汝作士,五刑有服,五服三就,五流有宅,五宅三居,惟明克允。"

5. 死刑

"死刑"条引郑注《礼》云:"死者,澌也。消尽为澌。"这是《礼记·檀弓上》语"君子曰终,小人曰死"的郑玄注。又引《春秋元命包》云:"黄帝斩蚩尤于涿鹿之野。"又引《礼》云:"公族有罪,磬之于

33

甸人。"这又是《礼记·文王世子》语:"公族其有死罪,则罄于甸人。"据郑玄注曰:"甸人,掌郊野之官。悬缢杀之曰罄。"由经义而得出"故知斩自轩辕,绞兴周代"的结论。将中国死刑产生的时间界定在黄帝时代。死刑是古之"大辟"之刑。而"大辟"见于《礼记·文王世子》:"狱成,有司谳于公。其死罪,则曰某之罪在大辟。"

6. 赎刑

在五刑之后,《唐律疏议》又以答问的形式,对"赎刑"进行解读,问的是赎刑起自何代?而回答则以《尚书》作答。《书》云:"金作赎刑。"注:"误而入罪,出金以赎之。"是说因失误而触罪,适用赎刑。又引"甫侯训夏赎刑云:'墨辟疑赦,其罚百锾;劓辟疑赦,其罚唯倍;剕辟疑赦,其罚倍差;宫辟疑赦,其罚六百锾;大辟疑赦,其罚千锾。'注云:'六两位锾,黄铁也。'"这里又说赎刑是对"罪疑惟赎"原则的适用方式。甫侯即吕侯,指《尚书·吕刑》:"吕命穆王,训夏赎刑。"说明赎刑之制,远在夏朝就有了。

对如此简单的刑制,唐代的解律人不厌其烦地引经据典,将其当代的刑罚制度与儒家经典紧密结合,使人理解其刑制的合理性。

(三) 十恶

"十恶"是唐律中最重要的罪名。北齐以"重罪十条"入律,隋改称"十恶",炀帝修《大业律》,除十恶之条,实际上仅除"十恶"之目,律文分则中仅除其二,仍存有八。唐代立法,取文帝开皇之制,《唐六典》称:"乃立十恶,以惩叛逆,禁淫乱,沮不孝,威不道。"说的是立十恶的目的,其注云:

初,北齐立"重罪十条"为十恶:一反逆,二大逆,三叛,四降,五恶逆,六不道,七不敬,八不孝,九不义,十内乱,犯此者不在八议论赎之限。隋氏颇有损益,皇朝因之[1]

---

[1]《唐六典》卷六,《刑部郎中员外郎条》。

《唐律疏议》关于"十恶"之疏议曰：

> 五刑之中，十恶尤切，亏损名教，毁裂冠冕，特标篇首，以为明诫。其数甚恶者，事类有十，故称"十恶"。然汉制《九章》，虽并湮没，其"不道""不敬"之目见存，原夫厥初，盖起诸汉。案梁陈已往，略有其条。周齐虽具十条之名，而无"十恶"之目。开皇创制，始备此科，酌于旧章，数存于十。大业有造，复更刊除，十条之内，唯存其八。自武德以来，仍遵开皇，无所损益。[1]

这里首先对"十恶"产生的历史作了简单的回顾。

1. 谋反

在具体的内容中，对"一曰谋反"罪名"谓谋危社稷"的释义，其疏议曰：

> 案《公羊传》云："君亲无将，将而必诛。"谓将有逆心，而害于君父者，则必诛之。《左传》云："天反时为灾，人反德为乱。"然王者居宸极之至尊，奉上天之宝命，同二仪之覆载，作兆庶之父母。为子为臣，惟忠惟孝。乃敢包藏凶慝，将起逆心，规反天常，悖逆人理，故曰"谋反"。

用《春秋》二传，释义"谋反"。"君亲无将，将而必诛"出自《公羊传》"昭公元年"；《春秋》称"陈公子招"，不言其为陈侯之弟，《公羊传》对此解释说：

> 此陈侯之弟招也。何以不称弟？贬。曷为贬？为杀世子偃师贬，曰陈侯之弟招杀世子偃师。大夫相杀称人，此其称名氏以

---

[1]《唐律疏议》卷一，《名例律·十恶条》。

杀何？言将自是弑君也。今将尔，词曷为与亲弑者同？君亲无将，将而必诛焉。然则曷为不于其弑焉贬？以亲者弑，然后其罪恶甚，《春秋》不待贬绝而罪恶见者，不贬绝以见罪恶也，贬绝然后罪恶见者，贬绝以见罪恶也。今招之罪已重矣，曷为复贬乎此？著招之有罪也。何著乎招之有罪？言楚之托乎讨招以灭陈也。[1]

《左传》之语见"宣公十五年"，原话为："天反时为灾，地反物为妖，民反德为乱，乱则妖灾生。"解律者将其简化为"天反时为灾，人反德为乱"。此外对注文之"谓谋危社稷"也引《周礼》云"左祖右社"以释其义。

2. 谋大逆

对"二曰谋大逆"罪名的定义是"谓谋毁宗庙、山陵即宫阙"其疏议曰：

> 宗者，尊也；庙者，貌也。刻木为主，敬象尊荣，置之宫室，以时祭祀，故曰"宗庙"。
>
> 山陵者，古先帝王因山而葬，黄帝葬桥山即其事也。或云，帝王之葬，如山如陵，故曰"山陵"。
>
> 宫者，天有紫薇宫，人君则之，所居之处故曰"宫"。其阙者，《尔雅·释宫》云："观谓之阙。"郭璞云："宫门双阙也。"《周礼·秋官》"正月之吉日，悬刑象之法于象魏，使人观之"故谓之"观"。

《史记·五帝本纪》："黄帝崩，葬桥山。"以此为据，后世帝王葬处称为"山陵"。又将"宫"比附为天庭之紫薇宫，以示君权神授；将

---

[1]《公羊传》"昭公元年"。

"阙"释为周代的"观",引《周礼·秋官·大司寇》:"正月之吉,始和,乃悬刑象之法于象魏,使万民观刑象,挟日而敛之。"以体现其传统的权威性。帝王家的宗庙,死后所葬的坟茔,生前居住的宫殿,都被冠以神圣名号,为其严打预谋侵害这类地方的犯罪提供理论依据。

3. 谋叛

对"三曰谋叛"罪名的定义是"谓谋背国从伪",其疏议曰:

> 有人谋背本朝,将投蕃国,或欲翻城从伪,或欲以地外奔,即如莒牟夷以牟娄来奔,公山弗扰以费叛之类。

这里列举了《春秋》中的两件事例,一例见《春秋》"昭公五年":"夏,莒牟夷以牟娄及防、兹来奔",莒国大夫叛逃奔鲁;另一例见《左传》"定公十二年",公山弗扰在此作"公山不狃",其文曰:"季氏将堕费,公山不狃、叔孙辄帅费人以袭鲁……败诸故蔑,二子奔齐。"[1] 鲁国大夫叛逃奔齐。用春秋时代的事例,说明"叛"的含义。

4. 恶逆

对"四曰恶逆"罪名的注文是"谓殴及谋杀祖父母、父母。杀伯叔父母、姑、兄姊、外祖父母、夫、夫之祖父母父母。"张斐律表称"陵上僭贵,谓之恶逆"。此处注文虽未见其直接引用经文,但其疏议曰:

> 父母之恩,昊天罔极。嗣续妣祖,承奉不轻。枭镜其心,爱敬同尽,五服至亲,自相屠戮,穷恶尽逆,绝弃人理,故曰"恶逆"。

---

[1] 参见《春秋左传集解》卷二一,上海人民出版社1977年版,第1256页;《春秋左传集解》卷二八,上海人民出版社1977年版,第1686页。

这里的"父母之恩,昊天罔极",是源于《诗经·小雅·蓼莪》:"父兮生我,母兮鞠我。拊我畜我,长我育我。顾我复我,出入腹我。欲报之德,昊天罔极。"朱熹注曰:"言父母恩之大,如天无穷,不知所以报也。"以《诗》喻父母的养育之恩,以示对恶逆罪严惩的必要性。又"枭镜其心",语出《汉书·郊祠志》:"祠黄帝用一枭、破镜。"孟康注曰:"枭,鸟名,食母。破镜,兽名,食父。黄帝欲绝其类,使百吏祠皆用之。"枭是恶鸟,破镜是恶兽,长成食父母,比喻犯上作恶的子孙。其疏议及答问,引用大量服制方面的规定,说明用的是《晋律》"准五服以定罪"的原则。

5. 不道

对于"五曰不道"罪名的注文"谓杀一家非死罪三人,支解人,造畜蛊毒、厌魅",其疏议曰:"安忍残贼,背违正道,故曰'不道'。"没有对其作经义方面的解释。但"不道"却是一个古老的罪名,秦始皇曾以"不道"的罪名惩治嫪毐和吕不韦,"自今以来,操国事不道如嫪毐、吕不韦者,籍其门,视此。"[1]汉代此罪名使用比较普遍,并收入律文之中,如淳引汉律曰:"律,杀不辜一家三人为不道。"[2]张斐律表释曰:"逆节绝理,谓之不道。"[3]是为违反名节,绝灭伦理的严重犯罪行为。其注曰:"谓杀一家非死罪三人,肢解人,造畜蛊毒、厌魅。"不道作为罪名,当起于秦汉。

6. 大不敬

"六曰大不敬"罪的注文"为盗大祀神御之物、乘舆服御物;盗及伪造御宝;合和御药,误不如本方及封题误;若造御膳,误犯食禁;御幸舟船,误不牢固;指斥乘舆,情理切害及对捍制使,而无人臣之礼"。张斐律表称"亏礼废节谓之不敬",主要是指违礼而引发的犯

---

[1] 参见《史记》卷六,《秦始皇本纪》。
[2] 参见《汉书》卷八四,《翟方进传》之如淳注。
[3] 《晋书》卷三〇,《刑法志》。

罪。其疏议首先说:"礼者,敬之本;敬者,礼之舆。"引《礼记·礼运》释义云:"礼者君之柄,所以别嫌明微,考制度,别仁义。"对照《礼运》原文,还有"傧鬼神"三字,即引导鬼神入位的意思。疏议无此三字,绝不是注律者无意疏忽造成的脱文,而是《唐律》有意将鬼神因素从律中剔除。其次,注文"谓盗大祀神御之物",疏议引《祠令》《职制律》,指明"若大祭、大享并同大祀","神御之物,谓神祇所御之物"。据《周礼地官·鼓人》贾公彦疏曰:"天神称祀,地祇曰祭,宗庙曰享"。比照前文,反映了《唐律》"敬鬼神而远之"的儒家鬼神观。再次,在对"御宝"的释义引《说文》云:"玺者,印也。"再引《左传》云:"襄公自楚还,及方城,季武子取卞,使公冶问,玺书,追而予之。"[1]最后,对"御膳"的释义引《周礼·天官·食医》:"食医掌和王之六食、六饮、六膳、百羞、百酱、八珍之类。"可以看出,在任何细节上,《唐律》都要与儒家经典相匹和。

7.不孝

"七曰不孝"罪的注文"谓告言、诅詈祖父母父母,若供养有阙;居父母丧,身自嫁娶,若作乐,释服从吉;闻祖父母父母丧,匿不举哀,诈称祖父母父母死。"疏议曰:"善事父母曰孝。既有违犯,是名'不孝'"。对其注文"及祖父母父母在,别籍、异财",其疏议曰:

祖父母、父母在,子孙就养无方,出告反面,无自专之道。而有别籍、异财,情无至孝之心,名义以之俱沦,情节于兹并弃,稽之典礼,罪恶难容。二事既不相须,违者并当十恶。

"就养无方"语出《礼记·檀弓上》:"事亲有隐而无犯,左右就养无方。""出告反面"语出《礼记·曲礼》:"夫为人子也,出必告,返必面。"

---

[1] 参见《春秋左传集解》卷十九,上海人民出版社1977年版,第1114页。

对"供养有阙"的释义引《礼》云:"孝子之养亲也,乐其心,不违其志。以其饮食而忠养之。"对"闻祖父母、父母丧,匿不举哀"的释义引《礼》:"闻亲丧,以哭答使者,尽哀而问故。"这段出自《礼记·内则》引曾子的话:"孝子之养老也,乐其心不违其志,乐其耳目,安其寝处,以其饮食忠养之。"都是以《礼》释律。

8. 不睦

"八曰不睦"罪的注文"谓谋杀及卖缌麻以上亲,殴告夫及大功以上尊长、小功尊属。"疏议引《礼》云:"讲信修睦。"又引《孝经》云:"民用和睦。"本条讲的都是亲族相犯。这里所说的"谋杀"指的是预谋杀人,若已实行,则属于恶逆。在其注文"殴告夫"的释义中引《礼》云:"夫者,妇之天。"又云:"妻者,齐也。"语出《白虎通义·嫁娶》:"妻者,齐也,与夫齐体,自天子下至庶人,其义一也。"用《礼》来说明夫妻关系。

9. 不义

"九曰不义"罪的注文"谓杀本属府主、刺史、县令、见受业师,吏、卒杀本部五品以上官长,及闻夫丧匿不举哀,若作乐,释服从吉及改嫁。"总论其注疏议曰:"礼之所尊,尊其义也。此条元非血属,本止以义相从,背义乖仁,故曰'不义'。"直接用礼的含义来解释设置不义罪的实质在于打击危害没有血缘关系的尊长的犯罪行为,以维护礼所倡导的等级制度。"礼之所尊,尊其义也"语出《礼记·郊特牲》。

"不义"之罪分为三类:一是属官杀府主、刺史、县令,学生杀现受业师。二是流外官以下、士兵杀本部五品以上官长,都是以下犯上。三是妻对夫的"不义"行为,其疏议曰:

> 夫者,妻之天也。移父之服而服,为夫斩衰,恩义既崇,闻丧即须号恸。而有匿哀不举,居丧作乐,释服从吉,改嫁忘忧,皆是背礼违义,故俱为十恶。

以礼规范妻子对丈夫的绝对从属关系,并以律保证夫权的实施。据《仪礼·丧服》:"妇人有三从之义,无专用之道。故未嫁从父,既嫁从夫,夫死从子。故父者,子之天也;夫者,妻之天也。"

10. 内乱

在"十曰内乱"的注文"谓奸小功以上亲、父祖妾与和者。"其疏议曰:

> 《左传》云:"女有家,男有室,无相渎。易此则乱。"若有禽兽其行,朋淫于家,紊乱礼经,故曰"内乱"。[1]

《左传》之语出自"桓公十八年",杜预注曰:"女安夫之家,夫安妻之室,违此则为渎。"说明"内乱"是"紊乱礼经"的严重犯罪行为,将其列入"十恶",具体定罪量刑,皆以服制为准,旨在维护家庭内部的伦理关系。

总之,对"十恶"尽量用经义来释义。从"十恶"的内容看,十恶之罪可分为三类:一是直接威胁、损害皇帝人身、权力、尊严的行为,如谋反、谋大逆、谋叛和大不敬,这是"十恶"的核心内容。二是严重威胁统治秩序的恶性犯罪,如不道、不义。三是严重破坏名教道德、伦常关系的行为,如恶逆、不孝、不睦、不义和内乱,其分量占十恶之半,反映了唐律"礼刑结合"为立法的指导思想,其礼是以儒家的经典为依据的礼制。十恶之中,尤重前四种,即谋反、谋大逆、谋叛与恶逆。

(四)八议

"八议"是经义入律的突出体现。据《周礼·秋官·小司寇》:

---

[1] 《唐律疏议》卷一,《名例律·十恶》。

以八辟丽邦法，附刑罚：一曰议亲之辟，二曰议故之辟，三曰议贤之辟，四曰议能之辟，五曰议功之辟，六曰议贵之辟，七曰议勤之辟，八曰议宾之辟。

曹魏制订《新律》，首开将儒家经典之内容入律文之先河，其将《周礼》中的"八辟"，改为"八议"，作为法条，编入正文。《唐六典》将立八议的目的定为："以广亲亲，以明贤贤，以笃宾旧，以劝功勤。"其注云：

《周礼》以八辟丽邦法，附刑法，即八议也。自魏、晋、宋、齐、梁、陈、后魏、北齐、后周及隋皆载于律。[1]

《唐律》沿袭这一规定，并在其"疏议"中说：

《周礼》云："八辟丽邦法。"今之"八议"，周之"八辟"也。《礼》云："刑不上大夫。"犯法则在八议，轻重不在刑书也。其应议之人，或分液天潢，或宿侍旒扆，或多才多艺，或立事立功，简在帝心，勋书王府。若犯死罪，议定奏裁，皆须取决宸衷，曹司不敢与夺。此谓重亲贤，敦故旧，尊宾客，尚功能也。以此八议之人犯死罪，皆先奏请，议其所犯，故曰"八议"。

说明"八议"的规定是源于《周礼》[2]，"刑不上大夫"，出于《礼记·曲礼上》："礼不下庶人，刑不上大夫。"郑玄注曰："不与贤者犯法。其犯法则在八议，轻重不在刑书也。"西汉朝廷断狱，已常用"议""请"之制，东汉更为普遍，至曹魏始将"八议"入律。唐代除

---

[1] 《唐六典》卷六，《刑部郎中员外郎条》。
[2] 参见《周礼·秋官·小司寇》。

"八议"外,还制定了"请""减""赎"等一整套优待皇亲国戚、贵族、官吏的制度。

"八议"的内容为:议亲、议故、议贤、议能、议功、议贵、议勤、议宾。在"议宾"的疏议曰:

> 《书》云:"虞宾在位,群后德让。"《诗》曰:"有客有客,亦白其马。"《礼》云:"天子存二代之后,犹尊贤也。"昔武王克商,封夏后氏之后于杞,封殷氏之后于宋,若今周后介公、隋后酅公,并为国宾者。

"虞宾在位,群后德让",语出《尚书·益稷》;"有客有客,亦白其马",语出《诗经·周颂·有客》;"天子存二代之后,犹尊贤也",语出《礼记·郊特牲》。周武王封夏、殷之后,事见《史记·周本纪》。唐模拟西周故事,封北周之后为介公,隋后为酅公。对一个"宾"字,用了《书》《诗》《礼》三部经以释其义,以说明对此八种人的特殊礼遇是合乎经义的。

永徽二年(651年),唐临为御史大夫,华州刺史萧龄之以前任广州都督时的犯赃事发,高宗交付"群官集议"。集议的结果是死刑,高宗"令于朝堂处置"。唐临奏曰:"律有八议,并依《周礼》旧文,矜其异于群臣,所以特制议法。礼:王族刑于隐者,所以议亲;刑不上大夫,所以议贵。知重其亲贵,议欲缓刑,非为嫉其贤能,谋致深法。今既许议,而加重刑,是与尧、舜相反,不可为万代法。"[1]这可以说是对八议寓意的详解。德宗为太子时,曾以张涉为授业经师。后张涉因"受前湖南都团练使辛京杲赃事发",德宗颁诏曰:"尊师之道,礼有所加;议故之法,恩有所掩。张涉贿赂交通,颇骇时听,常所亲

---

[1]《旧唐书》卷八五,《唐临传》;参见《唐会要》卷三九,《议刑轻重》。

重,良深叹惜。宜放归田里。"[1]德宗也是根据礼与法的关系,以"议故"来处理其恩师的罪刑。

除此五刑、十恶、八议之外,《名例律》中有大量法条的释义,是用《礼》来解读。

(五)《名例律》其他条文中的经学内容

《名例律二》"妇人有官品邑号"条,其疏议曰:依《礼》:"凡妇人,从其夫之爵位。"注云:"生礼死事,以夫为尊卑。"其注用的是《礼记·杂记上》郑玄注:"妇人无专制,生礼死事,以夫为尊卑。"

《名例律三》"犯徒应役家无兼丁"条,其疏议曰:妻同兼丁,妇女虽复非丁,据《礼》:"与夫同体",故年二十一以上同兼丁之限。其妇人犯徒,户内无男夫年二十一以上,亦同无兼丁例。

《名例律四》"老小及疾有犯"条,对"诸年七十以上、十五以下及废疾,犯流罪以下收赎"款,其疏议曰:"依《周礼》:'年七十以上及未龀者,并不为奴。'今律:年七十以上、七十九以下,十五以下、十一以上及废疾,为矜老小及疾,故流罪以下收赎。"

对"八十以上、十岁以下及笃疾,犯反、逆、杀人应死者,上请"款,其疏议曰:"《周礼》'三赦'之法,一曰幼弱,二曰老耄,三曰蠢愚。今十岁合于'幼弱',八十是为'老耄',笃疾'憃愚'之类,并合'三赦'之法。"[2]

对"盗及伤人者亦收赎"款之问"殴己父母不伤若为科断"的答复为:"其殴父母,虽小及疾可矜,敢殴者乃为'恶逆'。或愚痴而犯,或情恶故为,于律虽得勿论,准礼仍为不孝。老小重疾,上请听裁。"宋代王元亮作《唐律释文》对"准礼仍为不孝"句解释说:"准《礼》,凡为人子者,冬温夏清,昏定晨省,出必告,反必面,所游必有常,所习必有业;居父母疾与丧,笑不至哂,怒不至詈,饮药必先尝之。今

---

[1]《旧唐书》卷一二七,《张涉传》。
[2]见《周礼·秋官·司刺》。

律虽矜其幼小而赦,反有殴詈父母者,为不孝也。"即未成年之子孙,打骂父母,于律虽可不予追究,但《礼》仍认定其为"不孝",须上请皇帝决定是否处治或赦免。礼的效力并不低于律。

又对"九十以上,七岁以下,虽有死罪,不加刑"款,其疏议曰:"《礼》云:'九十曰耄,七岁曰悼,悼与耄虽有死罪,不加刑。'[1]爱幼养老之义也。"将《唐律》关于免除或部分免除刑事责任能力的规定与《周礼》相关规定直接比对,以说明唐律的规定是完全合乎礼制的。

以上皆为《名例律》即《唐律》总则中有关以经义释律的规定,其分则中这样的释义仍比比皆是,因篇幅关系,就不一一列举了。

四、汉唐之际从经史之学到法律之学的发展

按现代法学的原理,所谓法学,是以法律为主要研究对象的学科,它曾长期与政治学结合在一起,直到19世纪才各自成为独立的学科。但从研究各科学史的角度讲,无论是自然科学,还是社会科学,都有其发生、发展的过程;其发生、发展的过程就是学科史。我们研究一个学科,不能只看其成熟期,或只看其长成、定型时的样子,而忽视其早期产生、发展、成长的过程。如同一棵大树,作为研究对象时,就不能只研究其成型时的状况,必须对其幼苗、种子,甚至胚胎都进行研究,才能了解其本质,才有可能建立真正的学科体系。种子虽然不是大树,但已具备大树的一切基因。任何学科的原始状态与现今的成熟状态都有着极大的差别。从这个角度讲,法学也是如此。法学的起源很早,是随着法律的出现而产生的。

曾经一度流行过这种观点,认为"法学"一词是"舶来品",是近代从西方或日本引进的词汇[2]。20世纪八九十年代,有人据此说

---

[1] 参见《礼记·曲礼上》。
[2] 参见何勤华:《中国法学史》,法律出版社2000年版,第1页。

中国古代没有法学,只有律学。从文艺复兴以来,西方学者总将一切科学,尤其是从属于意识形态领域的一切科学都归于是那个时代的产物。这是由于欧洲自中世纪以来,意识形态领域一直被基督教神学所统治。文艺复兴的本质是人文主义,就是要将科学从神学的束缚下解放出来。人文主义者在否定神学的同时,难免将与神学捆绑在一起的各个学科及文化传统全面加以否定,出现历史虚无主义的倾向。18世纪、19世纪以后,资本主义兴起,欧洲成为世界上较先进的地区。在世界历史上,欧洲中心说成为思想界的主流,包括马克思主义的创始人也都或多,或少受到这种主流思想的影响。恩格斯说:"中世纪只知道一种意识形态,即宗教和神学。"[1]笔者不研究外国法学史,有关为西方"法学"一词下定义的第一人,不知道是何许人氏。东罗马帝国拜占廷皇帝查士丁尼大帝在公元533年,在其《法学总论》中对"法学"所下的定义是:

  法学是关于神和人的事物的知识;是关于正义和非正义的科学。[2]

  由此定义的前半句可以看出,当时的法学尚未脱离神学的羁绊,甚至可以说就是神学的附庸。恩格斯也说:"中世纪把意识形态的其他一切形式——哲学、政治、法学,都合并到神学中,使它们成为神学中的科目。"[3]他在《德国农民战争》一书中说:"僧侣们获得了知识教育的垄断地位,因而教育本身也渗透神学的性质。政治和法律都掌握在僧侣手中,也和其他一切科学一样,成为神学的分支,一

---

[1] [德]恩格斯:《路德维希·费尔巴哈和德国古典哲学的终结》,载《马克思恩格斯选集》第四卷,第231页。
[2] [古罗马]查士丁尼:《法学总论—法学阶梯》,商务印书馆1989年版,第5页。
[3] [德]恩格斯:《路德维希·费尔巴哈和德国古典哲学的终结》,载《马克思恩格斯选集》第四卷,第251页。

切按照神学中通行的原则处理。教会教条同时就是政治信条,圣经词句在各法庭中都有法律效力。甚至法学家已经形成一种阶层的时候,法学还久久处于神学控制之下。"[1]我国某些学者受此学说影响,否认中国古代法学的存在。其实在西方,"法学"一词起码在公元6世纪就出现了,西方人却说法学产生于19世纪,正是指其从宗教的羁绊之下解放出来。查士丁尼定义的后半部分关于"正义与非正义的科学",则是古希腊哲学的古老命题,如亚里士多德在《尼各马可伦理学》中说:"自然的正义不同于约定的正义,前者在任何地方皆有效适用,而后者是在特定区域内的约定俗成。"看来查士丁尼的定义是游离于神学与哲学之间结论,但与中国古代法家对法应合乎"公正、公平"原则的理解也是一致的。

中国古代"法学"一词最早见于记载,恰恰出现在汉唐之际,南齐永明九年(491年)孔稚珪任廷尉,上《请置律学助教表》,提出:

> 臣闻匠万物者,以绳墨为正;驭大国者,以法理为本。是以古之圣王,临朝思理,远防邪萌,深杜奸渐,莫不资法理以成化,明刑赏以树功者也……
> 寻古之名流,多有法学。故释之(张释之)、定国(于定国),声光汉台;元常(钟繇之字)、文惠(高柔之字)绩映魏阁。[2]

这里的"法学"一词就是有关法律方面的学问的意思。值得注意的是,与之相应的是在此之前还有"法理"一词的出现,说明当时"法学"与"法理"已具有了相当的联系,尤其是它与神学没有任何关系。孔稚珪所提到的张释之、于定国、钟繇、高柔等人,或为从事司法审判的法官,或为参与立法活动的官员,不是那些以经学出身的

---

[1] [德]恩格斯:《德国农民战争》,载《马克思恩格斯全集》第7卷,第400页。
[2] 《南齐书》卷四八,《孔稚珪传》。

律学家,故法学在这里与经学相关的律学有着原则性的区别。在此之前,曹魏曾在廷尉寺设置律博士四人,教授刑法。晋及南北朝、隋唐均有此职,从而法律成为官学。

唐代科举选士,定《选人条例》,该《条例》规定科举是以"经史"与"法理"作为选拔官员的基本标准;其"既依律文,又约经义"者为第一等;"断以法理,参以经史"者为第二等。仅仅是"判断依法"者,只能入三四等。经史、法理皆不通者,则不予录取[1]。从其考试内容看,也是以"时事"和"疑狱"作为出题范围,与宗教神学无任何的关系。从这方面看,中国古代的法学,早已摆脱了神学的束缚,成为只受政治学影响的相对独立的学科。而西方法学由于是源于神学,故在相当长的时间内仍受神学支配,是神学的附庸。

应当说明的是,古代学术的分科是一个渐进的过程,各门学科在早期都是交糅在一起的,是不分类的。无论是自然科学,还是社会科学,都随着社会的发展,生产力水平的提高和人们认识水平的提高而逐渐分化。古代学术仅掌握在极少数人的手中,官府垄断文化。这正是当时"学在官府"的重要原因。垄断学术的主要是巫祝和史官这两种人。如果从中国说,最早的学术分类也可以说仅分为巫祝文化与史官文化这两类。巫祝尚鬼神,其发展前途除艺术领域外,应当是宗教神学,但在中国没有形成真正意义上的神学(道教是古代巫祝文化与外来佛教的混合体),故只能在民间作为巫术存在,或以艺术的形式传播。史官摆脱了巫祝的影响,首重人事,统治者以历史作为学习统治经验的必要手段,其中既包括政治方面的统治术,由此而发展成为政治学;也包括法律方面的统治法,由此而发展成为法学。随着社会的发展,尤其是春秋、战国时期,士阶层的活跃,私学的兴起,使文化下移,各种学术专业开始分化,各学科开始独立。从汉代开始,以史官文化为基础的儒家学派逐渐占据统治地

---

[1] 参见《通典》卷一七,《选举五》。

位,他们将最早的史学著作经典化,称为"经"。经学的内容涵盖了史学、法学及其他学科,史学与法学附属于经学,当时称为"经史之学"。汉儒开始对当时存在的学术进行分类,司马迁父子将其分为六类:阴阳、儒、墨、名、法、道六家,司马谈著《论六家之要指》说明之。东汉班固在《汉书·艺文志》中将学术按当时所存在的书籍分为六艺、诸子、诗赋、兵书、数术、方技六类。其中六艺是经史之学,诸子是百家之说,分为十家,班固称其为:"《六经》之支于是流离。"法学尚未成为独立的学科,只是或融诸经史,或存乎各家代表人物的言论与著述,但也显现出其生机勃勃的状况。近人刘申叔先生著有《古学出于史官论》一文,其论曰:

> 《汉书·艺文志》叙列九品,谓道家出于史官,吾谓九流学术,皆源于史,匪仅道德一家。儒家出于司徒,然周史六彄以及周制周法皆入儒家,则儒家出于史官。阴阳家出于羲和,然羲和苗裔为司马氏,作史于周,则阴阳家出于史官。墨家出于清庙之守,然考之周官之制,大史掌祭祀,小史辨昭穆,有事于庙,非史即巫,则墨家出于史官。纵横家出于行人,然会同朝觐以书协礼事,亦太史之职,则纵横家出于史官。法家出于理官,名家出于礼官,然德行礼义,史之所记,则法、名两家亦出于史官。杂家出于议官,而孔甲、盘盂亦与其列;农家出于农稷,而孔安国书册参列其中;小说家出于稗官,而虞初周说杂伺其间,则杂家、农家、小说家亦莫不出于史官,岂道家云乎哉?盖班志所言,就诸子道术而分之,非就诸子渊源而分之也。仁和龚氏有言,诸子学术,皆周史支孽小宗,后世子与史分,古代子与史合,此周史之所以职掌者二也[1]

---

〔1〕 参见陈桐生:《中国史官文化与史记》,汕头大学出版社1993年版,第75~76页。

这就是说,史官文化是中国上古文化之源。经学、史学与法学的分袂,是在魏晋南北朝时期,但在图书分类领域,史学与法学始终密切相关,法典与法学著作一直是列于"史部"。这既说明法学与史学同源,也说明史学是法学之源。

中国古代的"法学"一词,始见于南齐永明七年(489年),而"史学"与"律学"则早于其一百七十年,在东晋十六国时期,晋大兴二年(319年),后赵石勒称帝,改称赵王元年:

> 始建社稷,立宗庙,营东西宫。署从事中郎裴宪、参军傅畅、杜嘏并领经学祭酒,参军续咸、庾景为律学祭酒,任播、崔濬为史学祭酒。[1]

在这里,"学"是学科的意思,即在国家设立的官学中设置经学、律学与史学三个专业,用现在的话说就是设了三个系。经学、律学与史学同时并列于学官,一方面可见其关系的密切;另一方面也说明其开始分立,尤其是法学与史学既不受神学控制,又摆脱了经学的束缚,各自成为独立的学科。唐代律学博士隶属于国子监,教授法律,"以律令为专业,格式法例亦兼习之"[2]。只不过中国古代的法学与律学是混用的,如唐代"律学"考试的名称为"明法",这是因为它毕竟与经史之学仍有着千丝万缕的联系。

现在人们在谈"法系"或"法律文化"时,对外国的各法系的共同特点是:以法系之所以成立,必具有其共同的文化精神为支持。这一文化精神,在外国的法系中,主要体现在宗教方面。如印度法系的特色是"瓦尔那"制度,即种姓制度,这是早期印度的婆罗门文化精神;犹太法和犹太法律体系源于早期的犹太教;罗马法虽是民法

---

[1] 《晋书》卷一〇五,《载记五·石勒下》。
[2] 《唐六典》卷二一,《国子监》。

法系,但在中世纪仍以基督教为其文化背景;伊斯兰法系则直接以《古兰经》为法典。因此,我国法制史的前辈陈顾远先生在其1934年出版的《中国法制史》一书中就说过:

> 神思想盛于初民,法制之兴,莫离宗教,中国自不能外此通例也……然中国法制之表现,除殷世以前受宗教之影响外,自周以来,则并无宗教之特殊色彩。中国法系之异于回回法系、印度法系者,此亦一端……最使中国法制受其影响者,非宗教,乃儒家思想也。儒家虽有人以儒教或孔教称,但儒系以人生哲学及政治哲学著,且始终抱无神之信仰,实不得以宗教目之,已成定论。自汉以来,儒家思想支配中国历史数千余年,其间因有盛衰,但君主为治之道,终皆未能有逃于儒,而中国法制之经其化成,更系当然。中国法系之所以独异于人者,谓为因儒家思想在世界学术史上别具丰采所致,亦非过言。儒家之中心思想在"经","经"不特备人类行为之标准,抑且示法律制度之准绳。故研究中国法制者,苟不考及儒家之"经",而仅涉猎历代之法制典章,实无由窥其底蕴。[1]

陈顾远先生的这一论点与元代柳赟在为《唐律疏议》作序时所说的"法家之律,犹儒家之经。五经载道以行万世,十二律垂法以正人心。讵不可废,法岂能独废哉"[2]相当一致,必须引起我们的重视。研究中国的法律史,探究中华法系,必须了解"经史之学与法律之学"的关系。汉唐之际正是中国传统法学从经学的羁绊中挣脱出来,成为独立的学科,并为中华法系的形成奠定了基础。

---

[1] 陈顾远:《中国法制史》,中国书店1988年版,第53~55页。
[2] (元)柳赟:《唐律疏议序》,参见《唐律疏议》附录,中华书局1983年版。

清代章程简说

王若时[*]

【摘要】 清乾隆朝以前,"章程"是事例的一种,不是独立的法律形式。自乾隆朝始,朝廷为把部院则例贯彻到基层,章程作为独立的法律形式登上法律舞台。晚清时期,伴随社会和法制变革的需要,编纂了大量带有"新法"性质的章程,对完善清代法制、推动古代法制向近代转型发挥了重大作用。

【关键词】 清代章程;编纂的兴起;晚清特色;近代转型

清代法制较前代的一个重大发展,是"章程"在清中后期演变为新的法律形式,与会典、则例等共同构成清代法律体系中不可替代的组成部分。清代章程的发展有着较为明显的分水岭,其编纂数量从清初的寥寥无几,到乾隆朝开始兴盛,又于晚清时期成倍剧增,并出现了大量带有"新法"性质的各类章程,鲜明地体现了清代社会与法制的变化。本文就清代章程编纂的演变历程作一简述。

一、乾隆朝章程编纂的兴起及其动因

(一)乾隆朝前章程的历史沿革

"章程"一词最早见于汉代,《汉书》云:"天下既定,命萧何次律

---

[*] 作者系西北大学法学院讲师,法学博士。

令,韩信申军法,张苍定章程,叔孙通制礼仪,陆贾造新语。"[1]"张苍定章程"句下如淳注:"章,历数之章术也。程者,权衡丈尺斗斛之平法也。"由此可知,张苍制定的是历书及度量衡方面的规章制度。南北朝时,"章程"常与"品式"连用,"品式、章程皆属具体规定事务的标准、范式和规程等的法律细则"[2]。唐、宋、明史籍中,有"制度章程""律令章程""法令章程""军务章程""军门章程""礼乐章程""科举章程""赋役章程"的记载,用以表示军乐、礼仪、科举、赋役方面的具体法令规定。清代以前的章程基本失传,仅有几则章程存世。明人所辑《海运纪事》记有一则"海运章程",该章程由山东提刑按察司副使陶朗先"博采群议、关防禁约,著为章程",内容是有关粮船米豆钤印、运粮卸粮、粮夫管理等具体细则10条。该章程发布后,要求"揭示晓谕,一体遵守,违者按法挈问施行"[3]。

清代前期的史籍中,常出现"章程法度""国家章程"的用语,究其内涵,有些是泛指法令制度,如"凡大经过大法、允为世守章程""我国家章程法度"[4]。有些是用以表述国家制度的实施细则。如康熙年间刊刻的《未信编》一书中,作者潘杓灿将刑名法规总结为"章程十则",记"放告""准状""承行""拘提""听审""用刑""问拟""照提""监禁""发落"[5]十类章程,分别记述了牧令官审判案件必须遵循的具体制度。清人著《金吾事例》一书,内有顺治十一年制定的"白塔山及内九门设立号杆灯笼"、雍正年间制定的"阴文合符"章程,均是关于军政制度的实施细则。

---

[1] (汉)班固:《汉书》,(唐)颜师古注,中华书局1962年版,第81页。
[2] 吕丽:《故事与汉魏晋的法律——兼谈对于〈唐六典〉注和〈晋书·刑法志〉中相关内容的理解》,载《当代法学》2004年第3期。
[3] (明)佚名辑《海运纪事》不分卷,明刻本。
[4] 《清实录》第四册,《圣祖仁皇帝实录》(一)卷22,中华书局影印本1985年版,第308页。
[5] (清)潘月山撰:《未信编》卷3,清康熙二十三年刻本。

从乾隆朝以前的史籍记载看,古人所说的"章程",有些是从广义上讲的,泛指国家的法令制度。但从目前尚存于世的明、清几则章程看,立法中使用的章程的含义,均指"国家法制的规程细则",并不是独立的法律形式。

(二)乾隆朝章程编纂的兴起及其动因

章程编纂的兴起,始于乾隆朝。检索《清高宗实录》,有关乾隆朝编纂"章程"的记载出现了814次。数量是清前期顺治、康熙、雍正三朝的30多倍。这一时期,编纂章程成为中央各衙门日常立法的工作之一,许多章程单行发布。所有这些,标志着章程作为一种独立法律形式已登上法律舞台。

乾隆朝之所以重视章程编纂,其目的是把国家基本法律贯彻到基层。乾隆朝是清代法制空前健全的时期,各种基本法律制度已经确立,实行定期修例制度,中央各部院都制定了规范本衙门活动的则例,如吏部制定有《钦定吏部则例》,户部制定有《钦定户部则例》,工部制定有《钦定工部则例》,理藩院制定有《理藩院则例》,都察院制定有《都察院则例》,通政使司制定有《通政使司则例》,太常寺制定有《钦定太常寺则例》,国子监制定有《钦定国子监则例》等[1]。由于两个原因,一是各部院则例中的一些具体制度需要制定更加详细的细则予以完善。二是两次修例期间,出现的一些新的情况需要以法律细则予以补充。章程较之部院则例,有发布及时、针对性强、法律规范细化的优点,较之条例、事例,有内容包容量大、规范性和稳定性强的优点,故它受到统治者的青睐。

乾隆时期,中央各衙门在两次修例之间,根据新发生的问题及时发布了许多章程,在《各部院条例册》《上谕条例》中,就收有数十个当时中央衙门颁布的章程。乾隆朝编纂的章程,大多已经散失,仍

─────────

〔1〕 根据王钟翰《清代各部署则例经眼录》和杨一凡《历代例考》中所辑录的则例文献可知,乾隆朝则例汇编的规模已基本成型。

有不少章程散见于清代的各类史籍、档案、方志中，其内容涉及国家立法的各个方面，如吏政类章程有《武职廉俸章程》等，食货类章程有《省仓收放南米章程》《道府州县佐贰等官应支廉俸章程》等，礼制类章程有《庆典章程》等，狱讼类章程有《办理盐案章程》《接递脱逃军流递籍发配徒犯及解审发回之犯留养停遣章程》《雨泽延期清理刑狱章程》《办理积匪章程》《案犯报病章程》《浙省仿照江南改定办理积匪章程》《秋审章程》《恩赦章程》等，治安类章程有《省城分铺设立梆锣派委文武员弁兵役巡查章程》《清编保甲章程》《委员抽查保甲章程》《近河各州县设立巡船分地拨役巡缉各章程》等，河工类章程有《探采皇木章程》《议覆河工木龙章程》《酌定堵筑兴工一切办料做工章程》《筹请保护高宝下河章程》《详定骆马湖章程》等。这些章程，基本上都是补各部院则例之未备，其内容都是衙门具体事务或某地方的具体事宜。如《耗羡章程》规定了等直隶、奉天、江苏、安徽、江西等21省的额征耗羡银两数目，对各省耗羡银的种类、总额等均作了统一记载。这些章程的颁布，对完善当时的法制发挥了积极作用。

及时编纂、发布章程，不仅弥补了部院则例的不足，而且成为下次修例的文本来源。乾隆年间，保和殿大学士傅恒在议奏《钦定旗务则例》时论及章程收入部院则例的必要时说，"庶程序具在，条目秩然，使节年议定之章程，皆可了如指掌，而随时酌定之成案，亦得彼此咸知"。[1] 从乾隆朝编纂的各部院则例看，多个中央衙门的则例都收入了章程。如《钦定户部军需则例》卷9收有"办理报销章程"[2]，《钦定礼部则例》卷48收有"铨补教习章程"[3]，《钦定户部则例》卷120收有"耗羡章程"[4]，《钦定工部则例》卷3收有"城工

---

[1] （清）评德纂《钦定旗务则例》奏折，清乾隆三十四年武英殿刻本。
[2] （清）阿桂修《钦定户部军需则例》，乾隆五十三年武英殿刻本。
[3] （清）阎泰和纂《钦定礼部则例》，清乾隆四十九年武英殿刻本。
[4] （清）于敏中修《户部则例》，乾隆四十六年刻本。

验收结报章程"、卷23收有"保委运铜委员章程""长运委员有无短少惩劝章程"等。这些章程编入部院则例后,成为国家基本法律的组成部分,在全国通行。

嘉庆朝沿袭乾隆法制创建的经验,仍非常重视章程的编纂。从现存的嘉庆颁布的章程看,数量较乾隆朝有所增加,适用范围广泛。代表性章程有"举报老农酌定章程""派拨匠粮章程""浙省办理海口营务缉捕各条章程""兵童应试章程""主位轿乘章程"《钦定河工则例章程》等数十种。这些章程规定的内容,均为乾隆朝所未有,是当时实施各部院则例的法律细则。

二、道光以降各朝编纂章程概述

自道光朝始,随着社会和法制变革,章程成为朝廷立法的重要法律形式,其编纂进入了空前兴盛的时期,具体表现在以下五个方面。

其一,编纂数量剧增,适用范围更广。

道光十年(1830年)以后,定期修例制度逐渐废弛,以颁行通行条例补充部院则例的做法也较少运用,而代之于编纂和发布章程。道光、咸丰、同治、光绪、宣统五朝,随着时间的推移,章程的颁布量逐年、逐朝剧增。从各朝实录看,章程出现的数量,《乾隆朝实录》1500卷,章程记录为815条;《嘉庆朝实录》374卷,章程记录为589条;《道光朝实录》476卷,章程记录为1527条;《咸丰朝实录》356卷,章程记录为620条;《同治朝实录》374卷,章程记录为635条;《光绪朝实录》597卷,章程记录为1571条。各朝实录卷数与皇帝在位时间成正比,由此可知晚清各朝实录有关章程的记载越后越多且成倍增加。

晚清时期,章程的适用范围也空前扩大,其内容涉及国家立法、地方立法及实业、社会组织规则的制定等多个方面。2017年,杨一凡、陈灵海教授在多年收集清代章程的基础上,复制到现存于世的章程1500余件,从中选编了1440余件编为《清代章程选编》[1],该书所收章程,80%以上都是晚清时期发布的。编者将这些章程分为吏政、食货、礼政、军政、狱讼、治安、学堂、对外事务和通商、河工等10类。其中,晚清五朝发布的情况是:吏政29件、食货170件、礼制3件、军政11件、狱讼48件、治安61种、学堂46件、河工10件、外事及通商688件、其他44件。晚清时期到底颁行了多少章程,很难精确统计,但若用"数以千计"表述,绝不为过。

其二,扩大章程的制定权。

清代的主要法律形式有典、律、例等,例又分为则例、条例、事例。晚清以前的清代立法,凡是中央各衙门公布的法律,立法权在中央,需经皇帝钦准才能颁行。晚清章程的制定,突破了以往立法权限的限制,把制定权扩大到从中央到地方乃至社会组织团体。

晚清时期,所有中央衙门都制定了章程。如同治八年(1869年),户部制定了《大八成选补班次章程外补大八成章程》;同治十二年(1873年),吏部编纂了《钦定吏部文选司章程》;光绪二十七年(1901年),礼部制定了《礼部政务处会奏变通科举章程》;光绪三十年(1904年),商部奏制定了《奏定路矿章程》;宣统三年(1911年),法部制定了《法部奏定修正承发吏职务章程》,同年,邮传部制定了《验收铁轨章程》等。

晚清章程中,多数是由地方各级官府制定的,督抚、知府、知县等官职衙门都能在权限范围内制定章程。如道光年间,浙江巡抚部院重修了《钦定严禁鸦片章程》;道光十七年(1837年),福建漳州府知府童宗颜辑修了《漳州府义仓章程》;道光三十年(1850年),两江总督陆建瀛纂订了《淮盐新纲章程》;同治年间,浙江通省盐茶牙厘总

---

[1] 杨一凡、陈灵海编:《清代章程选编》(第35册),国家古籍整理规划项目,"古代法律辑佚"支项目,收入清代章程1440余种,尚未出版。今年该书压缩为25册,分为甲、乙编,由中国政法大学出版社出版。本文写作中利用了此书收入的资料,特向编者表示感谢。

局编纂了《浙省新定筹饷百货捐厘章程》，陕西厘税总局制定了《陕西厘税总局拟定画一章程》，益阳乐输局制定了《益阳乐输局章程》；同治元年(1862年)，山东青州知府高某报山东布政使、按察使批准，制定了《各属应付兵差车辆打用过站记过章程》等。

清代的许多章程是由社会组织订立的，包括书院章程、银行章程、医院章程、公司章程、善堂善会章程、保婴育婴章程等。这些章程由社团成员议定，除少数向县级衙门备案外，多数通常并未经过官方批准，如光绪年间士绅集资设立的《广行善堂章程》，二十二年(1886年)三墩镇士绅倪润章等募捐建造明善堂并订《明善堂简章》，光绪二十九年(1903年)绅士严汝砺等议定《五团劝葬局章程》，三十三年(1907年)魏震与章宗祥等议定《创办京师第一蒙养院启附章程》等。

清代章程的性质、适用范围及其法律效力，是依据制定单位的法律地位决定的。凡属中央颁布的法律，系国家法律，在全国或某一行业领域通行。省、府、州、县制定的章程，属于地方法律，分别在本省区、本府、本州、本县内适用。就法律效力而言，中央高于地方，省高于府，府高于县，下级衙门制定的章程不得与中央和上级衙门制定的章程规定向抵牾。有实业公司、学堂、医院制定的章程，虽然不属于国家法律，但对本单位的成员有约束力。由不具有承担民事责任的村社、家族、行业协会制定的章程，属于民间组织自治自律规范，他们虽不属于国家法律，但对本社团内的成员有约束力。社会团体组织制定的章程，对完善国家法制有补充作用。

其三，章程成为省例的重要组成部分。

在清代，"省例"这一称谓是基于与"部例"的称谓相对应而出现的。省例是为了更好地实施部例中有关地方事务管理的规定而制定的。晚清史籍中的"省例"一词，既可作为通行全省的地方法律文献汇编的称谓，也指刊入具有省例性质的官方文书和地方性法规、政令汇编中的每一种法规、政令或具有法律效力的规范性文件。这些文件在全省范围通行，具有法律效力。这一时期，一些官府和文人编纂的省例文献中,都注意把章程收入。如道光年间广东即补同知宁立悌、候补布政司经历陶复谦、候补从九品王锡章辑《粤东省例新纂》[1],收入的道光年间制定的《监务人员委缺章程》《征收税羡章程》《弥补库贮章程》《筹议捐廉缉捕章程》《原定赴西省探采白铅价脚银数章程》《与贩私监外办治罪章程》《惠州府属巡河捕盗章程》《肇庆府属水陆缉捕章程》等。同治八年江苏书局刊印的《江苏省例初编》中,收入《酌改佐杂班次轮委章程》《办赋章程》《教职轮委章程》《丁祭乐舞章程》《严禁枪船章程》《设立社学章程》《宣讲章程》等章。光绪元年江苏书局刊印的《江苏省例续编》[2]中,收入同治年间《候补牧令外奖章程》《征收钱漕章程》《筹议清厘京控章程》《核议盗劫功过章程》《沙洲讼案清源章程》《海塘水利章程》等。省例收入的章程,有的是省级政府制定,许多是地方府州县制定的。章程收入省例后,就把府州县章程的适用范围扩大到全省区域,成为本省必须遵守的地方法律。

其四,汇编性章程及单行本空前增多。

道光以后各朝,为了方便执法官吏熟悉正在行用的各种章程,出现了一股编纂章程的热潮,先后刊刻有数十种章程汇编文献。其中,以外交事务和对外通商方面的章程汇编,如《各国约章纂要》《通商约章类纂》《约章分类辑要》《中外约章纂新》等,卷帙浩繁,内容相当广泛,涉及订约、遣使、设领事等官空、口岸贸易、货税、免税各物、税则、交际仪文、优待保护、疆界、狱讼、租庸建置、招工、行船、选募洋将等各个方面,它们是国际条约的实施细则,对缔约国双方有约束力。这一时期,刊刻最多的是国内某一省区的某一领域或某一行业的章程汇集。笔者复制到的有以下八种单刻本(见表1)。

---

[1] (清)宁立悌等辑:《粤东省例新纂》,见杨一凡、刘笃才编:《中国古代地方法律文献》丙编第10、11册,社会科学文献出版社2012年版。

[2] (清)佚名辑:《江苏省例续编》,载《中国古代地方法律文献》丙编第12册,社会科学文献出版社2012年版。

表1 八种单刻本章程内容提要

名称	版本	主要内容
《浙省盐务变通章程》	清道光三十年刻本	载"年额约销引数及道光元年核定各所科则""松所正减各地拟请酌减各款"等官文书23件
《备荒章程》	不分卷,清末刻本	"备荒救荒各事"10条,"应劝禁各事"8条
《豫省文闱供给章程》	不分卷,清光绪刻本	全书共分"两主考供给款目""贡院内各委员供给款目"等7册,册内分载"木器""厨茶房""匠役房""对读书吏"等事百余项,项下共载供给细目约1983个
《简州学田章程》	共一卷,清光绪二十一年刻本1册	全书先列"札""禀"等开置学田官文书14件,后记《州学支应章程》(共28条)、《府学支应章程》(共11条)、"遵刻《学政全书》五条""善后章程五条",创办学田捐收各款数目11项,十里坝、寨子山等学田图示、文契共27件
《城镇乡地方自治章程》不分卷	不分卷,(清)奕劻等撰,清刻本	书首记谕旨、奏折各一道,后载章程2件。"城镇乡地方自治章程分8章、三节、共112条";"城镇乡地方自治选举章程"分五章、十节,共81条
《粤省盐务外办章程》	一卷,不著撰人,清末刻本	盐务外办章程52条,"续议外办章程"8条
《浙江清讼章程》	光绪四年刻本	载布政使、按察使等官文、"清讼八条"、"功过章程"(15条)、"五日三日内呈报命盗案简明式""粉牌式"等
《办理保甲章程》	光绪十八年刻本	载巡抚官文一则,"护理巡抚部院胡橄行通饬各属办理保甲章程"(共6条)

此外,许多图书馆还藏有晚清时期颁行的汇编章程单刻本。如国家图书馆所藏《漳州府义仓章程》[1]《钦定吏部处分章程》[2],天津

---

[1] (清)童宗颜辑:《漳州府义仓章程》,清道光十七年刻本。
[2] (清)吏部编:《钦定吏部处分章程》,清同治刻本。

图书馆藏道光六年《直隶省备办吉林官兵过境一切事宜章程》[1]，南开大学图书馆藏《钦定严禁鸦片章程》[2]，湖南图书馆藏《淮盐新纲章程》[3]。汇编类章程通常是把不同发布单位制定的章程汇为一书，收入的每一章程只在制定单位规定的范围内使用，但其他章程可供各地官府在立法或执法中参考。

其五，通行、通饬类刑事章程的发布。

清代晚期，定期修例制度已近废弛。同治十二年(1873年)以后，律例馆未再编纂新的律后附例《纂修条例》，供地方问刑衙门遵行。然案情无穷，律例不能尽赅。为了使新发生的案情能够有法可依，并保证案件得到公允处理，防止官吏曲法为奸，刑部及时发布了一系列带有"新法"性质的章程，冠以"通行"字样，令全国问刑衙门一体遵守。各省仿效刑部，也颁行通饬章程。

现见以"通行章程"为名的书册主要出现在光绪、宣统两朝，"通饬章程"也多是光绪刻本[4]。现将四种代表性"通行章程""通饬章程"的内容简介如后(见表2)。

表2　代表性《通行章程》《通饬章程》内容一览

名称	版本	主要内容
《通行章程》（又名《刑部奏定新章》）	4卷，清光绪二十八年荣录堂续刻本	载道光十八年至光绪二十八年"赦后复犯分别加等""严禁栽种罂粟花""严禁幕友删供""东三省窝留马贼章程""变通挑选库兵章程""禁用酷刑章程"等127件
《刑部迭次通行章程》	1卷，清光绪刻本	载光绪十五年至光绪二十一年"监禁章程""扒窃章程""阵亡章程"等24件

---

〔1〕 (清)佚名编：《道光六年直隶省备办吉林官兵过境一切事宜章程》，清道光六年抄本。

〔2〕 (清)穆彰阿等撰：《钦定严禁鸦片章程》，清道光十九年刻本。

〔3〕 (清)陆建瀛订：《淮盐新纲章程》，清道光三十年刻本。

〔4〕 该结果经由中国国家图书馆"全国古籍普查登记基本数据库"检索得出，"通行章程"共37条、"通饬章程"共8条结果。

续表

名称	版本	主要内容
《直隶现行通饬章程》	1卷,清光绪刻本	全书分"公式""驿站""审断""用刑"等12类,共载光绪四年至光绪十八年"严禁讼棍条款""申明清讼章程""护送折差章程"等官文书69件
《四川通饬章程》	2卷,清光绪二十七年四川谳局刻本	载道光二十年至光绪二十七年"疯病监毙分别委验提讯""查禁私铸毛钱""整顿词讼章程""通饬捕盗章程"等共计57件;附"成都官廨题壁记"1则、"成都发审局藏书目录"一份

晚清发布的刑事类"通行""通饬"章程,为了让司法官理解立法意图、准确适用法律,章程内容以奏章、详文等官文书为主,没有采用"分条列举"式编排体例。

"通行章程"系中央立法,辑录的绝大多数法规条文,产生自部院、臣工的奏疏,被皇帝钦准后"通行各直省问刑衙门一体查照""着各直省督抚府尹通饬所属一体严禁以杜弊端",基本适用于全国所有地方。"通饬章程"属于地方法律,书名一般是"某省通饬章程",多经州县官或院司呈详到省,由督抚宪台批后,将详文"通饬各属一体遵照",仅适用本省地方。以《直隶现行通饬章程》为例,该书的编纂,是直隶按察使司将"历年通饬"核查删减后,分门别类编纂而成,所有规条注明"何年月日或奉宪札、或系由司详情,及由某府县禀经详奉,核定原委备载,以示存实。"[1]《直隶现行通饬章程》中的规条均为直隶一省历年札、详等官文,法律地位明显低于中央部院的"例"。由此可知,《通行章程》和《通饬章程》最大的区别在于制定机关、立法程序、适用范围的不同。"通行章程"适用于全国,"通饬章程"只在本省区范围内适用。

---

[1] (清)佚名撰:《直隶现行通饬章程》详文,清光绪十七年保定臬署刻本。

三、晚清章程编纂与法制向近代转型

晚清时期章程编纂的一个重要特点,就是适应社会和法制变革的需要,很多章程带有"新法"性质。

自道光后期到清末,面对列强入侵和国内政局动荡,朝廷内外交困,处于不变革即亡国的危机状态。为救国图强,清政府先是开展洋务运动,后又于光绪末实行新政,进行官制、经济、军事、法律、文化等一系列改革。新的国家机构的设立,实业公司、学校、医院的举办,都需要用比较详尽的管理规则予以规范。正是在这种历史背景下,章程成为国家和地方立法的重要形式。同时,随着民间社团意识的觉醒,章程也成为制定社会团体组织活动规则的称谓。

章程是清末社会变革中新确立的制度的载体,也是保障这些制度实行的法律措施,因而在清末立法中被广泛运用。

清末在实行新政中,曾多次调整中央和地方官制,光绪二十九年(1903年)设立商部、巡警部、学部、财政处、练兵处、税务处等机构,又于光绪三十二年(1906年)再次改革官制,把刑部改称为法部,巡警部改设为民政部,户部改称为度支部,兵部改称为陆军部,将工部、商部合并为农工商部,设立邮传部等。新设的中央机构的许多管理职能,与之前的旧官制有很大不同,为此,清政府制定了《民政部奏部厅官制章程折(并章程)》《民政部奏厘定本部及内外城巡警总分厅权限章程折》《民政部奏厘定内外城各厅界域职掌员缺章程》《民政部巡警厅区长区员职务权限简章》《礼部奏筹办礼学馆大概情形并拟定章程折》《奏定陆军人员补官体制摘要章程》《法部奏变通提牢章程酌加奖叙折》《商部奏定商部章程折》《商部奏定路务议员办事章程》《商部改订路务议员章程》《农工商部奏拟订劝业道职掌任用章程折》等,就各个中央衙门的人员构成、职能和运作规则、活动原则等作了详细规定。

为了大办实业,振兴民族工商业。朝廷颁布了《商部新订出洋赛

会章程》《奏定矿务章程》《商部接见商会董事章程》《商标注册试办章程》《通州兴办实业章程》《黑龙江漠河筹办矿务章程》《商部奏定重订铁路简明章程》《度支部银行注册章程》《农工商部札各商务总会饬遵度支部注册章程》《商标注册试办章程》《师范传习所章程》《商部奏陈矿政调查局章程》《农工商部等会奏核议矿务章程》《农工商部奏定京师劝工陈列所章程》等，这些章程借鉴西方近代工商业管理及立法经验，就实业、商业公司的登记注册、商标申请、商会组织、鼓励商业等各项管理制度作了详细和明确的规定。以光绪三十年（1904 年）《商标注册试办章程》为例，该章程共 28 条，详细记载了商标的组成、注册局职能、呈请注册商标的程序要件、禁止注册商标的类型、商标专用年限、侵害商标专用权的惩罚措施、商标注册或展现手续的费用等规定。《商标注册试办章程》系"参考东西各国成例明定章程"，为保护华商、维护商业秩序而制定，与近代西方实业公司的运作原则没有显著区别。

为了废除科举，进行教育改革。清末采取了一些教育改革措施。在学堂设置方面，以新式兼习中学和西学的学堂，取代旧有省、府、州、县书院；新设了铁路、矿务、蚕桑、医学等专门学堂等。为"兴学育才"、培养多类型的人才，清政府颁布了《大学堂章程》《高等学堂章程》《中学堂章程》《高等小学堂章程》《初等小学堂章程》《蒙养院章程及家庭教育法章程》《优级师范学堂章程》《初级师范学堂章程》《实业教员讲习所章程》《高等农工商实业学堂章程》《中等农工商实业学堂章程》《初等农工商实业学堂章程》《实业补习普通学堂章程》《艺徒学堂章程》《进士馆章程》《译学馆章程》《任用教员章程》等新法令，对各级学堂的办学宗旨、培养目标、课程设置、学习年限等新制度作了详细规定。如光绪二十九年（1903 年）《高等学堂章程》，分为"立学总义""学科程度""考录入学""屋场图书器具""教员管理员"5 章，规定了学习年限、学习科目、升学途径、办学场地、教官管理员设置等内容。其中学科分为三类，在通习"人伦道德""经学大义""中国文学""外国语""体操"五门课程的基础上,根据不同学科分类再选择学习"历史""地理""物理""化学""地质""矿物""法学""理财学"等科目。以《高等学堂章程》为代表的一系列章程是在张之洞、张百熙、荣庆大臣"互相讨论,虚衷商榷,并博考外国各项学堂课程门目,参酌变通,择其宜者"改定而成,在参考外国教育体制及教学科目的情况下,酌改后加以"中国经史之学"等科目,并以此确立了中国近代的教育体制。

晚清章程在编纂方面,吸取了西方的立法经验。章程的制定,章、目分明,有明确的"章""节""条"层次区分,并加以顺序编号,法律规范性和立法技术有了显著提高。如光绪元年(1875年)《广东官纸印刷局试办章程》:该章程分"总纲""分职"等八章(共61条),此外书中还载有"初拟试办官纸印刷局章程"(共18条)、"续定官纸发售章程"(共6条)、"另附增源纸厂章程"(共14条,附章12条)、按察使说帖、印刷局图等8件。又如,光绪十三年(1887年)《筹议黑龙江金厂章程》[1],共记设厂、招股、矿师、机器、轮船、盈亏管理等事项16条。这些章程都采用"分条编列"的修订方式,章下有节、节下有条,条理性显著提升。在编纂形式上,已和西方近代条例、章程没有明显区别。

晚清章程的编纂和施行,是在不触动君主体制的原则下进行的,以"章程"为法律形式推行的"新法",都是一些与政治体制无关的经济、军事、学堂、司法等诸方面具体制度的改革,因而变革的范围和作用都是有限的。虽然如此,这些"新法"的推行,在许多方面已与中国古代法律有重大不同,对于推动中国社会和法制向近代转型发挥了重要作用。

---

[1] (民国)朱寿朋撰:《东华续录》(光绪朝)卷87,清宣统元年上海集成图书公司刻本。

天人合一的亲证

——释"吾十有五……从心所欲不逾矩"

黄宇昕[*]

【摘要】 精神生命的自觉也即自我实现必须通过其自我否定产生的逻辑理性的中介才能实现,这种自我否定也即自我分裂产生道德理性本体界与逻辑理性现象界的区别、对立和斗争,在逻辑理性提供的主体形式下,道德理性才可能得以逐渐自觉,孔子这段自述正是精神生命自觉之历程的标志。这是通过主体不断地自我反省完成的对逻辑理性现象界的超越,超越之后又返归现象界,但此时一切现象都不复独立而成为精神的自我展现,整个历程可概之以"极高明而道中庸",此即"内向超越"。

【关键词】 不惑;天命;天人合一;精神生命;道德理性;逻辑理性

"吾十有五而志于学,三十而立,四十而不惑,五十而知天命,六十而顺,七十而从心所欲不逾矩",这段话是孔子对其一生为学修养历程的概括总结,却具有超越时代和社会的永恒意义。前人对这段话的批注多如牛毛,但皆有偏误,未得真义,更未能揭示其展现的、确定不移的精神生命实现历程。它们的致命之处在于,只是信从和依据经典的外在权威,作文字的考证诠释,虽然也不无个体之精神

---

[*] 作者系南开大学法学院讲师,法学博士。

的觉解,但终不能就其本身而言内在的必然性和普遍性,终不能以此代替孔子本人的觉解——至少不能令人信服,由此不但众说纷纭而无从判准,而且又易沦于臆测或滑向神秘的歧路。今以儒家思想融合黑格尔精神哲学,根据精神生命之自我实现的辩证法规律,观照一个已经自我实现了的精神生命之概括人生,两者恰好若合符节,相互照应,互为发明,故重释此文,以明大道,在此,引注与悟解亦不可少,但并不是以其本身有何固有的权威,而均需合于并体现此一精神生命之合乎辩证法规律的必然发展。

一、释"吾"

根据杨伯峻先生《论语译注》后附"论语词典"的统计,"吾"在论语中出现百余次,加上出现几十次的"我"和"己",其中大部分为孔子所发,无疑标志着孔子强烈的、自觉的主体意识,这和主张"无我"的《老子》和《庄子》相比显得尤为突出。当然,这些出现在《论语》中的孔子的"吾"(包括"我"和"己")是代表自觉的道德主体,但其既已自我实现即已经收摄融合逻辑主体,所以其亦反映且首先反映的是主体之形式,其次才是主体的道德内涵。

以精神哲学辩证法来说,道德的规律即否定之否定的规律,即精神本体(或精神生命、道德理性)必须通过自我分裂、自我否定产生的逻辑理性的中介才能得以自我实现。在人产生之前,精神生命处于自在即潜在、他在的状态,表现为纯粹自然,此为精神与自然、本体与现象尚未分裂的原始和谐。人的诞生打破此一原始和谐,为精神生命自觉之始,这就是主体的诞生,"吾"即为其标志。精神与自然的分裂,即精神生命或精神本体与自然界或现象界的分裂,其实质是精神生命的自我分裂,这一自我分裂是双重分裂:道德理性与逻辑理性即本体与现象的根本分裂,所以人具有双重本性,逻辑理性是作为现象的人的现实本性,道德理性是作为精神本体的人的超越本性,这一根本分裂导致和反映在现象界就是主客体的分裂、形式与内容的分裂,形式主体是单一的特殊或特殊的单一,内容客体是普遍的特殊或特殊的普遍,所以逻辑理性现象界是相互外在相互否定的世界。从本质来看,这一发展历程是由精神生命之绝对否定的本性所决定的,精神生命作为唯一真实的生命要求自我确证、自我实现,而这一自我实现则从其自我否定自我分裂开始,确定的逻辑理性形式主体既提供道德理性发展的前提,又构成其实现的障碍,而道德理性或道德主体在逻辑理性形式架构中既得到萌发的可能,又得到磨炼的机会,两者明里相互对立相互斗争,暗中相互配合相互成就,最终道德主体融和收摄逻辑主体,重归和谐(终极和谐、高度和谐或绝对和谐),精神生命完成否定之否定,得以自我实现。[1]

　　现实中人的出生实只是一自然生命的诞生,只是一自在、潜在、他在的精神生命,此时精神生命只是一纯粹自然生命,此之谓"原始的和谐",此时的人亦与草木禽兽无异,处于自然与精神之原始和谐中。(形式的)自我意识即主体意识的产生标志着原始和谐的破裂,实为具有精神的主体人之初始,即精神开始自觉,从而与自然分道扬镳,这是有意义的人生的开始。孔子之生也与众相同,从主体意识的萌发开始,这虽说只是一起点,但亦不易,必须是在人类社会中出生且成长,人之种姓和社会环境二个条件不可或缺,对语言的认知和掌握是此中的关键。语言作为第二信号系统,即抽象信号系统,是抽象思维也即逻辑理性发生发展的结果和标志,而"我"的意识,也即自我意识、主体意识,是由逻辑理性自觉为逻辑主体的标志,此一自我意识是一单纯的"我"的意识即纯粹意识或意识形式,

---

〔1〕　此理论更详细的解释可参见作者已发表的旧文"论道德与政治的辩证关系"〔《中华法系(第七卷)》,法律出版社 2016 年版〕。亦可参考黑格尔代表作《精神哲学》《精神现象学》《小逻辑》《逻辑学》《法哲学原理》《哲学科学全书纲要》,版本不论,因为本文依据的不是某些语句段落章节,而是其整个哲学理论与精神。

此即形式主体,此即"人",这把人与草木禽兽区分开来,故孔子说:"鸟兽不可与同群,吾非斯人之徒与而谁与?"这就是孔子之道的起点,人人皆是如此,但最终能像孔子一样完成此道,即充实以道德内容的则是凤毛麟角,所谓"靡不有初,鲜克有终"(《诗经·大雅·荡》)。所以,此"吾"字关系重大,不可以不察,它虽然是指自我实现的道德主体,但它并非放弃而是保留和成全了最初的形式的逻辑主体。反言之,这个自我意识不仅具有抽象的形式,而且它也是道德之源、创造之源。这样一个具有强烈自我意识并且自我实现了的主体回眸自己的历程,于是就有了后面的展开。

二、释"十有五而志于学"

"志"或"志气"与西方所谓"理想"都指向人生的目标,但两者立足点根本不同。前者立足于主体本身,以趋向某种意向或趣向的努力与活动为内容,后者设定一理性的客体以追求之;前者重在努力过程,即主体自身实现的过程,所谓"自得之",后者重在努力结果,即跨越现状与理想的差距,但是否"自得之"尚属未知。[1] 所以,"志于学"之"志"不可视为等常的理想,而应视为道德理性开始自觉的标志。"学"简单地说是学文化,在当时的中国就意味着学"礼"。余英时先生认为"三十而立"是立于礼(参见下节),与此相应,"志于学"也就应该是志于学礼,就是确定以学习把握文化传统这一外在的最大的精神权威作为自己努力方向,要将文明成果融入

---

[1] 参见"儒家所尚之气,则为一依于自作主宰之精神或神,而充塞弥沦于物我之间,以使其间之矛盾,归于中和,不复见有阻隔窒碍之气。故此气恒与心之志连,而称为志气,志中即包含目的与理想。志气中,即包含实现目的与理想之努力……中国人之所谓志气,则志原义为心之所之。所谓有志,其中重要处,乃在心之活动之有一定之方向,非在所向之目的理想之内容,因此内容可为逐渐扩充者……志气一名之义,则真为弥沦充塞于理想与现实之中,而统摄之者也。"唐君毅:《中华文化之精神价值》第六章第四节。

凝聚于主体自身。可以断言,孔子在十五岁之前必定学过很多各种各样实用的知识技能("吾少也贱,故多能鄙事"《子罕篇第九》),但只有从十五岁起,他才确定自己究竟该学什么,这就是礼乐的文化传统。所以"志于学"是有明确指向的,而非泛泛而言或专指某一具体技能知识,否则就不会有太大的意义,以至于被圣人看作自己人生的一个重要里程碑。进一步说,难以想象,孔子在十五岁之前会从未学过礼,从《史记》记载孔子幼年即以模仿祭礼为戏来看,孔子对礼的兴趣是一直十分浓厚的,孔子在十五岁之前一定也未放松过对礼的学习,所以,十五岁开始志于学礼,从浓厚兴趣转为终生志向,必定标志着孔子对礼的认识有了质的提升,即开始注意礼的内涵,即礼不仅是外在的礼节仪式接人待物,更在于礼义,即礼所蕴含的价值。礼是到孔子时止中国文化全部精粹所在,所谓"礼乐文化"关键就在"礼乐",简称"礼"。孔子以道德天才之早慧,受礼乐文化传统的熏陶,十五岁即洞察"礼"的极端重要性而立志学"礼",十七岁即成为礼乐专家,以"好礼"闻名,以至于贵族们都让子弟从学孔子。[1]

从精神哲学的角度来看,"志于学"是孔子形式的自我意识萌发之后走向最终成功的第一个关键转折点。形式的自我意识是人人都有的,这样的(逻辑)理性主体依其形式的本性自然而然就会向外追求,以外在事物——包括自然生命本身的特质——来填充自身,形成现实的具体的人格,从根本上看,这完全是受偶然性(包括遗传与环境)的支配。尽管社会文化总是具有一定的教化作用,但也只能在普遍的无意识中发挥作用,尤其在那个社会普遍缺乏自觉、总体上处于原始和谐尚未完全破裂——不仅缺乏道德的自觉而且缺乏理

---

〔1〕 孔子年十七,鲁大夫孟釐子病且死,诫其嗣懿子曰:"……今孔丘年少好礼,其达者欤? 吾即没,若必师之。"及釐子卒,懿子与鲁人南官敬叔往学礼焉。(《史记·孔子世家》)

性的自觉——的时代。这种不自觉的教化作用主要是通过"学",无论是学知识还是技能,其实质都是学习文化,也即接受教化,然而,消极被动地"学"、无意识地"学"并不能保证学的对象具有决定性意义,不能保证将学的对象消化融入自身,单纯的逻辑理性之外求一般是被欲望和特殊禀好所支配。因此,年仅十五尚未成人的孔子之惊人处不在于"学",而在于"志于学"(礼),这就不可以等闲视之,这标志着这个形式主体已经开始力图摆脱形式的或偶然性的摆布,主动寻求接受教化,这是一条通往超越的道路,众所周知却少有人走,逻辑主体之天然的外求倾向被指向这样一个特定的方向,即不是随意地或随缘地将所欲所遇纳入自身,而是将社会文明成果文化精髓纳入自身,沉淀为具体的人格,这显然不是逻辑理性的必然,而是道德理性的作用,是道德理性迈向自觉的第一步,这对于一个十五岁的少年而言不能不说是一个极其困难而又睿智的决定,这当然不是什么后天的经验使然,而是天生的禀赋,联系到其小时候以模仿祭祀礼仪为游戏,可称为"道德天才",即在道德、精神方面具有特殊的天赋、兴趣、才能,极容易达致自觉。与之类似有释迦牟尼、耶稣、陆象山、王阳明等圣贤,他们都在很小或很年轻时就表现出对道德、宇宙、真理非同寻常的兴趣及非凡的同情心与领悟力。当然,在此时的孔子身上,道德理性只是开始走向自觉,逻辑理性与道德理性之间的矛盾尚未显明,仍以逻辑主体本身的发展为主,道德理性是暗中顺应逻辑主体外求的本性而以外在的文化传统精神权威作为学习对象,以助力自身的成长,还不是从根本上扭转主体这种外求的倾向。

在道德理性开始自觉之前,人亦可以有不自觉的道德表现,但都只是偶然的,于人格本身无甚太大意义。只有在道德理性自觉萌发之后,人格才可能具有真正的道德价值。孔子身为道德天才也不例外,可以把其幼时祭祀游戏看作对道德强烈的天然兴趣,但这显然谈不上道德的自觉。人生真正的、自觉的道德实践从"志"开始,这就可以理解,为什么孔子把"志"看得如此之重:"三军可夺帅也,匹夫不可夺志也",为什么孔子反复重申"志于道""志于学","志于道"之始、之表现就是"志于学"。与"志"之重心在内不同,"学"之重心在外,要求忘却自己,学习领悟文明传统和外在权威,以此充实自身人格。亚里士多德言:"求知是人类的本性。"(《形而上学》首句)在西方理性文化传统下,逻辑主体欲实现对一切客体(其他主体对他来说也是客体)的摄取和统一,首先必须以抽象思维及概念去把握对方,此即为"求知"。这样的"求知"至多只是理性的自觉而非道德的自觉,此即"求知是人类的本性"的真意。"志于学"之"学"不像"求知"那样企图去把握一个本质上外在于主体的客观对象,而是要将现成的人生经验融入自身,它与道德理性自觉萌发相关,不是单纯理性的自然流露。这样"学"的结果就是一步步深入领会人的意义与目的,即有意识的价值观的确立。所以得道君子与淳朴小民的区别就在于学不学,不学者无论如何天性淳朴,都只是知其然,学了才能知其所以然,才可以迈向真正的道德实践,所以孔子总是强调"学",要"好学""博学"。

三、释"三十而立"

在《论语》中,孔子三次提到"立于礼",其中一次是在《论语》终篇最后一句还强调"立于礼"。"兴于诗,立于礼,成于乐"(《泰伯第八》),"不学《礼》,无以立"(《季氏第十六》),"不知礼,无以立也"(《尧曰第二十》)。余英时先生认为:

首先值得注意的是《论语》自始至终提到"礼"字必将它和"立"字连在一起。孔子坚持人必须"立于礼",无论在人前人后都是一致的,所谓"立"即后世通用的"立身处世"之意。"礼"是人与人之间相处的一套形式,为整个社会提供了一个结构,离开结构,人便无法在社会上立足了。"立于礼"也是"三十而立"(《为政》)

的正解。[1]

强调"礼"和"仪"的区别即强调礼的内涵,这是当时精英阶层的一个共同的新趋向,如女叔齐与子大叔对"礼"与"仪"的区分[2],"立人以礼"并不全是孔子的发明,此观念早已成为礼乐时代包括贵族与平民在内的社会共识。孔子超人之处在于,他能不断深入发掘礼义,将礼乐的文化传统全盘内化吸收,亲证"立人以礼"的箴言。这个"立人"当然不是指接人待物立身处世的外在成功,而是孔子已经完全吸收"礼"这一文化传统的精华并将其内化为自己的一部分,实现身心与礼乐的融合。"礼乐,德之则也"(《左传·僖公二十七年》),故这一融合就意味着传统的德性价值观在孔子身上已经生根,中国文化与西方文化的根本差别就是德性价值观与理性价值观的区别。"三十而立"正是孔子形成普遍独立价值观的标志,即从此时开始,以礼为代表的德性文化传统已内化为孔子自身确定不移的价值观,构成现实主体人格,成为其一切思想行为的指南针,这是通过学习传统礼乐文化能达到的顶峰,这对他人来说已经是一个难以企及的高度,但对孔子来说,这只是新的征途的开始。

从精神哲学来看,如果"志于学"意味着道德理性自觉的萌发,

---

[1] 余英时:《论天人之际——中国古代思想起源试探》,中华书局2014年版,第92页。

[2] 公如晋,自郊劳至于赠贿,无失礼。晋侯谓女叔齐曰:"鲁侯不亦善于礼乎?"对曰:"鲁侯焉知礼?"公曰:"何为?自郊劳至于赠贿,礼无违者,何故不知?"对曰:"是仪也,不可谓礼。礼所以守其国,行其政令,无失其民者也。今政令在家,不能取也。有子家羁,弗能用也。奸大国之盟,陵虐小国。利人之难,不知其私。公室四分,民食于他。思莫在公,不图其终。为国君,难将及身,不恤其所。礼之本末,将于此乎在,而屑屑焉习仪以亟。言善于礼,不亦远乎?君子谓:"叔侯于是乎知礼。"(《左传·昭公五年》)子大叔见赵简子,简子问揖让周旋之礼焉。对曰:"是仪也,非礼也。"简子曰:"敢问何谓礼?"对曰:"吉也闻诸先大夫子产曰:'夫礼,天之经也。地之义也,民之行也。'天地之经,而民实则之……"简子曰:"甚哉,礼之大也!"对曰:"礼,上下之纪,天地之经纬也,民之所以生也,是以先王尚之。故人之能自曲直以赴礼者,谓之成人。大,不亦宜乎?"简子曰:"鞅也请终身守此言也。"(《左传·昭公二十五年》)

那么"立"就意味着道德理性的蓬勃成长但还未达到自觉,道德理性仍然是在逻辑理性做主的外表下暗暗发挥作用,道德理性与逻辑理性的斗争也尚未明显。"独立普遍的价值观"反映的是主体在将要但还未能超越经验界的状态,主体本质上仍然是逻辑理性支配的形式主体而非道德主体,其人格内容来自外在的文化传统与精神权威,支配主体的价值观仍只是逻辑理性外求的产物,是外在对象的内化而非主体自觉的创发,只具有抽象的普遍性和独立性,主体仍然停留于现象界,是依赖于经验对象的相对存在,主体的道德状态本质上仍然是他律而非自律,尽管这个外在权威是一个可以说是所有古代文明中最具道德取向的文化传统,它比其他任何外在权威都可能更近于道德,但它仍然不是道德本身,真正的道德必须是主体内在的自由的创造,而不是对任何既定价值观、文化传统或精神权威的内化与遵从。如果主体要达到真正的、具体的普遍性和独立性,就必须超越理性的、抽象的主体价值观阶段,彻底摆脱任何外在的传统权威的左右,即摆脱逻辑理性的主宰。

四、释"四十而不惑"

"四十而不惑"是孔子对自己本质突破的自述,既精练又平实。所谓"不惑",就是不被自己内心深处的虚妄恶念所迷惑。"不惑"与"天命"是孔子这段话最大的难点,自古无胜解,直到20世纪50年代徐复观先生才对"天命"作了精辟透彻的诠释,而"不惑"至今阙如。过去一般解"不惑"为知道一切事物道理,如朱熹、钱穆、傅佩荣等,总不脱逻辑理性之外求把握抽象真理的影响,但是一个有限的人生怎么能认识把握无限的事物道理呢,怎么能认识把握未曾经历过的东西呢?这就会导向神秘。以逻辑理性去认识自觉的道德主体,要么像康德那样只能认识其"自律""自由"的抽象形式,要么就越过经验常识陷入神秘主义。

从精神哲学来看,与精神生命的绝对整全截然相反,逻辑理性意味着绝对分裂,但作为精神生命在现象界的投影,它却本能地追求绝对统一——本质上相互外在之经验对象的绝对统一,即企图以单一的主体形式统摄无限分裂的客体内容,此即形式主体对外在的一切客体与其他主体(也被视为客体,服从现象界强制性规律)的摄取、把握、控制,这包括知识(对客体的强制规律)和权力(对形式主体的强制规律)两个方面,亦可以"(外在)权威"一词概括之。但是,这是从根本上背离形式主体及现象界作为形式之有限本性的道路,因此也就是不可穷尽的无限历程,即单纯无限性(与有限对立的无限),而由有限经验所充实造就的现实主体也终究不是真正的道德主体而只是形式主体。此即根植于形式的逻辑主体本性之中的"虚""妄",此即恶的根源,所以逻辑理性即"根本恶",逻辑主体即是"我"执。当然,无逻辑理性即无此"妄"此"执",但亦无主体的形式,那也就根本不可能有主体的产生发展和道德的自我实现。但是,人的本性毕竟不仅是现实的逻辑理性,更是超越的道德理性,逻辑理性形式主体的独立发展必以其自我超越即以道德理性道德主体为归宿才能完成。因此,人的超越本性是如"月印万川"般相同的道德理性精神本性,而由形式主体在其不同具体环境影响下形成的现实主体却千差万别,所谓"性相近、习相远"(《阳货篇第十七》),但这千差万别的现实主体又有共同的起点和目的,根本上乃是殊途同归。

"四十而不惑"标志着道德理性的自觉导致道德主体的建立,虽然这种建立还不稳固,但相对于原来的逻辑主体毕竟有了质的飞跃,逻辑理性对道德理性原有的主宰地位发生大反转,原来道德理性是在逻辑理性羽翼下悄悄成长,但亦受到逻辑理性的根本限制,现在,道德理性觉醒,摆脱逻辑理性的控制,甚至反过来要压倒逻辑理性,道德理性与逻辑理性不自觉的潜在矛盾转化为自觉的现实斗争。"不惑"意味着道德理性已经足够自觉,能够照察逻辑理性之"虚""妄",即主体一扫过去内心的晦暗,对自己的意念洞若观火一览无余,意念一动即知真妄是非——虽然尚不能保证去恶存善,这时主体意志不再由任何抽象价值观所支配——那只是形式的自作主宰——而是真正的自我决定自我判断,道德理性第一次显露自己的真面目,它就是道德之绝对标准,就是价值之源,也是创造之源,即能动性——实现一切可能性的能力,所谓"自家无尽藏"(王阳明)。哲学史上那个著名的"内向超越"就此产生。

总之,"四十而不惑"是孔子从经验的文化、价值、道德之学习体证到超验的道德之源的开辟、从外在的经验支配的形式主体到内在自觉的道德主体建立的转折点,是其德性修养全面突破传统局限的关键,这是孔子一生进学修业的最大关节,此后的"知天命""顺(天命)"等皆是沿着"不惑"开辟的道路继续前进的必然结果,内在的突破最终导向超越的"天命"、最终"天人合一"。但是,"不惑"之主体只是建立之初的道德主体,此时逻辑理性虽已退居其次,但两者的分裂与冲突并未终结,只能说,此前是逻辑理性主宰,此后,道德理性占据上风,但并未完全降服逻辑理性,此时道德理性的自觉虽足以照察逻辑理性生发之"妄",但尚未强大至足以立时去除恶念,故两者争斗正酣,此即逻辑主体与道德主体两个主体的斗争或现实主体的自我斗争,即"自讼",此即"为仁由己"与"克己复礼为仁"之两"己"不同的根由,此一斗争关键场所只在主体内心,但恶念如不被克制必然发为行为,在主体独处时,因无外在的监督助力而全凭自我警策故尤为吃紧,此即"慎独"。这是道德实践最关键处,辨识内心的恶念,然后方能去除之,所以"慎独"就成为儒家思想这种道德实践学说之重心与焦点,除孔子外其他儒家先贤经验亦足以提供验证和启发,如孟子之"四十不动心",及"善养浩然之气""配义与道""集义所生""行有不慊於心,则馁矣",此即"不惑"之状态,道德理性(道义)开始自觉,对逻辑理性之"妄"已能洞察,但自觉程度尚浅,尚只能待个别妄念产生而后去除之,未能从根本上消除妄根,故需养之,而此"养"亦无须外加养分助力,只是让其自生自长,不加任何阻碍削损,其自会蓬勃生长不可阻挡,王阳明将此比为除心中贼,比作日日打扫门户,其实阳明亦经历同样阶段,黄宗羲云阳明:"自此(三十七岁龙场悟道)之后,尽去枝叶,一意本原,以默坐澄心为学的。有未发之中,始能有发而中节之和。视听言动,大率以收敛为主,发散是不得已。"[1]故孔子要五十才学易、出仕绝非随意之说。理论阐述较为详尽的是刘宗周。

"物先兆一日微过,独知主之。妄独而离其天者是……妄字最难解,直是无病痛可指。如人元气偶虚耳,然百邪从此易入……程子曰:'无妄之谓诚。'诚尚在无妄之后,诚与伪对,妄乃生伪也。妄无面目,只一点浮气所中,如履霜之象,微乎微乎!妄根所中曰惑,为利为名,为生死,其粗者,为酒色财气。"(刘宗周:《人谱》)

解"妄"为"无明",为百邪之始,这可谓真正见道之言,一语中的、一针见血。"妄"并非心本无明,而是自蔽自欺,此之谓"暗"或"无明",亦非只是自蔽自欺,亦是明觉未生。只要让本心天生的光明自然生发,不受阻碍地照亮内心的每一个角落,那就不会有黑暗的存在余地,就不会有自蔽自欺,"妄"自然不能发生,但是,"复本心"(陆象山)这对一般人来说恰恰是难之又难的事。如果能够突破这个难关,那么本心就会像初升的太阳光明普照,出凡入圣从此开始。"君子之过也,如日月之食焉。过也,人皆见之。更也,人皆仰之"(《子张篇第十九》),之所以人皆见之,是因为君子已经先于旁人自我照察,承认了自己的过失,他全神贯注于改过迁善,自然不会像常人那样去掩饰过错甚至文过饰非,而只会承认、揭露、改正错误,这样一来,过恶就如冰消冻解,化于无形。正如黑暗是光明的缺乏而非真实存在,过恶是道德的缺乏而非真实存在。

---

[1] 黄宗羲:《姚江学案》,载《明儒学案》卷十,中华书局1985年版,第181页。

五、释"五十而知天命"

"不惑"意味着道德理性与逻辑理性的斗争取得具有转折意义的胜利,但并不意味着两者对峙的终结,而只是意味着从原来潜在的矛盾发展为公开的斗争,初步建立的道德主体仍需在斗争中磨炼以压倒逻辑主体巩固自身,此一过程虽顺理成章却仍非轻而易举。经过十年磨炼,"五十而知天命"对孔子来说标志着又一个新的里程碑、一个新境界的开拓,至此初建的道德主体方得稳固岿然不动,理解此一新境界的关键全在于"天命"二字。徐复观先生解释道:

笔者在《〈中庸〉的地位问题》中说:"这里的所谓天命,只是解脱一切生理(即经验界)束缚,一直沉潜到底(由实践而非仅由智解)时所显出的,不知其然而然的一颗不容自己之心。此时之心,因其解脱了一切生理地、后天的束缚,而只感觉其为一先天的存在,《中庸》便以传统的'天'的名称称之。并且这不仅是一种存在,而且必然是片刻不停地对人发生作用的存在,《中庸》便以传统的'天命'的名称称之。此是由一个人'慎独'的独所转出来的。"《中庸》是孔门的思想,《中庸》上的天命观念,正是紧承《论语》中的天命观念。所以孔子的"知天命",即同于孟子的"知性"。

真正由道德的实践以达到道德彻底内在化的时候,由实践者的虔敬之心,常会将此纯主观的精神状态,同时又转化而为一崇高的客观存在,当下加以敬畏地承当……历史悠久的天命观念,在人的精神上已成为一种崇高的客观存在;一旦与孔子内在化的道德精神,直接凑拍上,孔子便以其为传统中客观上的天,客观上的天命而敬畏之。康德在他的《实践理性批判》的结论中,将星辰粲列的天空,与法度森严的道德律相并列而加以赞叹。若是我们将康德此处所赞叹的天空,与他创造星云说时所说的天空,同一看待,那未免太幼稚了。这种由主观所转出的客观,由自律性所转化出来的他律性,与仅从经验中归纳出来的客观性和他律性有不同的性格,而对人的精神向上,有无限的推动提撕的力量。

由反躬实践,向内沉潜以透出天命,实际即是后儒所说的"见性",这是中国文化精神血脉之所在。[1]

此一解释可谓孤明独发石破天惊。自"不惑"之后,觉醒的道德理性经过与逻辑理性长达十年的艰苦斗争,时时磨炼,去妄存真,心体渐纯,仁体渐明,主体渐渐发现自己居然拥有一种无比强大的意志(力量),只要自己愿意,只要稍自警策,就必定能知觉并战胜妄念,到后来,甚至无须警策,不待"妄"生,在其若有若无、有形无形之间,就能先知先发,制于无形,消于未萌,更神奇的是,这种意志(力量)具有自我发生的能力,不但取之不尽用之不竭,而且耗用越多生发越多,不但源源不断无穷无尽,而且日益增长日益强大,这样一种匪夷所思的体验,完全超出主体过去有限经验范围,可以想象,这是一种令主体何等兴奋、何等愉悦、何等激动的体验,这是一种对无限、永恒、绝对的亲身体验,前所未有,闻所未闻,完全不同于过去那种来自现象界的、有限的道德经验,在这种情况下,主体难免自忖这种新的神奇意志(力量)意味着什么、来自何处。此时,道德理性从"不惑"起与逻辑理性的对立提升为明显优势,过去,功夫尚浅,须待妄念已成,主体方能照察而去除之,这便费力,现在,功夫深厚,妄念尚在发生中,主体即能先知先觉而打消之,这就是进步。但是,这时的逻辑理性之"妄"虽大受压制但仍蠢蠢欲动并未完全失去活力,主体也越发感到自己之"妄"根难以拔除,越发感到自身存在的有限性,愈加清晰地感到自己身上的这种善恶斗争的存在,因此主体也尚不敢肯认、确信这种意志(力量)真的是由己而出,而是不由自主地把这种意志(力量)归结为超出单一特殊主体形式的、与经验无

---

[1] 徐复观:《有关中国思想史中一个基题的考察——释〈论语〉"五十而知天命"》,载徐复观著、陈克艰编:《中国学术精神》,华东师范大学出版社2003年版,第25~26页。

关、超越经验之上的一种先天存在、一个绝对真实、普遍永恒的至高存在的赋予,并以之为世界之绝对主宰,对其产生敬畏与感恩之情,主体以为自己的这种意志(力量)都是来自这个神圣主宰,这一新发现的超验存在让过去全无此种经验的主体无以名之,遂以传统的绝对主宰——"天"命名,此即"(知)天命",但其内涵早已不是传统所能涵盖,这种旧瓶装新酒的现象在思想史上屡见不鲜,盖思想本身虽可超越时空,但传达思想的概念、方式不能不受限于时空,于此亦可了解孔子自称"述而不作,信而好古"(《论语·述而篇第七》)的真意,亦可了解圣人不造奇谈怪论、只为庸言庸行的苦心孤诣。但反言之,既然人能感受到这样一个最高主宰的存在,能够与其直接沟通获得此种神奇的意志力量,那么也可以说这就是最高主宰给予人的某种特殊禀赋,它不同于人出生就自发的自然禀赋,需要人努力反躬自省、反求己心才能发现和证实,确实,对于这样一个超越经验的神圣主宰,除了诚心诚意之外,既不可能也不需要经验的证据,此即"尽心知性知天"(《孟子·尽心篇上》),此即为"德"(通"得"),即为"自得之"。可以推测,孔子对"仁""性""心""天命"的体悟最早应该起源于"不惑"之时,这一信念随着时间的推移、修养的加深被不断明晰和强化,而完全确信与公开揭示则在"知天命"之时。

当然,徐复观先生开创的这一诠解主要是继承心学传统,在哲学上则是主体的视角。但就精神哲学来说,在达致"天人合一"的最高境界之前,现实世界之主体与客体仍然是分裂的,所以"知天命"就不仅是主体的自觉,而且也是客体的自觉,不仅是主体迎向客体,而且也是客体向主体敞开。原本被视为至高主宰的"天"对主体来说是高高在上、威严而不可亲近,其意志是神秘莫知的奥秘,凡人至多只能加以不着边际的揣测,但是现在奇迹突然发生,"天"向主体敞开自己的真实面目,一览无余,其奥秘明晰可见,完全透明,更妙的是,"天"的意志居然完全吻合主体的意愿,也许主体还对自己的真实意愿有那么一丝疑虑和难以把握,可是突然间"天"的意志降临到主体头上,不仅把天意、也把主体自身的真实意愿揭露无遗,这令主体无比欢愉和满足,既狂喜又清明,所谓"朝闻道夕死可矣"(《里仁第四》)。"天"与"人"绝对隔绝的状态就这样突然被打通了,从此,高高在上的"天"不再神秘不可知,"天意"可以直达人心。对此,极少有超验体验的常人确实难以理解,要么将此视为不可思议的神秘主义,要么简单地袭取传统的理解,故孔子感叹:"下学而上达,知我者其天乎!"(《宪问篇第十四》)所以可以理解为什么"子罕言利与命与仁"(《子罕篇第九》)。[1]

因此,神秘的"(知)天命"其实并不神秘,从主体来说,它意味着道德主体的自觉自立又达到一新的高度——自觉自己应有一先验的根源而不由自主地诉诸上天。归根结底,它只是从经验界成长起来的主体最初意识到自身的超验本性时所感到的无比惊讶、畏惧和崇敬,只有有限经验的主体被蕴藏在自己身上的这种他本来认为绝对不可能有的无限意志(力量)所吓倒。因为这种意志(力量)的绝对性,即绝对不受任何限制,所以现在的主体在这种情况下——其道德理性已占据对逻辑理性优势但处于道德理性之对立面的逻辑理性仍然保有一定活力——就情不自禁地、不能不将本来是自发的道德意志外化归结于一个绝对客观真实的至高存在的主宰命令。当然,也可以这样说,在逻辑理性及其造就的单一特殊主体形式还未被彻底化除的情况下,自觉的道德理性首先以一种逻辑理性能理解的形式——超越主体的至高存在与绝对权威来表现自身,并由此反过来依逻辑主体之本性而强制之。这两个理性两个主体的斗争也就被称为"天人交战"。此时道德理性的自觉已进入无限的境界却

---

[1] 有将此句断为"子罕言利,与命,与仁",这是说不通的。试问,与孔子同时代的人谁有资格、谁能够与孔子谈论"命"与"仁",使孔子有机会表示赞同"命"与"仁"的说法?这只能是夫子自道,而夫子当然不可能再去自己赞同自己,那毫无意义。

仍未在主体身上扎根,而逻辑理性之"妄"也尚在活动,所以主体越发真切地感到这场斗争的激烈程度,越发感到恶之根深蒂固难以拔除,也就越发迫切、愈加努力地想战胜之。

从客体来说,此时"天""人"之绝对隔绝已被打开通道,但此通道只是连通两者的狭窄通路,"天""人"之天地差距并未缩短,由此"天"之高高在上的威严得以保留并借此通路而得以真实化,主体原本不可名状的畏惧转变为发自内心的崇敬,此"天"向主体启示的意志因此也就具有绝对命令的意涵,此即"天命",主体能获知"天命",那他也就能尊奉、执行"天命",因为"天命"不仅来自主体崇敬的至高主宰,而且也完全符合主体自身的真实意愿。

如果说"不惑"意味着道德之个体性原则的实现和自觉主体的诞生,那么"天命"就意味着道德之普遍性原则的实现和本体的开显,前者为"人"和"能",即创造性,后者为"天"和"所"即存在性,这就是天人合一,不过此时的"天人合一"还只是开始,只体现为天人交感,尚未达到天人一体。所以,孔子的"知天命"与"不惑"构成其人生历程与精神发展的两个最大的里程碑,粗略地说,"不惑"是内向超越的开始,"知天命"是内向超越的完成。当然,孔子的"知天命"与外在超越的一般宗教信仰不同,这是由内在的道德理性自觉自立、有真实的道德修养与超验体验作为支撑的,所谓"下学而上达",这与逻辑主体仅凭虚而不实的习气或激情而盲目信仰崇拜一个由人自身向外投射的外在至高精神权威(神)有根本区别,前者可称大中至正,逻辑理性只是道德理性自我实现过程中的一个必要中介与过渡,而后者尽管不乏教化之能,却终是固执己见,逻辑理性这个中介彻底僭越和篡夺道德理性的主宰地位,使道德理性的自我实现变得遥遥无期。

六、释"六十而顺"

与其他几句相比,这句最简单却错讹最严重,前人不仅不解其意,而且连文字都弄错,"六十耳顺"的谬种广为流传,以讹传讹取代原文。现通过上文既已了解"五十而知天命"的含义,就可以顺理成章地断定应该是"六十而顺(天命)",这是孔子人生的又一个里程碑,它标志着主体"克己复礼"的功夫已达纯熟,进入"为仁由己"的状态。其实,先不论其他,单从上下文所有其他各句皆以"而"联结年龄与事迹来看,本句也自应如此。傅佩荣先生亦持此论,并从考据的角度提出四个理由:第一,孔子自述的六个阶段,都是直接以动词描写修行的进境,不宜有例外。第二,敦煌石经《论语》的版本是"六十如顺",无"耳"字。第三,孟子和《易传》都只说"顺天"和"顺天命",没有说"耳顺"(本条系概括原文)。第四,顺天命与孔子生平事迹完全相应,耳顺则无合理的解释。[1] 本文虽不取考据的立场而以精神哲学理性之内在的理路观之,结论却完全一致。

　　从精神哲学之主体角度来看,"知天命"的主体又经过长期自我修炼,对天命已习以为常,一闻天命——实即主体自己产生的、以天命形式出现的道德意志——不假思索断然而行,"知天命"时道德理性对逻辑理性的明显优势现已提升为绝对优势,逻辑理性之"妄"已被全面压制,丧失活力,只剩下一个外形,即单一特殊的主体形式,此时的主体虽已被道德理性所支配,但仍不能彻底化除超越此单一特殊的主体形式,故道德意志仍宛如外在超越的"天命",令主体不得不然,但主体践行"天命"已无须像过去那样费劲那样痛苦,"天命"、道德意志对逻辑理性之"妄"已经能不战而胜,较之"知天命"时能战而胜之尤为省力,反言之,逻辑理性已经被道德理性彻底压制,两者只在形式上仍然相互对立,两者斗争激烈程度也就缓和了,"天人交战"已进入尾声。从客体角度来说,"人"与"天"之狭窄通道变得宽广,有限的连通正在向无限交汇过渡,"人"对"天"由崇敬逐渐转化为爱慕,崇敬是自觉不如而尊重畏惧,爱慕是心向往之而

---

[1]　参见傅佩荣:《〈论语〉新解》(上),译林出版社2012年版,第41~42页。

尚未能至,崇敬尚有自限之意,爱慕更多进取之心,而"天""人"尚有一间之隔——隔了一个单一特殊的主体形式,故而"天"尚不能完全降下,"人"尚不能完全解脱有限的、形式的桎梏,但"人"对"天命"已俯首帖耳毫不违逆,此之谓"顺天命"。此"顺"显然是全身心由内而外地全体顺服五体投地,如果"耳顺"则太偏狭,远远不如,无法准确描述此时主体的状态。

七、释"七十而从心所欲不逾矩"

按精神哲学道德自我实现的规律,"从心所欲不逾矩"标志着道德理性在全面压制逻辑理性之基础上更进一步,将逻辑理性彻底化除,或者说将其收摄于己身,此一化除与收摄实即道德理性与逻辑理性、道德主体与逻辑主体的重新融合,即道德理性、精神生命的彻底自觉和自我实现。此时的主体终于彻底克服自我分裂与自我斗争,主体经过自我分裂和自我否定重新成为一个绝对整全的主体,他从单一特殊的形式——"人"——中完全解放出来,得以与原来由其自身无限道德意志被投射出去的绝对存在——"天"——合而为一,反过来也可以说,"天"作为绝对至高存在被收归于此一自觉的主体——"人",他回顾自身的历程,发现其实本来就无所谓"分"——"分"只是一假象,真相是"人"即"天","天"即"人",此即"天人合一"。由此,主体本身就成为既单一又普遍的绝对存在,具有无限的能动性即创造力,此即涵养万物的能力,即在每个具体境遇中,主体都能当下做主随遇而发,以助长对象的生机活力,而此一过程根本上又只不过是按照对象本性的要求顺势而为,主体意志既是自我规定,又是自他规定(外在规定),主体与对象既泾渭分明又交融为一,无所谓主体亦无所谓对象,此之谓"从心所欲不逾矩",此即绝对统一的自觉的精神主体,经过漫长发展历程的他最终超越经验界现象界、常驻于超越的本体界精神界,但又时时返回经验界现象界,不断赋予经验现象永恒的意义,将其提升至超越的高度,不断实现两个世界的融合,此心即是自觉的良心,即是天理良知。从哲学来说这就是"德福一致","从心所欲"即心之所欲无不得到满足,试问还有比这更快乐的吗？此心已常驻极乐之境,这就是最大的福;"不逾矩"即心之所欲无不合于道德,试问还有比这更自律的吗？这就是最高的德,最大的福匹配最高的德,德福完全一致,这就是"圆善"。

八、结语

"吾十有五而志于学,三十而立,四十而不惑,五十而知天命,六十而顺,七十而从心所欲不逾矩",这既是夫子自道,也是为后人提供的进学修道做人的标杆,可概之以"内向超越",所谓"极高明而道中庸"。精神生命的自我实现必须以自我否定也即自我分裂为道德理性本体界与逻辑理性现象界为开始,道德理性以逻辑理性为中介而先超越之后收摄之,最终达致精神生命的自觉与自我实现,即形式的主体意识必经由有限的经验上升为无限的超越意识,此即"极高明",但纯粹的超越只是与有限对立的无限,真正的无限应该是融有限于自身的无限,既有限又无限,既非有限亦非无限,有限即无限,无限即有限,所以无限的超越意识必回归现象经验,赋予其永恒的意义,由此超越的本体与经验的现象二而一,一而二,全体大用,即用见体,此之谓"道中庸"。孔子之所以能够"极高明而道中庸",不坠偏邪,是因为有一源远流长叶厚根深的礼乐文化传统德性价值观作为基础,能坚持实践的进学修道之路,善于反思而又不作单纯的静观冥想,故能还元返本、归根复命、克收全功。此一进路全在于主体能抓住道德实践的关键——自省,故为内向的进路,通过自省,时时体察内心意念之善恶,去恶存善,日积月累,心体渐明,终至于发生根本的变化,完全摆脱现象的迷雾和牵绊,即超越现象界,而超越之后,也不是不再与现象发生联系,而是返回现象界后能够不受现象牵制而自由行动,这时主体的行为完全出于道德理性本体,这时的现象也都成为精神的体现,如"孔子通体是德慧""孟子全幅是精神"[1],此即"内向超越",这就是孔子最伟大的贡献、儒家的精髓、中华文化的血脉。

相比之下,如佛道那样虽同为内向超越却往而不返,执于无执,殊不知无执非不执,真正的无执是当执则执,不当执则不执,否则就会滞于无执而不见大本,即只是一味启示主体消解形式的自我意识,终不能从正面树立道德的自我意识。至于西方一神教与哲学又等而下之,所谓外向超越,只是执于有执、执于无限,把精神生命道德理性当作外在的客观对象来强求,无论上帝还是本体,只是一味用一个独一无二、至高无上的、外在的绝对权威来压制主体形式的自我意识,主体完全处于被动,不仅不能从正面树立道德自我意识,甚至也不能消解主体形式的自我意识。

因此,孔子这段话虽然产生于片面强调道德理性忽视逻辑理性的中国文化传统之下,但因为逻辑理性作为道德理性精神生命自我实现的必要中介最终必然且必须被超越,所以它代表着道德理性的彻底自觉和人的最终完成,即道德理性作为人的超越本性和终极目的的实现。不过,孔子毕竟是道德的天才,又处于原始和谐彻底破裂的特定时机,后人、常人可学而不可必得,可学的是"下学"功夫,但"下学"并不必然导致"上达"。道德理性是智的直觉,只是心头一念,主体自知,终究与逻辑理性无关,在常人眼中难免有神秘色彩,所以孔子生前就感叹"知我者其天乎",所谓"利根之人,世亦难遇,本体功夫,一悟尽透"(王阳明《传习录》卷下"天泉证道"),"下学"功夫不论多么深厚,终须靠"顿悟"方可修成正果,此即为荀子、程颐、朱熹终不如孟子、程颢、阳明的原因。但正因如此就难免走向分裂(这也是宗教总是不断走向教派分裂的原因),如孔子之后"儒分八派",阳明之后也是派别纷呈,不像逻辑理性(科学、民主)总是不

---

[1] 牟宗三:《历史哲学》,台北,学生书局2000年版,第119页。

断走向统一,如此则道德的实现仍只是天才的偶然,而大众仍然懵懂,由此反观就凸显出逻辑理性作为精神生命自我实现之必要中介的重要性,得意忘言、得鱼忘筌亦须先有言、筌之中介才行,对于并非道德天才的一般人来说尤其如此,即道德的普遍实现需以理性主体与理性政治的普遍建立为中介前提,这就反映了近代理性文化,特别是民主法治的意义与价值,由此,理性政治与儒家思想可以形成良性互动,道德的实现才会走向必然,天人合一才有望成为普遍的现实!

论唐代官府文案行判模式及其形态

包晓悦[*]

【摘要】 文案是唐代官文书的终极形态,目前所有的出土官文书都是官府文案的一部分。文案也是随着官文书处理流程形成的文本记录,制度规定的文书处理程序决定了文案整体形态相对固定,与此同时,官府也存在不同的判案模式,从而直接影响文案的部分形态。因此,建立起文案的整体视角,通过分析不同环节和不同模式下文案形态,既能建立起文案各部分形态的坐标系,加快零散官文书残片的定性和定位,推动文书复原工作,也有助于我们更好地理解唐代官文书的运作机制。

【关键词】 唐代;官文书;文案;政务运作

在中国古代传统官僚体制下,官文书是承载政务信息的载体,但不同种类的官文书在各级官府之间往来传递,只是文书行政的其中一个环节,与之相辅相成的,是官员在收到官文书后,需要对来文涉及的政务给出批复和处理,而依据处理结果,又往往会产生新的官文书,继续发往其他官府或者个人,此二者循环往复,构成文书行政的完整程序,也体现出官僚制动态之一面。

唐代前期即通过律令格式,对官文书处理流程作出一系列详尽规定,从敦煌西域出土文书来看,至少在八世纪后期以前,这些规定

---

[*] 作者系中国政法大学法律史学研究院讲师。

都被相当严格地执行。官府处理官文书的过程会最终落实到纸面上,符、解、关、牒等官文书在到达收件机关之后,将经历一系列处理流程,在这个过程中形成的文书会与最初的符、解、关、牒等粘连在一起,共同构成唐代的"案",或"文案""案牍"[1]。换言之,文案才是唐代官府文书的最终形态。在以往的文书整理和研究中,对于出自同一墓葬且内容相关的一组文书,前辈学者往往将其命名为某某案卷[2],是对其性质已有正确认识。不过考诸史籍,"案卷"一词几不见于唐代文献[3],至宋代方才广泛使用,这可能是因为,唐代官府文案与当时通行的书籍装帧方式一致,均为卷轴装,至宋代普通书籍主流演变为册子本,公文案牍卷轴形态特征凸显出来,故称为"卷"。因此本文使用"案"或"文案",而不是惯用的"案卷"来指称讨论对象。

目前所见的唐代出土官文书,零散残片多而完整文案少,这是由于大多数官府文案废弃后被二次利用,已经经过了裁剪拼贴,不再是文案的原始形态,因此在研究中,我们需要突破出土官文书现存状态的限制,建立起文案的整体眼光和思维,才能更好地理解唐代官文书的运作机制。

就出土材料看,唐代文案的形态有两点值得注意。其一,制度化

---

[1] 参见黄正建:《唐代"官文书"辨析——以〈唐律疏议〉为基础》,载《魏晋南北朝隋唐史资料》第34辑,上海古籍出版社2016年版,第34~35页。李锦绣指出财政类文案中有一类只是将文书前后粘连,没有完整的文书处理流程,参见李锦绣:《唐代财政史稿》(上卷),北京大学出版社1995年版,第189页。

[2] 如《吐鲁番出土文书》定名案卷的原则是,"其中有的是同案或同类文案按日连接成卷,我们暂拟为'案卷'",参见唐长孺:《新出吐鲁番文书发掘整理经过及文书简介》,原载《东方学报》第54册,1982年版;此据《山居存稿》,中华书局2011年版,第329页。

[3] 今仅见《开元天宝遗事》卷下"口案"条载张九龄"口撰案卷,囚无轻重,咸乐其罪",然此书为五代王仁裕撰,很可能体现的是五代时期惯用语。参见王仁裕、姚汝能撰,曾贻芬点校:《开元天宝遗事·安禄山事迹》,中华书局2006年版,第45页。

的公文处理流程造就了文案在整体环节形态上的一致性。其二,由于不同文案涉及不同政务(唐人所谓的"事"),处理难度和需要花费的时间流程差异较大,在此过程中存在不同的行判模式,反映在文案上也呈现出不同面貌。在上述前提下,能够尝试一定程度归纳出唐代文案在不同行判模式下的标准环节形态,这有助于根据格式形态判断零散官文书的性质和处于文案哪一环节,进而推动官文书整理复原工作。

一、文案的处理环节及其总体形态

目前学界对于唐代官府文案的研究,主要着眼点在于通过文案的文本信息来复原官文书处理流程,特别是四等官和勾检官如何在这一过程中如何各司其职,进而探讨唐代政务裁决机制[1]。近年来,学者们也关注到文案的形态细节及其不同环节的文本照应,刘后滨、顾成瑞特别强调文书形态与其处理环节之间的关系,他们按照政务文书运行流程,将之分为"案由文书"、"行判文书"和"送付文书"三类,其中"案由文书"是其他官府来文,或个人呈给官府的文书,是一个文案的缘由和起始;"行判文书"则是在官府处理案由文书过程中形成,由判案官府存档的文书,也是以往研究最集中的部分;"送付文书"则是根据处理结果形成的送往其他官府或者个人的文书[2]。这种分类的立足点仍是官文书处理程序,如果从文书本

---

[1] 参见[日]内藤乾吉:《西域发见唐代官文书の研究》,载《西域文化研究第三·敦煌吐鲁番社会经济资料》(下),法藏馆1960年版,第9~111页;卢向前:《牒式及其处理程式的探讨——唐公式文研究》,载北京大学中国中古史研究中心编:《敦煌吐鲁番文献研究论集》第3辑,北京大学出版社1986年版,第335~393页;刘进宝:《从敦煌吐鲁番文书看唐代地方官文书的处理程序》,载《图书与情报》2004年第5期;赵璐璐:《县目政务文书判署特点与唐前期县级政务运行》,载《国学学刊》第2辑,社会科学文献出版社2017年版,第57~64页。

[2] 参见刘后滨、顾成瑞:《政务文书的环节性形态与唐代地方官府政务运行——以开元二年西州蒲昌府文书为中心》,载《唐宋历史评论》2016年第00期。

身性质与形态出发,"案由文书"和"送付文书"实际上是同一类文书,所谓"送付文书",在送达收文官府之后也就成为"案由文书",并被连入文案,由收文官府存档,所以,真正构成官府文案最终形态的只有两部分:符、解、关、牒等"案由文书",以及其后的基于文书处理形成的"行判文书",层次复杂的后者是文案形态的核心。

在唐代,一件文书经官府处理完毕,称为"案成"。《旧唐书》卷七四《刘洎传》载,贞观十五年(641)治书侍御史刘洎上疏批评当时尚书省"诏敕稽停,文案壅滞"之状云:

> 去无程限,来不责迟,一经出手,便涉年载。或希旨失情,或避嫌抑理。勾司以案成为事了,不究是非,尚书用便僻为奉公,莫论当否[1]。

勾官勾检稽失是唐代文案处理的最后一步程序,勾讫意味着文书处理完毕,也就是"案成"。白居易《甲乙判》有一道拟判云:"得景为县官判事,案成后自觉有失,请举牒追改,刺史不许,欲科罪。"[2]是文案处理完毕后,县官自行发现判案有错失,故追发牒文给刺史请求修改申报判决结果的文书。"案成"既标志官府文书处理流程的结束,也意味着一件完整文案的诞生。

文案是官府处理文书所形成的文本记录,它通常不是一次成文,而是随着流程推进逐步形成最终形态,所以其文本与处理环节有直接对应关系。卢向前指出唐代公文处理包括六个环节,分别是署名、受付、判案、执行、勾检和抄目,它们构成了唐代官文书处理的基本流程。接下来,笔者以保存相对完整的《长安三年典阴永牒为甘

---

[1] 刘昫等撰:《旧唐书》卷七三,中华书局1975年版,第2608页。
[2] 白居易:《白居易集笺校》,朱金城笺校,上海古籍出版社1988年版,第3586页。

凉瓜肃所居停沙州逃户事》为例，对各个环节所对应文案的标准形态作一说明[1]：

（前略）

19　　　　　长安三年三　日典阴永牒
20　　　　　付司。辩示。
21　　　　　　　十六日
22　　　　　三月十六日录事受
23　　　　　尉摄主簿付司户
24　　　　　检案。泽白。
25　　　　　　　　十六日
- -（缝背押"泽"）
26　牒。检案连如前。谨牒。
27　　　　　三月十日史氾艺牒
28　　　　　以状牒上括逃御史，
29　　　　　谘。泽白。
30　　　　　　　　十六日
31　　　　　依判。仍牒上凉甘肃
32　　　　　瓜等州，准状。辩示。
33　　　　　　　十六日
- - - - - - - - - - - - - - - - - - - -
34　牒上括逃御史。件状如前。今以状牒。牒至准
35　状。谨牒。
36　牒上凉甘肃瓜等州。件状如前，今以状牒。

---

[1] 参见[日]小田义久编：《大谷文书集成》壹，法藏馆1984年版，第105~106页；录文参见[日]池田温：《中国古代籍账研究：概观·录文》，东京大学东洋文化研究所1979年版，第199页。

37　牒至准状。谨牒。
38　　　　　　　　长安三年三月十六日
39　　　　　　　　　　　佐
40　尉
41　　　　　　　　　　史氾艺
42　　　　　　　　三月十六日受牒。即日行判无稽。
43　　　　　　录事　　　检无稽失
44　　　　　　尉摄主簿　自判
45　牒为括逃使牒请牒上御史并牒凉甘肃瓜等州事。

该文案第19行以前是典阴永向敦煌县发送的牒文，即刘后滨、顾成瑞所称的"案由文书"，为节省篇幅，引文略去牒文正文部分，只保留末行落款署名作为示意。文案第20行起是收件官司敦煌县围绕典阴永牒展开的处理记录，六大环节与文案的文本内容对应如下：

（1）长官署名或先判，对应第20～21行。

文书到达官府之后先经长官之手，卢向前称为"署名"，并指出"其格式一般是'付司，某示，某日'……也有长官立刻副判的"[1]。"付司"意为将文书交由政务对应的曹司处理，副判是指提出更具体的处理意见。之后学者也有将这一环节视作长官判，如李锦绣指出地方上"百姓牒、辞，最先送于长官判，长官判'付司'，'付司'后，才有录事受付等手续"[2]。赵璐璐则认为这个流程不限于百姓所上的牒、辞，也包括其他类型的文书，县令对文书的"先判"，体现出县令

---

〔1〕　卢向前：《牒式及其处理程式的探讨——唐公式文研究》，载北京大学中国中古史研究中心编：《敦煌吐鲁番文献研究论集》第3辑，北京大学出版社1986年版，第382页。

〔2〕　李锦绣：《唐代财政史稿》上卷，北京大学出版社1995年版，第347页。

在县级政务处理中的主导地位[1]。

通过观察可以发现,案由文书性质不同,这一环节在文案上呈现的形态也不相同。刘安志已经注意到,符、解、关等文书与牒、状不同,通常长官只署名和日期,不写"付司"[2]。但事实上,一些钤有官印的牒文在到达收件官府后,长官署名格式也是:"日期+名",与符、解、关等相同[3]。如《唐开元十四年(726)敦煌县案为征马社钱事》中有悬泉府发往敦煌县的牒文,钤朱印四处,印文模糊,不易辨识,但隐约可见九字印文,疑即"左/右某某卫悬泉府之印",牒文后纸张上端有粗笔"廿六日,礼"四字[4],是敦煌县令"礼"的署名。又如吐鲁番出土《天宝十四载(755)柳中县为达匪馆私供帖马料上郡长行坊牒》是柳中县发给交河郡长行坊牒文,正面钤"柳中县之印"数方,牒文后纸张上端亦有粗笔"十四日,覃"署名[5]。"覃"在天宝十三载至十四载任交河郡太守,是为长官身份[6]。

综上所述,笔者认为案由文书钤印与否是导致长官预处理环节对应文案不同形态的关键因素,其背后更彰显着长官对不同性质来文所拥有的不同权力。凡是钤印的正式官文书,如符、解、关和公式令规定的牒等,长官在这一环节只有知情署名权,体现在文案上是只在来文后署名和日期,格式为"长官名日期",并且书于纸张上端。而不钤印的各类文书,主要是来自下层的辞、牒、状等,长官则有权

---

[1] 参见赵璐璐:《唐代县级政务运行机制研究》,社会科学文献出版社 2017 年版,第 83 页。

[2] 刘安志:《吐鲁番出土文书所见唐代解文杂考》,载《吐鲁番学研究》2018 年第 1 期。

[3] 参见包晓悦:《唐代牒式再研究》,载叶炜主编:《唐研究》第二十七卷,北京大学出版社 2022 年版,第 299~334 页。

[4] 参见《法藏西域敦煌文书》第 29 册,第 131 页。

[5] 参见唐长孺主编:《吐鲁番出土文书》肆,文物出版社 1996 年版,第 444~446 页。

[6] 参见李方:《唐西州官吏编年考证》,中国人民大学出版社 2010 年版,第 24~25 页。

对相关事务的处理方针提出指示,或可称为"先判"或"预判",以区别于受付之后的正式判案流程。在这一环节中,如果只是常规政务,长官往往只写"付司",即交给对应曹司判案;在部分情况下,长官会在"付司"之外提出更具体的意见,除卢向前检出的《开元十六年河西市马使米真陀牒为请纸笔事》之外,还有如吐鲁番出土《唐景龙三年(709)十二月至景龙四年(710)正月西州高昌县处分田亩案卷》中,董磊头向高昌县呈辞,县令"虔□"首先判"检",之后是主典赵信呈上的牒文[1]:

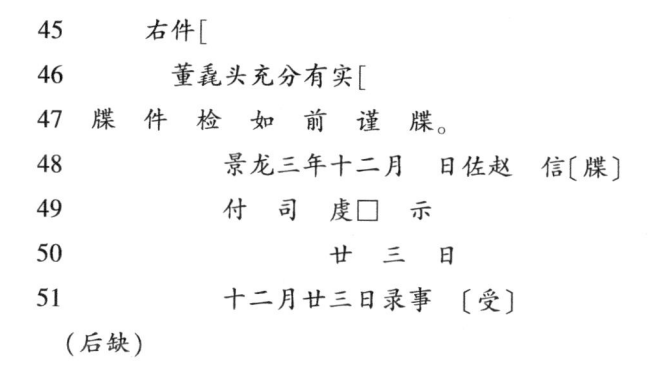

45　　右件[
46　　董磊头充分有实[
47　牒件检如前谨牒。
48　　　景龙三年十二月　日佐赵　信〔牒〕
49　　　付　司　虔□　示
50　　　　　廿　三　日
51　十二月廿三日录事　〔受〕
　（后缺）

主典赵信根据长官"虔□"的指示检查了过往文案,证明之前确实给董磊头授予口分田(充分有实),县令通过赵信牒文(45～48行)确认董磊头辞所言不虚,才再判"付司"(49～50行),并进入下一步受付程序。

(2)受付,对应第22～23行。

文书经过长官署名之后到达勾检官处,进入受、付环节。受即

―――――――
〔1〕 录文参见唐长孺主编:《吐鲁番出土文书》叁,文物出版社1996年版,第553～566页。对该文案的重新复原和分析参见肖龙祥:《吐鲁番所出〈唐景龙三至四年西州高昌县处分田亩案卷〉复原研究》(下),载《吐鲁番学研究》2020年第2期。

"受事发辰",具体做法是由检官(录事)在文案上注明文书启封日期并钤印,如在阴永牒的文案中,第22行"三月十六日"上钤"敦煌县之印",这就是《唐六典》卷一所称"凡内外百司所受之事,皆印其发日,为之程限"[1]。受事发辰之后,由勾官(录事参军事或主簿)准照令式,将文书交给负责此事的对应曹司,此即"付事"。

(3)判案,对应第24~33行。

按照唐律规定,官府各机构都按职能设四等官,他们在判案环节各司其职,主典负责检请文案,将各类信息汇总报告,以供判官参考。判官、通判官、长官三官联署判案,形成最终意见,根据涉及事务性质不同,其流程繁简不等,具体模式详见下一节分析。此案中判官"泽"先判"以状牒上括逃御史",其后长官"辩"又补充"仍牒上凉甘肃瓜等州准状",二者相加即最终的判案结果。

(4)执行,对应第31~41行。

根据三官联署判案的最终结果,部分情况下此案完结,只需将文案存档;但更多时候,需要起草新的文书并对外发送,在后一种场合下,即产生所谓的"送付文书"。在本案中,根据判官和长官的处理意见,敦煌县将向括逃御史和凉甘肃瓜等州发牒,这些牒文的正文内容将是实质政务信息,包括对案由文书(典阴永牒)的引用或概述,以及判官"泽"和长官"辩"的判署,也包括文书所必备的程式化信息,如收发件官府、牒文套语、日期和官吏署名等[2]。而上引文案第31~41行的内容对应的正是送付文书的程式化信息。这样,尽管送付文书不会保留在发件官府的文案中,但根据文案的案由文书以及行判文书第三和第四部分,我们可大致复原对应的送付文书。

---

[1] 《唐六典》卷一,第11页。
[2] 刘后滨、顾成瑞指出送付文书内容包括"对案由的概述、行判文书的判署意见、对应曹司的官典署位和成案时间",参见刘后滨、顾成瑞:《政务文书的环节性形态与唐代地方官府政务运行——以开元二年西州蒲昌府文书为中心》,载《唐宋历史评论》2016年第00期。

值得注意的是，文案第四部分文字与真正起草发送的对应官文书程式用语极为相似，故而很容易与真正的送付文书混淆[1]，在复原文案时不可不查。笔者认为区分方法至少有二：一是真正的送付文书中，收件机关在文书开头，而套语往往在文书最末，中间是文书正文，但在文案第四部分内容中，二者前后接续，中间没有正文；如本案第34~35行中"牒上括逃御史"应是文书起首的收件单位，"件状如前。今以状牒。牒至准状。谨牒"是牒文最末的套语，二者却直接接写，与真正的送付文书有别。二是在年月日处是否钤印，如果钤印，必定是真正的送付文书，反之如未钤印，则应考虑属于文案执行环节形态的可能性（由于存在不钤印官文书，所以不能断言一定是文案）。

（5）勾检，对应第42~44行。

勾检是勾司参与文案处理的第二个环节，其具体分工是，作为检官的录事检出稽失，即检查文案是否有延误程限（稽）和错失之处（失），检查无误之后，由勾官勾讫。颜师古《匡谬正俗》卷八云："今之官文书，按检覆得失，谓之为勾。"又"簿领之法，恐其事有枉曲，月日稽延，故别置主簿、录事，专知覆检。其讫了者，即以朱笔钩之。"[2]勾官勾讫，标志着文案处理画上句号。以笔者管见，目前出土唐代文案，基本都是检无稽失的情况，唯有吐鲁番出土《唐咸亨年间尚书都省抄目》中提到"令史王绚、令史马思行文稽"，是勾检官勾出文案稽程[3]。

（6）登录事目，对应第45行。

虽然勾官勾讫意味着文书处理完毕，但在文案纸面上，勾检记录

---

[1] 参见刘安志：《关于吐鲁番新出唐永徽五、六年（654~655）安西都护府案卷整理研究的若干问题》，载《文史哲》2018年第3期。

[2] 参见颜师古撰、严旭疏证：《〈匡谬正俗〉疏证》，中华书局2018年版，第411页。

[3] 参见唐长孺主编：《吐鲁番出土文书》贰，文物出版社1994年版，第302页。录文参见王永兴：《吐鲁番出土唐西州某县事目研究》，同作者《唐代前期西北军事研究》，中国社会科学出版社1994年版，第388~489页。

之后，还会有一道或数道事目，卢向前认为这是"省署抄目"之抄目，但大多数文案最后的事目都是依据判案结果产生的"送付文书"事目，如阴永牒文案中最后事目为"牒为括逃使牒请牒上御史，并牒凉甘肃瓜等州事"，指敦煌县发给括逃御史和凉甘肃瓜等州的牒文，是敦煌县发出的文书。与之相反，所谓抄目指的是官府收文目录[1]。因此笔者认为这一环节应称为登录事目而非抄目。

二、文案的三种行判模式

卢向前归纳的唐代官文书处理六个环节是较为全面的，它为我们提供了一个解读唐代文案的模板。其中长官署名并先判、受付、执行、勾检和事目(卢文之"抄目")环节所对应的文案形态都有比较固定的格式，唯独判案这一环节比较多变，诚如卢向前所言，判案是"处理程式中最主要、最复杂，然而也是最生动、最丰富的一环"[2]。出土文献中的文案或多或少都有残缺，如果我们能归纳出几类判案模式，将更有利于我们对文案的解读。刘后滨等将官府判案模式分为原卷行判与另案行判[3]，笔者认为更恰当的说法是直接行判、推勘后行判，并且在此之外还有一类特殊情况——并案行判，以下试分别述之。

1. 直接行判

唐代文案采取何种判案模式，与所涉政务直接相关。唐令按照政务之大小轻重分别规定处理程限："小事五日，谓不须检覆者，中事十日，谓须检覆前案及有所勘问者，大事二十日，谓计算大簿帐及

---

[1] 参见王永兴：《吐鲁番出土唐西州某县事目文书研究》，载同作者《唐代前期西北军事研究》，中国社会科学出版社1994年版，第379~380页；方诚峰：《敦煌吐鲁番所出事目文书再探》，载《中国史研究》2018年第2期。

[2] 卢向前：《牒式及其处理程式的探讨——唐公式文研究》，载北京大学中国中古史研究中心编：《敦煌吐鲁番文献研究论集》第3辑，中华书局1986年版，第387~388页。

[3] 参见刘后滨、顾成瑞：《政务文书的环节性形态与唐代地方官府政务运行——以开元二年西州蒲昌府文书为中心》，载《唐宋历史评论》2016年第00期。

论唐代官府文案行判模式及其形态

须咨询者。狱案三十日,谓徒已上辨定须断结者。"[1]这种不需要"检覆"的"小事"在判案程序和文案形态上表现出来的,应该就是官员在来文后直接行判。不过在敦煌吐鲁番文书中,我们似乎很少见到这种行判方式,很多内容简单的文书判官也会在其后先判主典"检案",如《开元十六年西州都督府请纸案卷》,我们以其中的法曹牒为例,先迻录如下:

（前略）
1　法曹
2　　黄纸拾伍张　　壹拾伍张典李义领
3　　　右请上件黄纸写　勅行下,请处分。
4　牒件状如前,谨牒。
5　　　　　开元十六年六月　日　府李义牒。
6　　　　　　　法曹参军王仙乔
7　　付　司,　楚　珪　示。
8　　　　　　　　　　九日
9　　　　　六月九日,录事佊
10　　　录事参军沙安　付
11　　　检案,沙白。
12　　　　　　　　九日
- -
13　牒,检案连如前,谨牒。
14　　　　六月　日吏李艺牒
15　　　　法曹司请黄纸,准数分
16　　　　付取领,谘,沙安白。
17　　　　　　　　九日

---

[1] 李林甫等撰,陈仲夫点校:《唐六典》卷一,中华书局1992年版,第11页。

99

18	依判,谘,希望示。
19	九日
20	依判,谘,球之示。
21	九日
22	依判,楚珪示。
23	九日
24	开元十六年六月九日
25	史　李　艺
26	录事参军沙安
27	史
28	六月九日受,即日行判。[1]

(后缺)

法曹请黄纸写敕,并没有前情需要了解,判官完全可以依据令史直接判案,但是此牒经勾司受付之后,判官还是先判"检案",之后史李艺牒称"检案连如前",所做的工作无非将旧案检出并连入此牒,对判案没有实质影响。第14~28行就是三官连署判案和勾检官勾检稽失的工作记录。前引《长安三年典阴永牒为甘凉瓜肃所居停沙州逃户事》和另一件《长安三年敦煌录事董文彻牒》[2]均是类似情形。

此外,刘后滨、顾成瑞所举的原卷行判的例子是《唐开元二年三月一日蒲昌县牒为卫士麹义遏母郭氏身亡准式丧服事》：

6　　　　]郭年四十五――――――

―――――――――
〔1〕参见黄文弼:《吐鲁番考古记》,科学出版社1954年版,图35。
〔2〕参见[日]小田义久编:《大谷文书集成》壹,第105~108页,图版120~125;录文参见[日]池田温:《中国古代籍账研究:概观·录文》,第198~200页。

7	]人辞,称母今月二十五日身亡,请处分者。准
8	]鞠义遏母郭身亡,勘责府同,牒上州户曹
9	]式者。此以各牒下讫。牒至准状,故牒。
10	开元二年三月一日
11	佐
12	]　　　　　　　　史张义
13	三月三日录事鞠　相　受
14	司马阙
15	检　案。玉　示
16	三日

（后缺）

最末两行长官"玉"判"检案",其后应当同样有主典报告"检案连如前"的牒文,之后才是三官联署判案,只是因为文书残损,后面内容不可见。上述文案虽有一道检案的手续,但其实都是针对来文信息直接判署,通常收文当日或次日即能处理完毕,或许主典"检案"是官员判案之前的一道必经手续,检案而无可覆者,则被视为"小事",即日可以行判。

2. 勘检后行判

除直接行判的"小事"外,日常官府行政中还有许多政务处理时需要检请之前的文案,或推问当事人,由此产生的过程性文书都会留在文案中,在整个勘检流程结束后,通常由主典将前情一并汇总写入牒文粘贴在案内,判官、通判官和长官根据汇总在其后行判。刘后滨、顾成瑞认为这种方式是"另案行判",笔者以为这一命名不甚妥当,因为主典的总结牒文仍是粘贴在同一文案内,称"另案"容易混淆,不如径称检勘后行判。

如吐鲁番阿斯塔那509号墓出土《唐开元二十一年(733)西州都督府案卷为勘给过所事》中,王奉仙、蒋化明一案就是一个典型的

检勘后行判的例证。此案的案由文书是岸头府都游弈所发给西州的状,其文如下[1]:

69　　岸头府界都游弈所　　　　　状上州
70　　　安西给过所放还京人王奉仙
71　　　　右件人无向北庭行文,至酸枣戍捉获,今随状送。
72　　　无行文人蒋化明。
73　　　　右件人至酸枣戍捉获,勘无过所,今随状送。仍差游弈
74　　　主帅马静通领上。
75　　牒件状如前谨牒
76　　　　　开元廿一年正月廿七日典何承仙牒
77　　　　　　　宣节校尉前右果毅要籍摄左果毅都尉刘敬元
78　　　　付　功　曹　推　问　过
79　　　　斯　示
80　　　　　　　　　　　　　廿八日

可知岸头府都游弈所将王奉仙、蒋化明二人随状一同送到西州都督府,此二人试图前往北庭却没有携带过所,因而被捉获。状后有西州长官王斛斯的判语"付功曹推问过"[2],意味着此事被都督交给功曹推问,再之后是王奉仙和蒋化明二人面对功曹参军审问而提供的辩辞(第81~110行),在辩辞中,蒋化明提到其过所被人盗走,此事之前已经过西州审查证实,相关文案保留在法曹,于是功曹又发牒请

---

[1] 此文案录文及图版参见唐长孺主编:《吐鲁番出土文书》肆,文物出版社1996年版,第288~295页。

[2] 文案上署名"斯",其身份考证参见李方:《唐西州官吏编年考证》,中国人民大学出版社2010年版,第18~19页。

法曹检案,后者核查确认后以牒文回复功曹(第 111~122 行)。上述流程结束以后,功曹参军宋九思判"具录状过",指示主典将上述材料汇总,之后便是主典总结案情的牒文(第 125~146 行)。最后是判官、通判官和长官依次判案并押署(第 147~160 行),判案环节就此结束。

通过上述分析可知,一旦涉及较为复杂的事务,案由文书提供的信息不足以支撑官员依据律令直接判案,往往就进入检勘的步骤,或是核验既往文案,或是推问当事人,以获取必要案情信息,而这些勘检步骤都会形成新的文书,并被粘连进文案中,使文案的形态更加复杂和多层次。

3. 并案行判

上述两种文案形态无论简单还是复杂,一个文案内通常只涉及一事,也只围绕一件案由文书。但在某些情况下,几个涉及同类事务、但当事人不同的案由文书,会被先后粘连在同一文案内,经过一系列或繁或简的勘检流程之后,合并完成判案、执行、勾检、登录事目等环节,笔者称为"并案行判"。同阿斯塔那 509 号墓所出《唐开元二十一年(733)唐益谦、薛光泚、康大之请给过所案卷》就是一个并案行判形成的文案。

这件文案涉及三人请给过所的申请。首先是福州都督府长史的侄子唐益谦,他两次向西州都督府呈牒请给过所,第一次是以自己的名义,但因为他是因公出差,有粮马递,无须过所,被州司拒绝,故而又以同行的长史之媵幸薛氏名义第二次申请[1]。唐益谦官职为某府别将,正符合个人向官府申告,有官品者用牒的制度。

之后是薛光泚,他本已在开元十九年获得前往甘州的过所,但因为患病未能成行,延误了一年多,原过所已过期作废,因此他向州府申请重新发放。薛光泚本人呈给西州都督府的文书未能保存下来,

---

[1] 参见王仲荦:《试释吐鲁番出土的几件有关过所的唐代文书》,载《文物》1975 年第 7 期。

但文案中主典谢忠在总结汇报案情的牒中称：

41　　甘州张掖县人薛光泚,年贰拾陆。母赵年陆拾柒。
42　　泚妻张,年贰拾贰。驴拾头并青黄父,各捌岁。
43　　右同前得上件人辞称：将母送婆神柩
44　　到此,先蒙给过所还贯。比为患疹未能
45　　得发。……[1]。

可知薛光泚作为庶人,以辞向州府申请过所。

最后是康大之,与他相关的文案内容保留不多,西州户曹参军判文称：

59　　　　申康大之[
60　　　　往轮台征债,[
61　　　　同。牒知任去。谘。元

吴震认为康大之先向所属县申请,再由县申州户曹[2],这个解读是正确的。按唐公式令,县申州使用的文书是解,本文案第13～19行就是一件残存的县解的尾部：

13　　　　录事竹仙童
14　　　　佐康才艺

---

[1] 唐长孺主编：《吐鲁番出土文书》肆,文物出版社1996年版,第271页。
[2] 参见吴震：《唐开元廿一年西州都督府处分行旅文案残卷的复原与研究》,载《文物研究》1989年第5期,此据同作者《吴震敦煌吐鲁番文书研究论集》,上海古籍出版社2009年版,第291页。

15	史张虔惟
16	十三日录事　元肯
17	□曹摄录事参军　勤　付
18	依前元白
19	十三日

其中第13～15行笔迹相同,字体小而行距宽,应当是某官文书末尾签署,第16～17行是西州录事司受付的记录。值得注意的是,签署中有"录事竹仙童"一行,按目前已知的唐代官文书格式,需要录事署名的只有县解[1],所以这一截残文书应当就是某县就康大之往轮台征债一事申上西州的解文,其正文以及县令、县丞等署名已经残缺了[2]。

以上唐益谦、薛光泚、康大之三人既非同行,诉求也不一,其至递交给西州都督府的文书类型都各自不同,按照正常程序,是应当围绕这三份文书,分别形成三个文案的。但文案展现的实际运作却并非如此,从文案第20行起至第51行,是户曹府谢忠总结唐益谦、薛光泚、康大之各事来龙去脉的牒文,之后判官户曹参军"元"对三人申请逐一行判:

（前略）

52	唐益谦牒,请将人拾马
53	]福州,薛光

---

[1] 参见刘安志:《唐代解文初探——以敦煌吐鲁番文书为中心》,载《西域研究》2018年第4期。
[2] 参见李兆宇:《吐鲁番所出〈唐开元二十一年(733)唐益谦、薛光泚、康大之请过所案卷〉》,载《吐鲁番学研究》2019年第2期。

54　　　沘人三 驴 [

55　　　来人,并責保識有[

56　　　准給所由過所。唐□

57　　　從西自有[

58　　　別給[

59　　　申康大 之 [

60　　　往輪台征 債 ,[

61　　　同。牒知任去。咨。 元 [

62　　　　　　　十四日

　　再之后由通判官、长官的联署,送付文书的留底、勾检、登录事目等环节全部合并书写如下:

63　　　依判,谘。延楨示。

64　　　　　　　十四日

65　　　依判,谘。齐晏示。

66　　　　　　　十四日

67　　　依判,谘。崇示。

68　　　　　　　十四日

69　　　依判,斛斯□。

70　　　　　　　十四□

71　　　福州、甘州:件狀如前,此已准給者,依勘 過 。

72　　　　康大之

73　　　牒件狀如前。牒至准狀,故牒。

74　　　　　　開元廿一年正月十四日

75　　　　　　　　府謝忠

76　户曹参军元
77　　　　　　　　　　　史
78　　　　　　正月十三日受。十四日行判。
79　　　　　录事元肯　检无稽失
80　　　　　　仓曹摄录事参军　勤勾讫。
81　给前长史唐循忠媵福州已来过所事。
82　给薛泚甘州已来过所事。
83　牒康大之为往轮台事。[1]

根据判文,唐益谦和薛光泚过所申请都获得批准,按照唐代过所格式,发给他们的过所起首分别是"福州已来"和"甘州已来",而文案中省并成一条,写作"福州、甘州"。刘后滨等认为文案中这部分文字是送付文书的底稿,送付文书往往照抄[2],此处可见文案中留底的这段文字只是留档备查,除了保留关键信息,格式或许会适当省略,未必与送付文书完全一样。发给康大之的则不是过所,而是行牒之类,因此文案中也留下了给康大之牒的留底。

这种并案行判是否完全符合制度规定,是较可怀疑的,因为这会影响到文案勾检制度的运行。从前引西州给过所文案看,几件案由文书并不是同一天到达官府,如果三事并案行判,在勾司勾检稽失时,如何计算程限就成为问题。程限即文案处理的期限,按情状繁简,小事不超过五日,中事不超过十日,大事不超过二十日。按照唐代制度,"凡内外百司所受之事,皆印其发日,为之程限,一日受,二日报"[3],

---

[1]　唐长孺主编:《吐鲁番出土文书》肆,文物出版社1996年版,第273~274页。
[2]　参见刘后滨、顾成瑞:《政务文书的环节性形态与唐代地方官府政务运行——以开元二年西州蒲昌府文书为中心》,载《唐宋历史评论》2016年第00期。
[3]　《唐六典》卷一,第10页。

发日即文书启封日期[1],标志其正式进入处理程序,也是程限计算的开端,为表慎重还要在这个日期上钤印。上述过所案中,记录唐益谦被户曹勘问的牒文落款日期为正月十一日,则州府接受他申请过所的牒文必定在此之前,时间不会晚于当月十日[2],而根据录事司受事发辰的记录,有关康大之的县解是在正月十三日到达西州都督府的,两个案由文书并非同一天到达,前后相距至少三日。而文案最后勾检环节的记录是:

78　　　　　正月十三日受。十四日行判。
79　　　　　录事元肯　检无稽失
80　　　　　仓曹摄录事参军　勤勾讫。

这三件案由文书的受事日期被统一写为正月十三日,我们知道这并不符合唐益谦案的情况,他的牒文受事日期一定在正月十一日以前。唐益谦申请过所属于"须检覆前案及有所勘问"的中事,再加上受付之间可相差一日,共有十一日期限,以案成的十四日往前倒推十一天,如果他的申请牒文在正月五日之前已经进入处理流程,则十四日判署完毕,属于稽程,如果是正月五日之后才呈给州户曹,则仍在程限之内。根据现有证据,我们尚无法判断此案是否稽程,但就制度设计和程序而言,勾检制在此并未起到应有的作用,而是流于形式了。

以上,本文尝试以文案为单位来观察唐代官文书,以期获得一种更加整体的视角。唐代官文书处理流程及其行判模式是决定官府

----

〔1〕 王永兴先生认为:"'发',始也","发辰"即始日,参见王永兴:《唐勾检制研究》,上海古籍出版社1991年版,第11页。方诚峰认为"发"当作启封之意,参见方诚峰:《敦煌吐鲁番所出事目文书再探》,载《中国史研究》2018年第2期。
〔2〕 参见吴震:《唐开元廿一年西州都督府处分行旅文案残卷的复原与研究》,第290页。

文案形态的两大主要因素。

因此,通过分析不同环节和不同模式下的文案形态,能够建立起文案标准形态的坐标系,加快零散官文书残片的定性和定位,在前人整理成果基础上,继续推动文书复原和释读工作。

因革损益：六部体制的历史传统

闫强乐*

【摘要】 中国古代中央官僚体制中，"六部体制"保存了最为持久的历史延续性，自《周礼》"六官"的体制创设，历经汉代、魏晋六曹之制，再到隋唐六部体制的成熟，宋元辽金在这一体制的基础上因革损益，不断适应历代政权的统治需要。明代统治者总结中国古代政治实践的历史经验与教训，结合自身统治的社会实践，在中央层面上，全面建立由皇帝直接领导的六部体制，在地方层面上，全面建立州县正印官领导的六房体制，对于明代国家治理与地方治理产生了重要的影响，使中国古代国家政务体系与地方治理体系双双进入成熟形态。六部体制体现了中国古代政治文化、官僚体制最为核心的内容，凸显了中国古代政治文化"中国性"的内核特征。

【关键词】 六部体制；历史传统；因革损益

序言

中国古代国家治理体系、政治制度、法律制度，基于中国自有的历史传统、文化传统与经济社会发展水平，长期发展、渐进改进、内生性演化，具有独立于其他文明的"中国性"特征。官僚体制在其中扮演重要的角色，成为彰显中国政治制度"中国性"的重要标识。阎

---

* 作者系西北大学法学院讲师。

步克先生指出,"中国自帝制伊始,便建立了一个世界上最庞大的政府体制"[1],由此产生了世界上最为发达的官僚体制,中国社会4000余年的"超稳定社会结构",官僚体制在其中发挥了重要的作用。基于中国古代君主专制中央集权的政权体制,中央官僚体制成为中国古代官僚体制的核心内容,在其中起到基础性的作用。中央官僚体制从职官设置、人员分配、运行规律、内部结构等一系列涉及官僚体制的"技术原理"的方方面面,均成为国家法律规制的主要内容。

中国古代中央官僚体制源远流长,因革损益,不断发展。以往的学术研究我们更为关注历代官僚体制变通修改的部分,以凸显制度文化的历史变迁,对于中国古代政治文化中"一成不变"的内容较少关注。然这"一成不变"的内容恰恰是中国古代政治文化、官僚体制的最为核心的内容,"不变"所凸显的正是古代政治文化"中国性"的内核特征。

中国古代中央官僚体制中,"六部体制"保存了最为持久的历史延续性[2],《周礼》"六官"的体制创设,成为中国古代历次政治文化、法律制度改革的参考对象,对后世六部体制的形成奠定了理想制度设计的模型。随着大一统秦汉帝国的建立,国家中央政务机构实行三公九卿制,"三公"重在中枢决策,"九卿"重在国务执行",到

---

[1] 阎步克:《古代政治制度研究的一个可选项:揭示"技术原理"》,载《河北学刊》2019年第1期。

[2] 学界关于六部体制研究,参见杨友庭:《三省六部制的形成及其在唐代的变化》,载《厦门大学学报》1983年第1期;韩国磐:《略论由汉至唐三省六部制的形成》,载《厦门大学学报》1988年第3期;陈满光:《论三省六部制形成于两晋南朝时期》,载《河北学刊》1996年第6期;林瑜:《古代六部制度的渊源与发展》,载《南昌教育学院学报》2011年第4期;史卫:《北周六官与三省六部》,载《唐都学刊》2012年第6期;陈佳臻:《元朝统一前六部设置考》,载《史学月刊》2020年第3期;吴宗国主编:《中国古代官僚政治制度研究》,北京大学出版社2004年版;白钢主编、杜婉言,方志远:《中国政治制度通史·明代卷》(修订版),社会科学出版社2011年版;王天有:《明代国家机构研究》,故官出版社2014年版。

了汉光武帝时期,尚书台成为国家政务机构的枢纽,尚书六曹体制逐渐形成,同时诸卿转而与尚书各曹逐渐建立起承接关系。魏晋南北朝时期,尤其是北齐、北周的制度设计,彻底抛弃了三公九卿制向三省六部制过渡过程中二者并存重叠所造成的混乱体制,三省六部体制逐渐成形。隋唐时期,中国古代政治制度的发展进入鼎盛阶段,六部体制成熟定型,宋金元承其传统,虽间有发展,逐渐废除二十四司的划分,而代之以更加灵活的"科"和"曹案"分工体系,为明朝六部体制的集大成提供了历史经验,明朝六部体制呼之欲出。

一、《周礼》六官之制与汉代六曹之制

在中国古代政治制度与官僚体制的建构中,《周礼》对于中国古代政治文化的形成与官僚体制的发展产生了重要的影响。《周礼》一书体例独特,结构缜密,体大思精,宏纤毕贯,开篇即言"惟王建国,辨方正位,体国经野,设官分职,以为民极"[1],以官制体制建构展示国家治理方式。阎步克指出,"中国古代这种官制设计思想,以高度数列化、形式化、礼制化的方式设计制度,从而体现出一种'官制象天'的独特思维"。这种制度设计理念,在其他地方也不是没有,但在中国无疑是"尽其极致"[2]。

《周礼》所建构的六官体制从宏观层面上对国家治理领域的内容进行划分,将国家中央政务划分为六部分,对应天地四时,象征宇宙六合,包容全部社会主体,主要调整邦国、官府与万民的社会关系,从而理想性地建构国家治理蓝图。六官体系分为天官冢宰、地官司徒、春官宗伯、夏官司马、秋官司寇、冬官司空,主要职掌国家治

---

[1] (清)孙诒让:《周礼正义》卷1《天官·叙官》,王文锦、陈玉霞点校,中华书局2013年版,第9~15页。
[2] 阎步克:《古代政治制度研究的一个可选项:揭示"技术原理"》,载《河北学刊》2019年第1期。

典、教典、礼典、政典、刑典、事典,六官之下,各有六十位隶属的官职,按照官府事务的大小,层层往下展开,各司其职。

公元前221年,秦王嬴政翦灭六国,统一天下,建立了中国历史上第一个以皇帝为核心的专制中央集权制帝国,在丞相李斯等人的制度设计下,秦帝国建立起一套完善的官僚体制,以应对庞大帝国的治理与政务运行,并且对中国之后的政治制度和政治文化产生了极其重要的影响,所谓"百代皆行秦政法",即精确地概括秦帝国官僚体制对后世的影响。继起的汉帝国,汉承秦制,全面继承了始皇帝的政治遗产,亦建立了庞大而完善的官僚体制,其间虽发生了一些变化,但奠定了中国古代官僚体制的基本框架[1]。

"秦始皇统一六国,建立中央集权的官僚体制,初步形成皇帝之下管理国家事务的'三公九卿'职官体制。秦汉时期,'三公'重在中枢决策,'九卿'重在国务执行"[2]。中央政务执行主要采用"九卿"制,丞相之下,诸卿分工承担各种具体政务,其实秦汉王朝并没有明确的"九"员规定,诸卿也不止九位[3]。秦汉中央政务执行机构主要以上述太常、郎中令、卫尉、太仆、廷尉、典客、宗正、治粟内史、少府、中尉等秩禄中二千石官员为主,同时如太子太傅、少傅、将作少府、詹事、将行、典属国、水衡都尉、内史、主爵都尉等秩禄二千石官员也负责国家主要的政务。这一时期的皇帝的私人事务机构与国家行政事务机构相混合,但帝制中国初期的官僚机构所体现的设官分职的形式对于之后帝国的官僚体制建构产生了重要的影响。

两汉时期,与"九卿"机制并行的中央政务机构还有诸曹体制。汉武帝时期,为了加强君权,削弱相权,进一步增强中央集权,开始

---

[1] 关于秦汉官制的详细研究,参见安作璋、熊铁基:《秦汉官制史稿》,齐鲁书社1984年版。

[2] 朱勇:《论中国古代的"六事法体系"》,载《中国法学》2019年第1期。

[3] 参见劳榦:《秦汉九卿考》,载《劳榦学术论文集》甲编上册,台北,艺文印书馆1976年版,第866页。

实行内外朝制度,在内朝中开始增强尚书的权力,尚书机构事务越来越多,地位越来越重要。而随着尚书权力的扩大,尚书机构亦逐渐扩大,其工作人员逐渐增多,到了汉成帝时期,设置尚书五人,其中一人为仆射,其余四人分曹办事,《汉书·成帝纪》"建始四年'初置尚书员五人'。师古注引《汉旧仪》云:尚书四人为四曹,常侍尚书主丞相御史事,二千石尚书主刺史二千石事,户曹尚书主庶人上书事,主客尚书主外国事。成帝置五人,有三公曹,主断狱事"[1],《通典·职官四·尚书省》"秦尚书四人(不分曹名)。汉成帝初置尚书五人,其一人为仆射,四人分为四曹(尚书曹名,自此而有):常侍曹(主公卿),二千石曹(主郡国二千石),民曹(主凡吏民上书,以人字改焉,自后历代曹都皆同),客曹(主外国夷狄)。后又置三公曹(主断狱),是为五曹"[2],至此尚书成为中央政务运行的重要机构。

到了汉光武帝时期,鉴于王莽篡政的历史教训,为了进一步加强君主权力,将国家政务大全集中于直接听命于皇帝的尚书台,《后汉书·仲长统传》"光武皇帝愠数世之失权,忿强臣之窃命,矫枉过直,政不任下,虽置三公,事归台阁。自此以来,三公之职,备员而已"[3],适应国家事务管理的需要,特别是从各项决策的执行角度,维护皇权,维护中央集权,国务执行机构职能的重要性日益凸显。东汉时期,原属于少府的尚书台,逐渐向专职国务执行机构演变,其在中央官制体系中的重要性逐渐提高。尚书台内设六曹,包括主管朝廷职官的"吏曹"、主管地方职官的"二千石曹"以及"民曹""客曹""三公曹"等[4],至此尚书台成为"总理国家政务的中枢机构"[5]。

---

〔1〕 (汉)班固:《汉书》卷10《成帝纪》,中华书局1962年版,第38页。
〔2〕 (唐)杜佑:《通典》卷22《职官四》,中华书局1988年版,第601页。
〔3〕 (南朝宋)范晔:《后汉书》卷49《仲长统传》,中华书局1965年版,第1657页。
〔4〕 参见朱勇:《论中国古代的"六ına体系"》,载《中国法学》2019年第1期。
〔5〕 白钢主编,孟祥才:《中国政治制度通史》第三卷(秦汉),人民出版社1996年版,第180页。

随着尚书台逐渐成为国家政务中枢机构,尚书权力在之前的基础上进一步扩大,到汉光武帝时期渐具规模,形成尚书六曹办事的政务格局,《后汉书·百官志》:"尚书六人,六百石。本注曰:成帝初署尚书四人,分为四曹:常侍曹尚书主公卿事,二千石曹尚书主郡国二千石事,民曹尚书主凡吏上书事,客曹尚书主外国夷狄事。世祖承遵,后分二千石曹,又分客曹为南主客曹北主客曹,凡六曹"[1]。祝总斌指出,秦和汉初,尚书的任务仅为传递文书,武帝时增加保管文书的职能。西汉末年领尚书事权力扩大,尚书任务亦开始增多,机构也相应扩大。东汉时出于行使君权的需要,尚书机构继续发展,天下文书皆上尚书,诏书起草、下达之权也由御史大夫转归尚书。尚书形成集议制度、谏诤制度和劾奏制度。同时尚书的职掌开始一般是按上奏文书者的身份加以分工的,如吏曹主公卿事、二千石曹主郡国二千石事等,到东汉中后期,逐步转向按任务的性质分工,如吏曹主选举、斋祀[2],由此而建立了尚书六曹体制,其主要包括:

吏曹:主管公卿之事,即主管中央人事行政;

二千石曹:主管刺史、郡国二千石事,即主管地方人事行政;

三公曹:主管审判案件之争;

民曹:主庶民上书事;

南主客曹:主管少数民族及外国之事,主要是南方诸少数民族和国家之事;

北主客事:主管少数民族及外国之事,主要是北方诸少数民族和国家之事。

尚书六曹体制的形成,对于魏晋六曹体制产生了重要的影响,同

---

[1] (晋)司马彪:《后汉书》卷26《百官志三》,中华书局1965年版,第3597页。

[2] 参见祝总斌:《两汉魏晋南北朝宰相制度研究》,中国社会科学出版社1990年版,第131~136页。

时汉之后的诸卿转而与尚书各曹逐渐建立起承接关系,尚书台成为国家政务机构的枢纽,从而为之后的吏、户、礼、兵、刑、工六部体制奠定了制度基础[1],阎步克所指出"尚书诸曹体制在行政合理化[2]和君主专制集权需要的推动下,自秦汉魏晋以来,逐渐成为国家政务的中枢机构,并在隋唐之际发展为吏、户、礼、兵、刑、工六部体制,九卿机构转而从属于尚书六部,并一直被沿用到明清"[3]。

二、魏晋六曹之制与隋唐六部之制

魏晋时期,继承两汉以来的制度遗产,因革损益,在进一步加强中央集权的政治需要下,诸卿职权多移入尚书,尚书台成为独立的国家政务机构,发展完善了尚书六曹体制,为隋唐三省六部体制的成熟起到了至关重要的作用,正如朱勇指出,"曹魏之时,尚书台脱离少府,作为独立的朝廷机构,成为实施中枢决策的最高国务执行机关。魏晋南北朝时期官制的演变,主要循着两个方向。第一,基于皇权的发展与需要,中枢决策机构逐步完善。第二,由于朝廷政务以及社会事务的增加,国务执行机构进入快速发展阶段,职掌权限拓展,内设机构增多,运行机制不断完善,在整体上显现六部诸曹的框架轮廓"[4]。

随着魏晋南北朝时期尚书台成为独立的国家政务机构,其规模、机构、人员设置均逐渐增多,但魏晋南北朝政局混乱,朝代更迭频繁,尚书诸曹的变化较为复杂,本文根据《通典》卷二十二《历代尚

---

[1] 参见吴宗国主编:《中国古代官僚政治制度研究》,北京大学出版社2004年版,第33页。

[2] 关于六部体制与行政管理合理化问题,管理学基本理论认为管理宽度通常应在5~6人以下,或高层在5~6人左右、底层在20人左右,更为符合管理学规律。参见雷恩:《管理思想的演变》,中国社会科学出版社1986年版,第387页。

[3] 阎步克编:《波峰与波谷:秦汉魏晋南北朝的政治文明》,北京大学出版社2017年版,第28~29页。

[4] 参见朱勇:《论中国古代的"六事法体系"》,载《中国法学》2019年第1期。

书》记载,梳理魏晋南北朝时期的尚书诸位曹的设置情况见表1[1]。

表1 魏晋南北朝时期尚书诸位曹设置情况

朝代		尚书名称						
		1	2	3	4	5	6	7
曹魏		吏部	左民	客曹	五兵	度支		
西晋	初年	吏部	三公	客曹	驾部	屯田	度支	
	太康	吏部	殿中	五兵	田曹	度支	左民	
东晋		吏部	祠部	五兵	左民	度支		
南朝		吏部	祠部	度支	左民	都官	五兵	起部
北魏	前期	殿中	南部	北部	吏部	仪曹	都官	库部
	后期	吏部	殿中	祠部(仪曹)	七兵	都官	度支	
北齐		吏部	殿中	祠部	五兵	都官	度支	
隋朝		吏部	礼部	兵部	刑部	民部	工部	

由表1可以看出,魏晋职官制度混乱繁杂,但尚书机构始终维持六曹体制的结构,其间名称、职能虽有变动,但六曹体制的基本精神、主题内容保存其间,之后隋唐的六部体制即从这一时期的制度建构演变而来。

公元581年,隋文帝即位,立刻废除了北周六官体制,复用北齐官僚制度,继承与创新汉魏以来制度变化的精华,《隋书·百官志》"高祖既受命,改周之六官,其所制名,多依前代之法"[2],逐步建立起以三省六部为核心的中央政务机制,对于稳定政局、巩固皇权、维护统一,起到了积极作用,亦对唐代三省六部制的完善成熟奠定了坚实的制度基础,"隋唐时期,中国古代典章制度的发展进入鼎盛阶段。经过魏晋

---

[1] 参见白钢主编、黄惠贤:《中国政治制度通史》第四卷(魏晋南北朝),人民出版社1996年版,第144页。
[2] (唐)魏征等撰:《隋书》卷28《百官志》(下),中华书局1973年版,第773页。

南北朝在官制、法制方面的探索与实践,'官法同构'逐步成为官制与法制构建所遵循的基本原则,也显现出在国家治理方面的有效作用。隋唐官制,三省六部制正式取代三公九卿制,成为中央官制的主干"[1]。

"唐承隋制",唐朝政府在全面继承隋朝六部体制的基础上,因革损益,使其更为完善、规范与成熟,转变成为真正的国家中央政务机构,在中国官僚体制发展的历程中产生了重要的影响。其中尚书省职能进一步扩大,内部设曹也更为规范完善,其内设部曹也进一步规范化,《唐六典》"尚书令掌总领百官,仪形端揆。其属有六尚书,法周之六卿,一曰吏部,二曰户部,三曰礼部,四曰兵部,五曰刑部,六曰工部,凡庶务皆会而决之"[2],同时尚书省内采用合署办公,《通典·职官四·尚书省》"都堂居中,左右分司。都堂之东,有吏部、户部、礼部三行,每行四司,左司统之,都堂之西,有兵部、刑部、工部三行,每行四司,右司统之。凡二十四司,分曹共理,而天下事尽矣"[3],可见尚书省俨然成为唐朝国家中央政务的中枢机构。

唐朝开元二十五年(737年)编纂《唐六典》,以六部官制为纲,详细考述国家每个行政职官的人员配置、职能与历史源流,并以法典编纂的形式将国家行政机构在具体运行中的有关律、令、格、式等法律条文纳入附注,以法律的形式确认与巩固了唐代六部体制的成果,并奠定了宋元明清六部体制的基本格局,诚如胡兴东指出"'开元六典'标志着中世国家治理体系中规范层次上的法律、官制、礼制体系再塑的完成,是春秋以来特别是汉儒对周朝法律、官制、礼制想象后相应理想化的产物,成为中华法制文明的重要结晶"[4]。

---

[1] 朱勇:《论中国古代的"六事法体系"》,载《中国法学》2019年第1期。
[2] (唐)李林甫等撰:《唐六典》卷1《尚书都省》,陈仲夫点校,中华书局2014年版,第6页。
[3] (唐)杜佑:《通典》卷22《职官四》,中华书局1988年版,第590页。
[4] 胡兴东:《周制想象下中国古代法典法体系的再造——基于唐朝"开元六典"的考察》,载《厦门大学学报》2019年第5期。

三、宋辽金元六部之制

宋承唐制，代有变革，受到唐后期到北宋初期使职差遣制度盛行，六部体制受到一定程度的破坏，使宋初三省六部体制徒有虚名，而六部二十四司分职废为闲所，《宋史·职官志》"宋承唐制，抑又甚焉。三师、三公不常置，宰相不专任……台、省、寺、监，官无定员，无专职，悉皆出入分涖庶务。故三省、六曹、二十四司，类以他官主判，虽有正官，非别敕不治本司事，事之所寄，十亡二三……至于仆射、尚书、丞、郎、员外，居其官不知其职者，十常八九"[1]。直到宋神宗元丰三年，下令以《大唐六典》为蓝本，回复原来三省职权，实行三省六部制中央政务中枢机制，《续资治通鉴长编》"乙巳，诏中书：朕嘉成周以事建官，以爵制禄，小大详要，莫不有叙，分职率属，而万事条理，监于二代，为备且隆。逮于末流，道与时降，因革杂駮，无取法焉。惟是宇文造周，旁资硕辅，准古创制，义为可观。国家受命百年，四海承德，岂兹官政，尚愧前闻。今将推本制作董正之原，若稽祖述宪章之意，参酌损益，趋时之宜，使台、省、寺、监之官，实典职事；领空名者，一切罢去，而易之以阶，因以制禄。凡厥恩数，悉如旧章，不惟朝廷可以循名考正万事，且使卿士大夫涖官居职，知所责任，而不失宠禄之实，岂不善欤"[2]。

公元1115年，女真族领袖完颜阿骨打建立金国，采取女真习俗勃极烈制度统治治理国家。之后金熙宗改革，采用辽朝南面官的三省制，逐渐进行制度汉化，直到后海陵王时期，全面继承唐宋制度，确立了金朝尚书一省制，《金史·百官志》"海陵庶人正隆元年罢中书门下

---

[1]（元）脱脱等撰：《宋史》卷161《职官志（一）》，中华书局1985年版，第3768页。

[2]（宋）李焘：《续资治通鉴长编》卷307"宋神宗元丰三年八月乙巳"，上海师大古籍所、华东师大古籍所点校，中华书局2004年版，第7462页。

省,止置尚书省。自省而下官司之别,曰院、曰台、曰府、曰司、曰寺、曰监、曰局、曰署、曰所,各统其属以修其职。职有定位,员有常数,纪纲明,庶务举,是以终金之世守而不敢变焉"[1],至此,尚书省成为金朝中央政务的中枢机构,《金史·百官志》"尚书令一员,正一品。总领纪纲,仪刑端揆。左丞相、右丞相各一员,从一品。平章政事二员,从一品。为宰相,掌丞天子,平章万机。左丞、右丞各一员,正二品。参知政事二员,从二品。为执政官,为宰相之贰,佐治省事"[2]。

公元1271年,忽必烈改国号,正式建立元朝,在国家政务体制组织形式上,一方面沿袭宋金官制;另一方面体现蒙古特色,"于是,以国朝(蒙古)之成法,援唐宋之故典,参辽金之遗制,设官分职,立政安民,成一代之法"[3],进一步加强君主专制权力,提高国家政务行政效率,在机构上由三省变为一省,中书省成为国家政务的中枢机构,《元史·百官志》"典领百官,会决庶务……总省事,佐天子,理万机"[4],随之中书省的内部官员在原有基础上大为增加[5],但下属六部体制基本保持不变,从而建立了具有中原与少数民族相融合特色的一省六部制,其中中书省下设吏、户、礼、兵、刑、工六部。

金元在继承宋元六部体制基本格局的同时,也根据自身国家政务治理的现实需求,因时制宜,逐渐废除二十四司的划分,而代之以更加灵活的"科"和"曹案"分工体系[6],更为适应少数民族统治下国家政

---

[1] (元)脱脱等撰:《金史》卷55《职官志(一)》,中华书局1975年版,第1216页。
[2] (元)脱脱等撰:《金史》卷55《职官志(一)》,中华书局1975年版,第1217页。
[3] (元)郝经:《陵川集》卷32《立政议》,山西古籍出版社2006年版,第45页。
[4] (明)宋濂等撰:《元史》卷85《百官志(一)》,中华书局1976年版,第2120~2121页。
[5] 参见蒲坚:《中国古代行政立法》,北京大学出版社1990年版,第395~396页。
[6] 参见吴宗国主编:《中国古代官僚政治制度研究》,北京大学出版社2004年版,第330页。

务治理的现实情况,也体现了金元六部体制的时代特色。

四、明代六部体制

明代统治者总结中国古代政治实践的历史经验与教训,结合自身统治的社会实践,全面建立由皇帝直接领导的六部体制。相较于明以前王朝中央政务体制,这一制度建构影响极为深远,孟森视为"千余年来政本之一大改革"[1]。明代六部体制集中体现在中央六部体制与地方州县六房体制,明代统治者总结中国古代政治实践的历史经验与教训,结合自身统治的社会实践,在中央层面上,全面建立由皇帝直接领导的六部体制,在地方层面上,全面建立州县正印官领导的六房体制,对于明代国家治理与地方治理产生了重要的影响,使中国古代国家政务体系与地方治理体系双双进入成熟形态。

洪武元年(1368),朱元璋统一天下,开始进行全方位的国家政治制度建设,中央政务机构初步形成"中书省六部"体制。洪武五年(1372)六月,明确六部官员的职掌、考核以及人员配置,《明实录》载"定六部职掌,岁终考绩以行黜陟。吏部,掌天下官吏选法、封勋、考课之政。户部,掌天下户口、田土、贡赋、经费、钱货之政。礼部,掌天下礼仪、祠祭、燕享、贡举之政。兵部,掌天下军卫、武选、厩驿、甲仗之政。刑部,掌天下刑法及徒隶勾覆关禁之政。工部,掌天下百工、屯田、山泽之政"[2]。洪武十三年(1380),随着朱元璋不断加强皇权,强化中央集权制度,"中书省六部"体制演化为"六部"体制,《明实录》载"朕欲革去中书省,升六部,仿古六卿之制,俾之各司所事,更置五军都督府以分领军卫,如此则权不专于一司,事不留于壅蔽"[3]。朱元璋借助丞相胡惟庸谋反案,废除丞相,裁撤中书省,将国家中央政

---

[1] 孟森:《明史讲义》,中华书局2006年版,第69页。
[2] 《明太祖实录》卷34"洪武五年六月癸巳"条。
[3] 《明太祖实录》卷129"洪武十三年正月己亥"条,第2049页。

务的权力牢牢地把握在皇帝的手中。

明代中央政务六部体制经过明初君臣的悉心建构,历朝相比,更加有实权,名实一致,官制划一,无设官职掌重复之嫌[1],六部体制的整体格局基本形成,皇帝直接统率六部,六部成为国家中央政务中枢的核心,朱元璋颁布《皇明祖训》高度概括了六部体制的价值与意义,"自古三公论道,六卿分职,并不曾设立丞相。自秦始置丞相,不旋踵而亡……今我朝罢丞相,设五府、六部,都察院、通政司、大理寺等衙门,分理天下庶务,彼此颉颃,不敢相压,事皆朝廷总之,所以稳当。以后嗣君,并不许立丞相,臣下敢有奏请设立者,文武群臣,即时劾奏,处以重刑"[2],并且以立法性质的论述确定了废除丞相制度,确立六部体制的政治原则,有明一代,相延不变,成为明代政治体制、官僚制度最为稳定的体系形态。

中国古代政治体制中,地方政权在实现国家有效治理,全面落实国家政策,维护大一统中央集权制的国家政治体制中占据重要地位,而地方政权最接近百姓是为县级政权,所谓"天下之治始于县",秦始皇所确立的"县制"成为中国两千多年治国理政历史经验的精华,至今仍是国家地方治理体系的核心。清代学者谢金銮所谓国家治理的核心在君主与县令,"帝王者,天下之主;县令者,一邑之主也",江开所言"自钱谷、兵刑、农田、水利、蚕桑、学校、捕盗、救荒诸大政,是六官庶司之所分职,而州县独兼之"。对于有明一代而言,六部体制有力支撑了国家从中央到地方的综合治理。国家中央政务实行六部体制,分吏、户、礼、兵、刑、工六部,处理国家事务,地方社会治理(尤其是州县)与国家治理、中央政务有效对接,实现州县六房体制,即在州县正印官的直接领导下,州县衙门设有吏、户、礼、兵、刑、工六房,由每

---

[1] 参见萨孟武:《中国社会政治史》,生活·读书·新知三联书店2018年版,第157~158页。
[2] 《明太祖实录》卷239"洪武二十八年六月己丑"条。

房的书吏处理地方州县社会治理中兵刑钱谷等各个方面日常行政事务,维系地方州县衙门政务的有效运行,对地方社会治理起到非常重要的作用。

明代地方政府,从省级三司、到地方州县,政务运行均实行六房体制[1],《明实录》所载"各处都司、布政司、按察司、卫所并府州县先因永乐年间事冗,六房吏典额外添设,至今因循,今后只依洪武年间额,设其添设者,并送吏部"[2]。州县六房的职责,在明初朱元璋颁布的《大诰三编》"民拿害民该吏第三十四"中有记载,"今后所在有司官吏,若将刑名以是为非,以非为是,被冤枉者告及四邻,旁入公门,将刑房该吏拿赴京来;若私下和买诸物,不还价钱,将礼房该吏拿来;若赋役不均,差贫卖富,将户房该吏拿来;若举保人材,扰害于民,将吏房该吏拿来;若勾捕逃军力士,卖放正身,拿解同姓名者,邻里众证明白,助被害之家将兵房该吏拿来;若造作科敛,若起解轮班人匠卖放,将工房该吏拿来"[3]。《明会典》中的《新官到任各房供报须知式样》更为详细规定了州县六房书吏的具体职掌[4]:

> 吏:各房吏典设置,县属印信衙门及所设官员,境内士子为官者名数,致士官员入户,起取人材、吏员,等等。
>
> 户:户口数额,田粮数额,仓库,税课局,鱼湖,河泊所,盐

---

[1] 参见张旭:《明代州县六房制度及六房吏》,辽宁师范大学2013年硕士学位论文。同时与州县平行的地方卫所亦实行六房体制,如根据明代辽东档案以及万历《南昌府志》所知,辽东卫、赣州卫、南昌卫、九江卫、袁州卫均设置吏、户、礼、兵、刑、工六房,各房配有令吏、令典、典吏等1~2或3~5人不等,处理卫所的政务。此不赘述。参见王涛:《明清卫所六房初探》,载《西华师范大学学报》2017年第5期。

[2] 《明英宗实录》卷183,"正统十四年九月癸未"条。

[3] (明)朱元璋:《御制大诰三编·民拿该害民吏》。转引自杨一凡:《明大诰研究》,江苏人民出版社1988年版,第408~409页。

[4] 参见何朝晖:《明代县政研究》,北京大学出版社2006年版,第48页。

场,金银场,各色课程,农桑蓝靛,会计粮储,官吏俸给,军士月粮,漕运,系官房屋,乡都、里长、坊长名数,造黄册,夏税,秋粮,等等。

礼:祭祀坛场,祭器什物,应祀神祇,存恤孤老,养济院,奉到制书榜文,孝子顺孙,义夫节妇,书生(含生员、童生)员数,境内儒者,耆宿,历日纸札,岁贡生员,等等。

兵:弓兵祇禁名数,水马驿,递运所,巡检司,系官头匹,急递铺,烽堠,勾军,佥补马夫,选取力士,等等。

刑:现禁罪囚,现问案件,境内警迹人,起灭词讼之人,犯法被刑官民,赃罚,捕解犯人,等等。

工:公厅间数,公用什物,岁造段疋,轮班人匠,打捕户,岁办,铁冶,等等。

州县书吏遵守六房体制的政务运行程序,即遇到地方政务公事,六房书吏需要向上级禀报,"该房该吏凡遇禀覆公事,自上而下;佥押文书,自下而上"[1],"遇有大小事务,该吏先于长官处明白告禀,次于佐贰官处商确既定,然后当该吏典幕官书卷,才方自下而上以次佥押讫,正官下判日子,当面用使印信,随即施行"[2]。由此可见,在地方层面,州县正印官直接领导六房,处理地方政务,同时也需要承担地方政务的法律责任,因此,朱勇指出,"六事法关于州县正印官直接领导、全面负责州县事务的规定,使州县官能够更好地调动、配置州县公共资源,把握州县全局,综合运用各类管理手段而实现州县地方的有效治理"[3]。

---

[1] (明)汪天锡:《官箴集要》卷上《六房》,中央编译出版社2011年版,第56页。
[2] (明)汪天锡:《官箴集要》卷下《佥押》,中央编译出版社2011年版,第91页。
[3] 朱勇:《论中国古代的"六事法体系"》,载《中国法学》2019年第1期。

"大经大法":中华法系的一个经典命题

梁 健[*]

【摘要】 "大经大法"作为中华法系的经典命题和观念,与儒家思想、儒家经典同源同文,其起源于古人对六经治世价值的阐释和推崇。在观念层面,"大经大法"蕴含着古人对治乱的思考结晶,反映了古人对建立持续稳定制度的渴求和理想,成为古人寻求治道之本最直接的精神和价值指引。"大经大法"也为古人在制度层面指明了最为完善的构建模式,即通过区分"经""权",追求经权结合,来守正礼法之"大经";同时把礼法构建作为恪守"大经大法"的首要目标,通过礼典的编纂、伦常的维护,不断奠基礼法的规范秩序和匡护礼法的精神秩序,以此实现制度的高度统一和经久畅行。

【关键词】 大经大法;六经;儒家;礼法;价值追求

"大"在古代词汇中,有最高、根本之意。当"大"与其他字相组合时,最高、根本的含义则更为明显,如大经、大法、大宪、大彝、大典、大伦、大本、大道、大纲、大范、大防、大训、大猷、大柄、大章程、大经济、大制作等,并成为古人借以描述治国理政所依靠的根本规范、祖宗成法的通行用语。在这些词汇中,"大经""大法"二者分别兼具万世常行不可变易之道和经世宰物的成法、治法两方面含义;因此常常被古人叠加使用,并称"大经大法"。儒家在阐释六经过程中,

---

[*] 作者系西南政法大学行政法学院讲师。

逐步确立了"经"的权威地位。"经"不仅是治世之文,也担纲治世之法。追求"大经大法"由此成为每一朝代治政能力的重要考量和法制构建的重要手段,并成为中华法系独特的价值观念。

历代统治者在"大经大法"指引下,有着具体的实践追求与自我标榜。唐宋元以来以《会要》、典章为代表的制度构建就是突出的表现,如宋代文彦博云:"所谓典章者,朝廷之大法,祖宗之旧制,举而行之,执而用之,岂有纲纪不振哉。"明清《会典》作为涵盖当时国家基本法律制度的法典,沿袭了唐宋元以来撰修《会要》和典章的传统,载入的都是经久常行之制,具有最高法律效力,故被时人称为"大经大法"。[1] 推根究源,明清时期对《会典》法律性质的界定,是完全得益于对"大经大法"在观念上的推崇和制度上的熟用。然而"大经大法"在观念上如何产生,在历史演变中如何传承、流布,在中华法系中如何体现、落实,学界却少有深究。

作为一个形而上的思想词汇,"大经大法"在中华法系当中,承载着"根本法"的含义,发挥了两大功能。一是在观念层面提供了基本的价值取向和精神指引。即任何制度构建必须秉持定国是而一人心、垂之万世而无弊的"立法初意"和"良法美意",遵奉这种治道追求,就是应经合义;违背这种治道追求,就是离经叛道。二是在制

---

〔1〕 如孙承泽评述《大明会典》云:"弘治五年命内阁诸臣仿唐宋《会要》及元人《经世大典》《大元通例》编成一书,赐名《大明会典》,其书以《诸司职掌》为纲,以度数名物仪文等级为目,附以历年事例,使官各领其属,而事皆归于职用,备一代定制以便稽考。嘉靖二十八年修之,万历十五年再修之,一代之大经大法备焉。"[(清)孙承泽:《春明梦余录》卷一二《文渊阁》]又如,乾隆十三年,张廷玉等《会典》撰修官员上奏称:"《会典》所载,必经久常行之制。……国家大经大法,守之官司,布之朝野,百年以来,几经考订。我皇上履中蹈和,修明益备,应请总括纲领,载入《会典》。"[(清)允裪等:《大清会典则例》卷首]乾隆《大清会典·凡例》亦称:"会典以典章会要为义,所载必经久常行之制,兹编于国家大经大法,官司所守,朝野所遵,皆总括纲领,勒为完书。"乾隆五十一年,乾隆就续修《会典》事宜下谕云:"国家之有《会典》,仿之典谟官礼。俾一代大经大法,细目宏纲,无不了如指掌,用以昭示法守,而垂信来兹。"(《清实录·乾隆朝实录》卷一二四八,乾隆五十一年二月甲申)

度层面指明了最为完善的构建模式。即所建立的制度,在内容上必须远稽古典圣制、近守祖宗成法;必须经久常行,而非权宜之术;在形式上必须纲目毕举、损益兼该,如此才能实现性质上的最高法律效力。可以说,中华法系作为礼法体系延绵几千年,古人为这种体系之下的道路选择、制度设计、理论探索和文化践行,付诸持续不断的努力,并以此为国家和个人的事业担当,当中的价值追求和精神力量指引就是"大经大法"。因此,厘清传统法律文化当中的"大经大法"观念,对其重新加以审视,实有助于重新认识儒家思想、礼法文化乃至中华法系。

一、儒家经典与"大经大法"观念的缘起

儒家思想是中华法系之魂魄,作为儒家思想核心载体的《诗》《书》《礼》《易》《乐》《春秋》,不仅是传统法律文化之源头,也是中华文化之根基。离开儒家、儒家思想、儒家经典特别是六经而谈中华法系和传统法律文化,既不得其要更犹如数典忘祖。

从根源来说,儒家的崛起、儒家思想及其经典的传播,恰是建立在对春秋末年礼崩乐坏、数典忘祖等乱象的批判基础之上。《礼记·经解篇》被后人视为"总是孔子之言",当中有一段孔子对六经与政教关系的论述:"入其国,其教可知也。其为人也,温柔敦厚,《诗》教也。疏通知远,《书》教也。广博易良,《乐》教也。絜静精微,《易》教也。恭俭庄敬,《礼》教也。属辞比事,《春秋》教也。故《诗》之失,愚。《书》之失诬,《乐》之失奢,《易》之失贼,《礼》之失烦,《春秋》之失乱。"[1]六经其教各异,但总以礼为本。孔子对六经的总结,不仅是文献整理,也是文化总结,与其以复兴礼乐文化为己任一脉相通。故《礼记·中庸》有云:"仲尼祖述尧舜,宪章文武。"因此,孔子对礼崩乐坏、数典忘祖等乱象的批判和对尧舜之道、周王之

---

[1]《礼记·经解》。

法的效法,最直接的体现就是对《诗》《书》《礼》《易》《乐》《春秋》这六经(后因《乐》失传,故又有"五经"之说)的系统整理和删定,对六经政教大义的阐发。孔子对六经的删削述,特别是对其政教大义的阐发,为后世确立了社会价值观的大道大本。其创业垂统之功,更为后人寻求治道治体提供了精神和价值指引。

自汉倡复儒学,至南北朝隋唐逐渐实现经学统一,六经地位不断提高。然而学术学问的统一,却不能彻底解决后世儒家对治道治体的忧心。游文六经,留意仁义,仍然是儒家采先王治具、取法后世的孜孜追求。

韩愈在《原道》中曾推究本原仁义道德,倡道统之说。他认为"礼乐刑政"四者作为"先王之教"的"法",自尧、舜、禹、汤、文、武、周公等圣王代代相传至孔孟后,不得其传。对道统不传的痛心疾首,韩愈在《与孟尚书书》中表现得更为淋漓尽致:"夫杨墨行,正道废,且将数百年,以至于秦,卒灭先王之法,烧除其经,坑杀学士,天下遂大乱。及秦灭,汉兴且百年,尚未知修明先王之道;其后始除挟书之律,稍求亡书,招学士,经虽少得,尚皆残缺,十亡二三。故学士多老死,新者不见全经,不能尽知先王之事,各以所见为守,分离乖隔,不合不公,二帝三王群圣人之道,于是大坏。……其大经大法,皆亡灭而不救,坏烂而不收。"[1]

这里所言"大坏"的"二帝三王群圣人之道",正是尧舜以来所传的道统,也是二帝三王群圣人治天下之"大经大法"。"大经大法,皆亡灭而不救,坏烂而不收",不仅是二帝三王群圣人道统的陨落,也是指二帝三王群圣人所倡建礼乐的毁废。《新唐书·韩愈传》曾赞韩愈所著《原道》《原性》《师说》等数十篇,"皆奥衍闳深,与孟轲、扬雄相表里而佐佑六经。"韩愈佐佑儒学,不仅因为其提出道统论。就资料所见,极力推崇二帝三王群圣人道统,而首次将"大经""大法"

---

[1] (唐)韩愈:《韩愈全集》,上海古籍出版社1997年版,第194页。

合称之人就是韩愈,即其《与孟尚书书》所言"大经大法,皆亡灭而不救,坏烂而不收"云云。因此,韩愈佐佑儒学之功,更在于他提出了礼法文化和中华法系演变史中一个极为重要并且原生的观念:"大经大法"。所谓原生,就词汇而言,指其本于古人的语言体系而非今人编造或由西方舶来;从文化上说,指其渊源且相协相助于儒家的礼法文化。由此可以认为,"大经大法"这一经典命题和观念,实与儒家思想、儒家经典同源同文。韩愈所谓的"大经大法",宏观而言,即道统、即二帝三王群圣人之道和他们倡建的礼乐精神。作为具体的实践,就是一代代儒家和统治者对礼乐的精神弘扬传承和对礼乐精神的制度固化。

二、古人对"大经大法"观念的阐释与推崇

六经向来被视为先王正典。在古人看来,六经为书,所载尧、舜、禹、汤、文、武、周公、孔子之道,其昭如日月,不仅匡护扶纲常、阐解伦理,且垂宪万世而无弊。自韩愈佐佑六经以来,世崇六经为先王之法、治道之本、治世之具者不胜枚举,从唐宋以来儒家对六经的阐释与推崇中可找到诸多例证。

(一)通过诠释"六经"权威以对接"大经大法"

如欧阳修云六经之大要,是"治国修身之法",所载"皆人事之切于世者"[1]。宋理宗亦云:"治国平天下之道,无出于六经……人主视六经格言如金科玉条,罔敢逾越则逸德鲜矣。"[2]统治者的态度,也不断助推宋儒对六经的信奉。朱熹曾称有治世有"治世""衰世"和"乱世"三文,只有六经方配得上"治世之文"[3]。吴敏认为六经

---

[1] (宋)欧阳修:《欧阳修全集》第二册,载《居士集》卷四七《答李诩第二书》,中华书局2001年版,第669页。
[2] (清)朱彝尊:《经义考》卷二九六《通说二·说经中》。
[3] (宋)黎靖德:《朱子语类》卷一三九《论文上》。

垂训,是"天所以奠世法";三代以后"生民有一饭之安",皆六经之功。[1] 胡宏称六经为济天下之大舟,不循六经者则会"丧身""亡家"。[2] 即使金元之世,儒家亦坚信道散而有六经,"维持六经,能传帝王之道"[3];以六经为"圣人明天下万世之大经,以经天下万世者"[4],其所蕴含的圣贤之心和事业,大之可以善天下国家,小之可以善身。[5]

及至明清,诸儒更在六经治世上推波助澜,视之为治世可法而不可改、可顺而不可逆,为天地立心、为生民立命、为万世开太平的坦荡正道。如胡广云:"六经之道,昭如日星,经纬乎天地,贯彻乎古今",放之可弥六合、用之可修身、行之可齐家、推之可治国,施之可平天下,必须穷经才能道明,未有舍经而能致治之理。[6] 方孝孺赞述五经为"天地之心""三才之纪"和"道德之本";[7] 又称"世之称治者,二帝三王而已,其详不可得而知,宏纲大法所以相传而不泯者,惟群经之存是赖,然安在其不泯也,经者,治天下之具也。"[8] 丘濬称:"六经之总要,万世之大典,二帝三王以来传心经世之遗法",是圣人立教、人君为治、士子学用以辅君之必须。[9] 高攀龙则直指六经为"天之法律",顺之则生、逆之则死,天下所以"治而无乱""乱而即治",皆因有六经所在。[10] 此外,明代追奉朱学,修撰了《五经大全》。《大全》不仅成为取士法则,也成为治国准的。永乐年间,有

---

[1] 参见(宋)李幼武:《宋名臣言行录》卷二《吴敏》。
[2] 参见(宋)胡宏:《五峰集》卷三《杂文·程子雅言后序》。
[3] (元)王恽:《秋涧集》卷九七《玉堂嘉话卷之五》。转引自(金)李世弼《金登科记序》。
[4] (元)胡炳文:《云峰集》卷一《书·代族子淀上草庐吴先生求明经书院书》。
[5] 参见(元)柳贯:《待制集》卷一五《记·崇化堂记》。
[6] 参见(明)程敏政:《明文衡》卷五《(胡广)进四书五经大全表》。
[7] (明)方孝孺:《逊志斋集》卷六《杂著·学辨》。
[8] (明)方孝孺:《逊志斋集》卷一六《记·传经斋记》。
[9] 参见(明)丘濬:《大学衍义补自序》。
[10] 参见(明)高攀龙:《高子遗书》卷九上《序·程朱阙里志序》。

人献《道经》于朱棣,被其斥云:"朕所用治天下者,《五经》耳。"[1]永乐四年三月,朱棣率文武官吏诣太学听讲经后云:"六经,圣人之道,昭揭日星,垂宪万世,朕与卿等皆勉之。"[2]主事《大全》编撰的胡广,不仅唱和朱棣的"五经"治天下论,更盛赞其是"倡明六经之道,绍承先王之统"的"大有为之君"。[3] 清康乾之朝为求文治,讲明正学,推崇六经更甚于明代。如康熙就对熊赐履提出的"非《六经》《语》《孟》之书不读,非濂、洛、关、闽之学不讲"尤为赞赏。[4] 理学家张伯行也提出"六经为教","圣贤垂世之文也,皆所以传道"。[5]纪昀则认为自前圣制礼作乐,孔子删定六经后,"儒者世世守之,递相训诂以为经世之大法,所谓为天地立心,为生民立命,为往圣继绝学,为万世开太平者。"[6]通过阐扬经书意蕴,推崇经学,崇尚经术,康乾时期也迈进了清人所自称的经学史上"唐、宋莫逮"的复盛时期。[7]

唐宋以来的统治者和儒家通过不断强化六经在治世教民当中的功用,使之披上帝王学术外衣,被推崇为用之于身、行之于家、推之于国、施之于天下的帝王道法。儒家诠释和推崇六经,特别是统治

---

[1] (明)余继登:《皇明典故纪闻》卷六。
[2] 《明实录·明太宗实录》卷五二,永乐四年三月辛卯。
[3] (明)程敏政:《明文衡》卷五《(胡广)进四书五经大全表》。按:《明太宗实录》卷一六八,永乐十三年九月己酉条记载:《大全》书成后,朱棣命礼部刊赐天下并制序云:"厥初圣人未生,道在天地,圣人既生,道在圣人。圣人已往,道在六经。六经者,圣人为治之迹也。六经之道明,则天地圣人之心可见。而至治之功可成。六经之道不明,则人之心术不正,而邪说暴行,侵寻蠹害。"朱棣在编写《圣学心法》时亦云:"朕惟古之帝王平治天下,有至要之道,诒训子孙,有不易之法,载于经传可见矣。……朕常欲立言以训子孙,顾所闻者不越乎六经圣贤之道,舍是则无以为教,尚何言哉?"(《圣学心法序》)。这些都是朱棣以六经治世的例证。
[4] 参见《清实录·康熙朝实录》卷二二,康熙六年六月甲戌。
[5] (清)张伯行:《困学录集粹》卷三《闽署公余》。
[6] (清)纪昀:《纪文达公遗集》卷七《化源论》。
[7] 参见(清)皮锡瑞:《经学历史》,中华书局1959年版,第295页。

者的圣训懿言,虽不乏对"君德""治法"有所标榜,却为"大经大法"这一个形而上的思想词汇确立了具体固定的载体:六经。在统治者将六经视为最高理论权威的同时,学者选择使用"大经大法"这一词汇来阐释、概述六经的权威含义也就成了常态。[1]

(二)以经筵讲学推动"大经大法"观念的传播

得益于观念的原生性、语言和文化体系的同源性,"大经大法"不仅作为一个形而上的思想词汇被古人广泛使用,更成为古人探寻六经之旨、寻求治道之本最直接的精神和价值指引。汲取其中的精神和价值指引,对统治者而言,最直接的方式则是对六经、对"大经大法"观念的理论学习。

通过经筵讲学来探寻六经中的"大经大法",早在宋代就已出现。如宋孝宗隆兴初年,吏部尚书汪应辰上疏强调经筵讲读的重要性云:"六经之典籍,祖宗之谟训,此乃政事之本也。因其有所劝诫而省之于己,则可以致日新之益,因其有所损益而验之于今,则可以得时措之宜。"[2]希望孝宗向汉武帝、唐太宗和本朝的仁宗学习,多与臣下讲论经理。咸淳三年,宋度宗将其在东宫时的新益堂改建为经筵讲读之所,并亲制记云:"学之为王者事,其已久矣,天地民物之理,圣贤言行之则,与凡古今立政立事,国家大经大法,其本末源委,精微曲折,具在典籍,博观而约取之,以措诸天下,莫不由学,学之用

---

[1] 如(宋)真德秀云:"周衰,孔子取先王之大经大法,与其徒诵而传之,杂见于六经。"(宋)王柏云:"自昔圣人大经大法所以宅天衷,立民极,定万世之标准者,悉已去籍。于春秋之末,吾道失统,而下归于孔子删《诗》、定《书》、系《周易》、作《春秋》之外它无书也。"(明)瞿佑云:"《诗》《书》《易》《春秋》,皆圣笔之所述作,以为万世大经大法者也。"(清)江藩云:"(孔子)订《诗》《书》,正《礼》《乐》,序《易》象,修《春秋》,以垂教于万世,而大经大法,奥义微言具载六经。"(清)刘人熙云:"非经无以一道德而同风俗,非传以明之。……大经大法,经备之矣。别同异,明是非,决嫌疑,定犹豫,传庶几焉。"

[2] (宋)汪应辰:《文定集》卷三《奏议·论讲读官进见希阔(隆兴元年十一月)》。

"大经大法":中华法系的一个经典命题

大矣。"[1]此后,经筵讲学逐渐成为宋以后帝王教育的重要场合和"大经大法"观念传播的重要途径。

明洪武年间,晋府长史桂彦良上《太平治要》十二条,其中提出:"圣主贤臣治天下之大经大法,具载六经,垂法万世,不可以不讲也。"[2]据考,这是明代首次以开经筵事疏请者,并渐开明代注重经筵风气。[3]如洪熙元年,明仁宗以皇太子正值"日闻正道,养成德性"之时,下谕华盖殿大学士杨士奇等于东宫开设讲筵,令讲官"以大经大法进说","非圣贤之道无益于治者勿言"。[4]正统十四年,兵科给事中刘斌上奏明英宗,希望其"法古帝王,以穷理为修身尽性之要,以修身尽性为治平参赞之本",择名儒相与讨论于经筵,以"究性命道德之微于六经"云云。[5]明孝宗弘治年间,南京户科给事中杨廉亦屡劝上"勤御讲筵,求古帝王御世大经以施于治"。[6]自弘治、正德开修《明会典》以来,经筵日讲的相关仪注规定被载入其中,进一步制度和仪式化,经筵日讲自此成为明帝"学二帝三王治天下大经大法"的重要途径。明世宗即位后,已告老还乡的太子太傅王鏊仍上疏提点世宗要御经筵、勤圣学,经常召文学侍从之臣,从容讲论法二帝三王之治云:"凡帝王为治之大经大法,日陈于前,万几之暇,惟是观书。"[7]从史料记载来看,通过经筵学习,嘉靖亦颇受"大经大法"的影响,如其以《洪范》一书"于帝王为治之大经大法,实为亲切",令文渊阁大学士顾鼎臣"分段计日,从容论说,必使尽其所言

---

[1] (宋)潜说友:《咸淳临安志》卷一《行在所录一·官阙一·大内·熙明殿》。
[2] 《明实录·明太祖实录》卷一四八,洪武十五年九月癸亥。
[3] 参见宋秉仁:《明代的经筵日讲》,载台北师范大学历史学系编印:《史耘》1996年第2期。
[4] 《明实录·明仁宗实录》卷一一,洪熙元年二月壬子。
[5] 参见《明实录·明英宗实录》卷一八六,正统十四年十二月壬申。
[6] (明)罗钦顺:《整庵存稿》卷四《序·送光禄少卿杨君考绩序》。
[7] (明)王鏊:《震泽集》卷二〇《奏疏·谢存问疏》。

以为务学求治之助。"[1]明神宗时期,尤为注重《洪范》"大经大法"之道。如《明实录》记载,神宗"以《洪范》一篇为帝王治天下大法,讲习既熟,每日作字复逐节手书,以潜玩其义"[2]。又书"学二帝三王治天下大经大法"十二字,悬于文华殿以为标榜。[3]不仅如此,神宗还通过殿试、东宫讲读的途径不断强化自己对"大经大法"的推崇。如万历八年庚辰科殿试策问,神宗策试天下贡士并下廷敕云:"朕惟治古帝王大经大法,具在《周书·洪范》,其所以宰持万化,统摄九畴,则建用皇极备矣。"[4]万历二十七年,大学士赵志皋等以皇长子讲读事宜题奏云:"《书经》一书,乃齐治均平之大法,拟以此书再行温讲,庶几寻绎涵泳,以为睿学之助者不浅。"神宗赞同其说,命赵氏等继续辅导皇子闲日温习《书经》。[5]

　　清帝不仅在思想上推崇经学,且秉明帝"研经味道"风气,将备载六经的"大经大法"观念通过经筵日讲、刊布经学典籍等方式大力传播。如顺治二年,大学士冯铨等上奏称"上古帝王,奠安天下,必以修德勤学为首务",希望顺治在熟习满书后,要以"帝王修身治人之道,尽备于六经"为根本,必须朝夕进讲,才能圣德日进而治化益光。[6]顺治九年,编修曹本荣亦上奏顺治要追寻二帝三王之圣学,才能得二帝三王之统,认为凡六经"有裨身心要务,治平大道者","内则朝夕讨论,外则经筵进讲",如此方能"君德既成,天命自相与流通"。[7]这些上奏无疑影响统治者通过经筵探寻治道的态度,如顺治十年,谕内三院臣工云:"朕惟修己治人,大经大法备载经史,欲

---

[1] (明)严嵩:《钤山堂集》卷三四《神道碑一·明故光禄大夫柱国少保兼太子太傅礼部尚书武英殿大学士赠太保谥文康顾公神道碑》。
[2] 《明实录·明神宗实录》卷六七,万历五年九月庚午。
[3] 《明实录·明神宗实录》卷二一,万历二年三月庚子。
[4] 《明实录·明神宗实录》卷九七,万历八年三月甲子。
[5] 《明实录·明神宗实录》卷三三〇,万历二十七年正月丁酉。
[6] 《清实录·顺治朝实录》卷一五,顺治二年三月乙未。
[7] 《清实录·顺治朝实录》卷六九,顺治九年十月庚申。

与翰林诸臣明其义理",但以内院并非经筵日讲之地,故命著工部建造文华殿"以便讲求古训"。[1] 对经筵场所建造的重视,即是寻求"大经大法"的突出例证。顺治朝重开经筵,传承了唐宋以来的帝王之学,特别是明代的经筵制度,为此后清帝大开研经风气,为其"君德"养成、学问提升,做出了制度预设和行动表率;通过经筵传播备载于六经的"大经大法",也为此后清朝走向敷政宁人的鼎盛治道奠定了良好的政治、学术与思想氛围。如康熙认为"天下之道,莫详于经",[2]尝自称"万几之暇,潜心六经,大义微言,孜孜殚究,以讲求古帝王治天下之大道"。[3] 其在《日讲易经解序》中称,刊刻此书颁示天下以"庶称朕以经学为治法之意";"帝王道法,载在六经……帝王立政之要,必本经学"。[4] 同时将研究谈论六经中的"大经大法"视为皇家教育重事,其针对皇太子讲读事宜敕谕礼部云:"朕于宫中谕教皇太子谆谆,以典学时敏,勤加提命,日习经书,朕务令背诵,复亲为讲解,夙兴宵寐,未尝间辍。今皇太子于四书、《尚书》略能成诵,亦粗覆讲。但思大法大经,古训甚备,制心制事,义蕴无穷,必益加以研究讨论,就将罔懈,庶几德业驯至大成。"[5]乾隆年间,亦极重经筵讲学,如乾隆曾谕群臣称:"惟四子、六经,乃群圣传心之要典,帝王驭世之鸿模。君天下者,将欲以优入圣域,茂登上理,舍是无由。"[6]又下谕训诸臣"研精宋儒之书,以上溯六经之阃奥",要求"每日进呈经史讲义",探寻圣贤精蕴以为致治宁人之本。[7] 乾隆五十八年,朱珪讲呈《御制说经文》,乾隆为之序云:"六经为治世之

---

[1] 《清实录·顺治朝实录》卷七五,顺治十年五月己亥。
[2] (清)爱新觉罗·玄烨:《文献通考序》。
[3] 《清实录·康熙朝实录》卷一五〇,康熙三十年二月戊子。
[4] (清)爱新觉罗·玄烨:《日讲易经解序》,见《国朝宫史》卷二七《书籍六·经学》。
[5] (清)爱新觉罗·玄烨:《圣祖仁皇帝御制文集》卷三《敕谕·谕礼部》。
[6] 《清实录·乾隆朝实录》卷六〇,乾隆三年正月癸亥。
[7] 参见《清实录·乾隆朝实录》卷一二八,乾隆五年十月己酉。

书,内圣外王之道,无不赅备。"[1]其在《跋朱子大学章句》中又称："六经之文备众,理该万事,集群圣之精华以立言,君臣父子之大伦,往古来今之大法,莫不于此取则焉。"[2]故而直至晚晴法律鼎革之时,尚有人提倡仿效康乾时期的经筵制度来"讲求大经大法"。如光绪三十三年赵炳麟上疏请仿"康熙、乾隆间日讲之例"重开经筵云："知识云者,谓考世界政治人物之进化而明治身、治国之理由也。故论治国之事日新无穷,论治国之理中外一致。帝王之学务乎其大,操乎其要,使治理克明,用人行政无差,则国治矣。方今我皇上春秋鼎盛,欣值我皇太后圣躬强健,万政有所禀承,正可趁此典学,讲求大经大法,为临万民,操纵群臣四夷之具。"[3]其后奉慈禧旨意,令孙家鼐等人分讲书经、四书、圣祖庭训格言等,并且"两宫同听"。虽然此举不能成为赵炳麟所盼望的"操纵群臣四夷之具",但也不失清廷"讲求大经大法"的传统,算是当时统治者取法群圣、焕天下于文明深意的彰显。

三、"大经大法"观念对中华体系构建的影响

古人以六经为先王之法、治道之本和治世之具,即所谓"六经治世"。世崇六经,实际上就是寻求治道的"大经大法"。孔子删定六经,被视为周公之后的第二次制礼作乐。六经其教各异,后世儒家亦各有专攻,师法家法不同,对各经的理解乃至评价也就不一。但总体而言,六经一道同归,又因教为别,各自为后世诸多理论形成乃至制度构建,提供了相应的价值取向。如《汉书·艺文志》云："六经之道同归,而礼乐之用为急。治身者斯须忘礼,则暴嫚入之矣;为国者一朝失礼,则荒乱及之矣。"当中所体现的既是汉人对礼乐的重

---

[1]《清实录·乾隆朝实录》卷一四四二,乾隆五十八年十二月已巳。
[2] (清)爱新觉罗·弘历:《御制乐善堂全集》卷八《跋·跋朱子大学章句》。
[3] (清)赵炳麟:《赵柏岩集》上册,广西人民出版社2001年版,第460~461页。

"大经大法"：中华法系的一个经典命题

视，也是汉人对礼乐涵养的汲取。礼与六经的关系，后人曾有高度评价云："五经者，礼之精意；而礼者，五经之法象也。"[1]"六经之文，皆有礼在其中，六经之义，亦以礼为尤重。"[2]六经以礼为本，蕴含丰富的礼制内涵。礼典，礼制，礼的原则、大义、精神，这些皆源自儒家经典，故有"礼出六经"之说。

受推崇六经为"大经大法"的影响，古人也将六经蕴含的经义常道、核心内涵，特别是将礼之原则、大义、精神与礼制某一方面内容及由此衍生的命题推崇为"大经大法"，从而彰显"六经同归，其指在礼"，彰显礼、礼乐、礼治对制度构建的价值。

自孔子提出"天下有道，则礼乐征伐自天子出；天下无道，则礼乐征伐自诸侯出"以来，历代统治者莫不将礼乐刑政视为权力象征和王权根基。礼乐在汉以后逐渐成为治国思想和效法先王治道的取向，自然也是古人诠释、推崇"大经大法"的重点命题。如明儒张缙彦云："仁义、礼乐、刑政、斗衡之属，天下所同遵也。故圣人治世大经大法，不外乎是。"[3]丘濬云："礼乐者，刑政之本；刑政者，礼乐之辅。古之帝王所以同民心、出治道，使天下如一家、中国如一人者，不过举此四者措之而已，是则所谓修道之教，王者之道，治天下之大经大法者也。"[4]礼乐刑政被奉为王权之尊，赋予了统治者"得道""有道"之法。推崇"大经大法"，实际上就是推崇儒家的礼乐刑政。尽君道以宰天下，礼乐刑政并出而用，古人在诠释"大经大法"过程中，也寻获了效法先王治道的基本价值取向，即重视礼、礼乐、礼治的对制度构建的作用。

---

[1] （明）王夫之：《礼记章句》卷二六《经解》。
[2] （清）皮锡瑞：《经学通论》，华夏出版社2011年版，第353~355页。
[3] （明）张缙彦：《域外集·老子论》。
[4] （明）丘濬：《大学衍义补》卷一《治国平天下之要·正朝廷·总论朝廷之政》。

(一)视礼为首要的"大经大法"

正因为儒家所提倡的礼在治乱兴衰过程中能起到"中"和"准"的关键性作用,研究礼、实践礼,成为一代代儒者的追求,也就有了"礼外无学"之说。如李塨指出:"圣门六艺之学,总归一礼。"[1]曾国藩云:"古之学者,无所谓经世之术也。学礼焉而已。"[2]曹元弼云:"圣人所谓学者,礼也。盖圣人之仁天下万世也以学,而学之本在礼。"[3]

说"礼外无学",一方面是指礼解决了很多理论问题。古人治学,很大程度是从治经开始的,而治经又以治礼为首要,礼是解开六经的钥匙。正如黄宗羲云:"六经皆载道之书,而礼其节目也。"[4]清理学大家凌廷堪在《学古诗》指出"儒者不明礼,六籍皆茫然。"治经需治礼,通群经而后能通礼,如荀子所云"始乎诵经,终乎读礼"[5],一切学问宗旨,以礼为归。此义随在可证,无俟列举。"礼外无学"的另一方面是指礼解决了很多实践问题。古人曾云:"天下无一事无礼者也。"[6]在古人看来,世间之事,包括天下的治乱兴衰都蕴含着礼、体现着礼。故又云:"古今所以治天下者,礼也。"[7]"古之君子之所以尽其心、养其性者,不可得而见;其修身、齐家、治国、平天下,则一秉乎礼。自内焉者言之,舍礼无所谓道德;自外者言之,舍礼无所谓政事。"[8]换言之,古人面对修身持家、治乱兴衰等问题,推崇的是以礼治身、以礼治家、以礼治国、以礼经世。当然这并非说礼能解决所有问题和矛盾,而是说礼为古人在国家制度、权

---

[1] (清)李塨:《论学》卷一。
[2] (清)曾国藩:《曾文正公文集》卷三《孙芝房侍讲刍论序》。
[3] 曹元弼:《复礼堂文集》卷四《礼经会通大义论略》,1917年刊本。
[4] (清)黄宗羲:《黄梨洲文集》卷一《序类·学礼质疑序》。
[5] 《荀子·劝学》。
[6] (清)陈澧:《东塾读书记》卷二《论语》。
[7] (清)阮元:《揅经室续集》卷三《书东莞陈氏〈学蔀通辨〉后》。
[8] (清)曾国藩:《挺经》卷八《廉矩》。

力机构、社会秩序、基本价值观念的构建乃至纠纷解决等方面提供了极其重要的理论依据和制度参照。而实践问题的解决,则是通过礼的精神、大义、观念、价值等的制度化为前提,也就是构建一套适用于当时社会的礼规或者礼典,并使之成为经世宰物、纲维万事的标准。

在构建"天下有道"的过程中,礼乐充当了刑政之"本"。这个"本"意味着礼,理所当然成为首要的"大经大法",并成为众多儒家对礼的基本认识和价值判断。如刘宗周云:"礼乐是治天下大经大法"。[1] 李塨云:"圣人治天下之大经大法,无不要归于礼乐,而君子不可以斯须去其身。"[2] 礼与"大经大法"的直接对等,王夫之说得尤为透彻:"古帝王治天下之大经大法,统谓之礼"。[3] 因此,只要是先王构建的礼乐制度,皆成为后人效仿的"大经大法"。如郝敬认为巡狩、述职、班爵禄、井田、学校这些先王之礼,皆"治天下大经大法",不仅明征典要,且可信可传。[4] 顾炎武则认为郊社、射乡、食飨诸礼,"亲亲而仁民","天下之大经毕举而无遗"。[5] 崔述以乡官之制为"三代圣人之大经大法,必不可废者"。[6] 宋载以学校、祀典、礼仪为"治世之大经大法","矩典宏规,当世守之",不容任意增减。[7] 李琰认为学校"明五伦以翼圣教,尊六经以屏异端",非"粉饰太平之具",而是"古圣王治天下大经大法"。[8]

礼为后世制度构建提供价值取向的重要性,更使得《周礼》一书成为后人取法先王制度的古典蓝本,尤其是儒家发挥"大经大法"含

---

[1] (明)刘宗周:《论语学案》卷五《上论·子罕第九》。
[2] (清)李塨:《平书订》卷一四《礼乐第十》。
[3] (清)王夫之:《读四书大全说》卷四《论语·为政篇》。
[4] 参见(明)郝敬:《谈经》卷九《孟子》。
[5] (清)顾炎武:《日知录》卷六《胐胐其仁》。
[6] (清)崔述:《丰镐考信别录》卷二《周职官附考·儒者罕言乡官》。
[7] (清)宋载:《大邑县志·凡例》,乾隆十四年修。
[8] (清)李琰:《康熙万州志》卷二《学校志》。

义的重要文本。[1] 时代不同,师承有异,但在诵读过程中有着同样的心得发明,当中"千古一日"的评价也正是儒家"千古一日"的追求。可以说,自六经创建到九经确立而十三经流传,每一部经典都在代代儒家诵读玩味过程中不断被冠以"大经大法"的含义,这些儒家的诠解之作也推动了以礼为首要"大经大法"观念的传播。

(二)以礼法构建作为恪守"大经大法"的首要目标

夏商周作为礼刑时代,是中国法律传统的肇始之基。三代之法,法在礼中,礼外无法。故学者有言:"礼者,天理之节文,所以美教化而定民志,故三王不异礼而治。"[2]"古之治天下者,无所谓法也,礼而已矣。及周室既衰,诸侯恶其害己,而去其籍。去其礼也,而实去其法也。"[3]自周公制礼作乐,驯致太平开始,西周便开始形成礼法制度和礼法文化。这段时期的礼具有道德与法律的双重属性,其时并不存在独立于礼的法,其法律形式主要是礼与刑。刑依赖于礼而存在,囊括在礼的范围之中。所以上古夏商周,法在礼中,礼外无法,出礼入刑,这是中国古代法律体系的原生状态。夏商周礼乐刑政"大统"的确立,既是中国法律传统的肇始,也是后世道统所源与"大经大法"所本。

周公创制的礼法,为孔子和儒家继承和发扬。荀子曾云:"百王之所以同也,而礼法之枢要也。""百王之所同而礼法之大分也。"[4]可以说,儒家开创的礼法是为后世设范立制。礼法由此逐渐统率各

---

[1] 如徐即登云:"《周礼》一书,独非圣人治天下之大经大法乎……此尧舜执中以来,圣圣相承以治天下,而周公用之,辅相成王以致太平是书也。"金瑶云:"夫《周礼》,周公为周之书也,虽封建、郡县、井田、税亩古今不同,而大经大法千古一日。"胡翘元云:"读《周礼》可以令人心胸阔大,处事精细,可以见先王大经大法之所昭垂。"左辅云:"《周官》为成周致治之书,自大经大法以及一名一物之微,莫不有精义贯彻于际,立一代之典章,示万世之法守。"

[2] (清)孙奇逢:《日谱录存》,顺治十八年辛丑正月二十九日。

[3] (清)唐晏:《两汉三国学案》卷七《礼》。

[4] 《荀子·王霸》。

种国家法律形式、地方法规和家族规范,成为秉承天道人情的根本大法。故清世宗雍正曾评价:"儒教本乎圣人,为生民立命,乃治世之大经大法"。[1] 儒家在诵经玩味过程中,不断发掘礼法的"大经大法"含义,使《礼》《乐》《周礼》等儒家经典不仅成为体诸身心、措诸政治的重要文本,也为后世制度构建指明必须处理好的两个秩序维度:一是外在的规范秩序,二是内在的精神秩序。

1. 区分"经""权",守正礼法之"大经"

清儒黄叔琳云:"三代而下,礼为治天下之一端,三代而上,礼为治天下之统会。"[2]三代虽以礼为治,但春秋以降,礼坏乐崩,律、令等法律形式开始出现。自秦汉以降,莫不以律典、令典作为刑事立法的主体,律令也由此成为"治天下之一端"。另外,自汉以来,古人对律令的认识不断深化,对礼法的认识也随之增强。但具体到治国理政层面,礼与律令之间的界限和所起到的作用却可谓"泾渭分明"。这种"分明",就是何者方是治天下首要的"大经大法"。这一点,古人早就一语道破,元儒杨维桢曾言:"古者帝王恃以治天下者,大经大法而已,未所谓律也。"[3]

可见,作为治具的律令,尽管可称为"法",但这种"法"并非百世所不变的"经",并非治天下之根本,因此不能称为"大经大法"。清人汪由敦言:"韩愈谓经之所明者,制有司者也。要之,经者,圣人觉世之大法。律者,圣人治世之大权。"[4]这同样说明,经权并用持世,常则守经,变则行权。但律令只是治世之"权",可变可易,不是"经"也并非"常"。关于律令在传统制度中充当"权"的角色,也是"经"的产物,薛允升在《唐明律合编》后序中有着更为详细的阐释:"古律

---

[1] (台北)故宫博物院整理:《雍正起居注册》,雍正九年正月二十四日。
[2] (清)黄叔琳:《周礼节训原序》。
[3] (元)杨维桢:《东维子集》卷一《序·刑统赋释义序》。
[4] (清)汪由敦:《松泉集》卷六《策问·丙辰科山东乡试策问五道》。

之为书,原根极于君臣、父子、夫妇之经。而使事事物物之各得其宜也,岂真谓贼盗斗讼之繁且多也,而始为此哉。《易·系辞》曰:有夫妇然后有父子,有父子然后有君臣,有君臣然后有上下,有上下然后礼义有所错。《记》曰:凡听五刑之讼,必原父子之情,立君臣之义以权之。律书之义,此数语尽之矣。"古代的法律制度之所以要维护君臣、父子、夫妇这三纲,正因为律书的原则就源于君臣、父子、夫妇之礼,是不容改变的"大经大法"和"常经之道"。"权"可通"经",但"权"又不离"经"。故清人高钊中言:"礼经三百,曲礼三千,圣人治世之大道也,而法即凝于道之中。名律三百,条例三千,圣王治世之大法也,而道即寓于法之内。"[1]"经"是万世常行之道,作为"权"的律令,为"经"的原则所浸淫,只是"济经之所不及",[2]不得已而用的"达经"时措之宜。

在此作用下,礼被视为超越律令的"大分"和"纲纪",成为法的渊源和纲纪。故《左传》云:"夫礼,天之经也,地之义也,民之行也。"[3]荀子有云:"礼者,法之大分,类之纲纪也。"[4]毁之"大分",失之"纲纪",则是"非礼""无法"。故礼者,不仅是人兽之别,也是天地之序,"王之大经",[5]是为政者不可须臾或离的"大经大法",国家非礼不治,社会得礼乃安。礼法不是礼与法、礼与刑、礼与律的简单相加,而是礼中有法、纳法于礼。律令生自礼法,合于礼法,礼法统摄律令。律、令、科、比、格、式、例等,莫不唯礼法是从,莫不匡之以礼法。

2. 视礼典为"大经大法",奠基礼法的规范秩序

如前文所揭示,礼法方是古人观念中首推的"大经大法",是治

---

[1] (清)高钊中:《律例略记序》。
[2] (宋)陈淳:《北溪字义》卷下《经权》。
[3] 《左传·昭公二十五年》。
[4] 《荀子·礼论》。
[5] 《左传·昭公十五年》。

"大经大法"：中华法系的一个经典命题

国理政的大本大原和经久常行之道。礼法作为治天下的"大经大法"，不仅是古人的思想表达，也是统治者的实践追求与自我标榜。同时古人又以"大经大法"这样的抽象概念和"根本法"形式，传承先王的治道，以之作为制度构建和发展的精神指引。职是之故，礼法的构建、礼典的编撰得以成为历代王朝的首要大政。

以明清时期为例，《明史·礼志》云：朱元璋初定天下，"他务未遑，首开礼、乐二局，广征耆儒，分曹究讨。"洪武元年，命中书省、翰林院等定拟祀典，酌定郊社宗庙仪。洪武二年，诏诸儒臣修礼书，于三年告成，赐名《大明集礼》。此后，又屡敕礼臣李善长、宋濂等编辑成集，诏徐一夔等同修礼书。朱元璋在位三十余年，所颁降的礼书有《洪武礼制》《礼仪定式》《大礼要议》《大明礼制》《洪武礼法》《礼制集要》《礼制节文》《太常集礼》《礼书》《稽古定制》等。之所以有如此众多的礼典建设成就，且先期于律典体系完成，[1]主要是与朱元璋重礼的治国思想相关，其曾直言："治国之道在礼"[2]；又云"圣人之驭天下也，必先彝伦而攸叙，立条置目，纲以张维之，册书曰令，颁布臣民使遵守之，则富贵贫贱有别长幼咸安，若去此道而欲天下安未之有也，故重其礼者。盖为国之治道，非礼则无法，若专法而无礼则又非法也，所以礼之为用表也，法之为用里也。"[3]其礼法并用的治国之策，同样影响了朱棣，如朱棣云："夫礼者，治国之纪也；乐者，人情之统也。是故先王制礼，所次序上下也；作乐，所以和民俗也。教民以敬莫善乎礼，教民以和莫善乎乐。礼乐兴则天地泰而君臣正，刑罚中而长养遂，故口礼乐刑政四达而不悖则王道备矣。治天下者必先于修礼乐。"[4]永乐三年，礼部进《冕服卤簿仪仗》并《洪

---

[1] 清朱彝尊考证认为，朱元璋草昧之际征群儒修礼乐书之事，早在吴元年六月即已展开。(《曝书亭集》卷四二《跋二·书大明集礼卷后》)
[2] (明)姚士观等：《明太祖文集》卷六《敕·命中书劳苗人敕》。
[3] (明)姚士观等：《明太祖文集》卷四《诰命·礼部尚书诰（侍郎同）》。
[4] (明)朱棣：《圣学心法》卷首《序》。

武礼制》《礼仪定式》《礼制集要》《稽古定制》等书,朱棣以祖宗成宪不可改,命颁之有司,永为仪式。至明宪宗成化二十三年,礼部右侍郎丘濬奏呈《大学衍义补》,其在考论历代礼仪之节沿革后疾呼乞命掌礼大臣将《大明集礼》《洪武定制》《礼仪定式》《稽古定制》等著为一书颁赐中外,"使天下后世咸知我朝一代之制,永永遵守,亦俾后世作史者有所根据云"[1]。宣德七年,明宣宗为礼部作《礼部箴》,其称:"圣人立极,法天出治,为治之大,莫大于礼。稽古伯夷为虞秩宗,所典三礼,宗伯攸同,既治神人,亦和上下,政本之地,实宣教化。惟我祖宗承古之道,品节制度,式昭礼教,幽明崇卑,秩乎有序,大法大经,靡不备举。"[2]这里所提及的"大经大法",就是指洪武以来建立的以《大明集礼》为代表的礼法制度。嘉靖二十年辛丑科殿试,明世宗朱厚熜所作策问亦同样表达了本朝礼法制度就是"大经大法"的观念:"朕惟六经之道同归,而礼乐之用为急。自昔唐虞三代指治,莫不由斯。夫六经所陈,固治天下之大经大法,而本之则在礼乐……我太祖高皇帝开天肇纪之初,即以礼乐为急。盖尝征贤分局,以讲究切劘,今载诸《大明集礼》者可考也。"[3]学界一般认为,嘉靖二十年前后是朱厚熜人生态度的转变期。因为自嘉靖十八年以来,其不再视朝,从当年的锐意进取开始走向消极,对大兴礼乐而不能尽致天下大治产生了疑虑,甚至对盛世也有了迷茫。这样疑虑和迷茫的表达,一般都会引及其在辛丑科殿试策问中的呼声以证。尽管如此,仍可看出朱厚熜对"礼乐为急"载诸《大明集礼》的思考和关切。嘉靖朝曾重刊《大明集礼》并大议礼制,其重要性堪与洪武草创礼制时期比肩,由于创制太多且独断风格明显,难免让人产生微词。但明代制定并可甄录的礼书,确以嘉靖朝居多。如《明史·艺文志》

---

[1] (明)丘濬:《大学衍义补》卷四〇《治国平天下之要·明礼乐·礼仪之节》。
[2] (明)俞汝楫等:《礼部志稿》卷八《职掌·礼部箴》。
[3] 《明实录·明世宗实录》卷二四七,嘉靖二十年三月辛丑。

"仪注类"所收57部书目,"嘉靖间制式"多达23部。这些礼制成果如何发挥作用,实际上在嘉靖续修《会典》时就已明确:"在郊庙等项礼仪,凡奉今上增定者,以新仪立目。更定者,各载于旧仪之次";"坛庙冠服仪仗等项制度,凡奉钦定而旧所未有者,各画为图,随类附入"(《嘉靖间续纂凡例》)。也就是说,嘉靖朝的诸多礼典在当时是已经编入《会典》,并要成为一代"大经大法"、万世章程的。可惜的是,嘉靖《会典》撰就进呈后却未予刊布。幸而万历修撰《会典》时,对嘉靖朝诸多礼制损益有一一备述并载录其制。这些载入《会典》的"备述",既是"嘉靖祀典"在万历朝得以继承、施行之证,也是有明一代"大经大法"的组成部分。正如当时大议礼的主角张璁所言:"今日嘉靖之礼,经纶天下之大经,立天下之大本者乎",[1]又岂是后人一"滥"字能尽言之?

以礼乐为急务,以礼为"大经大法"的思想同样影响延续至清。清入关后,制度"初循明旧",亦因时制宜。针对当时"衮冕未设,礼仪弗备"的现状,吏部都给事中孙承泽等上疏采法华夏相承的"大经大法"云:"窃惟君主中国,号为一统者,以道德相承,制度尽美。其象天则地而著为治天下之大经大法者,乃五帝三王所创造,周公孔子所述□",建议拟定"衣冠章服之制""揖让拜跪之节",以辨尊卑、昭等威,使此"至当不易之轨存",遵之而保有天下传之子孙,请求顺治"遵中夏礼仪,以昭开创宏规",以除无礼之弊,以汉礼化满洲之俗。[2]顺治三年,礼科给事中袁懋功也建言请敕儒臣,"取历代礼制,斟酌损益,编成一书,颁行天下"[3]。清代礼典制度化、体系化的最终实现,是乾隆年间《大清通礼》的制定。乾隆在御制序中不仅称

---

[1] (明)张璁:《太师张文忠公集》卷三《奏疏·进大礼要略》。
[2] 参见(台北)中研院史语所编:《明清史料(甲编第一册)》,北京图书馆出版社2008年版,第225页。
[3] 《清实录·顺治朝实录》卷二六,顺治三年六月丙寅。

述"治人之情,莫善乎礼",更指出《通礼》"圭臬群经,羽翼《会典》"之功,能起到"兴孝悌而正风俗""淑世牖民"的作用。[1] 当时纂修四库全书的臣工亦将此书收入"典礼之属",并盛赞《通礼》"酌于古今而达于上下,为亿万年治世之范"[2]。四库史臣在撰述礼乐提要时也表达了对礼为"大经大法"的推崇,其云:"礼为治世之大经……圣贤之微言精意,杂见其中,敛之可以正心修身,推之可以齐家、治国、平天下。自天子以至庶人,莫不于是取裁焉。"[3]我们知道,乾隆朝追求大典章、大制作不仅是一种政治风气,也是统治者对治国理政的一种自信体现。四库全书作为皇皇巨著,撰修史臣对礼的"大经大法"定性,无疑代表了统治者对礼的基本价值判断和对"大经大法"观念的接受、认识程度。除四库外,乾隆还命儒臣撰修《皇朝通典》《皇朝通志》《皇朝文献通考》,以记清开国以来至乾隆年间的文物声华。这些备述历代和当朝典章制度的大典章、大制作,同样将《大清通礼》编入其间,以显乾隆一朝文治武功的粲然可观。如《皇朝通志》之《礼略》部分主要采《通礼》首吉、次嘉、次军、次宾、次凶的"成式"而成,撰修史臣在交代体例时言:"自古帝王经国治世之典,莫大于礼。礼也者,事神理人,班朝治军,由仁孝诚敬之思,以达于尽伦尽制之实,治法所由大备也";而采《通礼》的目的就是"以示大经大法之所为立极"。[4] 同时期的这些大典章、大制作,以《通礼》作为撰修准的,不仅扩大《通礼》影响,传播其行用施行效力;也是推崇《通礼》作为"尽善尽美之极制""尽伦尽制之恒典",是足以传示永久、经常不易的"大经大法"。至道光朝,将《通礼》再行续纂颁行,并沿用至清末。道光在御制序中追述了乾隆创制此大典之

---

[1] 参见(清)来保等:《大清通礼》卷首《御制大清通礼序》。
[2] (清)永瑢、纪昀等:《四库全书总目提要》卷八二《史部三十八·政书类》。
[3] (清)永瑢、纪昀等:《四库全书总目提要》卷二一《经部二十一·礼类三》"《日讲礼记解义》六四卷"条。
[4] (清)嵇璜等:《皇朝通志》卷三六《礼略一》史臣按语。

功,认为祖先所定"大经大法,固已酌古今而定厥中";在乾嘉理学影响下,更提出"夫礼者理也,千古所不易之经"的观念。[1] 可见,《通礼》被视为"大经大法",的确是贯穿有清一代的价值追求和制度选择。礼制本于经,所传亦先王正典,故古人称礼法为治世"大经大法",是足信之言矣。

3.视伦常为"大经大法",匡护礼法的精神秩序

"大经大法,所以纲纪天人而敷张王道者。"[2] 纲常之理,宋以后得到不断发挥。君君、臣臣、父父、子子、夫妇作为核心纲领,发挥维护人伦、正名立教的作用,这些纲常作为礼之所生者,不仅充当道德原则和规范,也被儒家视为"大经大法"的重要组成。如宋儒孙复云:"君君、臣臣、父父、子子,君国之大经也,人伦之大本也,不可斯须去矣。"[3] 刘敞云:"君君、臣臣、父父、子子,此大法大经也。"[4] 元儒苏天爵云:"夫纲常名义,天地之大经。"[5] 明儒宋濂云:"天地之间有大经决不可废者……大经者何,三纲之谓也,是故臣有贰心者为不忠,子悖其父者为不孝,妇事二夫者为失节,彝伦攸斁,职此之由,其所系于人道之重者何如哉。"[6] 郝敬云:"礼在天地间,惟三惟五……五者,天下古今常行不易,所谓大经也。"[7] 清儒孙奇逢云五伦"发于仁心",是"经纶天下之大经"[8]。沈懋价云:"君臣、父子、夫妇、昆弟、朋友,此二帝三王治世之大经大法也。"[9]

---

[1] 参见《清实录·道光朝实录》卷七二,道光四年八月庚午。
[2] (清)章学诚:《文史通义》卷七《外篇二·永清县志六书例议》。
[3] (宋)孙复:《孙明复小集·兖州邹县建孟庙记》。
[4] (宋)刘敞:《刘氏春秋意林》卷上。
[5] (元)苏天爵:《滋溪文稿》卷二九《题跋二·题孙季昭上周益公请改修三国志书稿》。
[6] (明)宋濂:《文宪集》卷二《记·贞节堂记》。
[7] (明)郝敬:《周礼完解·读周礼》。
[8] (清)孙奇逢:《四书近指》卷三《经纶大经章》。
[9] (清)沈懋价:《黑盐井志》卷六《艺文·新建黑盐井汉前将军庙记》。

君君、臣臣、父父、子子所体现的亲亲、尊尊、忠孝等观念,也同样被儒家以"大经大法"视之。如宋儒吕大临以"天下之大经"在"亲亲长长、贵贵尊贤";同时指出,经作为"百世不易之常道",必须求"正经之道"[1]。何梦桂以孝为"事天地通神明之大经大义"[2]。元儒景星指出"序昭穆亲亲""序爵贵贵""序事尊贤""逮贱慈幼""序齿长长",此五者是"治天下之大经"[3]。吴师道以忠义是"天地有大经亘万世而不泯者"[4]。明儒宋濂认为忠孝是"天地之间大经大法"[5];强调得孝子是乡睦邑顺郡治的根基,移风易俗之道莫急于此。[6] 黄道周认为孝是推而放诸四海而准、"无思不服"的"天地之大经"。[7] 清儒崔纪以"孝弟慈"为"天下之大经"和"天下之达道"[8]。明"大经大法"之道以维护人伦,明善政善教之理以正名立教。由此所衍生的道德教化观念,同样被推崇到"大经大法"的地位。如元儒胡祗遹认为"唐虞三代之政固多教条",其中的"大经大法,莫先于庶而富,富而教耳。"[9] 许有壬认为"治道必以教化为大经",教化不施,"虽有刑政不能为善治"。[10] 元好问认为"君臣之义,于名教为尤重。名教者,天地之大经,而古今之恒典。"[11] 清儒姚莹认为"大经大法"维系纲常名教,可使人"知善善恶

---

〔1〕 (宋)吕大临:《礼记解·中庸第三十一》。
〔2〕 (宋)何梦桂:《潜斋集》卷一〇《杂文·题线县尹孝经古画图》。
〔3〕 (元)景星:《大学中庸集说启蒙》卷上。
〔4〕 (元)吴师道:《礼部集》卷一三《记·忠节祠碑》。
〔5〕 (明)宋濂:《文宪集》卷一五《忠孝堂铭》。
〔6〕 参见(明)宋濂:《文宪集》卷二二《墓志铭·故赠将仕佐郎礼部员外郎瞿府君墓志铭》。
〔7〕 参见(明)黄道周:《孝经集传》卷四《感应章第十六》。
〔8〕 (清)崔纪:《成均课讲大学·齐家治国传》。
〔9〕 (元)胡祗遹:《紫山大全集》卷九《记·郑州重修庙学记》。
〔10〕 (元)许有壬:《至正集》卷七五《公移·丁忧》。
〔11〕 (元)元好问:《元遗山集》卷二〇《碑铭表志碣·资善大夫武宁军节度使夹谷公神道碑铭》。

恶,有所劝戒"[1]。清仁宗嘉庆曾推崇"道德齐礼,有耻且格,圣王治世之大经也。"[2]在嘉庆二十一年二月举行经筵后,嘉庆针对进讲的《孟子》"善教得民心"之文,通过御论也表述了学习的心得:"善教民者,能得其心也。所谓从欲以治,正其本也。道之以政,仅制其外耳;道之以德,斯格其内矣",更指出教是"古先圣王驭世之大经大法,即在伦常之间"[3]。

明清时期,统治者通过不同场合和方式宣扬纲常名教,不仅巩固其作为"大经大法"的观念,甚至使之成为皇家的圣训宝鉴。如洪武二十六年,朱元璋对礼部臣工作申禁之训云:"先王之治天下,彝伦为本,有如君君、臣臣、父父、子子、兄兄、弟弟、夫夫、妇妇,乃天地之大经,人伦之大本。是以古今致治之道,莫先于叙以彝伦也。"[4]永乐四年,朱棣视太学并敕礼部臣工云:"朕惟孔子帝王之师。帝王为生民之主,孔子立生民之道,三纲五常之理,治天下之大经大法,皆孔子明之,以教万世。"[5]永乐年间,解缙奉敕修《古今列女传》,朱棣亲制序文称述其书以五品人伦为本,深得圣帝明王"经纶天下之大经,立天下之大本"之意,故命儒臣编次为、后妃、诸侯大夫士庶人妻三类,将全书"颁之六宫行之天下,俾为师民知所以教,而阃门知所以学",以相成经纶之功。[6]宣德元年,《御制外戚事鉴》及《历代臣鉴》二书撰成,明宣宗认为其采辑前代近戚及文武群臣善恶之迹,以为法戒,深得亲亲治天下之道和君臣交相助益之义,亲作序言并

---

[1] (清)贺长龄、魏源:《皇朝经世文编》卷六九《礼政十六·正俗下·(姚莹)跋藏经石甫文钞》。
[2] (清)英和等:《钦定石渠宝笈三编》卷一九《御笔慎刑论慎刑续论(一册)·慎刑续论》。
[3] 《清实录·嘉庆朝实录》卷三一六,嘉庆二十一年二月壬子。
[4] (明)俞汝楫等:《礼部志稿》卷一《圣训·太祖高皇帝·申禁之训》。
[5] 《明实录·明太宗实录》卷五二,永乐四年三月辛卯。
[6] 参见《明实录·明太宗实录》卷二六,永乐元年十二月甲戌。

颁赐群臣外戚,希冀他们效法历代贤臣之道,"君臣相与共享富贵"[1]。作为亲亲之道体现的明代藩王分封制度,也同样被统治者冠以"大经大法"的名号。如洪武二十八年,朱元璋册封朱尚炳为秦王时云:"朕惟君天下者必封建王国,使其子孙世世相传,以蕃屏帝室,此古昔圣王不易之大法也。"[2]在此后,嫡长继统思想成为明代昭如日月的祖训和册封诸王时所标榜的"大经大法"[3]。清入关后,深鉴明季三纲沦斁,国运偷薄。顺治十二年,顺治为敦崇世教撰成《资政要览》一书,开篇首论即为君、臣、父、子、夫、妇、友等道,胡兆龙称述此书"冠以伦纪,详以躬修,示以圣哲之言,以及淑慝之行,修齐治平之大经大法,统括靡遗,使夫览者懔然知法而肃然知戒。"[4]此后又将此书分赐大臣,以示"法戒炯然"[5]。康熙三十年,满文《通鉴纲目》翻译告成,康熙以其"考前代君臣得失之故,世运升降之由,纪纲法度之所以立,人心风俗之所由纯",有益"扶植纲常,阐扬道法",足以体现"自古帝王御世"的"大经大法",希望子孙臣僚殚心观摩,奉为神乎治体的典型。[6]

晚晴变革以来,社会对伦常的作用和价值呈现出不同的取向。随着伦常逐渐脱离法律的支撑,人们对伦常当中浸淫已久的道德规范不再视为"大经大法"。在坚守传统道德的知识分子看来,对传统道德观念的抛弃就是对"大经大经"的挑衅与背叛。如严复云:"至

---

[1]《明实录·明宣宗实录》卷一六,宣德元年四月戊寅。

[2]《明实录·明太祖实录》卷二三九,洪武二十八年六月丙寅。

[3] 如永乐二十二年,明仁宗册封诸王云:"朕惟君天下者,必封建王国,子孙世世相传,藩屏帝室,此古昔帝王不易之大法也。"宣德十年,明英宗册封其弟朱祁钰为郕王云:"天子之众子必封为王,子孙世世相传,藩屏帝室,此古今帝王之大法也。"天顺元年,明英宗册立皇太子并册封诸王诏天下云:"朕惟帝王之序序,乃国家之大经,建元良,所以尊宗庙而重社稷,封群胤所以壮藩屏而隆本支。"

[4] (清)吕宫等:《御定资政要览》卷三《(胡兆龙)后序》。

[5]《清实录·顺治朝实录》卷八八,顺治十二年正月丙午。

[6] 参见《清实录·康熙朝实录》卷一五〇,康熙三十年二月戊子。

若唐虞以来,其所以弥纶天地,纲纪万方,而为民制为相生养之道者,可谓至矣。树仁义,广教化,即穷而必变,亦将有因革损益之道焉。至于大经大法,不可畔也。"[1]同时指出坚守一些不可畔、不可易的"大经大法","不独中国为然,乃至五洲殊俗,其能久安而长治者,必于吾法有阴合也。"王培佑云:"夫纲常名教,大经大法,此不可变者也。条理损益,因时修改,此可变而不必以变名者也。"[2]这些的"顽固"的言论,最终如同惑世诬民的"洪水猛兽"被扫之殆尽。君臣、父子、夫妇之常,作为"大经大法",确实难以符合近代社会转型所需要构建的基本价值观念,但在以礼法为主体的社会结构中,其对政权和社会秩序在良性轨道上的推动作用实不能忽视,其所取得的广泛社会认同,也说明这种精神秩序的建立不仅出于统治者的强制推行,也得益于人心的依归。

四、余论

古人视礼、礼乐为治世"大经大法",是建立在视六经为治道"大经大法"基础上的。中华法系作为礼法体系,"大经大法",不一定专指某部"典",在各个时代,都有其所属的"大经大法"。就礼这一层次而言,礼和礼典作为中华体系中的礼典子系统,是居于首位的,是古代社会经国安邦"大经大法"。它是礼典,礼制,礼的原则、大义、精神的集合;作为形成具体文字和规则的历代礼典及相关礼仪制度典籍,是其有机构成。因此,历代礼典及相关礼仪制度典籍是为思想观念层面"大经大法"的最突出表现。

历史上,随着立法技术、水平的提高和立法指导思想的逐步统一,在恪守"大经大法"的前提下,汇编国家基本法律规范,以诸法合

---

[1] 严复:《严复集》第2册,中华书局1986年版,第350页。
[2] 国家档案局明清档案馆编:《戊戌变法档案史料》,中华书局1958年版,第481页。

编的方式整合相关典章制度,以实现经权结合,实现制度的高度统一,不仅是对长久治道的追求,也是每一朝代治政能力的重要考量和法制构建的重要手段。自魏晋开始构建律典、令典以来,至唐宋代的"律典"和"令典",南宋的《庆元条法事类》,西夏的《天盛改旧新定律令》,元代的《大元通制》《经世大典》,明清的《会典》,就分别是各代的"大经大法",是制度操作层面的"大经大法"最突出的表现。

与律典、令典和典章制度汇编相较,在时间上,礼和礼典的形成与构建则更显久远,毕竟谁能忽视"礼,王之大经也"[1];"夫孝者,天下之大经也"[2]这样的不刊之论! 由此而言,思想观念层面的"大经大法"无论是起源还是影响力而言,要比制度操作层面的"大经大法"更为深远。质言之,思想观念层面的"大经大法"是推动制度操作层面"大经大法"得以形成、发展的重要力量,也是中华法系得以持续几千年的内生动力。如果没有思想观念层面"大经大法"作为支撑,制度操作层面的"大经大法"必然难以落实。可以说,制度操作层面的"大经大法"是思想观念层面"大经大法"的制度化、实践化,思想观念层面"大经大法"则是制度操作层面"大经大法"的内生动力和根本指导,没有思想观念层面"大经大法"的指引,制度操作层面的"大经大法"将难以顺利构建。

中华法系作为礼法体系,律令只是其中的重要载体。若只从律令体系的角度来看中华法系,"大经大法"也就很难成为这种体系下的讨论范围和命题。无论是从律令体系还是礼法体系视角,"德礼为政教之本,刑罚为政教之用,犹昏晓阳秋相须而成者也",这样的经典表述和历史沉淀,都是必须接受的事实。这个事实就是:律令制度虽然一直在现实生活中发挥作用,并对政治运作、经济发展、社

---

[1] 《左传·昭公十五年》。
[2] 《大戴礼记·曾子大孝》。

"大经大法":中华法系的一个经典命题

会生活等方面产生最直接影响,但这种影响并不代表律令制度可以超越某些东西,从而成为社会意识形态与观念上层建筑的核心。进而言之,律令制度的构建,也并非任何一代君臣治国理政最根本和最终的追求。古人在对"大经大法"的理论探索和实践过程中,也确实寻获到了一些他们自认为千载不变的"真谛",如重视礼法;崇尚道德为治、仁义为本;讲求亲亲、忠孝,维护人伦等。这些"真谛"蕴含古人对治乱的思考和制度的选择,更是当时普遍接受的价值观念和体系,反映了古人对建立持续稳定的制度渴求和理想。儒者有云:"所谓事业,皆在制礼作乐之中。"[1]古人所走过的独特道路、所尊崇的精神价值和"事业",作为"来路"的文化沉淀,其对今天的现实借鉴,就是让我们更加深刻地思考国家、民族如何构建符合自己特色,千百年而长治久安的"大经大法";对于背负太多恶名的传统礼法制度而言,"大经大法"的观念也无疑是一份可贵的价值财产。

[1] (清)胡承诺:《读书说》卷四上《治化》。

多元司法:明清时期非正式诉讼制度兴起的法律社会史考察

王 进[*]

【摘要】 非正式诉讼制度是指国家以外的民间实体在对社会上特定纠纷作出裁判所依据的过程规范。在中国古代社会中基于地缘、血缘、业缘等不同的社会关系,分别了形成了家族司法、乡约裁判和会馆裁决三类主要的非正式诉讼制度。这三类非正式诉讼制度于明清时期完全成熟,并与国家正式诉讼制度形成了一套并行不悖的纠纷解决模式。此外,通过法律社会史的考察能够发现,家国一体的社会结构、长期存在的熟人社会体系和正式诉讼制度社会运行的不畅成为明清时期非正式诉讼制度得以广泛应用的重要原因。同时,这三类非正式诉讼制度也通过其在各自社会关系领域中的稳定运行,有效地调整了明清时期的基层社会关系,稳定了当时的社会秩序,也弥补了国家司法在民事纠纷解决中的弱势与不足。

【关键词】 非正式诉讼制度;家族司法;乡约;会馆

一、问题提出

在现代社会的语义下,"司法"一词通常与国家机关产生必然的

---

[*] 作者系中国船舶集团知识产权与成果管理研究中心研究人员,工程师。

联系，它是指国家特定的公权力机关及其有关人员依照法定职权和法定程序，具体运用法律处理案件的专门活动。[1] 这种定义表明了现代社会仅有一套完整由国家所控制的司法诉讼体系。如果我们将司法的概念稍作扩大，将其定义为孟德斯鸠所言的"惩罚犯罪、裁决关于私人争讼的一种权力"[2]，并结合古代社会情景，可以发现中国古代社会中具有这种权力的实体绝非仅有国家，还包括了宗族、乡间组织、行帮会馆乃至宗教组织。同样印度和西方古代社会中也存在帕特尔司法、男爵司法、领地司法等非国家（私人）司法领域。[3] 因此，笔者将这种由多元社会主体掌握对犯罪、争诉的裁决权的"类司法"形态称为古代社会中的"多元司法"。然而，无论何种形态司法想要实现其裁判效果都离不开诉讼过程的依托。[4] 因此，多元司法形态也必然会导致多元的诉讼程序的出现。中国古代社会就长期存在这样多元的诉讼程序。如果将多元的诉讼程序中由国家负责解释并制定程序规则的一元称为正式诉讼制度的话，那么由非国家的民间实体（宗族、乡党、行会）制定程序规则的另一元则可以视作非正式诉讼制度。因此，想要真实地还原中国传统诉讼历史，还需以二维的视角加以审视。

古代社会中正式与非正式的诉讼制度的运用，属各国之普适性认识，只是不同国家在正式诉讼制度之外，采用的非正式制度可能存在差异。在中国古代社会中基于不同的社会关系产生了三大类非正式诉讼制度。按照制度依次产生的时间可分为：基于血缘关系

---

[1] 参见江平等：《中国大百科全书》（法学卷），中国大百科全书出版社2006年版，第460页。

[2] [法]孟德斯鸠：《论法的精神》（上册），张雁深译，商务印书馆1961年版，第160页。

[3] 参见李培锋：《英国领地统治中的多元司法与法律》，载《学术论坛》2002年第2期。

[4] 参见江国华：《中国司法学》，武汉大学出版社2016年版，第94页。

的家族司法制度、基于地缘关系的乡约裁判制度和基于业缘关系的会馆裁决制度。这三大类非正式诉讼于明清时期完全成熟并形成体系化。在以往的研究成果中主要针对非正式诉讼制度的依据——民间法展开研究,如费成康先生的《中国的家法族规》首次详细地探讨了唐以降中国传统家法族规的内容演变和其历史作用。[1] 杨开道先生的《中国乡约制度》以《吕氏乡约》为文本源流,深刻讨论了北宋以降传统乡约的演变和乡治理论。[2] 全汉升先生的《中国行会制度史》对明清时期的工商业会馆的形成、发展和制度规则做了详细的介绍。[3] 虽然过往的研究成果给学人呈现了丰富的传统民间法样貌,但其主要侧重于对民间法文本以及其蕴含的社会治理理论的研究,鲜有关注到民间法在介入传统社会纠纷解决中的具体程序机制和多样的民间非正式诉讼制度。因此,想要全方位地了解中国传统社会的多元化纠纷解决方式,除了需要探究传统社会中民间法于纠纷解决的内容性规定以外,还需要对民间自行纠纷解决的诉讼程序机制展开深入的探讨。此外,在过往有限的研究成果中即使有关注到民间非正式诉讼制度,但大多也以制度性的介绍为主,鲜有文章以法律社会史的角度探讨不同社会关系下各类民间非正式诉讼制度运行的特点,并探析明清时期非正式诉讼制度成熟并广泛运用的社会成因和社会价值。然而,想要理解在中国古代社会长期存在的"无讼"理念下,明清时期为何能兴盛起一套与国家司法并行不悖的非正式诉讼制度,就不得不深入考察非正式诉讼制度形成、兴起的社会文化基础。

二、明清时期民间社会中存在的主要非正式诉讼制度

由中国古代的民间社会最早表现为一个个以血缘关系为纽带的

---

[1] 参见费成康:《中国的家法族规》,上海社会科学院出版社2016年版。
[2] 参见杨开道:《中国乡约制度》,商务印书馆2017年版。
[3] 参见全汉升:《国行会制度史》,河南人民出版社2016年版。

宗法小农家庭,因此家法首先于隋唐时期正式以成文法形态出现在民间社会;而唐末和宋元时期的两次人口大迁徙和民族融合,使同姓而居的乡里社会开始演变为异姓杂居的乡村社会,于是成文的乡约于北宋正式登上历史舞台;到了明清时期,商业的发展吸引了大量同乡人赴城市共同营商并组成了会馆组织,成文的会馆规程也应运而生。因此,在时序上,明清时期民间法的种类最为丰富、内容最为成熟。民间社会为了更好地适用这些民间法以解决纠纷,出现了以相应的民间法为规则依据的非正式诉讼制度。在明清时期,这些非正式诉讼制度主要表现为:血缘社会中的家族司法、地缘社会中的乡约裁判和业缘社会中的会馆裁决。

(一)血缘社会中的非正式诉讼:明清时期家族司法的广泛适用

正如梅因所指出的:"既然家族集团永生不灭,那么其担当刑罚的责任是无限制的。"[1]中国古代社会中长期存在并不断演化的宗法家族制度就决定了家族(宗族)法和家族司法制度在民间纠纷解决中扮演着国家正式诉讼制度所无法取代的重要角色。家族法与家族司法虽然在内涵与外延上许有重合,但其并非同一概念。家族法主要是指家族内部由祖先遗留或族人共同制定的规范族人日常生活行为的具有成文法效力的规训。[2] 按其内容的不同大致可以分为:训诫类、禁戒类和规约类。家族司法则是指在以族长为代表的家族内部的类司法人员依据祖训家规等家族法对家族成员违反族规的行为进行判罚的活动。[3] 由此可见,家族法是家族司法的文本依据,家族司法则是对家族法内容的执法方式。因此,家族司法至少不早于家法族规的出现。根据费成康先生在《中国的家法族规》一书中的观点,我国现阶段见存最早的家法族规应为唐末江州

---

[1] [英]梅因:《古代法》,沈景一译,商务印书馆1984年版,第73页。
[2] 参见费成康:《中国的家法族规》,上海社会科学院出版社2016年版,第12页。
[3] 参见李交发:《论古代中国家族司法》,载《法商研究》2002年第3期。

的《义门陈氏家法》。延至宋元时期，随着祭祀先祖权的开发、祠堂的建立以及置办祭田习俗的推广，家（宗）族制度在这一时间得到进一步的重建和壮大，同时较之前代也出现了更为繁多的家法族规。这一时期的家法族规虽然不及明清时期的精细，但已经出现了具有强制执行性质的惩戒和执罚规定，还辅之规定了相应的审理组织、场地和司法人员[1]。宋元时期家族内部惩罚犯禁族人的执法方式已经具备家族司法的大致形态。但是这一时期的家法族规在家族司法具体的适用程序和审理方式上并未作出更为精细的规定。

发展至明清时期，随着全国各地宗族组织逐渐形成规模，家族法得以广泛地为各家族所制定，加之官方提倡和民间地方自治意识的发展，家族司法的发展趋于成熟，直至清代达到全盛。较于前代，明清时期的家族司法形成了更为系统的族内诉讼程序。各地的家族司法中形成了以"家"为惩戒基点，以"房"为初级诉讼组织，以"族"为最终诉讼机构的三位一体的诉讼程序模式。[2]

首先，对于家庭内部成员违反尊卑的行为，必先受到家法的处罚，由家长作为执罚主体。安徽《俞氏宗谱·家规》对于尊长执罚权就有明确的记载："子孙受长上苛责。不论是非，但当俯首默受，毋得分理。"[3] 尊长对于子女犯禁行为的惩处通常以自行管束为主，一般毋需以提起"鸣告"的方式进行。并且，在多地的宗族法中，尊长卑幼关系的范围远超出了官方所倡的"五服"之内，正所谓"纵五世亲尽，相去似远，然自祖宗视之，犹是一人之所分"[4]。然而对于宗

---

〔1〕 例如，唐代江州的《义门陈氏家法》中规定："立刑杖厅一所，凡弟侄有过，必加刑责，等差列后""不遵家法，不从长计议家长令妄作是非，逐诸赌博斗争伤损者，各决杖一十五下"。参见陈出新、陈昃颐：《义门陈氏大成宗谱》（卷首），民国十二年刻本。
〔2〕 在中国古代的宗族制度中，族是同一始祖之下所有成员组成；房是同宗之下的血脉分支，以五服亲属为主；家是宗族社会的最小血缘单位，不构成一级管理机构。
〔3〕 俞显：《俞氏宗谱·家规》，清雍正十年刻本。
〔4〕 朱勇：《清代宗族法研究》，法律出版社2017年版，第20页。

族内部不同家庭之间的民事纠纷和轻微刑事案件,族人则需先告讼于本房,原则上不得越级投告于族。但房一级仅处理民事纠纷和轻微的刑事案件,对于影响重大的纠纷案件则由族内监督机构或案件当事人直接投告族长。可见明清时期各地的家族司法中已经出现了明确的区别大、小案的级别管辖制度。江西《豫章黄城魏氏宗谱·宗式》就规定:"如犯大事,必须通鸣族众绅衿。至于小事,先当经本房至亲、房长剖决。如本房房长决断不开,然后通投可也。"[1]此外,族长虽然对于族内的民事纠纷和轻微刑事案件有独立裁决权,但是对于族内成员不服裁断、犯禁族人屡教不改以及疑难或重大的刑事案件则需要由族内送官惩处。如清代《光绪常熟席氏世谱》规定:对于家族之人中有不安本分,流人败类者,以"家法处治",如果属"怙恶"者,则"送官究治"。由此,家族司法与国家司法之间既有了相互分工,又紧密地衔接成一体,以二元治理的方式,共同解决家族内部的纠纷。

其次,在明清时期的家族司法活动针对族内纠纷和犯禁行为已经形成了包括鸣告、开庭、公审、裁断、不服再诉等的明确的公开审理程序。如清代光绪年间安徽合肥的《邢氏宗谱》中规定:

> 犯族中有事,必具呈票于户长(起诉),户长协同宗正批示:某日讯审(审期)。原被两造及词证先至祠伺候(原被告及证人出庭)。至日原告设公案笔砚,户长同宗正上座,各房长左右座(公审及审理人员)。两造对质(庭审辩论),静听户长宗正剖决,或罚或责,各宜票遵,违者公究(执行)。[2]

最后,明清时期家长、房长、族长对于族内违禁行为的裁判惩罚方式也更为多样,惩腐力度也极大加强。在宋代家族司法中对于违

---

[1] 魏学江:《豫章黄城魏氏宗谱》(卷11)"宗式",清乾隆四十五年钞本。
[2] 邢应东:《邢氏宗谱》(卷1)"家规",民国十一年钞本。

禁行为的惩罚轻则叱责、中则笞杖、重则削籍出族。发展至明清时期,家族司法中除了训斥、革胙、罚银、出族等名誉和财产惩罚外,还出现了身体刑——枷号、鞭板、礅锁等和生命刑——赐死、沉潭、缢杀等严厉的执法方式。如明代的《家规集略》对于女子奸淫的行为,就做出了"闭于牛房,听其自死"的规定。[1]

综上所述,家族司法的运用在明清社会中业已达到了成熟阶段。这不仅表现在各家族法在文本规定中明确要求各类民事纠纷和轻微刑事案件必须"先得家法处断",[2]还体现在国家对于家族司法效力的肯定和推广。[3]因此,家族司法发展至明清时期,已经成为了社会纠纷解决的重要形式,同时在司法层面上形成了与国家司法并行不悖的非正式诉讼制度。

(二)地缘社会中的非正式诉讼:明清时期乡约制度中的司法职能

乡约制度被杨开道先生称为是"中国古来昔贤先觉建设乡村的一种理性、一种实验",[4]它是指乡民基于一定的地缘关系,为某种共同目的而设立的生活规则及组织。[5]该制度的运行模式则表现为乡约组织利用共同的乡约规则教化乡民、管理乡务、解决纠纷。从其发展脉络上看,乡约源于周礼读法之典,起于北宋,盛于明清。在明清之前,以《吕氏乡约》为代表的宋代乡约就已经出现于约中公

---

〔1〕《家规集略》:"一女子有作非为犯淫狎者,与之刀绳,闭于牛驴房,听其自死。"参见曹端:《曹端集》,王秉伦点校,中华书局2003年版,第193页。

〔2〕 如《酩洲吴氏家典》规定:"族中若发事,不是人命之重,不得告官,先鸣族长,审断是非。"参见吴翟:《茗洲吴氏家典》,载卞利:《明清徽州族规家法选编》,黄山书社2014年版,第144页。

〔3〕 如孔子后裔在制订家族法时得到朱元璋的支持"族长主家事,教育后世子孙,理当遵守。"清朝时期,孔氏家族立家法时得到乾隆帝的支持,并提出"族内贤愚,族长督纠,管理族人,依法惩治"。

〔4〕 杨开道:《中国乡约制度》,商务印书馆2017年版,第5页。

〔5〕 参见张中秋:《乡约的诸属性及其文化原理认识》,载《南京大学学报》2004年第5期。

推"约正"以行赏善惩恶之事,[1]但其纠纷解决模式仍以民间教化为主,还不具备完整的类诉讼程序和近似司法的职能。至明清时期,统治阶级为了加强基层乡村管理,需要相应的基层组织承担起解决民间纠纷的任务。而乡约原本就是一个以教化为主的基层社会组织,赋予其司法职能,符合"以刑弼教,非以刑为教"的儒家统治思想,能够收到户崇礼让、人识廉耻、讼因以息的效果。[2] 因此,明清时期的乡约除了原先单纯的教化型或御敌型乡约以外,还出现以《南赣乡约》为代表的具有综合基层治理职能的乡约。这类乡约了在宣讲教化、管理乡务之外,还被赋予了重要的解纷职能。《南赣乡约》第5条就规定:"凡有危疑难处之事,皆须约长会同约之人与之裁处区画,必当于理济于事而后已;不得坐视推托,陷人于恶,罪坐约长约正诸人。"[3]

明清时期的乡约组织在解决乡间纠纷时,除了采用为大家所熟知的调处方式外,还会采取由约正等乡绅阶层核心人物直接裁判等非正式的诉讼方式解决纠纷。在以《南赣乡约》为代表的明清乡约中就针对此类裁判方式也规定了详细的诉讼程序。首先,在受案范围方面,明代叶春及所撰的《惠安证书·乡约篇》记载了明代乡约组织可受理的十九类纠纷,这些纠纷类型多为涉及户婚、田土、农业生产等乡间民事纠纷和部分轻微的刑事案件。对于命盗等重大刑事

---

[1] 例如,《吕氏乡约》规定:"约正一人或二人,众推正直不阿者为之,专主平决赏罚当否。""犯义之过,其罚五百。不修之过及犯约之过,其罚一百。凡轻过规之而听,及能自举者止,书于籍,皆免罚。若再犯者,不免。其规之不听,听而复为,及过之大者,皆即罚之。其不义已甚,非士论所容者,及累犯重罚而不悛者,特聚会议。若决不可容,则皆绝之。"参见陈俊民:《蓝田吕氏遗著辑校》,中华书局1993年版,第96页。

[2] 例如,雍正二年出版的官修典籍《圣谕广训》中强调:"圣谕敦孝友务和睦,士农工商各勤职业旧染污。俗咸共一新闻有户婚争断,一切小忿和互相诠释或闻之乡者,从公剖辩。侵犯者止,失误者谢过,心平气和以杜争竞。其或有暧昧,不明踪,无指证,止可敷陈礼法,正言调解,毋得轻发阴私以开潒隙,毋得擅行绝罚以滋武断。"参见周振鹤:《圣谕广训集解与研究》,顾美华点校,上海书店出版社2006年版,第312页。

[3] 王守仁:《王阳明全集》(第1集),红旗出版社1996年版,第228~232页。

案件则要求赴官陈告。[1] 其次,在纠纷审理方式方面,明清时期许多乡约规则都中记载了解纷纠过的方式。例如,《南赣乡约》对于约内乡民违禁行为的审理先得设纠过位,并陈纠过簿(公开书面审理);再由约史就纠过位(类似于提起公诉)、由约正遍质于众(即听证或质证);约内众人无异后则作出判定并当场教诲。这种将过错纠纷听证于约内众人的审判方式可以说是初具陪审团的雏形,在纠问制诉讼盛行的传统社会中无疑具有超前的进步性。[2] 最后,在制裁执罚措施方面,乡约对于约内人违禁的行为的惩罚力度远轻于家族司法对于族人犯禁的惩罚。早在《吕氏乡约》中就规定了开除约籍、当众申诫、罚金和书籍(记过)的处罚。而后朱子在《答吕伯恭》的书信中认为农家贫富不均,有的无金可罚,为了"贫富可通行",主张在《增损吕氏乡约》删除了罚金的规定,更注意发挥约众的主观能动性,更进一步突出了乡约的道德自律。[3] 这一修改延续到明清时期,并在王阳明的倡导下形成了由轻至重的乡约惩罚力度。从"阴与之言"(申诫)到"纠而书之"(曝光)再到"汇报于官,设为劝惩之法"最后到"纠送官府、明正其罪"[4]。

---

〔1〕《惠安证书·乡约》载:"(乡约)以十有九章听民诉:一曰田土;二曰户婚;三曰斗殴;四曰争占;五曰失火;六曰窃盗;七曰骂詈;八曰钱债;九曰赌博;十曰擅食园林瓜果;十有一曰私宰耕牛;十有二曰弃毁器物稼穑;十有三曰畜产咬杀人;十有四曰卑幼私擅用财;十有五曰亵渎神明;十有六曰子孙违反教令;十有七曰师巫邪术;十有八曰六畜践食禾稼;十有九曰均分水利。"参见叶春及《惠安证书》,福建人民出版社1987年版,第328页。

〔2〕对于这一审理方式《南赣乡约》中的具体表述为:约史就纠过位,扬言曰:"闻某有某过,未敢以为然,姑书之,以俟后图,如何?"约正遍质于众曰:"如何?"众皆曰:"约史必有见。"约正乃揖过者出就纠过位,北向立,约史复遍谓众曰:"某所闻止是,请各言所闻!"众有闻即言,无则曰:"约史所闻是矣!"于是约长副正ület出纠过位,东西立,约史书簿毕,约长谓过者曰:"虽然,姑无行罚,惟速改!"过者跪请曰:"某敢不服罪!"参见王守仁:《王阳明全集》(第1集),红旗出版社1996年版,第235~237页。

〔3〕参见杨建宏:《吕氏乡约与宋代民间社会控制》,载《湖南师范大学学报(社会科学版)》2005年第5期。

〔4〕王雅克、李建军:《王阳明〈南赣乡约〉的基层社会治理思想研究》,载《贵州社会科学》2016年第6期。

综上所述,明清时期的乡约制度在纠纷解决中已经形成一套与国家正式诉讼制度并行且相互渗透的非正式诉讼模式。虽然许多学者认为明清时期的乡约制度具有浓厚官府操控色彩,主要的乡约规范也往往笼罩在国家的权威认可之下,[1] 但不可否认的是,比起官方的正式诉讼制度,乡约裁判这种非正式的诉讼制度无论在人员组成、受案范围、审理程序还是惩罚方式上都具有其扎根乡村社会的独特构造。

(三)业缘社会中的非正式诉讼:明清时期会馆裁决的方兴未艾

行会,旧名"行帮",是封建社会商人或手工业者在商品经济相当发展到条件下,为限制不当竞争,规定生产或业务范围,解决业主困难和保护同行利益,由同业或相关行业联合组成的封建社会城市中的同业组织。[2] 它是中国古代城市生活中维持业缘关系的载体。中国古代的同业组织早期变现为隋唐时官府为便于管理工商业者而强迫业者成立的有一定独立性的"行会"。早期"行会"主要作为官府的依附,其自治形态并不明显。[3] 发展至明代,随着城市商业的发展、资本主义的萌芽和人口流动的增多,行会组织逐渐演变为由同业人员自发组织建立的行业会馆或公所,[4] 并逐步摆脱官府的控制,成为城市中同业人员的自治组织。会馆的章程由同业人员共同商定,组织机构则由全体成员公举产生,其初步具备了现代行业

---

[1] 参见王日根:《论明清乡约属性与职能的变迁》,载《厦门大学学报》2003年第2期。

[2] 参见辞海编辑委员会编:《辞海》(中),上海辞书出版社1979年版,第1822页。

[3] 参见朱淑瑶:《略论唐代行会的形成——兼谈唐代行会与欧洲中世纪行会的区别》,载《广西师范学院学报》1983年第2期。

[4] 需要另外指出的是,明清的会馆类别繁多,除了具有商业性质的行业会馆之外,还有基于地缘关系或服务性质的士绅会馆、移民会馆、文人试馆、殡葬会馆等。由于基于业缘关系形成的行业会馆在古代商业纠纷解决中占有重要的地位,并行为了独特的非正式诉讼模式,因此本文仅聚焦行业会馆。参见王熹、杨帆:《会馆》,北京出版社2006年版,第34页。

自治的色彩。至清朝末年,这些行业会馆则发展成为近代为公众所熟知的"商会"。事实上,无论是早期的会馆还是晚期的商会,都对明清时期商业市场秩序的整合都起到了极为重要的作用。[1] 他们通过宣扬思想教化和制定行规业律的方式来预防不当竞争、避免商业纠纷或参与城市工商业管理。此外,明清时期的会馆组织还对本会馆成员之间的纠纷具有协商性的调处权和合意性的裁决权。并且该裁决权具有固定的裁判组织、明确的审理程序和独特的制裁措施。

明清时期的会馆组织裁决主要以本会馆所制定的章程为文本依据,针对本地区同业人员之间的商业经济纠纷进行裁判。正所谓"同业中以小愤而攘莫大之祸者,比比皆是,故会馆董事必施强制之手段,方中息其争端也。"[2] 在会馆裁决中,除了由"会首"等全体人员公举的核心人物作为纠纷解决的裁判者外,有些会馆组织还设立专门负责调处、裁决纠纷的人员。例如,清代台湾府的泉郊会馆章程规定:"延师协办公务,主断街衢口角是非,应择品行端方,闻众公举,年满一易,签首不得徇私自便请留。"[3] 此处所称的"延师"就是指延请讼师之类的职业法律人或熟悉法律与诉讼的人来专门处理会馆内部纠纷。到了清末商会出现以后,裁判组织的人员组成更加专业和规范化。在《商会简明章程》的指引下,以评以处、理案案为代表的专司商事纠纷解决的机构在各地的商会中建成。以苏州商会理案处为例,苏州商会理案处的理案员称为理案会董。苏州商会1907年的会董一共是26人,而理案会董就选举了13人,安排这么多人专事理案,足以说明商会对处理商事纠纷的重视。[4]

---

〔1〕 李刚、宋伦:《论明清工商会馆在整合市场秩序中的作用——以山陕会馆为例》,载《西北大学学报(哲学社会科学版)》2002年第2期。
〔2〕 彭泽益:《中国工商行会史料集》(上卷),中华书局1995年版,第109页。
〔3〕 周宗贤:《血浓于水的会馆》,台北,"文化建设委员会"1988年版,第50页。
〔4〕 华中师范大学历史研究所编:《苏州商会史丛编》(第1辑),华中师范大学出版社1991年版,第41页。

在审理程序方面，通常遵循不告不理的原则，一方当事人向会馆组织提出纠纷鸣告后，先由行头解决，一方不服，可再由会馆会首裁决，再不服，才"送官究办"。至清末商会时期，各地商会借鉴了西方的商业仲裁模式，为理案会董处理会内商业纠纷制定了详细的理案程序。例如，苏州商务总会理案章程以及天津商务总会为了能为商事纠纷解决提供明确的指引，特在评议处办公专条中对争诉两造双方的权利与义务和有关审理程序作出了细致的规定。可见，清末商会已经开始尝试以规则化、公开化的裁判模式来解决商事纠纷。[1]

在制裁措施方面，与注重道德教化的乡约惩罚不同，明清时期的会馆裁决主要以罚金刑的方式制裁违禁商户。并且会馆在裁决中还会根据所犯问题的性质和严重程度而确定的罚金数额不等。[2] 除了直接处以财产性的惩罚外，明清的会馆组织还流行一种极具传统中国特色的惩罚方式：即采取罚酒席、罚戏的方式来实现对违禁商户的制裁。[3] 这种看似滑稽的惩罚方式，在古代社会中却一箭双雕的效果，它除了能在财产方面对被执行人加以惩罚之外，还以公开的方式让被执行进行赔礼道歉，使其违规行为尽人皆知（名誉处罚），在对违规人的信用公开作出负面评价的同时，还能够警示其他同业人员勿重蹈覆辙。

---

[1] 参见王红梅：《清末商会商事纠纷调处的规范化》，载《盐城工学院学报（社会科学版）》2009年第1期。

[2] 例如，刊刻于光绪三十四年的《严禁奸商漆油掺假碑》中规定："漆油掺水作假，查出每百斤罚钱二串，违者禀官究治。油坊打油，及打客榨和水作，油坊知情不禁，查出轻则酌罚，重则禀官惩治。漆油有假，查出归值年首士在公所熬化。生漆用油和水及药功作假，查出禀官惩治。生漆照古秤每斤加四两为定，如有作假者，查出每百斤罚钱八串，违则禀究。"

[3] 例如，刊刻于道光七年的《上海县西帮商行集议规条碑》中对于违反"银串照市划一，不许申上就下，致有两相退偬唇舌。倘不照议，查出，罚船号经手者，神戏各一台"，对于"贪酣失察"严重失职导致税收出现漏缺者，则给予"罚银三十两充公，并罚神戏一台，以昭炯戒"。

可见,明清时期会馆组织对于业缘社会中商事纠纷的裁决是中国古代多元化纠纷解决中的重要方式。并且会馆裁决所具有的独立、完整且独特的类诉讼程序,使其成为中国古代社会中又一与官方正式诉讼相并行的非正式诉讼制度,也可以视作现代商事仲裁制度的前身和雏形。

三、明清时期非正式诉讼机制兴起的社会成因分析

非正式诉讼制度不单是一个民间法适用的问题,其背后蕴含深刻的经济、社会和观念的因素变迁,融合了国家的法律实践和下层社会的实际感受。资本主义的萌芽、民间社会活动的进一步丰富、民间"细故"纠纷增多引发的健诉风气都是非诉讼制度制度在宋代以后开始逐步兴起并广泛适用的重要原因。而传统家国一体的社会结构和熟人社会体系又为非正式诉讼制度奠定了根本的社会基础。此外在非正式制度产生与兴起的演化中,一直突出着一个看似相悖的主题:即"无讼"的法律文化传统与日益兴盛的民间非正式诉讼运作。这个看似相异的内容背后,其实蕴含着一个同质性的追求,即维护社会伦理道德秩序,最大限度地实现社会之和谐。要探讨这种同质性,必须考察非正式诉讼制度形成的社会文化基础。

(一)家国一体的社会结构为非正式诉讼制度的产生奠定了基础

受西方近代的社会学理论中强调"国家"与"社会"的二元性、重视公共领域与私人领域之间界分的学说影响,[1]不少中国学者在论

---

[1] 例如,《布莱克维尔政治思想百科全书》中写道:"主权在政治实体内的公众与私人之间确定一个明显的界限,它也在此一政治实体与彼一政治实体之间限定了各自范围。"参见[英]戴维·米勒:《布莱克维尔政治思想百科全书》,邓正来译,中国政法大学出版社2011年版,第570页。此外,美国法社会学家昂格尔在其《现代社会中的法律》一书中写道:"当法律开始由政府所制定和强制实施的明确规则所构成后,国家与社会已经分离了。"参见[美]昂格尔:《现代社会中的法律》,吴玉章译,中国政法大学出版社2001年版,第42~46页。

述中国古代社会结构时也自然性地接受了"社会与国家的二元理论模式",从而得出了中国古代社会结构是国家与社会二元矛盾分离的结论。[1] 然而,通过观察中国古代国家的产生和演变脉络,我们可以发现,与西方从身份到契约的文明发展方式不同,中国商周时期国家的出现并没有动摇以血缘关系为基础和纽带的氏族贵族的家族统治,而是在很大程度上保留并依赖血缘组织并演变为独特的宗法家族制度。[2] 这种亲缘的政治和政治的亲缘化,造成一种家国不分,公私不立的社会结构形态。[3] 至春秋战国时代,中国社会经历了极大的变革,一种新的封建文明开始出现,但早期家国不分的传统仍以一种新的非同姓血缘的君父一体制延续下来。[4] 在这种体制下,家(社会)与国家仍被排在一个同质的序列当中,"忠""孝"成为勾连二者和治理国家的基本原则。[5] 因此,与前述国家与社会二元分离的格局不同,中国古代的社会结构长期在宗法家族制度的影响下,形成了家族本位与国家本位共存的社会结构。正如梁漱溟先生在《中国文化要义》一书中所指出:

> 与西洋建立于阶级社会基础上的国家相比,中国实在不像是一个国家。在这里,因为缺乏阶级对立,以至国家与社会界线不清,国家消融于社会,社会与国家相融。社会与国家,不像在西方历史上那样分别对立。这一点,反映于政治上,便是消极无为主义的流行。历代政治皆以"不扰民"为其最大信条,以

---

[1] 参见陈明:《从殷周之变到周秦之变——论中国古代社会基本结构的形成》,载《社会学研究》1993年第2期。
[2] 参见张光直:《中国青铜时代》,三联书店1990年版,第115~130页。
[3] 参见梁治平:《清代习惯法》,广西师范大学出版社2015年版,第6~7页。
[4] 参见杨景凡、俞荣根:《孔子法律思想》,群众出版社1984年版,第106页。
[5] 参见张中秋:《中西法律文化比较研究》,法律出版社2018年版,第45~46页。

"政简刑清"为其最高的理想。[1]

这种家国一体意境下的社会结构在影响着中国古代政治理念的同时,也深刻影响着中国古代的法律制度。具体表现为中国古代官方正式法律文件主要的关切是那些违反"忠""孝"理念、破坏家国一体本位的行为。而对于那些与宗法家国关系无碍的"细故"纠纷,官方在法律关照上又回到了"消极无为主义"。只要能够保证赋役任务和基层稳定,国家并不愿意过多插手民间事务。因此历代王朝对于制定民间细故规则的态度始终秉承着"非不能也,实不为也"的态度。然而官方的放纵并不意味着民间纠纷的埋没,因此各种宗族组织在官方统辖之外独立地发展起来,并形成了固定的组织形态、明确的追求目标、成文或不成文的民间习惯和民间法。发展至明清时期,随着人口流动的进一步加大,城市资本主义的萌芽,民间组织不再限于血缘关系为纽带的宗族组织,以地缘关系为纽带的乡约组织、以业缘关系为纽带的行会组织也开始壮大,民间法的种类随之也更加丰富。而这些非以血缘为纽带所形成的组织,仍然接受着以"忠""孝"为核心理念的传统家国思想,仍然在家国一体的社会结构中运行着。虽然明清时期,国家开始插手宗族法规、乡约规则、会馆规约的制定和批准,但这并不意味"民间法"是国家的授权。因为无论是宗族乡村还是行业会馆,都是在国家治理之外成长起来的,并且自我创造并施行了独立于国家诉讼的裁决权。[2]

独特的家国一体的社会结构下不仅孕育了大量的民间法,同时也为贯彻民间法的非正式诉讼机制的产生创造了条件。因为任何制度的关键都在于实施。法律制度的实施一方面在于制定者的主动推进;另一方面则通过诉讼司法程序于裁判中落实,民间法作为

---

[1] 梁漱溟:《中国文化要义》,上海人民出版社2005年版,第162页。
[2] 参见梁治平:《清代习惯法》,广西师范大学出版社2015年版,第29页。

法社会学意义上的法律,其实施过程自然也不例外。中国古代各社会群体中的民间法的制定者为了推动群体规约的落实,必然也会制定相应的类诉讼制度,即本文所称的非正式诉讼机制。另外,正如前文所述,明清时期的各类民间规约已不再是简单的教化型规范,出现了大量的禁止性规定和惩罚性后果。而惩罚性后果的执法也需要必要的诉讼程序作为支撑。因此,中国古代社会中民间法产生必伴随民间司法和非正式诉讼制度的出现。明清时期的民间法种类和内容最为丰富和成熟,自然也使这一时期的民间司法和非正式诉讼制度最为活跃。

可见,家国一体的社会结构导致了官方在民事立法理念上"不为也"的偏颇,同时也激发了多元化的民间法的产生,而多元化民间法的应用也直接导致了民间司法和非正式诉讼机制的出现,从而形成了一条:家国一体的社会结构——多元化的法律治理——多元化的诉讼(司法)机制的演变过程。

(二)熟人社会体系为非正式诉讼机制的扎根生存提供了土壤

费孝通先生在《乡土中国》一书中指出:"中国基层社会有两大基本特性,即乡土性和地方性。乡下人离不开泥土,以种地谋生,世代定居成为常态;同样,人们以村落为单位聚集而居,安土重迁,也就形成了地域上的限制和孤立的社会圈子。由此,乡土社会就成了生于斯、死于斯的社会,一个熟悉的、没有陌生人的社会。"[1]即使是在城市中基于业缘关系所成立的会馆组织早期也是由来自同乡的熟悉人所共同组成,[2]后期吸纳其他的同业者,也是为了同业竞争和管理形成相互照顾的熟人社会体系。在这般由道德、礼俗和经验

---

[1] 费孝通:《乡土中国》,北京大学出版社1998年版,第6~9页。
[2] 正如傅衣凌所提出的:"早期(会馆)并不那么单纯只代表工商业者的利益,而更多地代表着地缘和乡缘的联系。"参见傅衣凌:《明清封建各阶级的社会构成》,载《中国社会经济史研究》1982年第2期。

共同交织形成的社会秩序中，各主体之间虽然不可避免地会产生的各类细故纠纷，但多数纠纷最终又常常消解于熟人社会这个大共同体中。正如李约瑟所指出的："古代中国人在整个自然界寻求秩序与和谐，并将此视为一切人类关系的理想。"[1]因此较于纠纷解决程序上的客观公正，各"熟人"间更为重视血缘、地缘或业缘社会内部秩序的稳定与和谐。然而，在传统社会中，当面针锋相对的正式官司诉讼往往意味着双方和谐关系的破裂。故而无论是在血缘、地缘还是业缘群体中，各成员都希望既能化解纠纷又能保持熟人关系中的相互体面。而相较于向官府打官司（正式诉讼），各群体之间所流行的非正式诉讼机制更能降低情感成本。因为比起非黑即白的正式司法裁判，民间的非正式诉讼模式更体现为一种和解和说服性质的仲裁。[2]因此，在熟人社会体系中，各群体内部的非正式诉讼机制为纠纷双方节约了足够的情感成本，自然也受到民间社会的欢迎。因此各地的家族法中都作出了家族司法前置解决纠纷的规定。在不少地区甚至以罚则方式禁止私自投官。江西《豫章黄城魏氏宗谱》中就明确规定："不得经往府县诳告滋蔓，如不经投族而妄告官府者，先罚银一两入祠，方依理公断。"[3]

另外，在熟人社会中，各成员之间大多秉承着"多一事，不如少一事"的心态。而一起纠纷能显性地出现在熟人社会的视野之中，往往经历了长期的矛盾累积和复杂的恶化过程，有较多的社会关系和人情世故渗入其中。故而在解决纠纷的过程中，如果不溯及以往，还原纠纷的全部过程，很可能导致事实的不公和民众内心的不满，影响社会秩序的稳定。然而无论现代还是古代的正式诉讼制度

---

［1］ 梁治平：《寻求自然秩序中的和谐：中国传统法律文化研究》，商务印书馆2013年版，第193页。

［2］ 参见［日］高见泽磨：《现代中国的纠纷与法》，何勤华译，法律出版社2003年版，第15页。

［3］ 魏学江：《豫章黄城魏氏宗谱》（卷11）"宗式"，清乾隆四十五年钞本。

都是一种仅针对当事人所提请诉讼标的作出的当下判决,其讲究的是就事论事,对事实与纠纷作出非此即彼的是非判断,往往容易忽视诉讼标的背后的社会性和其他非诉讼相关的因素,纠纷解决方式具有"片段性"。[1] 例如,清代明确要求每一诉状只能起诉一件事情,不得同时牵涉他事,避免使案情过于复杂,增加司法官员审案的难度。[2] 然而,相比起正式诉讼制度中"片段式"的审理方式,以及国家司法人员无法深刻了解熟人社会中复杂纠纷的全部脉络,民间群体中的非正式诉讼机制似乎更能在熟人社会的纠纷解决中接近正义。因为民间的非正式诉讼机制起诉门槛低,也不存在"不得繁词带论二事"以及"一名不得听两状"等禁止性规定。普通民众可以将其纠纷的全部内容和缘由在非正式诉讼机制中完整阐述。民间非正式诉讼机制的审理人员通常由该群体内部有名望的人物担任,这些审理人员长期和纠纷双方生活、生产在一起,更能接近纠纷的事实真相。正如清代官员徐栋所指出的:"乡党耳目之下必得其情,州县案牍之间未必尽得其情,使用在民所处,较在官判断更允矣。"[3]

综上可见,明清时期的民间非正式诉讼机制之所以能够兴起,是因为其契合了中国古代熟人社会中对于群体和谐的目标追求。反之,中国古代长期存在的熟人社会体系也为民间非正式诉讼机制提供了长久扎根、生存、发展的肥沃土壤。

(三) 正式诉讼制度不畅为非正式诉讼制度的发展让渡了空间

官方的正式诉讼制度若能解决一切纠纷,自然也无须其他的非正式纠纷解决方式。但无论在什么时代,国家司法无法完全满足民

---

〔1〕 郭星华:《当代中国纠纷解决机制的转型》,载《中国人民大学学报》2016 年第 5 期。

〔2〕 参见潘宇:《明清讼师秘本中的状词解析》,载《法制与社会发展》2007 年第 3 期。

〔3〕 徐栋:《牧令书》,辽宁大学出版社 1990 年版,第 1563 页。

间社会对于纠纷解决的需求,官方的正式诉讼机制在面对纷繁的民间纠纷时会出现表现不畅的情况。而正式诉讼机制运行不畅通常除了制度本身的问题也具有深刻的社会原因。[1]

根据美国法社学家布莱克在《法律的运作行为》一书中提出了"人们之间的关系距离与法律(诉讼)之间有着比例性的关系"的观点。[2] 即在人们之间的关系越密切,诉讼活动越不活跃,人们之间的关系越陌生,诉讼活动也随之增多。该理论是否可信,本文无意质疑。但我们通过考察明清时期的社会形态可以发现,虽然当时的社会环境总体还在熟人社会的体系之下,但是基于血缘关系的宗法小家庭与无外界陌生人之间的联系已经越发频繁。而根据近年来法史学界对于各地诉讼档案的考察,明清时期仅直接诉至官府的民间纠纷就已经数量庞大。[3] 日本学者夫马进甚至认为明清时期中国已经进入了"诉讼社会"。[4] 明清时期是否真的进入"诉讼社会",笔者不敢断言,但可以肯定是明清的民间纠纷已然越来越多地以显性的方式暴露出来。而对于民间日益增长的纠纷解决需求,官方的正式诉讼机制似乎显得十分力不从心。例如,根据各省巡抚在嘉庆十二年的奏报,当时积压案件总数超过1000件的省府衙门有四个,分别是湖南(3228件)、福建(2977件)、广东(2107件)和江西(1610件)。[5] 这还不包括未受理的案件和发回乡村组织自行调处的案件。明清时期的官方正式诉讼机制在审理繁多的民间纠纷时

---

〔1〕 正式诉讼机制的制度本身问题即表现为前述的官方诉讼制度中不可避免的"片段化"的审理方式。

〔2〕 参见[英]布莱克:《法律的运作行为》,唐越译,中国政法大学出版社2004年版,第47页。

〔3〕 参见尤陈俊:《"厌讼"幻象之下的"健讼"实相?重思明清中国的诉讼与社会》,载《中外法学》2012年第4期。

〔4〕 [日]夫马进:《明清时代的讼师与诉讼制度》,载[日]滋贺秀三等:《明清时期的民事审判与民间契约》,法律出版社1998年版,第411页。

〔5〕 参见赵晓华:《晚清的积案问题》,载《清史研究》2000年第1期。

遭遇不畅与官员司法素养低下、官方编制人数稀缺等原因都不无关系,但究其整个社会文化层面的根本原因,我们还是不得不提及古代中国诉讼文化中的"无讼"理念。

在"无讼"这一问题上,当前一些学者通过对部分诉讼档案的考察,认为明清时期部分地区的健诉风气可以推翻过往将"无讼"视为中国传统法律文化价值取向的观点。[1] 但是,传统中国的"无讼""息讼"理念从来都不是在民间自发形成的,它是由士绅阶层所提出,国家所倡导的官方传统,是传统儒家文化和国家意志对"和谐"的追求在司法层面的反映。以地主、士绅阶层作为核心的古代中国,这一阶层的司法文化理念自然可以被视作传统中国的主流法文化传统。而特定时代的部分地区所出现的健诉现象只能被视作传统官方表达与民间实践的背离。即使到了这种背离现象最为严重的清代,官方统治者仍然不改"无讼"理念坚持。康熙皇帝就曾宣布:"若庶民不畏官府衙门且信公道易伸,则讼事必剧增。若讼者得利争端必倍加。届时,即以民之半数为官,也无以断余半之讼案。"[2]虽然此种背离现象不足以改变官方的"无讼"追求,却直接促进了非正式诉讼机制这一民间司法的发展。这一方面是因为,国家对于"无讼"理念的坚持和追求,使正式诉讼机制天然性地排斥和轻视户婚、田土、借贷等民间"细故"纠纷,甚至不惜设置种种制度阻扰其进入正式诉讼程序(如明代规定未经里老调处不得告官,以及"放告日"制度),从而使大量的民间纠纷无法通过正式诉讼渠道得以通畅解决,这就使民众不得不求助于群体内部的非正式诉讼机制。另一方面,长期被正式诉讼制度和国家司法层面所排斥的细故

---

[1] 参见范愉:《诉讼社会与无讼社会的辨析和启示——纠纷解决机制中的国家与社会》,载《法学家》2013年第1期。

[2] [法]勒内·达维德:《当代主要法律体系》,漆竹生译,上海译文出版社1984年版,第487页。

纠纷,却被宗族、乡约、会馆等民间群体视作关系百姓切身利益和群体和睦的大事、要事。正所谓"自百姓视之,则利害切已,故并不细"。正是因为这样,民众才有着对纠纷解决的执着。因此,在细故纠纷解决中官方的无讼理念与民间实践的背离,在使正式诉讼机制运营不畅的同时,也为非正式诉讼机制的发展创造了条件。

此外,明清时期社会中高昂的诉讼成本也在客观上阻碍了民间细故纠纷通过国家正式诉讼制度解决的可能。首先,明清时期,民众在诉讼中承担着高额的司法经济成本。据清代汪祖辉的考察,十八世纪的民事诉讼费用往往"一讼则费钱三千文,不二年必至鬻田"。[1] 到了晚清时期,一场诉讼下来所需费用则相当于一个农业雇工一年的工资(两千至五千铜钱)。[2] 并且这些诉讼费用还不包括明清时期衙门诉讼中常见的"陋规""常例"的费用。根据瞿同祖先生的考察,清代衙门胥吏的正常收入极低(平均年薪六两银子),而通过向百姓索要"陋规",其实际年收入则可以高达一千两左右。[3] 故而明清时期社会中流行着"堂上一点朱,民间千点血"的谚语。[4] 其次,民众除了承担着高额的经济成本以外,在诉讼中往往还要背负着沉重的道德成本。在将"讼"视为恶的传统社会中,无论原告还是被告,无论基于何种原因或目的,只要引发了诉讼,就容易被周遭置于道德不利地位,被视为"倔强之徒""贪恶之人"。清代官员裕谦曾就民间争诉评价道:"人既好讼,则居心刻薄,非仁也。事理失宜非义也,挟怨愤争非礼也,倾赀破产非智也,欺诈

---

〔1〕 乡民有田十亩,夫耕妇织可给数口。一讼之累,费钱三千文,便须假子钱以济,不二年必至鬻田。参见汪祖辉:《佐治药言》,载田涛、刘俊文:《官箴书集成》(第5册),黄山书社1997年版,第125页。

〔2〕 参见黄宗智:《清代的法律、社会与文化:民法的表达与实践》,上海书店出版社2007年版,第148页。

〔3〕 参见瞿同祖:《清代地方政府》,法律出版社2011年版,第108~109页。

〔4〕 参见周振鹤:《圣谕广训集解与研究》,顾美华点校,上海书店2006年版,第411页。

百出非信也。"[1]并且,明清时期的衙门还特别规定,功名士子不得兴诉,需由他人出面代理呈具。[2] 再次,明清时期百姓向官府诉讼还需要承担旷时废业的非预期性成本。虽然为了保证农业生产,至汉以降的历代政府都设立了"放告日"制度,规定农忙期间不受理民事词讼。但由于乡村远离城市衙门,而在纠问制模式下两造双方和其他证人都必须到庭,常常使争诉双方不得不长期停留县城耽误生产,造成额外的非预期性成本。因此,明清社会中也流行着"一日官司,十日不完,县三月,府半年,道里的官司不种田"等讽刺性谚语。[3] 更有甚者,一些司法官员为了躲避词讼,故意拖延审理,导致百姓付出更多的非预期性成本。对此清朝官员刚毅评论道:"常见一纸入官,经旬不批,批准不审,审不即结,及至结案,仍是海市蜃楼,未彰公道,徒使小民耗费倾家,失业费事。"[4]综上所有这些因素所构成的诉讼成本已然极大降低了国家正式诉讼在解决民事纠纷中的"性价比",也足以使百姓惧讼。而相对于国家正式诉讼而言,民间的非正式诉讼却具有接近百姓生活、诉讼成本低廉甚至免费、诉讼程序快捷等天然的优势,这就为明清时期非正式诉讼制度广泛地参与民间解决纠纷提供了极大的可能。

可见,明清时期百姓想要通过国家正式诉讼制度解决民事纠纷,不仅受制于"无讼"传统理念的制约,还要面临高昂的诉讼经济成本、道德成本和非预期成本。这些主观和客观方面的制约性因素无不致使国家正式诉讼制度在解决民事纠纷中面临运行不畅

---

〔1〕 裕谦"戒讼说",载徐栋:《牧令书》(卷一七),辽宁大学出版社1990年版,第1542页。

〔2〕 在18世纪、19世纪巴县和宝坻县诉讼档案中的状纸内均规定:"士绅告状不予受理,得由他人出面代理呈具。"

〔3〕 参见丁世良、赵放:《中国地方志民俗资料汇编》(华北卷),北京图书馆出版社1989年版,第94页。

〔4〕 刚毅:《牧令须知》,载田涛、刘俊文:《官箴书集成》(第9册),黄山书社1997年版,第216页。

的问题,但同时也为非正式诉讼制度的进一步兴起让渡了发展的空间。

四、余论:非正式诉讼制度的社会价值

如前文所述,在家国一体的社会结构和熟人社会体系的基础上,在正式诉讼制度运行不畅的催化下,中国传统社会中的非正式诉讼制度正式在明清时期达到了广泛运用的兴盛状态。各类非正式诉讼制度在其所属的社会关系场域中与国家司法相配合发挥着调处矛盾、裁决纠纷、完善社会基层治理的重要作用。并且三类不同的非正式诉讼制度在各自的运行中也展现出了各异的诉讼特点。以血缘关系为纽带的家族司法强调尊重族内尊长在家族诉讼中的司法权威,肯定尊长对卑幼的严厉执罚权。以地缘关系为纽带的乡约裁判则是在乡治的基础上,以维护乡村共同的和谐生产、生活为目标。因而相比起以尊长权威为核心的独断家族司法,乡约制度表现出了由众人合议的更为民主的诉讼裁判方式和更为和缓的教化式的执法形式。以业缘关系为纽带的行会裁决则更为强调人际经济交往中的诚信原则和市场秩序的和谐运作,并较之其他非正式诉讼制度体现出更为自治化和程序化的类似近代商业仲裁的诉讼模式。虽然这三类非正式诉讼制度各有其不同的诉讼特点,但它们在调整基层社会关系、维护社会秩序以及弥补国家司法社会教化不足等方面具有相同的社会价值。

如前所述,家国一体的传统社会结构,决定了民间法与国家法、民间非正式诉讼制度与国家正式诉讼制度之间绝不是相互对立、非此即彼的,而是拥有着共同的价值观念、相互渗透、互相配合的关系。因此明清时期的三类主要非正式诉讼制度都可以通过配合国家司法的方式,完成化解社会矛盾、稳定社会关系、维护官方统治的社会价值。例如,古代基层社会赋税的征收就很好地体现了国家司法与民间司法的相互配合。封建社会的主要经济来源在于农民和

城市工商业者，虽然历代王朝都有对逃避赋税、徭役的行为进行刑事打击，但由于税赋苛重，农户和工商业者对于缴纳税赋往往报以消极甚至武力抵抗的态度，对社会秩序的稳定造成了一定的威胁。[1] 相较于权威性的国家司法打击，民间法和民间非正式诉讼制度往往在配合官府完成赋役中发挥着更为能动的社会教化作用。例如，明清时期的家族组织、乡约组织和城市行会组织一边在家法族规、乡约规则和行会章程中教化约内人员按时缴纳国赋，同时又以家族司法、乡约裁判和会馆裁决等民间司法的方式对拒纳钱粮的族人加以训诫、惩罚。[2] 当穷尽民间司法的方式仍无法达到完赋役的效果时，民间组织则会通过送官惩治的方式，寻求国家刑罚力量的帮助。[3] 这种将温情的伦理说教与严厉的民间司法惩戒相结合，并以国家司法救济为兜底保障的完赋役方式，能够较好地解决农村社会抗拒赋役的行为，缓和农民和国家之间在赋役问题上的紧张关系，维护了不同社会关系领域民间秩序的稳定。除了赋役纠纷以外，其他基层社会中的民事纠纷和轻微刑事案件也大多是通过这种

---

[1] 如明代万历年间派出太监为税监矿监，于各地密设税卡，重征叠税，乱指矿脉，横征敛，以致酿成连绵不断的城市民变。参见谷应泰：《明史记事本末》，中华书局1977年版，第894页。

[2] 如山阴《吴氏家法》规定："完纳钱粮，成家首务，必须预为经划。依期完纳，如有持顽拖欠者，许该里举鸣祠中，即行分别责罚，以示惩戒，决不轻纵，迫致累扰。"参见吴隐：《山阴州山吴氏族谱》（第三部），民国十三年刻本。又如，明代的《乡约总叙》中规定："今后税粮不许持顽怠期，亦不许粮里巧立名色，遍擦贫民。又有买田未经收粮，贻累田土输纳者，其恶尤甚于拖粮，所当戒之。"参见章潢：《乡约总叙》，载牛铭实：《中国历代乡规民约》，中国社会出版社2014年版，第278页。再如，乾隆三十五年（1770）北京河东烟行所立碑记规定："前有行规，人多侵犯。今郭局同立官秤一杆，准斤陆拾两。凡五路烟包进京，皆按斤数交纳税银，每百斤过税银肆钱陆分。轻重各循规格，不可额外多加斤两。苟不确遵，即系犯法，官罚银不算。会馆公议，每罚银壹钱，法不容私。恐众不听，勒碑示久远，永志不朽。"参见彭泽益：《清代工商行业碑文集粹》，中州古籍出版社1997年版，第135页。

[3] 如南海《霍氏家训》中规定："玩慢粮赋，家长告于祠堂，初犯责司会计者，再犯则司货，再犯司货者送官惩治。"参见霍韬：《霍渭涯家训》，明万历四年刊本。

三联协动的模式来达到基层社会的有效治理和基层秩序的持续稳定。因此,在中国传统社会中,基层政权组织无法全面掌控各类社会纠纷,但民间非正式诉讼制度充当着化解矛盾、维护官方统治的重要类司法作用。

试析《理藩院则例》之发冢例
——从一个侧面看嘉庆朝发冢罪的变化

张雪娇*

【摘要】 禁止发冢的规定最早可追溯到先秦时期,早期发冢立法较为简约,如汉时的"发墓者诛,窃盗者刑",随着历代的发展日趋完备和细密,至有清一代,发冢罪的律例规定已达至完备和体系化。其中,嘉庆朝是清代发冢罪的定型时期,本文以清代最具代表性的民族法规——《理藩院则例》为中心,分析了嘉庆时期针对蒙古地区发冢犯罪的例文内容及其主要特点,并与康乾时期进行对比,发现嘉庆朝发冢例加深了身份间的不平等且加重了处罚力度。在此基础上,笔者又进一步探讨了嘉庆朝发冢罪的变化特点,即进一步走向了礼教化和重刑化。

【关键词】 发冢;理藩院则例;嘉庆朝

《说文·勹部》:"冢,高坟也。"段玉裁注:"《土部》曰:'坟者,墓也。'墓之高者曰冢。"[1]发冢即发掘坟墓之意,在传统律典中主要指破坏棺椁、尸身和以发掘财物为目的的盗墓、盗棺等围绕坟墓的犯罪行为。

---

* 作者系中国政法大学法学院博士研究生。
〔1〕 (汉)许慎撰、(清)段玉裁注:《说文解字注》,中州古籍出版社2006年版,第433页。

目前在法律史领域,学者们对于发冢罪的研究尚处于起步阶段,相关论著确不多见,且主要关注清代的律例规定及法律实践。较为代表的有陈聪的博士论文《清代"发冢"律例与司法的文化研究》和刘鄂的博士论文《清代发冢律研究》,二位虽都以清代为研究背景,但并未涉及民族立法的相关内容。

清代发冢罪主要规定在《大清律例》中,至清末,"发冢"条下共有7条律文和23条例文,内容十分丰富,涵盖了掘坟、毁尸、盗墓、盗葬、平治为田园等多种行为。此外,清代统治者为了更好地管理边疆地区,在民族立法中对发冢罪进行了更具可操作性的变通规定。

一、嘉庆朝《理藩院则例》之发冢例

清朝疆域辽阔,民族众多,统治阶层为巩固统一的多民族国家,尤其注重运用法律手段治理蒙古、青海、西藏等边疆地区,先后制定了《西宁青海番夷成例》《蒙古律例》《回疆则例》《理藩院则例》等民族法规。其中《理藩院则例》(以下简称《则例》)是清朝制定的体系最为庞大、内容最为丰富、适用范围最为广泛的民族法规。[1]《则例》于嘉庆二十二年(1817年)刊刻颁行,共六十三门,规定了行政区划、民族管理以及职官、刑法、司法等制度,"从法律上规定了各民族的地位,中央和地方的关系,反映了清朝办理民族事务的基本情况和经验"[2]。

《则例》将"发冢"单独列为一门,与人命、强劫、偷窃、犯奸、略卖略买等门类共同构成了《则例》刑法制度的实体法律规范,主要适用于蒙古地区。发冢门下列有两条例文,分别是平人发掘王等坟冢例

---

[1] 参见刘广安:《清代民族立法研究》,中国政法大学出版社2015年版,第40页。
[2] (清)会典馆:《钦定大清会典事例 理藩院》,赵云田点校,中国藏学出版社2007年版,序言。

和平人发掘平人坟冢例,具体内容如下:

又定平人发掘王贝勒贝子公扎萨克台吉及福晋夫人等坟冢已行未见棺者为首拟绞监候,为从发山东河南交驿充当苦差。见棺者,为首绞立决,为从绞监候。开棺见尸者,为首斩立决,为从绞立决。毁弃撒撒死尸者,不分首从皆斩立决。

又定平人发掘平人坟冢未见棺者,为首鞭一百,罚三九牲畜,为从鞭九十,罚二九牲畜。见棺者,为首发山东河南交驿充当苦差,为从鞭一百,罚三九牲畜。开棺见尸者,为首发极边烟瘴,为从发山东河南,均交驿充当苦差。毁弃撒撒死尸者,为首绞监候,为从发极边烟瘴,交驿充当苦差。若盗未殡未埋尸棺及发年久穿陷之冢,未开棺椁者,为首鞭一百,罚三九牲畜,为从鞭九十,罚二九牲畜。开棺见尸者一次者,为首发山东河南交驿充当苦差,为从鞭一百,罚三九牲畜,二次者发江南浙江江西湖广福建等省,为从发山东河南,三次者,为首发云南贵州广东广西等省,为从发江南浙江江西湖广福建等省,均交驿充当苦差,三次以上者,为首绞监候,入于缓决,为从发云南贵州广东广西等省,交驿充当苦差。[1]

第一条例文规定了平人犯于王公贵族的发冢犯罪。平人包括一般平民和各类奴仆;王公贵族则涵盖了蒙古王、贝勒、贝子、公、扎萨克、台吉以及福晋夫人等。此条包括发掘坟冢以及毁弃死尸两个方面的内容,最低刑为流刑,最高刑为斩刑,具体犯罪情节与量刑的对应见表1。

---

〔1〕 (清)托津等奉敕:《钦定大清会典事例(嘉庆朝)》,文海出版社1991年版,第974页。

表 1　平人发掘王等坟冢例

犯罪行为	首犯的刑罚	从犯的刑罚
发掘王等坟冢,未见棺	绞监候	发山东河南交驿充当苦差
发掘王等坟冢,见棺	绞立决	绞监候
发掘王等坟冢,开棺见尸	斩立决	绞立决
毁弃撇撒死尸	斩立决	斩立决

第二条例文规定了平人间相犯的发冢犯罪。此条包括发掘坟冢、毁弃死尸、盗未殡未埋尸棺及发年久穿陷之冢三方面的内容,最低刑为鞭刑,最高刑为绞刑,具体犯罪情节与量刑的对应见表2。

表 2　平人发掘平人坟冢例

犯罪行为	首犯的刑罚	从犯的刑罚
发掘坟冢,未见棺	鞭一百,罚三九牲畜	鞭九十,罚二九牲畜
发掘坟冢,见棺	发山东河南,交驿充当苦差	鞭一百,罚三九牲畜
发掘坟冢,开棺见尸	发极边烟瘴,交驿充当苦差	发山东河南,交驿充当苦差
毁弃撇撒死尸	绞监候	发极边烟瘴,交驿充当苦差
盗未殡未埋尸棺及发年久穿陷之冢,未开棺椁	鞭一百,罚三九牲畜	鞭九十,罚二九牲畜
盗未殡未埋尸棺及发年久穿陷之冢,开棺见尸者一次	发山东河南,交驿充当苦差	鞭一百,罚三九牲畜
盗未殡未埋尸棺及发年久穿陷之冢,开棺见尸者二次	发江南浙江江西湖广福建等省,交驿充当苦差	发山东河南,交驿充当苦差

续表

犯罪行为	首犯的刑罚	从犯的刑罚
盗未殡未埋尸棺及发年久穿陷之冢,开棺见尸者三次	发云南贵州广东广西等省,交驿充当苦差	发江南浙江江西湖广福建等省,交驿充当苦差
盗未殡未埋尸棺及发年久穿陷之冢,开棺见尸者三次以上	绞监候	发云南贵州广东广西等省,交驿充当苦差

从上述两表可以发现,嘉庆朝发冢例[1]有以下特点:

第一,规定细致具体、方便适用。为准确地反映立法者对不同类型发冢行为的态度以及尽可能地达到"罪罚相当",发冢例规定了三种发冢类型,并尽可能在每种类型下区分犯罪对象、犯罪情节、犯罪次数以及在犯罪中所起的作用进行处罚。

首先,区分犯罪对象进行处罚。从上述两表不难发现,平人发掘王等坟冢的刑罚要远重于平人间发冢,如平人间发掘坟冢未见棺,只处鞭刑并罚牲畜;而同一行为,平人犯于王公贵族,即处绞监候。一生一死,轻重立判。其次,区分犯罪情节进行处罚。如在发掘坟冢的犯罪类型下,"见棺"和"见尸"是为关键点,由此划分出刑罚不同的三种情节,由轻至重,分别是"发掘坟冢,未见棺"——"发掘坟冢,见棺"——"发掘坟冢,开棺见尸"。其中,"见棺""见尸"之"见"字取显露之意,"谓发掘坟冢,至于显露棺椁,已开棺椁,至于显露其尸也"[2]。最后,区分犯罪次数进行处罚。在"盗未殡未埋尸棺及发年久穿陷之冢,开棺见尸"的情节下,立法者又根据犯罪次数的不同处以不同刑罚,如"开棺见尸一次为首者"处发遣,"开棺见尸三次以上

---

[1] 本文所称"发冢例"特指清代针对蒙古地区发冢犯罪所纂定的例文。
[2] (清)沈之奇:《大清律辑注》,怀效锋、李俊点校,法律出版社2000年版,第628页。

为首者"处绞监候。至于开棺次数的计算,则"以见一尸为一次,不得以同时、同地连发多冢者作一次论"[1]。此外,区分首从进行处罚。除毁弃王等死尸的行为不分首从外,其他发冢行为的从犯都比照首犯进行减等处罚。从犯包括帮同下手、在外瞭望、听从抬弃死尸等情况,若多次发冢且分别为首犯和从犯,"不得以为从次数作为为首次数并计"[2]。

第二,极为注重保护蒙古王公贵族的坟冢。针对贵族的发冢行为,除"发掘坟冢未见棺为从"的情况处以发遣外,其他行为均科以死刑,可见刑罚之重;对于毁弃撒撒王公贵族死尸的行为更是不分首从,一律斩立决,可见立法者对此种行为严厉处罚的态度。相比之下,针对百姓的发冢行为,只有"毁弃撒撒死尸"和"盗未殡未埋尸棺及发年久穿陷之冢,开棺见尸者三次以上"的情况处以绞监候,其他行为都处以鞭刑和发遣。而在例文所规制的发冢类型上,发掘平人坟冢例比之发掘王等坟冢例,多规定了"盗未殡未埋尸棺及发年久穿陷之冢"的内容。相较而言,蒙古王公贵族的坟墓无论是在未埋时还是埋葬之后,都会受到更好的管理和保护,顺治时期就已经从法律上规定蒙古各等王公贵族的守墓规格了[3],可见在发掘王等坟冢例中并无规定"盗未殡未埋尸棺及发年久穿陷之冢"的必要,即使实践中出现此种案件,也可以比照已有规定进行减等处罚。

清朝的建立和巩固在很大程度上依靠的是与蒙古族联盟的政治力量[4],对归附的蒙古贵族"或以功,或以亲,或以举国输服,封亲王、郡王、贝勒、贝子、镇国公、辅国公"[5],以此强化与蒙古贵族的联

---

[1] 郭成伟等编:《大清律例根原》,上海辞书出版社2012年版,第1139页。
[2] 郭成伟等编:《大清律例根原》,上海辞书出版社2012年版,第1144页。
[3] 参见(清)会典馆:《钦定大清会典事例 理藩院》,赵云田点校,中国藏学出版社2007年版,第397页。
[4] 史筠:《民族事务管理制度》,吉林教育出版社1991年版,第54页。
[5] (清)《乾隆朝内府抄本〈理藩院则例〉》,赵云田点校,中国藏学出版社2006年版,第176~177页。

盟。早在入关前的立法中，满族贵族就特别重视维护蒙古贵族的权益，至嘉庆朝的《则例》，这方面的规定更为系统化、制度化。[1]

第三，因俗立法，保留蒙古族习惯法之罚畜刑的适用。"从俗从宜，各安其习"[2]是清朝统治者管理民族事务遵循的基本原则之一，在法律控制方面则表现为因俗立法，适当地保留民族习惯法并调整适用。

罚畜是蒙古地区长期以来的传统习惯法，《则例》不仅将其保留，更是规定了广泛的适用范围，从私开地亩到越界游牧，从会盟不到、仪制不合到偷窃、诱卖及人命重案，均可罚畜[3]。蒙古族历来以从事畜牧业为主，马牛羊等牲畜是其赖以生存的生活资料，因而科罚牲畜是比较符合蒙古地区社会实际的有效惩罚措施。罚畜一般以九作为基数，有罚一九、二九、三九等不同的级别，《则例·罪罚》规定了"罚九定额"："罚罪九数乃马二匹、键牛二只、乳牛二只、三岁牛二只、两岁牛一只"[4]。在发冢例中，罚畜作为鞭刑附带的赔偿手段，根据发冢行为的轻重缴纳不同数量的牲畜。

二、与康乾时期发冢例之对比

清朝针对蒙古地区发冢犯罪的例文规定可追溯到康熙时期，《钦定大清会典事例》和乾隆朝抄本《理藩院则例》中对此都有所记载。例文规定了发掘王公贵族、官员、庶人等坟冢的行为，根据犯罪所侵犯对象的身份差异处以不同程度的刑罚，具体内容如下：

---

[1] 参见刘广安：《清代民族立法研究》，中国政法大学出版社2015年版，第35页。
[2] （清）《清实录·世宗宪皇帝实录（卷80）》，中华书局1985年影印版。
[3] 参见杨选第：《从〈理藩院则例〉析清朝对蒙古地区立法特点》，载《内蒙古社会科学》2000年第2期。
[4] （清）李宗昉等修：《钦定理藩院则例（故宫珍本业刊第300册）》，海南出版社2000年版，第215页。

康熙十三年题准:发掘王、贝勒、贝子、公等墓者,为首一人拟斩监候,妻子家产籍没,余人各鞭一百,罚三九。发掘台吉、塔布囊墓者,为首一人拟绞监候,余人各鞭一百,罚二九。发掘官员墓者,为首一人鞭一百,罚三九,余人各鞭一百,罚一九。发掘庶人墓者,为首一人鞭一百,罚一九,余人各鞭八十,罚一九。所籍没家产,所罚牲畜,皆给墓主。[1]

乾隆时期基本继承了康熙时期的规定,仅加重了对发掘王、贝勒、贝子、公等坟墓行为的处罚,如乾隆三十一年修订的《蒙古律例》[2]中发冢例文的内容如下:

官员平人刨发王、贝勒、贝子、公及其妻之坟冢者,首犯一人拟斩立决,抄没其妻子产畜,为从者鞭一百、罚三九牲畜,将正法之贼人妻子产畜一并给付坟主。刨发台吉塔布囊等坟墓者,为首一人绞监候,为从者鞭一百、罚二九牲畜,给付坟主。刨发官员坟墓者,为首一人鞭一百、罚三九牲畜,其余鞭一百、罚一九牲畜,俱给付坟主。刨发平人坟墓者,为首一人鞭一百、罚一九牲畜,其余鞭八十、罚一九牲畜,俱给付坟主。[3]

此后针对蒙古地区发冢犯罪的例文规定维持了几十年不变,直至嘉庆朝《理藩院则例》的颁布。《则例》吸收了《蒙古律例》的内容和体系,并根据蒙古地区事务的变化以及立法技术进步的需要进行了删

---

[1] (清)《乾隆朝内府抄本〈理藩院则例〉》,赵云田点校,中国藏学出版社2006年版,第163页。

[2] 参见(清)李宗昉等修:《三流道里表·蒙古律例·钦定学政全书(故宫珍本业刊第334册)》,海南出版社2000年版。

[3] (清)李宗昉等修:《三流道里表·蒙古律例·钦定学政全书(故宫珍本业刊第334册)》,海南出版社2000年版,第171页。

改和增补[1]。对比康熙、乾隆、嘉庆三朝发冢例的内容，可以发现嘉庆时期发冢例发生了较大的变化，如增加了新的发冢行为类型、细化了发冢的犯罪情节、规定了惯犯加重处罚等。总体而言，嘉庆时期发冢例展现出了以下两个发展特点。

1. 嘉庆朝发冢例对于身份的划分更为简化

康乾时期针对蒙古地区的发冢例文仅规定了一种犯罪行为，并将所侵犯对象的身份划分为四个等级，分别是王公、台吉塔布囊、官员、平人，每种身份等级对应轻重不同的刑罚。而到了嘉庆时期，发冢例对于犯罪对象身份的划分趋于简单化，不再烦琐地将不同爵位的特权阶层区分开来，并且删除了有关官员的内容，例文仅将犯罪对象划分为王公贵族以及平人两等进行区别处罚。

第一，嘉庆朝发冢例将台吉、塔布囊与王公一同规定。

发冢例的制定和完善不仅是为了维护社会秩序的稳定，更是为了巩固宗族关系的长久发展。清朝对蒙古地区贵族所封授的爵位，在上述亲王、郡王、贝勒、贝子、镇国公、辅国公六等之下，还有台吉和塔布囊。清初，台吉、塔布囊主要是根据功绩和忠诚程度授予成吉思汗后裔及与其婚者，后随着封爵制度的渐趋完善，台吉塔布囊与王公等贵族关系越来越密切。如康熙元年即规定了王公子弟承袭台吉的原则，"公主之子、亲王之子弟，授为一品。郡主之子，郡王贝勒之子弟，授为二品。县主、郡君、县君之子，贝子公之子弟，授为三品。"[2]嘉庆时期发冢例将对台吉、塔布囊坟冢的保护提升至与土公同一级别，体现了统治阶级极力维护蒙古王公贵族宗族利益的立法意图。

第二，嘉庆朝发冢例删去了关于官员的内容。

首先，立法者删掉了发掘官员坟冢的规定，进一步突出了对贵族

---

[1] 参见刘广安：《清代民族立法研究》，中国政法大学出版社2015年版，第16页。
[2] （清）会典馆：《钦定大清会典事例 理藩院》，赵云田点校，中国藏学出版社2007年版，第141页。

阶层的特殊保护。清代在蒙古地区实行盟旗制度,"每旗统以札萨克、协理台吉、管旗章京、副章京,每六佐领设参领,每佐领设晓骑校一人,各建盟长以统摄之。"[1]其中,札萨克"总理旗务,以王、贝勒、贝子、公、台吉为之"[2],平人绝无充任的资格,可见嘉庆朝将发掘札萨克坟冢的行为纳入发掘王等坟冢例中是更为合理的。协理台吉则必须由台吉或塔布囊充任,其他官员如管旗章京、副章京等实际上虽可由平人担任,但仍以贵族优先,如乾隆二十七年议准:"各蒙古札萨克旗下管旗章京、副章京员缺,均由台吉内遴选。如台吉内不得其人,始于所属旗人内拣补。"[3]虽然王公贵族掌握着蒙古地区的大部分权力,但官员既可能是贵族出身,也可能是平人出身,由此可见康乾时期发冢例文对于犯罪对象身份的划分并不明晰。嘉庆朝身份划分的简单化显然更有利于司法官员在实践中作出判断和适用;但是,这种简化使平人阶层出身的官员的坟冢不再享有特殊保护,发冢例保护的重点倾斜于贵族阶层的坟冢。

其次,立法者删掉了官员发掘坟冢的规定,从而加深了贵族与平人在法律上的不平等。发冢例的犯罪主体在康乾时期规定为"官员平人",而嘉庆时只有"平人",可见平人阶层成为发冢例的重点惩罚对象。嘉庆朝发冢例通过对贵族阶层的着重保护和对平民阶层的着重处罚,加深了贵族与平人在法律地位上的区隔。

2. 嘉庆朝加大了对蒙古地区发冢犯罪的处罚力度

康乾时期发冢例文仅规定了发掘坟冢一种犯罪行为,刑罚以鞭刑为主。嘉庆朝不仅扩大了对发冢犯罪的打击面,增加了"毁弃死尸"

---

[1] (清)会典馆:《钦定大清会典事例 理藩院》,赵云田点校,中国藏学出版社2007年版,第178页。

[2] (清)会典馆:《钦定大清会典事例 理藩院》,赵云田点校,中国藏学出版社2007年版,第179页。

[3] (清)会典馆:《钦定大清会典事例 理藩院》,赵云田点校,中国藏学出版社2007年版,第183页。

"盗未殡未埋尸棺及发年久穿陷之冢"两方面的内容,更是提高了发冢例的量刑幅度,刑罚方式转变为以发遣为主。

第一,嘉庆朝发冢例增加了新的发冢类型。

康熙时期大清律中发冢律文的内容就已经定型,律文包括了掘坟、毁尸、盗墓、盗葬、平治他人坟墓为田园等多种发冢类型,即便是"盗未殡未埋尸棺及发年久穿陷之冢"的行为,雍正时期也已经有所规定。那么为何直到嘉庆朝中后期,适用于蒙古地区的发冢例始将"毁弃死尸""盗未殡未埋尸棺及发年久穿陷之冢"纳入法律规制的轨道呢？这与蒙古地区的丧葬习俗紧密相连。

蒙古族传统的主要丧葬方式为土葬,但与内地不同的是,其土葬的特点在于不建坟冢、不留标志、对外保密,"鞑靼风俗,人死……皆归于鞑靼旧地,深葬平土,人皆莫知其处"[1]。此外,因与长期流动迁徙的生活环境相适应,火葬、天葬的丧葬方式在蒙古地区也较为普遍。清代蒙古地区土葬多适用于王公贵族和汉民[2],蒙民"欲修筑坟墓者,准其修筑,若伊等欲从蒙古例葬埋,各听其便"[3],"从蒙古例葬埋"即"依蒙古习俗隐置"[4]。在丧葬习俗的影响下,发冢犯罪所指向的"坟冢"在蒙古地区并不常见,由此康乾时期发冢例文较为简约。

然而到了清代中后期,情况发生了变化。如同龙兴之地的东北地区,清代对蒙古地区也实行封禁政策,严格限制内地民人私入蒙地,然而在现实生活中未能很好地贯彻执行[5]。至嘉庆时,"内地民人生齿日繁,出口谋生者,益复加增,即原先出口之人,亦复滋息日多……

---

[1] (宋)郑所南:《心史》,广智书局1942年版,第156~157页。
[2] 参见金海等著:《清代蒙古志》,内蒙古人民出版社2009年版,第429页。
[3] (清)会典馆:《钦定大清会典事例 理藩院》,赵云田点校,中国藏学出版社2007年版,第466页。
[4] 达力扎布:《康熙三十五蒙古律例研究》,载《民族史研究》2000年第0期。
[5] 参见赵云田:《清政府对蒙古、东北封禁政策的变化》,载《中国边疆史地研究》1994年第3期。

热河迤北一带……民人集聚渐多,山厂平原,尽行开垦"[1],加之自然灾害造成的大量流民,蒙古地区的汉民不可避免地越来越多。汉人的大量涌入一方面为蒙古社会带来了更为繁杂的丧葬仪式,另一方面也加速了蒙族丧葬习俗的汉化。嘉庆时期为应对社会结构的变化而调整了发冢例文的内容,增加了新的犯罪类型,扩大了打击面。

第二,嘉庆朝发冢例改以发遣作为主要的刑罚方式,加大了处罚力度。

康乾时期发冢例以鞭刑为主要处罚方式,例文对发掘王公坟冢为从、发掘台吉塔布囊坟冢为从以及发掘官员、平人坟冢的行为都处以鞭刑,并罚以不同数量的牲畜。而嘉庆时期仅发掘平人坟冢例中未见棺椁和见棺椁为从的情形处以此种刑罚,其他犯罪情节都处以死刑和发遣,可见刑罚之重。

在清代的刑罚体系中,发遣是仅次于死刑的刑罚,因其将流放与服劳役相结合,处罚力度远超于充军和流刑,统治者认为这样能够更加有效地惩治罪犯,因此对其备加青睐。[2] 发遣在蒙古例中的适用范围也随之渐广,乾隆时期仅有强劫、偷窃、犯奸等几条中有所适用,而至嘉庆时期,发遣已然成为发冢例中最主要也是最常用的刑罚。嘉庆朝发冢例根据犯罪的轻重不同,将犯罪人发至远近不同地点的交驿当差,由轻至重分别发往山东河南、江南浙江江西湖广福建等省、云南贵州广东广西等省。发遣在发冢例中的广泛适用,一方面加大了对发冢犯罪的处罚力度;另一方面缩小了康乾时期发冢例中死刑与鞭刑之间刑罚差距,使例文的刑罚体系更为均衡。

三、再谈嘉庆朝发冢罪的变化

嘉庆朝是清代发冢罪发展变化的一个十分重要的时期,这一时期

---

[1] (清)托津等奉敕:《钦定大清会典事例(嘉庆朝)》,文海出版社1991年版,第6023~6029页。

[2] 参见刘炳涛:《清代发遣制度研究》,中国政法大学2004年硕士学位论文。

发冢立法数量大幅扩张、内容更为完善合理。[1]《大清律例》中的发冢罪完全沿袭明代的规定,又在其基础上增加了二十余条例文,其中十二条纂定于嘉庆朝,后世并无实质变化。针对蒙古地区的发冢例也表现出同种趋势,嘉庆朝的规定较康乾时期大有不同,且嘉庆朝后《则例》中的发冢例再无变化,可以看出清代发冢罪的律例规定在嘉庆时期既已定型。嘉庆时期对发冢罪进行了较大的调整,经嘉庆一朝,发冢罪进一步走向了礼教化和重刑化。

第一,嘉庆朝发冢例具有进一步礼教化的发展特点。

嘉庆朝重视发冢犯罪中的身份因素,在这一时期身份立法的数量有所增加、身份关系的划分更加细致、身份犯罪的处罚更为严厉。发冢罪中的身份立法是指根据犯罪人与坟主(尸主)生前身份上的不同,而比照凡人相犯为加减处罚的条文。嘉庆朝在《大清律例》发冢罪下中新增了十二条例文,其中七条是依据身份关系纂定的,分别是"子孙发掘祖父母父母坟冢例""有服尊长盗卑幼未殡未埋尸柩例""受雇看坟例""子孙盗祖父母父母未殡未埋尸柩例""有服卑幼盗尊长未殡未埋尸柩例""有服卑幼发掘尊长坟冢例""奴雇盗家长未殡未埋尸柩例"。在涉及服制发冢犯罪时,嘉庆朝对于身份关系的划分则更为细致,如在"有服卑幼盗尊长未殡未埋尸柩例"中,"尊长"细化为缌麻尊长和功缌尊长,"卑幼"细化为期亲卑幼和功缌卑幼。同时,对卑犯于尊的身份发冢案件处罚更为严厉,如康乾时期,子孙发掘祖父母、父母坟冢的行为是与奴婢、雇工人发掘家长坟冢一体科罪的,最高刑罚已至斩决,而嘉庆朝将其从原例中摘出,另立专条,并将最高刑罚加至凌迟。加至凌迟。再如,《则例》中,平人发掘王等坟冢,除未见棺的情形外,皆处死刑;对于毁弃王等死尸的行为,更是不分首从,一体处罚,可见打击力度之大。此外,嘉庆朝还不断地纳入新的身份关

---

[1] 参见张雪娇:《清嘉庆朝发冢罪变化之研究》,中国政法大学 2019 年硕士学位论文。

系，如立法中首次规定了受雇看坟人发掘坟主坟冢的行为，看坟人虽与坟主无主、仆名分，若"犯该军、流以下等罪，悉照凡人首、从各本律例上加一等问拟"[1]；另外，在司法实践中，官员通过准服制量刑[2]，使服制关系的内涵得以延伸等。

通过上述分析不难发现，嘉庆朝所纂的发冢条文致力于对身份关系的保护，实质上是更加注重保护家庭关系中的尊长、社会关系中的贵方以及政治身份中的王公贵族的利益，全方位地贯彻了刑有等差的礼教精神，发冢罪由此进一步礼教化。

第二，嘉庆朝发冢例具有进一步重刑化的发展特点。

历朝历代对于发冢行为的处罚都很严厉，前有汉代的"发墓者诛"[3]，后有魏时的"穿毁坟陇者斩之"[4]，至明清时期，即便是凡人间发冢，若见尸也要处以绞刑，而嘉庆时期则在前朝基础上又加大了处罚力度，增加了法外酷刑的适用。如嘉庆时增纂的"子孙发掘祖父母父母坟冢例"，例文对"开棺见尸并毁弃尸骸"的情形处以凌迟，这是历史上首次将发冢罪的量刑规定到了中国古代刑罚的极端，从而扩大了清代凌迟刑的适用范围。而后又规定了"刨掘祖父母坟墓至三冢者，该犯照例凌迟外，其子嗣均即行发遣"[5]，首次在发冢罪中引入了缘坐制度。此外，还增加了刺字条款，在"盗未殡未埋尸棺锯缝凿孔及开棺见尸"的犯人面部刺"盗棺"二字；在"指称旱魃刨坟毁尸"的犯人面部刺"发塚"二字等。[6] 上文通过对比康乾嘉三朝蒙古地区发冢例的规定，也发现了处罚力度加大的趋势，可见嘉庆时期对发冢

---

[1] 郭成伟等编：《大清律例根原》，上海辞书出版社2012年版，第1144页。

[2] 准服制量刑：如义父义子虽不属于服制关系，但在发冢司法实践中，官员考虑这种身份关系的特殊性，会比照服制关系进行量刑。

[3] 何宁：《淮南子集释》，中华书局1998年版，第977页。

[4] （北齐）魏收撰：《魏书》，中华书局2017年版，第140页。

[5] （清）祝庆祺等编：《刑案汇览三编》，北京古籍出版社2004年版，第752页。

[6] 参见杨一凡、田涛主编：《中国珍稀法律典籍续编》（第7册），黑龙江人民出版社2002年版，第250页。

条文的改变进一步推动发冢罪走向了重刑化。

《理藩院则例》集各民族法规之大成,是清代民族立法的代表。其中关于发冢犯罪的规定吸收了乾隆时期《蒙古律例》的内容和体系,但较之更加完善,也更为合理。嘉庆时期不仅对蒙古地区发冢例进行了较大的调整,对《大清律例》中的发冢条更是修纂颇多。故此,通过对发冢罪在不同适用范围、不同时期的横向与纵向的对比,嘉庆朝发冢罪的发展特点便可初步明了,即进一步礼教化和重刑化。

我国刑事责任年龄制度弹性化之提倡
——清律"老小废疾收赎"条的现代启示

李亚琦[*]

【摘要】 近年来,未成年人犯罪不断向低龄化、暴力化方向发展,出现一些恶性案件,我国现行刑法中的刚性刑事责任年龄制度应对不力,从而引发了社会舆论。面对这一困境,学界或坚持不应改变刑事责任年龄制度,或主张引进"恶意补足"等规则进行改善,但这些都难以适应我国社会发展现状,我们可以试着将目光转向中国传统法律,从传统法中寻求有益借鉴。清代"老小废疾收赎"条的律文与例文构建起了一套"矜弱"与"惩恶"相结合的弹性化刑事责任年龄制度,将罪错未成年人按年龄、案件性质等因素分为三个层次,分别享受不同的法律特权,并在例文修改过程中加入了年龄差、主观恶性等因素考察罪错未成年人是否真正处于弱势,从而实现对未成年人的实质保护。现代刑法可以借鉴清律"老小废疾收赎"条背后的理念,引进年龄差、情节等标准,建立较为弹性的刑事责任年龄制度,使这一制度更好地与本国传统相结合,更好地保障"儿童最佳利益"原则在我国的真正实现。

【关键词】 刑事责任年龄制度;老小废疾收赎;矜弱;未成年人保护

---

[*] 作者系中国政法大学法学院博士研究生。

一、引言

未成年人作为弱势群体,辨认能力和控制能力都与成年人有一定差距,因此,对未成年人违法犯罪行为采取相对成年人更轻的处理措施也成为国际共识,我国刑法也有相应规定,且主要采用了"宽严相济"与"儿童利益优先"的刑事政策。然而,近年来未成年人犯罪率与再犯率不断增高,未成年人犯罪低龄化等已是不争的事实,并出现行为人手段残忍,心思缜密,性质十分恶劣,却因不满十四周岁而免除刑事责任的案件,引起了社会舆论质疑,刑法学界也就当前刑事责任年龄制度的合理性进行了新一轮的探讨。现代刑法中的刑事责任年龄制度源于西方,我国刑法中也是借鉴了这一以"意志自由"为理论基础的制度,期望实现对未成年人的保护,但移植的制度必须与我国国情进行高度的融合才能发挥实际效用。我国传统法律中一直有着以"矜恤"为思想源头的未成年人犯罪赦宥制度,发展到清朝臻至完善成熟,产生了极为深远的社会影响,形成了强大的思维惯性,现代刑法完全可以借鉴其制度中的合理部分,特别是要考虑这种独特的思维惯性给我国社会观念带来的深远影响,从而使我国现代刑法中的刑事责任年龄制度扎根本土,真正起到保护未成年人的作用。

二、我国现行刚性刑事责任年龄制度之困境

新中国成立以来,我国刑事责任年龄的下限经历了十二周岁,十三周岁至十四周岁的变化,相对刑事责任年龄的犯罪范围也由兜底条款转变为列举式规定了八种社会危害性与人身危险性都极为严

重的犯罪。[1]我国之所以将十四周岁定为最低刑事责任年龄,一方面是因为不满十四周岁的人,还处于幼年时期,身心发育不成熟,他们对自己行为的内容、社会意义与结果,还缺乏明确的认识,又很难控制自己的行为;另一方面是基于刑事政策的理由,对未成年人从宽处理。这一刑事责任年龄制度具有严格性与绝对性,是较为刚性的,规定了绝对确定的刑事责任年龄范围与犯罪类型,不留任何裁量余地。结合我国未成年人刑事立法的实践来看,这种制度主要存在以下缺陷。

(一)刚性最低刑事责任年龄制度存在先天缺陷,刑法未能及时调整

刚性制度以一个绝对年龄作为刑事责任有无的界限本就有其不科学之处,因为不同时代、不同地区的个体对事物的认识和理解能力不同,对自己行为的辨认和控制能力存在显著差异,并且,同一个体辨认和控制自己行为的能力界限难以用一个明确的年龄区分开来,所以,用一个绝对且统一的年龄去划分所有个体的刑事责任能力的刚性最低刑事责任年龄制度有其先天缺陷。[2]之所以进行这样的制度设计,是为了明确裁判标准,防止罪刑擅断,立法者需要通过形式理性的设计保障更多实质公正的实现,因此,此前我国基于"儿童利益优先原则"的考量并结合域外经验,将十四周岁拟制为最低刑事责任年龄是具有一定合理性的,能够在一定程度上弥补刚性制度的先天缺陷。然而,法律拟制需要大量的实证研究支撑以使拟制年龄尽量符合未成年人实际的认识与辨认能力,随着时代地域等因素的变化,这些能力都有可能发生变化,当拟制年龄与实际偏差

---

[1] 参见肖姗姗:《建国70年未成年人刑事立法回溯与展望》,载《深圳大学学报(人文社会科学版)》2019年第2期。

[2] 参见张拓:《最低刑事责任年龄弹性化之提倡》,载《青少年犯罪问题》2017年第2期。

太大时,就会引起较大的不公。近年来,已经有多个实证研究证明未成年人犯罪出现了低龄化、暴力化倾向以及多次经历犯罪者数量增多、预谋性犯罪比例上升、组织化程度明显提升等新特点,[1]这些都表明了未成年人犯罪的恶性程度及其对犯罪行为的认知程度有所提升,这种社会背景下仍继续推定十四周岁以下的未成年人对所有犯罪都不具备辨认与控制自己行为的能力背离了社会大众的心理认知,此时若不及时调整法律,毫无疑问会暴露刚性最低刑事责任年龄制度的先天缺陷。

(二)存在"过度保护"的嫌疑,不注重受害者保护[2]

对未成年人轻罪免处,重罪轻罚,死刑剔除逐渐成为国际共识,第七届联合国预防犯罪和犯罪待遇大会决议通过了《联合国少年司法最低限度标准规则(北京规则)》,对少年司法最低限度作了详细的规定。我国在未成年人保护问题上努力与国际接轨,除《刑法》第17条刑事责任年龄的规定外,还在第49条规定了未成年人不得适用死刑,[3]司法上,也基于"宽严相济"的刑事政策的指导,形成了"教育为主,惩罚为辅"的未成年人刑事政策。再加之我国刑法领域中,宽缓一直是研究者们争取的方向,近年来更是成为主流声音,这样一来,无论是司法实务还是理论研究中,多数人都主张对未成年人从宽处埋,甚至一些严重犯罪,也仅希望通过教育感化未成年犯罪人,忽视宽严相济的本意是用宽缓来救济严刑,将"宽严相济"变

---

[1] 参见张远煌、姚兵:《从未成年人犯罪的新特点看宽严相济刑事政策的全面贯彻》,载《法学杂志》2009年第11期;张远煌、姚兵:《中国现阶段未成年人犯罪的新趋势——以三省市未成年犯问卷调查为基础》,载《法学论坛》2010年第1期;王牧等:《未成年人犯罪的基本状况与走向》,载《国家检察官学院学报》2011年第4期。

[2] 参见肖姗姗:《建国70年未成年人刑事立法回溯与展望》,载《深圳大学学报(人文社会科学版)》2019年第2期。

[3] 《中华人民共和国刑法》第49条规定:犯罪的时候不满十八周岁的人和审判的时候怀孕的妇女,不适用死刑。审判的时候已满七十五周岁的人,不适用死刑,但以特别残忍手段致人死亡的除外。

成了对未成年犯罪人的过度保护。另一方面,有相当数量的未成年犯罪案件中的受害人同为未成年,我国立法和司法实践中针对未成年受害人的安抚与赔偿措施规定都不够完善,此时对未成年犯罪人一味从宽处理,不利于安抚受害人及家属情绪,导致未成年受害人受到二次伤害,这背离了保护未成年人的目的。

(三)非刑罚措施与刑罚措施衔接不够,一放了之与一罚了之的界限划分过于生硬

新中国成立以来,我国参与或制定的与未成年人相关法律多达50余部,[1]其中最主要的有《刑法》《刑事诉讼法》《治安管理处罚法》《未成年人保护法》《预防未成年人犯罪法》,看似严密合理的法律体系却未能有效减少未成年人犯罪情况的发生,法律制度本身与司法实践中存在一定的问题。我国未成年人法律体系在实践应用中以《刑法》为主,《未成年人保护法》与《预防未成年人犯罪法》可操作性不强。此外,《刑法》与《治安管理处罚法》等法律之间衔接也不够紧密,《刑法》中只有第17条中规定了"因不满十六周岁不予刑事处罚的,责令他的父母或者其他监护人加以管教;在必要的时候,依法进行专门矫治教育",并未针对未成年人规定特殊的非刑罚处罚方式,[2]导致未成年人的不良行为、违法行为以及犯罪行为无法得到层次分明、及时有效的矫正处理。2020年5月27日,陕西蓝田一小学教学点四名不足十四岁的男生在男厕所对一名十三岁女生实施侵害,因涉事男生未满十四周岁,公安机关调查后,决定不予立案并将该四人送入工读学校(为教育有严重不良行为的未成年人开办的专门学校)就读,按照相关规定,工读学校毕业后,涉事男生仍

---

[1] 参见胡印富:《我国未成年人刑事法律体系的现状与未来》,载《政法学刊》2015年第1期。

[2] 《中华人民共和国刑法》第37条规定:对于犯罪情节轻微不需要判处刑罚的,可以免予刑事处罚,但是可以根据案件的不同情况,予以训诫或者责令具结悔过、赔礼道歉、赔偿损失,或者由主管部门予以行政处罚或者行政处分。

可正常融入社会,这种惩罚力度显然远远小于对受害女生产生的影响。可以看出,目前我国法律对待年龄不足的罪错未成年人的应对措施较为单一,导致了司法实践中对未成年犯罪人基本是以年龄为基准,在一罚了之与一放了之两个极端徘徊,既没有起到教育矫正的作用,又难以实现刑法特殊预防的目的。

三、清律"老小废疾收赎"条构建的弹性刑事责任年龄制度

（一）律文对未成年人特权层次的框架规定

我国自西周起就出现了针对未成年人犯罪的特殊法律规定,即"三赦之法:一曰幼弱,二曰老耄,三曰蠢愚",对合于"幼弱"的未成年人施以衿宥,其后各朝代法律都延续了这一法律原则,战国时期即有"罪人年十五以下,罪高三减,罪卑一减"的规定,秦朝以身高为减免未成年人刑罚的标准,至汉朝恢复了以年龄为限确认刑事责任的制度并为以后历代所遵循。[1] 清朝作为我国最后一个大一统封建王朝,其各项制度都经过了长时期的发展与沉淀,正如清代《刑法志》所云:"论有清一代刑法,亦古今绝续之交。"因此,我们可以从清代"老小废疾收赎"条的法律规定中透视中国传统法关于处理未成年人犯罪的理念与经验,以资借鉴。

《大清律例》·《名例律》中"老小废疾收赎"条的律文沿内容袭自唐律中的"老幼废疾",律目中"收赎"二字为明朝增入,[2] 按照律文的规定,清代将未成年人按年龄分为三个层次,分别享受不同的法律特权:第一,十五岁以下者,犯流罪以下,收赎,但注明"其犯死罪及犯谋反,叛逆缘坐应流,若造畜蛊毒、采生、折割人,杀一家三

---

[1] 参见肖鹏:《从"刘縻子案"看中国传统法律文化中"赦幼"原则的限度——基于法律文本与司法实践的分析》,载《法律适用》2019年第4期。
[2] （清）吴坤修等编撰,郭成伟主编:《大清律例根原》,上海辞书出版社2012年版,第141页。

人,家口会赦犹流者不用此律,其余侵损于人一应罪名,并听收赎,犯该充军者,亦照流罪收赎"。第二,十岁以下者,犯杀人应死者上请,取自上裁,盗及伤人者收赎之外,其余犯罪皆不追究。第三,七岁以下,虽有死罪,不加刑。[1]《大清律例》自乾隆五年定本颁布后,律文内容作为"万世成宪"基本不再有所增损,因此,该律文可以说是清代法律涉未成年人犯罪的基础性规定。可以看出,清代对待罪错未成年人并非设定一个年龄标准进行"一刀切"式的免罚,而是以年龄为基础,参考未成年人所犯罪行的性质与情节轻重,层层递进地扩展特权范围,年龄越小,享受的宽免范围也就越大,十岁至十五岁未成年人犯流罪以下者,可以令其收赎,用赎金免去刑罚,七岁至十岁未成年人犯死罪的可通过上请即奏请皇帝裁决,除罪犯主观恶性极大或者案件性质极其恶劣以外,一般能得到皇帝"从宽免死,减流收赎"的批示。[2]犯盗及伤人且罪不至死的,也可直接收赎,直至七岁以下,即便犯死罪也不受刑罚处罚,层层递进,搭建起了清代刑事责任年龄制度的框架。

(二)例文对未成年人法律特权之补充与限制

清代法律中"例"是一种极为重要的法律形式,与"律"同为清代

---

[1] 凡年七十以上,十五以下,及废疾(瞎一目折一肢之类),犯流罪以下,收赎。(其犯死罪及犯谋反、叛逆缘坐应流,若造畜蛊毒、采生、折割人、杀一家三人家口会赦犹流者不用此律。其余侵损于人一应罪名,并听收赎,犯该充军者,亦照流罪收赎。)八十以上,十岁流下,及笃疾(瞎两目折两肢之类),犯杀人(谋故斗殴)应死(一应斩绞)者,拟议奏闻,(犯反逆者不用此律)取自上裁。盗及伤人(罪不至死)者亦收赎。(谓既侵损于人,故不许全免,亦令其收赎。)余皆勿论。(谓除杀人应死者上请,盗及伤人者收赎之外,其余有犯皆不坐罪。)九十以上,七岁以下,虽有死罪,不加刑。(九十以上犯反逆者,不用此律。)其有人教令,坐其教令者。若有赃应偿,受赃者偿之。(谓九十以上,七岁以下之人,皆少智力,若有教令之者,罪坐教令之人。或盗财物,旁人受而将用,受用者偿之。若老小自用,还着老小之人追征。)参见胡星桥、邓又天主编:《读例存疑点注》,中国人民公安大学出版社1994年版,第61页。

[2] 参见景风华:《"矜弱"的逻辑:清代儿童致毙人命案的法律谱系》,载《法学家》2017年第6期。

法律的基本形式，例文内容可以顺应社会发展及时调整，附于相关律后，对律文进行补充，再通过"十年一大修，五年一小修"的编例活动不断整合律例体系，使法律做到稳定性与灵活性相统一。我们在考察清代未成年人犯罪法律适用情况时，可以从例文对未成年人法律特权的补充与限制中透视出清代如何实现对未成年人的实质保护。

例文的来源一般有两种，分别是皇帝直接发布诏令或就臣下奏议作出批示定为条例和具体案件审判后经皇帝批准抽象出一般原则定为条例，"老小废疾收赎"条的例文正是由数件成案发展演变而来。雍正十年五月，江西发生了一个十四岁丁乞三仔殴伤无服族兄丁狗仔，致其身死的案件，丁乞三仔依律拟判绞监候，清代死刑案件最终都必须报请皇帝裁决，雍正帝核阅该案时认为该案受害人丁狗仔较凶手丁乞三仔年长，且欺人在先，不仅令丁乞三仔挑运重筐又用土块掷打他，丁乞三仔拾土块还击且并未故意致死，实属情有可原，因此准予宽免。[1] 此前，依照律文规定，十四岁的丁乞三仔犯死罪，不在收赎之列，更不依法享有"上请"特权，但该案最终的处理突破了律文的规定，使"上请"这一特权附条件地扩张至十五岁以下。这个案子在以后的实践中引起了司法官员注意，乾隆十年九月内，湖抚晏斯盛题熊宗正殴伤熊健侯身死一案，九卿议复称"嗣后凡遇十五岁以下杀人之犯，该督抚察明，实与丁乞三仔请罪相符者，援照声请，听候上裁等因"。得到了皇帝的批准。[2] 自此，"丁乞三仔案"由于其典型性在一段历史时期内被作为先例使用，司法实践中可以援引比照该案声请裁判。

---

[1] 参见（清）吴坛编纂：《大清律例通考校注》，马建石、杨育棠主编校注，中国政法大学出版社1992年版，第267页。

[2] 参见（清）吴坛编纂：《大清律例通考校注》，马建石、杨育棠主编校注，中国政法大学出版社1992年版，第267页。

虽然"丁乞三仔案"在司法实践中产生了较大影响，但因其与律文规定有出入，所以并未纂为条例，正如薛允升所评"十五岁以下犯杀人死罪，律内无奏闻之语，与十岁以下本有区别，是以只准援案声请也"[1]。直至乾隆四十四年发生了四川盐亭县民刘縻子殴伤李子相一案，该案中凶手刘縻子与死者李子相同为九岁儿童，因向李子相讨要葫豆不成，即将李子相殴跌，致其身亡，乃拟绞监候。凶手刘縻子不足十岁，依"老小废疾收赎"条，十岁以下犯杀人应死者，可拟议奏闻，听候上裁，因此四川总督文绶题奏该案时依律声请，刑部复核死刑案件后照拟具题上奏，为刘縻子声请减等，却遭到皇帝驳回。虽然刑部声明凶手年仅九岁，请旨减等量刑本是合法照例办理，但乾隆帝认为若确如"丁乞三仔案"一样，受害人较罪犯年长又理曲，二者强弱不同，凶手处于弱势，自然可从宽处理以保护弱者，而"刘縻子案"中，凶手与死者同龄且理曲在先，九岁稚龄即能因琐事杀人，可知其性情凶悍，种种事实都说明凶手刘縻子与死者相比并不是"弱者"，因此不宜立刻施以矜宥，应仿照戏杀之案的处理方式，将刘縻子监禁数年后再商议减等之事。并且该犯定绞监候之刑，原就可通过秋审入于"缓决"或"可矜"，数年后减等，不必急于对其宽贷，令刘縻子监禁数年再行减刑可使情法得平，也可消凶手桀骜不驯之气。

"刘縻子案"暴露了实践中"丁乞三仔案"援用标准不明的问题，为了补充律文的内容，明确援用"丁乞三仔案"的条件，乾隆帝令刑部细化未成年人犯罪案件声请的具体规则，于乾隆四十八年定例如下："十岁以下斗殴毙命之案，如死者长于凶犯四岁以上，准其依律声请。若所长止三岁以下，一例拟绞监候，不得概行声请。至十五岁以下，被长欺侮殴毙人命之案，确查死者年岁，亦系长于凶犯四岁

---

[1] 胡星桥、邓又天主编：《读例存疑点注》，中国人民公安大学出版社1994年版，第63页。

以上,而又理曲逞凶,或无心戏杀者,方准援照丁乞三仔之例声请,恭候钦定。"[1]增定的例文收紧了律文中七至十岁未成年人的声请范围,犯斗殴致毙人命案件的,不再直接声请宽免,而是要满足凶犯比死者小四岁以上这个条件才准声请;十岁至十五岁的凶犯依律本不准声请,例文规定在同时满足凶犯比死者小四岁以上且为无心戏杀或者理曲逞凶两个条件的情况下,准其援照丁乞三仔之例声请。

至此,这条例文逻辑上仍存在一个漏洞,即未对应律文细分七岁以下与七至十岁的未成年人,而是统言十岁以下情形,例文较律文加重了十岁以下未成年人的刑事责任,那么七岁以下的依例文加重还是仍依律文直接免罚呢? 由于七岁以下幼童致毙人命之案极少发生,这个漏洞在司法实践中并没有产生太大影响,这个漏洞也就一直延续至嘉庆年间。嘉庆十一年十一月,山东德州一七岁幼童杜七,在七岁之闫狗向他讨乞蛄虫时不允,被闫狗殴打,杜七回推闫狗,致闫狗垫伤内损殒命,山东巡抚将杜七依斗杀律拟绞监候,题奏该案时声明该犯犯事时,年仅七岁,照律免其坐罪。刑部复核此案时被律文与例文的矛盾之处所阻碍,无法定夺应将杜七依律免罪还是照刘縻子之例先行监禁数年,因此奏请皇帝裁决此案并完善例文。嘉庆帝下旨称此案案犯杜七年仅七岁,且是被殴回推,造成了垫伤内损的结果系无心戏伤,与刘縻子因索讨葫豆不给便逞凶杀人不同,且刘縻子案双方都已超过律文规定的免罪年龄,也仅令缓其减免,并非不加宽宥,何况杜十二人年仅七岁,自应酌情衿宥。嘉庆帝恩准杜七一律免罪,刑部得旨后将例文完善如下:"七岁以下致毙人命之案,准其依律声请免罪。至十岁以下斗殴毙命之案,如死者长于凶犯四岁以上,准其依律声请,若所长止三岁以下,一例拟绞监候,不得概行双请。至十五岁以下被长欺侮,殴毙人命之案,确查死

---

[1] (清)吴坤修等编撰,郭成伟主编:《大清律例根原》,上海辞书出版社2012年版,第142~143页。

者年岁亦系长于凶犯四岁以上,而又理曲。逞凶,或无心戏杀者,方准援照丁乞三仔之例声请恭候钦定。"[1]

"老小废疾收赎"律文针对未成年人设定了三个年龄层次,分别是七岁以下,十岁以下与十五岁以下,通过聚焦于致毙人命之案的例文的不断修改完善,清代法律中的刑事责任年龄制度在三个年龄层次的基础上又加入了罪犯与受害者年龄差这一判断标准,细化了律文的"上请"特权适用规则来限制未成年人法律特权的泛滥,不仅具有立法意义,同样向我们清晰地展现了清代司法实践中办理未成年人致毙人命案件的律例衔接与具体运用。除此之外,"老小废疾收赎"条还有"教令七岁小儿殴打父母者,坐教令以殴凡人之罪。教令九十老人故杀子孙者,亦坐教令者以杀凡人之罪。""每年秋审人犯,其犯罪时年十五以下,及现在年逾七十,经九卿拟以可矜,蒙恩宥免减流者,俱准其收赎。朝审亦照此例行。"[2]等与未成年人犯罪有关的条例,形成了一套"矜恤"与"惩恶"相结合的刑事责任年龄制度。

四、古今对比视角下刚性刑事责任年龄制度之反思

(一)基本理念的"水土不服"

虽然传统与现代法律都设置了刑事责任年龄制度,给予未成年人特殊的法律保护,但二者只拥有相似的外表与效果,深究其本理念甚至可谓大相径庭。现代刑事责任年龄制度起源于西方,其责任来源以"意志自由"为基础,认为理性人在具备辨认与控制自己行为能力的情况下违反法律是其自由意志选择的结果,因此应承担相应责任。在这种理论中,儿童与精神病人因其生理与心理状况的特殊

---

[1] (清)吴坤修等编撰,郭成伟主编:《大清律例根原》,上海辞书出版社2012年版,第144页。

[2] 胡星桥、邓又天主编:《读例存疑点注》,中国人民公安大学出版社1994年版,第62页。

性,被认为是不具备或不完全具备辨认与控制自己行为的能力的非理性人,当他们做出超出认知能力的行为时,也就不必为后果负责。此外,现代的刑事责任年龄制度作为涉未成年人法律规定,还受"儿童利益最佳原则"指导,这一概念在自然法中起源与传承,逐渐认识到儿童的身心发展、智力发育的脆弱性以及儿童应当享有相应的权利。"儿童利益最佳原则"起初是英美家事法的重要理论基础,但后来由家事法领域延伸至少年法领域,对美国的少年法发展产生了相当大的影响,逐渐成为世界大多数国家及国际社会上儿童利益相关活动的基本原则。[1]联合国《儿童权利公约》第 3 条第 1 款明确规定:关于儿童的一切行为,无论是由公私社会福利机构、法院、行政当局或立法机构执行,均应以儿童的最大利益为一种首要考虑。刑事责任年龄制度正是"儿童利益最佳原则"在刑事法领域从儿童利益出发,对罪错未成年人采取特殊保护的一个体现。

  清代的刑事责任年龄制度的核心实际上并非"刑事责任"这一概念,我国传统法的主要指导思想—儒家认为恻隐之心,羞恶之心,恭敬之心,是非之心,人皆有之。这四心分别对应着"仁、义、礼、智",《孟子·告子上》曰:"仁、义、礼、智,非由外铄我也,我固有之也。"中国受儒家思想浸润已久,无论是司法官员还是普通民众,恐怕都很难认同儿童仅因年龄不足这一原因便仁义礼智皆无,便因此不对其进行道义上与法律上的非难,不令其承担相应责任的理论。实际上,沿袭了中国法律传统的清代刑事责任年龄并不像西方一样罪与非罪的界限,而是"恤刑"与"赦免"的年龄界限,其基本理念乃是"矜恤"。[2]中国传统法律的道德化使得"矜恤"规则源远流长,

---

[1]　参见肖姗姗:《儿童最佳利益原则——兼论对我国少年法的启示》,载《学习与实践》2019 年第 9 期。

[2]　参见郑定:《中国古代法律中的刑事责任年龄制度及其特点》,载《法律学习与研究》1987 年第 5 期。

其本质是统治者对弱势群体施以同情心的表现,是一种"法中之恩"[1],因此清代刑事责任年龄制度对罪错未成年人是免罚不免责,即使七岁以下儿童按律文规定可以完全豁免刑罚,例文也再次明确实践中七岁以下儿童致毙人命案仍需由督抚具题向皇帝声请免罪,以表明这是皇帝出于施行"仁政"的目的对未成年人的恩宥,不代表该未成年人的罪错行为可以逃避法律的负面评价。由于儒家思想在中国影响深远,刚性最低刑事责任年龄制度这种不达年龄就罪责全免的规定难以得到民众认同,法律文化与现实法律制度不一致,某种程度上已经影响了法律公信力,这正是刚性刑事责任年龄制度基本理念在我国"水土不服"所导致的后果。

(二)实体理性与形式理性的失衡

现代刑事责任年龄制度的"意志自由"理论基础使其必须假设某个年龄段的个体为不具备自由意志的非理性人,这决定了它对"形式理性"的侧重,也就是说这种制度设计可以通过严密的逻辑推导出来,在司法实践中严格遵守,以便绝大多数个体获得公正。而清代"老小废疾收赎"条以"恤刑"为理念来源,追求对弱者的衿恤,这代表了统治阶级认同的价值观,该律深受儒家宽仁,矜老恤幼等思想的浸润,其适用的过程及结果具有较强的道德示范意义,统治者希望通过这个法律的实施向民众宣扬其中蕴含的价值观。"老小废疾收赎"例文的修改过程正是对这种价值观的不断强化,强与弱是一对相对的概念,例文在年龄与案件性质之外又加入了双方年龄差、主观恶性等条件来实现对"弱"的实质性考察,侧重于个案的实体公正。

虽然二者存在差异,但无论是现代还是传统法律,最终都是要寻求形式理性与实体理性的平衡,我国传统法律并非随意裁判,完全不注重形式规范的"卡迪司法",只是在严格遵守程序规范的前提下

---

[1] (清)沈之奇撰:《大清律辑注》(下),怀效锋,李俊点校,法律出版社2000年版,第62页。

不断根据典型个案调整法律,使法律的适用更贴近法律背后所蕴含的价值观,实现该价值体系下个案的实质正义,而现代强调形式正义也正是为了通过牺牲小部分的实质正义实现更大的实质正义。过于注重实体理性虽然能够最大限度地接近正义,但也有可能出现法官随意裁量的现象,同案不同判会导致法律失去可预测性,过于注重形式理性则有可能使法律陷入僵化,失去追求实质正义的初心。正如前文所述,实体理性与形式理性需要平衡,现代刑事责任年龄制度的刚性判断标准与较高的完全刑事责任年龄已经多年未修改,难以适应社会发展,若在这样的情形下仍坚持所谓的形式理性,不愿反思制度存在的问题,就会导致实体理性与形式理性的失衡。

(三) 我国刑事责任年龄制度弹性化之提倡

学界对于刑事责任年龄制度的修改大体分为两种意见,一种坚持不可下调最低刑事责任年龄,认为降低刑事责任年龄会导致犯罪圈的肆意扩大,有违刑法谦抑性原则;[1]另一种主张可以降低最低刑事责任年龄及引进西方的恶意补足规则,改善我国的刑事责任年龄制度。[2] 诚然,面对刑事责任年龄制度的修改问题,一直有声音提出法律人不能被舆论裹挟,丧失应有的冷静与谨慎,但笔者以为,刑罚的适用本就要考虑法律效果与社会效果的统一,我们应该冷静的思考,谨慎地解决问题,而不是将回避问题当做冷静谨慎。笔者认为,《刑法》作为保护未成年人的底线保障,也应该尽快调整涉未成年人犯罪的相关制度规定,例如修改僵硬的刚性刑事责任年龄制度,从而建立和完善保护未成年人的法律体系。

在解决这一问题的方案选择上,我们也不应一味将眼光投向国

---

[1] 参见蔡奇轩:《我国未成年人刑事责任年龄最低线之设置》,载《法学杂志》2018年第11期。

[2] 参见王胜华:《降低刑事责任年龄的立法构想和配套举措》,载《重庆社会科学》2018年第3期;张锐喆:《刑事责任年龄理论的困境与出路》,载《福建警察学院学报》2019年第1期。

外，仅仅寄希望于"恶意补足规则"等发源于西方的制度，当一项移植的法律制度不能很好地与本国实际相结合时，再从国外找"补丁"只能是"头痛医头，脚痛医脚"，无法从根本上解决问题。我们可以借鉴清代"老小废疾收赎"条的律文与例文规定，建立一种弹性的刑事责任年龄制度，引进案件性质、情节、年龄差等因素来决定罪错未成年人的处罚。此外，我们还可以借鉴清代的刑法理念，对未成年人的犯罪行为进行刑法上的否定评价再行减免刑罚，防止犯罪的未成年人将刑事责任年龄制度当作"免死金牌"，不惮于一再挑战法律底线。不可否认的是，这种修改方向或许无法避免地会扩大未成年人入罪的标准或加重一些未成年人的刑罚，但笔者认为，法律应在保护未成年人与惩罚犯罪之间把握限度，兼顾被害人及其家属的情感与利益。大量初犯、偶犯的未成年犯罪分子，可以以教育感化为主，但对于社会危害性与主观危险性都非常大的未成年犯罪分子，刑罚未尝不是一种特殊有效的教育手段，可以及时挽救，防止他们走上不归路。

虽然未成年人犯罪问题是一个极其复杂的社会问题，单靠刑法不可能有效解决，还需要其他法律体系化的规定以及家庭教育、社会救助等措施的配合，且未成年人犯罪与其他犯罪一样，都不可能全面消除，但刑法独特的功能和目的是不容忽视的，刑法评价也有其独特的社会意义，不能因其局限性就在未成年人犯罪问题上不作为，不反思，任由日益僵化的规定伤害未成年人利益。本文并未对现代刑事责任年龄制度的技术方案作出具体设计，而是试图通过解读清代法律中"老小废疾收赎"条的内容，借鉴传统法律中有价值的部分，为现代解决困境提供新的思路。一片土壤上传承下来的观念是有其深厚的历史背景与惯性的，我们不能忽视这种强大的惯性，用所谓的"理性"与其对抗，导致法律制度悬浮半空，只有深刻理解社会实际，使刑事责任年龄制度适应国情，才能提高法律公信力，真正将未成年人保护落到实处，最大限度地在我国贯彻"儿童利益最佳原则"。

表达与实践的疏离
——南京国民政府时期文官考试法规收效甚微的原因探析

杨 潇[*]

【摘要】 民国南京国民政府时期建立了系统的文官考试制度,设立了专门的考试院。通过对文官考试制度相关法律法规、档案、官方文书的梳理,笔者发现,南京国民政府时期相关文官考试法规存在实践过程与制度表达层面的脱节与矛盾。考试院的法律制度未得到很好的实施,这既有制度层面的原因,如考试程序设计、考题内容的规定以及考官选拔和惩戒制度等方面的弊端,也有制度之外的因素,如经济、政治、社会文化等方面的缺陷。

【关键词】 南京国民政府;文官考试制度;实效;原因

一、研究的缘起

民国南京国民政府时期设立考试院,其针对考试制定的相关法规汲取了西方先进的公平、平等、自由竞争原则,但仍未脱离几千年封建专制的桎梏,无论制度设计还是考试内容,仍有民国社会特殊的考量,这使考制本身中西杂糅。在特殊的时代背景下,考试制度的转型与重构吸收了古代中国与西方的先进之处,这些经验无疑对

---

[*] 作者系中央民族大学法学院博士后研究人员。

今后的考制建构有重要的借鉴意义,故多数学者对于民国的考试制度进行研究。

肖如平的《国民政府考试院研究》以考试院为考察对象,论述整个民国时期考试法规的变迁与实际运作[1];钱端升的《民国政制史》仅列举民国时期考试法规的相关规定[2];徐矛的《中华民国政治制度史》肯定南京国民政府时期制定的考试法规,认为考试制度是民国政治的具体体现[3];李俊清的《现代文官制度在中国的创构》一书详细罗列民初文官考试法规的演变,根据史料对文官考试制度的实践效果进行评述[4];房列曙在《中国历史上的人才选拔制度》一些章节中对南京国民政府时期文官考试法规、人才选拔等内容列举介绍[5];胡向东的《民国时期中国考试制度的转型与重构》则以文官考试制度为立足点,涉及了民国时期文官任用制度的内容,揭示考试与任用之间的联系。[6]

除上述著作之外,仍有一些学术论文对民国考试制度有所研究,笔者将其分为如下几类:

第一类,对民国时期的考试制度整体概括。聂鑫的《从考试机关到人事机关——民国考试院的理念与现实》认为随着政治现实的变化,考试法规也屡有变更。研究民国考试制度的形成对于当代中国考试、人事制度建设与政治体制完善,亦有一定参考意义[7];肖如

---

[1] 参见肖如平:《国民政府考试院研究》,社会科学文献出版社2008年版,第327页。
[2] 参见钱端升等:《民国政制史》,上海书店1989年版,第32页。
[3] 参见徐矛:《中华民国政治制度史》,上海人民出版社1992年版,第275页。
[4] 参见李俊清:《现代文官制度在中国的创构》,三联书店2007年版,第104页。
[5] 参见房列曙:《中国历史上的人才选拔制度》,人民出版社2005年版,第705页。
[6] 参见胡向东:《民国时期中国考试制度的转型与重构》,湖北人民出版社2008年版,第304页。
[7] 参见聂鑫:《从考试机关到人事机关——民国考试院的理念与现实》,载《中外法学》2016年第3期。

平的《论南京国民政府的高等文官考试制度(1927-1937)》对四届高等考试的组织、经过等方面进行考察,认为考试法规严密、录取公平,一定程度上体现了现代文官考试与选拔制度的精神。[1]

第二类,侧重对考试院个别法规的讨论,对考试类法规探析不足。如秦涛的《近现代中国公务员考绩法制研究》系统地整理民国以来的公务员考绩法规范,并根据民国时代的政治实践评价其立法与实施[2];秦涛的《南京国民政府公务员考绩法实施考论》拟从民国时期公务员考绩法与宪法的关系角度讨论其制定与实施的效果[3];邝少明的《南京国民政府公务员任用制度》认为南京文官考试制度及其原则的实现都要取决于官吏的任用制度。任用是公务员制度的重要一环。[4]

数十年来,学术界对民国考试制度的研究日趋完善,但仍有不足之处。上述著作或学术论文大多对民国考试法规进行整体梳理,对考试院功能、职责简单介绍,内容大而化之,涵盖民国整个时期考试法规变迁的状况,故无法聚焦一点进行更深入的研究分析。即便认识到考制纸面上的法规与行动表达的疏离,分析考试制度的弊端,却仍更多思考制度之外的浅层因素比如政治、经济、文化方面等,对于法律制度本身漏洞探讨不足,如对法律在考试院机构设置、考试程序设计、试题题目的科学性、监考人员的选择以及惩戒制度设置等方面的探析。这使法制视界出现诸多局限,学术思考仅停留在外部视角,无法从多重角度全面透视民国考试法规制定的立法价值取向,法律背

---

〔1〕 参见肖如平:《论南京国民政府的高等文官考试制度(1927-1937)》,载《历史教学》2004年第12期。

〔2〕 参见秦涛:《近现代中国公务员考绩法制研究》,武汉大学法学院2010年博士学位论文。

〔3〕 参见秦涛:《南京国民政府公务员考绩法实施考论》,载《民国档案》2011年第3期。

〔4〕 参见邝少明:《南京国民政府公务员任用制度》,载《中山大学学报论丛》1992年第3期。

后隐含的利益诉求以及制度表达与实践过程的矛盾冲突。

然而,本文选取南京国民政府时期这一时间点进行切入,对其考试制度进行分析,原因在于南京国民政府时期是新旧思潮进行碰撞的转型时期,既要面对陈旧腐朽制度的影响,又要接受先进思想的不断冲击,不同阶级的利益诉求也必然会产生冲突,为获取私益而忽视公益的现象不胜枚举,各层阶级的关系又会呈现出互相妥协的样态,立法的价值取向也会通过法制的表达与实践折射出来。因此,笔者对南京国民政府时期的考试法规是否切实可行产生很大疑问。民国虽然完善文官考试法规,也设专门的考试院负责管理,一面鼓励民众踊跃参与官职考试,一面却在自身制度之下导致及格人数甚少,即便被极低的概率录取,也仍得不到实质上的任用命令,实施过程中遇到很多问题。无论是及格还是最终录取人数的结果均与考试院设立广纳人才的主旨相背离,显然也未达到官方文书表达的理想程度,其实效是未得到彰显的。是什么缘故导致了这个结果?笔者思考南京国民政府时期文官考试制度收效甚微的原因,认为很有必要对现行研究成果进行分析,故试从制度表达与实施情况出发,以制度内外的双重因素揭示考试院实效不彰之因,最终总结相关启示。

二、南京国民政府时期的文官考试制度及其实效

南京国民政府建立政权之后,开始了一系列立法立制的创举,其中包括文官考试制度。早在考试院筹备阶段,国民政府就着手准备制定考试制度。自1928年《考试院组织法》《考试法》等法律法规颁布起,对于考试的范围、种类、组织等作出具体规定,使文官考试制度日趋完善,考制体系也在南京国民政府时期成型。

但当时有学者却针对南京国民政府的高等考试发表评论:"高等考试,现在已是第三届了,我们观察考试制度推行以来几年的情形,颇希望考试院趁这一届高考,重拾树立考试制度的信用。自民国二十年举行第一届高考后,一般人对于考试制度的信仰心,显然

减退了许多……甚至感觉自己白考。"[1]考试信心大减的原因又是什么？我们先对表1进行分析。

表1 南京国民政府时期文官考试及格人数统计

考试类别	任命人员考试			公职候选人考试	专门职业及技术人员考试	检定考试
	高等考试	普通考试	特种考试			
录取人数	4069	6738	155,220	2,747,964	45,685	3011
小计	166,027					
总计	2,962,687					

资料来源：中国第二历史档案馆藏，国民政府考试院档案，载《中国考试史文献集成》第七卷民国，高等教育出版社2003年版，第455页。

表1所列各类考试人数近300万貌似庞大，但其中仅复员军官、转业人员考试录取人数就达10万以上，文官考试选拔的人才数量极为有限，仅有1万余人。而考试情形又极为复杂，因此，真正直接为文官队伍提供人才的是高等考试和普通考试，但这两项考试及格人数仅占各类考试及格总人数的0.3%。第一届高等考试后仅录取100人，1934年11月召开全国考铨会议时，湖北省政府提交的一项议案中提到："是则中央之法令自法令，而各级政府之事实自事实。法令愈繁，而事实愈阔，事实愈阔，则其去法令愈远。"[2]这说明法令与事实的脱节，制度与运作的分歧。

有统计显示，在近20年的时间内，考试院举行文官考试多届，文官高等考试有15届，及格人数仅有4344人。[3] 具体而言，自第一届高等考试至战前1937年，考试院一共举行四届考试，报名人数10,522

---

[1] 侯绍文：《现行考试制度改进刍议》，载《行政研究》1937年第8期。

[2] 《拟请举行资格考试及任用考试案》，考试院秘书处编，中国第二历史档案馆藏：《全国考铨会议汇编》1935年版，全宗号三七，案卷号514。

[3] 参见房列曙：《民国文官制度的独特创制》，载《史学集刊》2007年第6期。

人,实考人数 9888 人,但录取人数仅有 574 人,占报考人数约 5%。[1] 普通文官考试一般每年都要举行,但据统计,从 1933 年至 1948 年,普通考试在长达 15 年的时间里竟仅 6738 人及格。[2] 就 1933 年至 1937 年战前的普通考试来看,报考人数为 12,434 人,及格人数仅有 1244 人,占总报考人数约 10%。[3]

另外,据国民政府 1946 年统计,中央机关及各省市政府公务人员已有 35 万人,连同司法人员、外交官、领事官及其他公务人员一并计算,总数当在 70 万以上[4],那么考试及格人员仅占其 1/70,可见文官队伍人才之缺乏。

国民党考试制度历时数十载,设置了专门的考选机构,制定了数以百计的考试法规,投入了大量的人力、物力,却不能选拔更多的人才,取得更大的成就,这也是一种历史遗憾。[5]

三、文官考试法规收效甚微的因素

要想揭示法律效果没有达到立法预期的原因,必须从两个方面分析,一是法律系统内部,二是在法律系统外部,外部的因素具体又可分为政治牵制、经济制约、社会文化束缚等。

(一) 制度内的因素

法律制度本身之不善,是造成考试实效不彰的重要原因,这也是当今研究者少有涉及的问题,此种情况上文中已经明确地提及。笔者

---

[1] 参见肖如平:《国民政府考试院研究》,社会科学文献出版社 2008 年版,第 103 页。
[2] 参见房列曙:《民国文官制度的独特创制》,载《史学集刊》2007 年第 6 期。
[3] 参见肖如平:《国民政府考试院研究》,社会科学文献出版社 2008 年版,第 110 页。
[4] 参见梁之硕:《中国现行公务员考试制度之检讨及改进》,1948 年手稿,中国第二历史档案馆藏,全宗号二七,案卷号 457。
[5] 参见杨学为主编:《中国考试通史》,首都师范大学出版社 2008 年版,第 266 页。

经对比分析民国资料后,试从制度内部如下方面进行阐述。

1. 考试程序的烦琐

民国文官考试制度有着与科举制相类似的"宏大场面"和"表演性质",尽管其程度远不如科举制。[1] 据记载,南京国民政府的高等文官考试,就有一套从考试到发榜传见的烦琐程序和仪式。

按照国民政府公布的《文官考试法》及其细则规定,高等考试每两年举行一次,时间多在阴历八月。正式考试前有相当繁复的筹备过程。首先,考选委员会办理各种具体工作,如接受报名者的申请书、现任荐任官二人以上的保证书、报告资格证明或大学毕业证件、专门著作或特殊发明的图表说明,还要填写应考资格申请审查书进行资格审查。[2] 申请书也需要填写很多类似于三代祖先姓名等并不必要的项目。审查合格者,才有资格获得应考资格证明书及合格通知书。

其次,试务处进行一系列繁杂的临场准备工作,如试卷弥封、试场布置等。这些工作就绪后,才成立典试委员会。之后仍要让考生进行宣誓仪式、之后要与外界隔绝两个月之久进行完全封闭式的考试(扃试制度之后被废除),在当时看来,考试程序之烦琐降低了考试法规的施行效率。古代的繁文缛节竟存在于当时的考试法规与社会实践当中,这些程序的制定并不利于考试人才的选拔与考量。立法的重心并不在于填写三代信息、提供保证人、进行宣誓仪式等事项,而是应该删繁就简,尽量简化考试前置程序,将精力多放在考生的人权保障、试题设计的科学性以及考试阅卷的公平性等重要问题当中。尽最大努力维护考生的利益诉求,并且追求广揽人才的主旨才是考试法规的精髓。

---

[1] 参见李里峰:《民国文官考试制度的运作成效》,载《历史档案》2004年第1期。

[2] 参见杨学为主编:《中国考试史文献集成》,高等教育出版社2003年版,第338页。

考试结束后,仍有更为繁复的程序。金绍先对这些程序作了详细的描述:"黄榜用白绢泥金洒制而成,写榜完毕,由主考官用朱笔在第一名顶上点完。再由试务处长捧榜,主考官率全体典、襄委员鱼贯出闱,鸣炮奏乐送榜。榜贴定后,主考官又率领全体委员向榜鞠一躬,口中念念有词以表'为国求贤'之意。"发榜之后是授证典礼,由考试院院长戴季陶亲自主持并训话,然后由金榜第一名致答词。授证典礼完毕,"戴季陶率领典、襄委员及全体考试及格人员谒中山陵,环绕陵寝一周,瞻仰中山先生遗容。"谒陵归来,由戴季陶赐宴,并赐其亲笔题名的《总理遗教》及其他物品。此后还须经戴季陶个别传见,发榜之后的一系列程序方告结束。[1]

如此冗杂的考试程序,在《考试法》等相关法规中却并未规定具体的实施时限。每届高等及普通考试报考人数大概数以万计,考试工作的繁杂拖沓也会影响考试的进程,官员或为追求效率草草了事,并未对考生进行认真审查以致鱼目混珠,或为严格而连"祖先三代"都不忘调查,资格申请书也要填写多份,无论怎样都会对考试法规的实践造成阻碍。无端的时限浪费影响考生复习时间以及考试状态,最终疲于应付而未充分备考导致成绩不佳,未能及格者也应不在少数。

2.监考相关人员的任用以及惩戒制度不足以保障其胜任考试工作

随着民国社会经济的发展使考试法规在实践当中面临着诸多不确定因素,各种影响考试最终结果的手段层出不穷,再加上法律体系尚不完善,监考工作亦是决定考试成败的重要因素。监考工作人员能否很好地履行监考职责事关考试工作的顺利开展,也是形成良好考风考纪的重要保障。但南京国民政府时期的考试法规对于监考相关人

---

〔1〕 参见金绍先:《戴季陶与南京国民政府的高等文官考试制度》,载文史资料委员会编:《江苏文史资料》1988年第24辑,第10页。

员的任用及惩罚方面的规定并不完善,这些隐患与考生的自身利益息息相关,某种程度上甚至可以左右应试人员的前途命运。

(1) 监试人员的任用问题

一部法律如果要取得良好的社会效果,执行法律的人就变得十分重要。1930 年 11 月 25 日,国民政府公布《监试法》,规定凡举行普通考试或高等考试时,考试院应咨请监察院派定监试委员,监试委员由监察委员或监察使充任。[1] 1933 年修正后的《监试法》针对高等考试、普通考试的监察委员作出具体规定,由考试院咨请监察院就监察委员或监察使中提请国民政府简派监察委员。[2] 但在南京政府法制体制下,考试、监试都流于形式,达不到澄清吏治的目的。考试院与监察院机构及工作人员隶属设置见图 1。

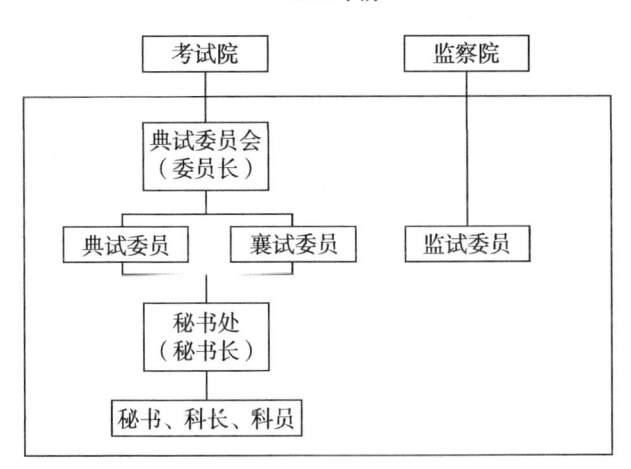

图1 1935 年前后考试院与监察院机构及工作人员隶属设置

---

〔1〕 参见考试院秘书处编:《考试院公报》1930 年第 12 期。转引自杨学为主编:《中国考试史文献集成》,高等教育出版社 2003 年版,第 341 页。

〔2〕 参见陈天锡编:《考试院施政编年录》初稿第一编 1945 年版,第 52 页。

1935年后

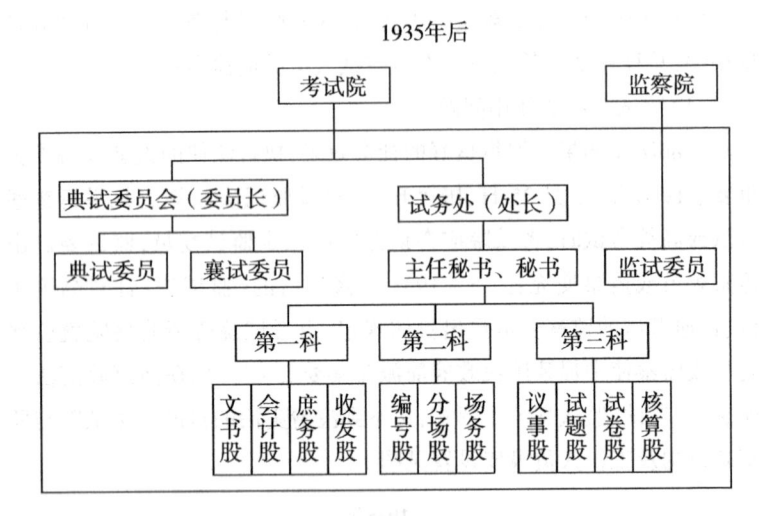

```
                    考试院                    监察院
        ┌─────────────┼─────────────┐
   典试委员会（委员长）        试务处（处长）
     ┌────┴────┐      ┌──────┴──────┐
  典试委员  襄试委员   主任秘书、秘书      监试委员
                ┌────────┼────────┐
              第一科    第二科    第三科
            ┌──┼──┐  ┌──┼──┐  ┌──┼──┐
            文 会 庶 收 编 分 场 议 试 试 核
            书 计 务 发 号 场 务 事 题 卷 算
            股 股 股 股 股 股 股 股 股 股 股
```

图1　1935年前后考试院与监察院机构及工作人员隶属设置(续)

资料来源:《试务处处务规程》,载《中国考试通史》,首都师范大学出版社2008年版,第91页。

由图1可知,考试院并不干涉监试委员的职权,监试委员直属于监察院,并不对考试院负责,行使考试相关的权力也不受考试院牵制。又通过分析法条得知,《监试法》仅简单说明监试人员由监察院派遣,而对具体充任监试人员的资格审核与任用标准问题并未过多涉及。毕竟文官高等考试或普通考试性质较为特殊,考试院更应该加大核查力度。监试人员的职责正如法条中所规定:考试时,监试委员对于试场内外之警卫等事项应加以检查。关于试卷之弥封、弥封号册之固封保管、试题之交出及发给、试卷之点收及封送、弥封之拆去及对号、应试人之总成绩审查、及格人员之榜示公布等事项,必须在监试委员的监视中进行。[1] 监试委员的职责范围几乎覆盖整个考试进程,其中,

---

[1] 参见考试院秘书处编:《考试院公报》1930年第12期。转引自杨学为主编:《中国考试史文献集成》,高等教育出版社2003年版,第341页。

就单试卷审核之监察,考场徇私舞弊的监督,就足以见其职权之大,地位举足轻重。上述工作中若一个环节稍有不慎,便可导致考试不公,及格以及录取结果出现重大疏漏。可见并非所有监察员、监察使都可胜任此项工作。

然而,监察人员的筛选情况也直接影响了考试是否能够公正公平举行,考试法规是否可以发挥其应有作用。事实上,就监察委员本身而言,监察委员由监察院院长推荐,南京国民政府任命,任期亦无限制,这样就使独立的监察权存在依院长意志为转移的可能性。而如此体制下的监察官员贪污贿赂之例比比皆是,如陈果夫长期在南京国民政府中充任监察副院长,疯狂搜刮民脂民膏,为监察院树不良之风。[1] 南京国民政府进行以币制改革为中心内容的"财政紧急处分"时,时任监察委员的孔令侃大肆囤积居奇,谋取个人的巨额利益。[2] 若无严格的立法规范加以调整,若无明确的审核标准加以制约,一旦选择如此监察委员作为监考人员,考试制度的公正性将被严重破坏。但是,法条中只规定了考试院咨请、提请监察院等字眼,其并未为维护考试制度本身作出相应努力,考试院也未争取更大的权力制定更加严格的标准维护考试法律法规的运行。考试院作为孙中山"五权宪法"的产物,其自身的权力并非相当独立,以致对于考试监察这一重要部分缺乏主动权,体现了考试院的妥协与让步。笔者认为,其应该与监察院商议、参与评定合适人选,甚至二者可各自分派委员共担监试一职。但法条中均无体现相关意愿。故监试人员的任用,审查标准不够明晰,是考试法规的一个缺陷。这将直接导致监试人员松散任用,甚至可致徇私舞弊破坏考试秩序的后果,最终使考试法规的表达与实施效果大相径

---

[1] 参见叶春秀:《国民政府监察院述论》,首都师范大学公共管理学院2001年硕士学位论文。

[2] 参见苗蓓:《五权分立中的监察制度》,中国政法大学法学院2002年硕士学位论文。

庭。综上所述，监试人员的配置，实质上是不足以保障考试质量的。

（2）典试、襄试委员的惩戒问题

《典试法》在南京国民政府时期修订过两次，分别在1933年和1935年，两次修改并无对法条进行实质性更改，仅就阅卷、面试部分进行详细安排。总体而言，《典试法》对于典试委员会职权及机构设置作出简要规定，《典试规程》规定相关典试人员的工作纪律、考试事务的办理程序、考试办法及成绩评定等事项。较正式的法律规章并未明确阐述典试委员违反法律规定将获何种惩戒的问题。仅规定：凡参加典试及办理试务的人员，关于试卷内容及阅卷情形应严守秘密，不得向外泄露等"不得"之规定[1]，并没有说明行政人员违反"不得"规定的后果；而《襄试法》虽在1933年因肩试制度被取消而废止，但其发挥作用的几年间，法律的制定与《典试法》如出一辙，简要规定各襄试委员职权范围、襄试处机构设置，并无法律法规专门提到关于襄试委员违反考试规定应受何种惩戒，这是潜在的隐患。

1935年高等文官考试普通行政人员第二试中，国际公法题目出现一个字误，"地役权"被误写成"地域权"，事发后，考试院院长呈文国民政府、中央政治会议，要求将考选委员会委员长以及典试委员长一并处分。而最终中央政治会议决议，给予罚奉一个月的处分。[2] 此例说明，考试出现失误后，并无相关处罚条文规定，而是由考试院院长呈请临时处罚，如何处罚也需临时商讨决定，这就给惩处官员带来不确定因素。考试中的错误易给考生造成很大干扰，使其理解偏差，影响考生最终成绩。这样的错误理应避免，而会议决议只给出罚俸一个月的轻微处罚，实在不足以体现对于考试法规以及考生权利的重视，也无法向后任官员以示考试的权威。

相比之下，南京国民政府规定对考生舞弊、不遵守考试法规的行

---

[1] 参见陈天锡编：《考试院施政编年录》初稿第一编1945年版，第159页。
[2] 参见《戴季陶呈国民政府文》，载考试院秘书处编：《考试院公报》1936年第1期。

为严惩不贷,绝不姑息,这种决心均体现于相关法律当中。例如,第三届高等考试考生因证件不实失去了考试录用机会。[1] 但对于监考官员违反法律规定应适用的惩罚规则却甚少提及,对严重干扰考试秩序,危害考试公平原则和安全的行为缺乏处罚的法律依据,无形中也体现出考试制度的不公平性,而这种不公正也是影响考试制度正常运作的重要因素,在较长时间的实践当中,考试制度日渐衰靡,从而使法律表达与社会实况相背离,也与考制设立的初衷渐行渐远。

然而,没有制度与国家强制力的保障,典试委员或者襄试委员的权力被放大,而有关责任的承担方面并未明确规定,权责相一致的原则没有得到应有的体现。与考试相关的权力并未得到正确的制约,这也会使官员出现滥用私权,蔑视法律制度的情况,而这些因素也可能导致"任人唯财""任人唯官"的现象出现,使较少数官宦后代进入官场,而中国大多数贫困、家境一般的考生则失去入围的机会,出现考试人数与及格及录取人数相差过大的结果。

3. 其他因素

(1) 考试院机构冗杂

《考试院组织法》中有关于考试院机构设置的规定。比如,考试院包含机关考选委员会、铨叙部,下设秘书处、参事处,还有一些官职委派的相关事宜。其中,各级处、司、科等职员总共有二三百人。[2]

中央大学教授张汇文认为:"严格来说,在承认考试权独立行使的原则下,是否一定要成立一个规模庞大的考试院,本来即很有讨论之余地。"[3] 1932年7月,《国闻周报》发表《最低限度的改革》一文,

---

[1] 参见《二十四年高考及格人员分法案》,载考试院秘书处编:《考试院公报》1936年第4期。

[2] 参见杨学为主编:《中国考试史文献集成》,高等教育出版社2003年版,第330页。

[3]《我国现行考试制度书评》,载《东吴学报》1937年第2期。转引自杨学为主编:《中国考试通史》,首都师范大学出版社2008年版,第76页。

作者认为:"考试院花了几百万元,举行了一次抢才大典的高等考试,一般及第的青年,至今闲散搁置,呼号无门,考试院没有存在的意义","应根本上取消若干大而不当之机关,并归许多有名无实之官署"。[1] 有学者认为,中国的考试院,机关不下数十,职员数以百计,而成立多年"仅举行高等考试四次,分发三五百人",足见机构之臃肿与效率之低下。[2] 考虑到这一点,考试院的机构设置并不算精简。相比之下,美国的考选委员会设有主持三人,机构精简有限,考试制度在实践中得到合理运作。

从考试制度的实际效果来看,考试院本身的运作也存在很大问题,与其规模不大相称。这与孙中山"凡候选及任命官员,无论中央与地方,皆须经中央考试铨定资格者乃可"的理想悬殊过大。

(2) 出题人的任命以及试题内容缺乏科学性

南京国民政府时期的法律制度关于试题内容也作出相关规定。《考试法》中,高等考试、普通考试均分为三试。各类考试规例进一步对三试的科目作出规定。各类高等考试第一试科目均为国文和党义两科,如考试院于1935年公布的《高等考试普通行政人员考试规则》第三条规定,第一试科目是国文(论文及公文),第二试则为党规党义。[3]

有学者指出:"一种考试的价值如何,原不在其方法的新旧,要看他在实用上的功效如何以为定。所谓实用上的功效,便是考试方法的标准,也就是考试的特征。"[4] 很多学者在其学术著作中皆认为民国

---

〔1〕 季廉:《最低限度的改革》,载《国闻周报》1932年第239期。转引自肖如平:《国民政府考试院研究》,社会科学文献出版社2008年版,第317页。

〔2〕 参见《我国现行考试制度书评》,载《东吴学报》1937年第2期。转引自杨学为主编:《中国考试通史》,首都师范大学出版社2008年版,第76页。

〔3〕 参见考试院参事处编:《考铨法规集》,中华书局1947年版。转引自杨学为主编:《中国考试史文献集成》,高等教育出版社2003年版,第345页。

〔4〕 吴鼎:《论文考试价值平议》,载《考政学报》1945年第2期。转引自杨学为主编:《中国考试通史》,首都师范大学出版社2008年版,第254页。

政府时期考试制度具有不合理性,试题题目并不能体现经世致用的目的,也无法与民国社会需求相适应。比如,试题往往以四书五经、孔孟之道命题。有国文考试题目是:"诚意无讼论""孔子四教说"等。据金绍先回忆,其当时参加考试时,很多人都很紧张,亦有多人认为题目过难而提前退场。国文试题"德当其位,能当其官,禄当其功议"还要求用文言文作答,考生一时竟无从得知它的出典。之后的考试仍考党义和公文等内容。[1]

而"目下我国青年,自小学中学而大学,除专门研读中国文学者外,甚鲜有研读国学之机会。"[2]论文的题旨太艰深,难怪学者会抨击考试制度的信度,但题目的艰深不得不追溯于出题人的问题,民国时期,典试委员会并非常设机构。典试委员虽设有相关任职标准,实践中多属临时聘请,出题时大都凭委员一时之念,并无长时间的研究,每一科的命题范围都过于狭窄。[3]每届考试的典试委员大概为当时名流学者,并非办理考试的专门人才,是否能真正掌握考试的重点在所不问,是否能不受贿舞弊也姑且不说,就出题阅卷等规定而言,其中已经包含不公平因素。典试委员大部分都是大学教授,即使自身公正,但教授所教的学生也可根据平日的授课风格猜题。这就很有可能使少部分考生胜出,对于绝大部分并未受教的考生而言是很不公正的。如民国第二届高等考试,录取一百人左右,而中央大学独占二十七人,恰逢中央大学教授多为命题人。[4]因此笔者认为命题人的选拔不具合理性并非全无理由,这些都是制度中的疏漏。

---

[1] 参见汪振国:《国民党时期的文官制度和文官考试》,载文史资料委员会编:《江苏文史资料》1988年第24辑,第33页。

[2] 陈烈甫:《各国高等考试制度之比较》,载《行政评论》1940年第6期。

[3] 参见肖如平:《国民政府考试院研究》,社会科学文献出版社2008年版,第296页。

[4] 参见《我国现行考试制度述评》,载《东吴学报》1937年第2期。转引自杨学为主编:《中国考试史文献集成》,高等教育出版社2003年版,第486页。

此外,南京国民政府的文官考试以论文为主要形式,虽然论文有一定的优点,但在当时特殊的社会背景下,并不能很好地发挥作用。恰恰相反,其主观性强,视野狭隘,表达含混不清的弊端无法避免,严重影响了文官考试的准确性与公正性,甚至为徇私舞弊,任意评卷提供了方便。张金鉴也认为,论文式笔试最大缺点就是缺少广博性和客观性,且成绩评定毫无客观标准,同一试卷若以不同之评阅之,其甲乙等第能相去甚远,主观之成分过多,决难期其公平合理。[1]

对于出题人的选择并不科学,试题的内容难度很大,与社会实践脱节,考试形式又有诸多缺陷,大量考生应接不暇,手足无措。这种考制不能开阔视野反而局限思维,束缚创新能力,绝大部分应试者最终成为考试制度的牺牲品,这种结果实在有违考选真正人才的本旨。社会的需要有变化,学术的研究也日新月异,而民国的考试浪费物力、财力却未造出真正实用的专业人士,考试法并未周密,以致选拔人才不能普遍化,这对于民国社会的发展也大无裨益。

(二)制度外的因素

除制度本身的缺陷外,制度以外的因素也是造成考试制度表达与实践相背离的重要原因。笔者将其叙述如下。

1. 经济因素

1930年以后,南京国民政府的土地立法不但没有使土地兼并集中的状况得到有效的遏制,土地兼并之风反而愈演愈烈,各种官僚、富商大贾等,疯狂地抢购地产,以便获取高额稳定的地租。"二五减租,亦碍难实行。而豪强兼并,变本加厉,贫农之痛苦日深,思乱日甚。"[2] 1927~1937年10年中南京政府颁布的地政法规及各省地政单行章则不下240种,国民政府在日趋严重的土地问题上所采取的许多改革措施不是收效甚微,便是归于失败。南京国民政府经济动荡不

---

〔1〕 参见张金鉴:《中央现行人事行政制度述评》,载《行政评论》1940年第5期。
〔2〕 张治中:《张治中回忆录》,文史资料出版社1985年版,第403页。

稳,土地几乎被官僚富商垄断,整个社会经济滞缓,直接威胁民国政治。比起考试制度选拔人才而言,土地经济的发展无疑显得更为重要。故南京国民政府有意无意忽略考试法规的表达与实践,对考试院的机构设置不够重视,更侧重于保障土地经济建设这一国家命脉,这可能导致考制实践松散,实效不彰。

此外,南京国民政府成立初始,承认前政权遗留下来的外债,同时也承袭了无法摆脱的财政负担,即面临数额巨大的积欠外债,据历史资料记载,1927~1937年国民党政府不仅未能做到"避免举借外债",相反倒大举外债。到1927年年底为止,中国历届政府所借的外债有几百种债款数额巨大,仅1928年外债拖欠数折成美元就有4.75亿美元。[1] 其中一部分外债,即使在战时宣布暂付本息的外债,直到战后仍无法恢复偿付,南京国民政府在财政经济上存在无法避免的失败。

外债问题重重,内债亦不容乐观。南京国民政府财政赤字不断膨胀,据统计,自1927年至1936年,南京国民政府发行了26亿多元的内债。[2] 南京国民政府成立后,继承了北京政府时期所发而未清偿的若干内债债务,还承认了广州和武汉时期发行的部分公债。[3] 内忧外患,民国政府已疮痍满目,苟延残喘。然而,经济基础是否牢固直接影响法律制度的施行效果。这样一个积贫积弱的时期,经济状况无法适应社会需求,国家无力为考试院的进一步完善和发展提供良好的契机,财政状况无法满足考试法规要求,由于资金有限,要达成广纳人才的主旨势必要耗费大量物力、财力,这是南京国民政府无力承担的。

一方面南京国民政府对考试制度可能没有足够重视;另一方面民

---

［1］ 参见[美]阿瑟·恩·杨格:《1927年至1937年中国财政经济情况》,陈泽宪译,中国社会科学出版社1981年版,第119页。

［2］ 参见千家驹:《旧中国发行公债史的研究》,载《历史研究》1955年第2期。

［3］ 参见吴景平:《近代中国内债史研究对象刍议——以国民政府1927年至1937年为例》,载《中国社会科学》2001年第5期。

国无力承担考试院的消耗所需,在南京国民政府将近二十年的统治时间中,终会出现弊端,从而导致考试法规的表达与实践的背离。法律制度没有雄厚的经济基础支撑,机构运作也没有充足的资金保障,南京国民政府无法使考试院长足发展也是情理之中,意料之中的。国家财产的贫困制约着它推动考试进程所需要的法制能力。一个财力雄厚的中央政府必然能提供充足的财力资源去完善考试制度,而一个贫困薄弱的政府必然是无力担当起考试法制倡导者和推进者的角色的。

2. 政治因素

民国时期由于不同性质的政权并存或交替执政,考试制度不可避免地呈现出多重性与复杂性。直到南京国民政府时期,民国奉行"一党治国"的政治方略,其文官皆须奉行为"党国"服务的理念。在选拔文官时,比较注重其对于"党规""党义"的理解,这是"以党治国"理论在考试领域的必然反映和具体化。通过国民党对考试权的控制,使国家的考试制度变成国民党落实自己意志,推行自己政策,实现自己对社会管理、控制的一种工具和手段。

南京国民政府的文官考试制度带有浓厚的党治色彩。各类各级考试都须将国民党党义作为必试科目,党义不及格者无论其他各科成绩如何都不能录取。1930年《宣誓条例》规定:"凡文官自委任职以上,军官自慰官以上,自治职员县自乡长或镇长以上,市自坊长以上,教职员自小学教职员以上,须宣誓后始得任事",而文官誓词第一句即为"余恪遵总理遗嘱,服从党义"[1]一篇回忆文章提及,所谓"融党于政""党化考试"的做法使"方在萌芽状态的文官制度彻底遭到破坏,而国民党各级政府的政治风气,也就每况愈下,终致败坏"[2]。这种专制思想无形中扼杀了考生的主观能动性和考试积极性。大部分

---

[1] 陈天锡编:《考试院施政编年录》初稿第一编1945年版,第93页。
[2] 汪振国:《国民党时期的文官制度和文官考试》,载《江苏文史资料》1988年第24辑,第39页。

并不熟悉党规党义,但具备文化素养,有实践才能兼职业特长的生源因并非党国认可的"良才"而被淘汰的情况大有可能发生。这也是每届文官考试及格人数如此之少的原因之一。

3. 文化因素

"'是非混淆,官官相卫之恶习乃屡见不鲜。'现时政治社会之私人感情超过一切,'实事求是'之精神乃竟罕见。'归根到底公的道德迄未树立之故。'"[1]

尽管官场内部"互相倾轧"无时有之,但在针对"民众"时,"官官相护"几乎成为定律。中国绝大部分考生没有官家背景,而这时"官官相护"的风气则更可一览无余。所以,在考试进程中,相关考试人员的立场可能首先是站在"官员共同体"的立场之上的,能够维护官场的利益也就取得了自身的利益,在这种情况下,对于私益的渴求往往战胜了对于公益的维护。这也正像研究者所说的那样:"下级官署与中级官署之间,出于事务业务需要,联系一般比较密切,因为都是'同一条线'上的朋友,'官官相护'在所难免,'一家人'不大会说'两家话'"[2]。这种特殊的文化因素是考场徇私的原因之一,也可能因为官员枉法不公,兼顾人情利益而葬送了大部分考生的官途。

4. 社会因素

这里的社会因素,主要是指社会形势和政局。从1931年考试院实践相关考试法规开始,只有少数年份,形势相对安定太平,大多数时间都处于"战时"状态。战时的动荡,对于考试制度造成了多方面的影响,诸如考试信息往来的迟滞,人员的散佚,法令的屡更,甚至考生的安全也受到威胁。总而言之,考试制度要求在安宁平稳的环境下,

---

[1] 王子壮:《王子壮日记》(第二册),台北,"中央研究院"近代史研究所2001年版,第307~308页。

[2] 张仁善:《司法腐败与社会失控》,社会科学文献出版社2004年版,第157页。

才能施行良好,若因为处于"战时",一切自然不能完全规范,要听命于权力安排。既然要服从命令,也就意味着考试法规的施行也不能按部就班,要为统治利益服务。所以在这种局面下,本就基础薄弱的考试制度,更难取得好的实施效果。

四、结论

在制度本身和制度外因素的双重影响和制约下,南京国民政府时期的考试制度尽管其除了1938年外基本从未中断运行,一定程度上也选拔了一些治国人才,但因制度本身的缺陷与社会实际环境的制约,其效果却没有很好地彰显。总之,表达与实践本身就不完全相符,我们所见到的关于制度的通常表述是"客观真实"或"法律真实",而事实的真实性在现实中的运作也不可能达到制度追求的标准,这就形成了理论表达与司法实践的背离。也许法律实践所洞察的缺陷差异与分歧漏洞要远比理论从表面所获更多。故我们不能忽略理论与实际不符的现状而去理想层面讨论制度创设的合理性等问题。然而,在写作过程中,笔者有以下几点思考:

第一,本文既从法律制度的设计出发,也立足于当时的社会实际,以同情的理解对待制度以外的客观因素。而考试法规的疏漏以及其造成表达与实践的背离归根结底仍涉及立法的价值取向问题。立法的价值取向,即国家立法机关在立法时价值本位的选择。国家本位的价值取向以国家利益为先,其他利益可被选择放弃。个人本位的价值取向在立法中首先考量的是个人利益的保护,其次才是其他利益。同理,以国家还是个人价值取向为先,都是不同的价值本位的选择。民国时期的立法价值取向,决定了其立法性质,并通过法规的表达予以呈现。

南京国民政府时期的考试立法缺乏一种人文关怀。考试立法的设计对于考生个人的利益诉求考虑较少。首先,法律规定的考试程序十分烦琐,考试的形式不利于客观公平,可见立法层面对于考生的考试进程并不科学规划。其次,试题内容未能贴近社会实际,第一科目竟是国文和党规党义,强调"融党于政""考试党化",为挑选党国的忠实官员预备。最后,考生应试门槛较高,对于不符标准、考场舞弊的考生制定严格的惩戒制度,但对应试者的社会生活保障规定甚少,例如,补习制度规定寥寥数语,较为笼统。相比之下,《监试法》《典试法》等相关法规对于考试人员的规定比较随意,而对于工作人员的惩戒竟未在考试法规中有所规定,大多是临时会议决议轻微处罚,对比上述对待考生的惩戒规则而言,二者差异甚大,法制本身有忽略考生利益而倾向于维护阶级利益之嫌。

  制度的不公绝非偶然,客观实际的诸多催化与限制使得统治阶级的利益诉求通过法规予以表达。就制度外部的客观因素而言,经济秩序紊乱将直接导致国家的衰败,内债不断,外债拖欠,民国财政状况不容乐观,国家更为自身利益考虑,对考试制度等次要方面缺乏重视;社会文化方面,维护官场利益的同时也就取得了自身的利益,哪里还管得上考生的利益诉求?民国在这个特殊的转型过渡时期,面临着打破不合时宜的制度,建立符合社会需求的制度的考验。统治者以历史和现实各种条件为依托,统一于客观实际所提供的可能性,在一定可能的范围内追求利益的最大化,以民国统治者的利益为立法的价值导向,对当时考试法规的实践起到直接作用,这个过程必然要损伤考生这一利益群体的诉求。

  第二,由于身处不同的客观环境,所拥有条件、权力和利益的大不相同,社会中不同层次人士的观念包括法律意识均呈现出相当大的差别。法律观念的差别又寄托于社会实践中。这是统治者在民国特殊的社会背景下窥探到的弊端之一,民国考生并未因侵犯自身权益而采取更多强硬措施来维护权利,也并未诉诸司法为公平正义求得一席之地,民众自身法律意识的淡薄无形中也为其专制利益的实现提供了有利条件。将统治意志凌驾于民众诉求之上,如此产生的法律制度必然是不合情理且有失民心的。因此,于当今社会而言,考试法规的制定不仅要具备相应的法律规范体系,还要求整个社会自下而上拥有一种信仰法律的意识。法治化的过程中,法律不应当是专属于国家的统治手段,而应该是平等地横架于国家和人民之上的"法网",国家和人民都无例外地受其制约,受其保护。[1]

总而言之,如何形成良好的法律意识形态,如何树立正确的立法价值取向,这对于我国今后的法治建设而言,无疑是值得探讨的课题。

---

[1] 参见杨庆文:《当代中国刑法史研究》,浙江大学人文学院 2005 年博士学位论文,第 152 页。

中国古代人与非人的辩证关系

张玉苏[*]

【摘要】 为了彰显人的价值,中国古代哲人们对人与非人的关系进行了种种辨析,以试图将人与非人进行区分;这种区分后来被应用于社会的礼法规范之中,即人之为人需要符合一定社会标准,同时社会中也存在否定人的资格的一套规则。本文将尝试明确人与非人的关系,尤其是人对物的支配关系,并从这种角度对人与人的支配现象提供某种解释。

【关键词】 人学;支配;关系问题

一、人与非人的差异性与同一性

由于语言的局限性,本文中将不可避免地出现对于"人"这一字的多义使用,包括但不限于生物意义上的"人类",作为单独个体的"个人"以及多人组成的"人群"或"人类社会";幸运的是其中大部分都将很轻易地被识别应当作何义理解。为了避免文字的烦琐,本文在同一段落中将尽可能避免多义混用的情况。

从数学符号运算规则的角度来说,如果把世界作为一个全集,人作为一个子集,那么对应的补集应当是"非人",非人又可以包括抽象的人类社会与具体的客观存在的物质世界。从最广义的角度来说,物

---

[*] 作者系中国政法大学法学院博士研究生。

可以指代一切客观存在的物体和现象,但本文在单独使用"物"这一字时,将仅用于指代一般意义的自然界中存在的有形物体。

人之一字最基本、最实在的意义即是作为生物"人类",这一层面上的人类与其他物种并没有本质的区别,都受到生物学客观规律的影响。从现代生物学角度来看,人类被划归到动物界灵长目人科人属智人种,只是进化过程中的一个分支。考古学和生物学也证明,历史上曾经存在其他人种,如尼安德特人、海德堡人、爪哇人、北京猿人,等等,他们或逐渐衍化成其他人种,或在物竞天择的环境中逐渐灭绝。可见如果把时间跨度拉得足够长,现代人在进化论的客观规律作用下,也无非是进化的一环罢了,即使人类可以保持具有社会性的历史记录的连续性,其生物性特征也总是会走向进化的下一阶段或者灭绝——这一点与任何其他生物并无不同。

然而,这种生物层面的论证将会落入对于定义的狭隘辩白之中;事实上,中国古代思想家们普遍走得更远,不仅将人类与具体的其他生物相并列,更将人与万物相并列,赋予了人与物极高的同一性。原始社会中,由于生产力有限,人对于自然现象的认识水平极为低下,为了使认知与现象匹配,出现了万物有灵论(或称泛灵论),观测主体通过将自然人格化,赋予自然以自身的部分特征,进而通过对人的认识来解释自然的现象。当人必须依赖自然才能进行生产,而自然现象(主要是各种气候灾害和地壳运动)可以对人和其他物造成几乎同样的严重后果时,至少在面对宏观的自然时,人是无法将自己与其他物相区分的。《尚书·泰誓上》有云:"惟天地万物父母,惟人万物之灵。"此处的"父母"不仅是生育层面的比喻,指天地给予了人生命和必要生存条件,同时在宗族关系极为重要的古代社会,也可能是宗法意义上的更高位阶存在,强调人对于自然的服从以及自然对人的支配。[1]

---

[1] 直到近现代新的人类中心主义提出之前,古今中外普遍在本体论的意义上认同人之上还有更高级别的存在,在中国主要是自然神,在西方主要是人格神。

在传统中国文化的概念中,天地的范围便是世界的范围。天代表阳,是一切变化的动力;地代表阴,是一切事物的秩序;人与物都存在于天地之间,都生成于地,顺应于天的变化。例如,道家认为:"天地虽大,其化均也;万物虽多,其治一也;人卒虽众,其主君也。君原于德而成于天,故曰,玄古之君天下,无为也,天德而已矣。"[1]其中,虽然人组成的社会中由君主作为主导,但是这个君主应该是代表自然规律的、无为的,某种程度上人道就是天道的表现之一。因此,虽然天地、万物、人的范围逐渐缩小,但是人的性质应当和天地、万物一致,是相互统一的存在。

人类认知世界的能力与生产力水平息息相关,而在人类社会早期,生产力水平的每一点进步都将带来极高的边际效应,也即对自然改造能力的大幅度提升。这种能力在实践层面体现为人对其他物的支配,主要形态有对无生命物的支配(包括使用木、石或骨制造工具和武器,使用各种材料制成衣物和住所)和对有生命物的支配(包括基于植物形成的农业和基于动物形成的畜牧业)。以大禹治水的成功为标志,人类对自然环境有了一定的改造能力,尤其是具备了一定的应对自然灾害能力后,天灾面前人与物的下场也不再相同。社会化的人不再有足以造成严重威胁的天敌,又可以圈养其他生物,显然这种具象的支配关系与抽象的"万物同一"关系有所冲突。

对于种种不同,古代中国思想家们尝试通过分析人与物的区别来解释这一现象。儒家对此的解释比较形而下,《荀子·王制》有云:"水火有气而无生,草木有生而无知,禽兽有知而无义,人有气、有生、有知,亦且有义,故最为天下贵也。力不若牛,走不若马,而牛马为用,何也?曰:人能群,彼不能群也。"古代中国很早就出现了五行相生相克的朴素唯物主义思想,荀子此处的"水火"指的应是无机的单纯物质,彼此之间没有联系、不会自发变化;草木在无机的物质

---

[1]《庄子·外篇·天地》。

基础之上自身内部会产生有机联系,形成循环,并会生长旺盛,是为生;禽兽在草木基础之上有了神智,能与自身之外的物基于本能进行互动,是为知;人由于具有理性,彼此互动超脱了动物性,发展出了基于群体活动而产生的社会性规则,是为义。水火、草木、禽兽到人的分类与进化,体现了传统中国对万物生命的层次认识,人"最为天下贵"也体现了对人的价值的重视,但是人之所以会"最为天下贵",是因为人"有气、有知、有义",那么反过来说,当人失去了"气"、"知"或"义"后,就不再是完整意义的人了。[1]

可见,在先秦儒家观念中,人是具有了更多属性的物。在这种分类中,人类之外的物种由于生物功能的缺失,并没有获得全部人的属性的可能性,但是人类并不当然地可以成为儒家定义的人。从某种角度来说,一个刚出生的婴儿,其生物属性与刚出生的牛犊并无区别,甚至肉体强度还要更为虚弱,仅处于"有气有知而无义"的状态;是后天的社会实践使其得以逐渐"有义",补全了属性,进而成人。此处"有义"的判断十分复杂,物种之间的区分自不必说,甚至部分已经初步形成文明的人类社会成员都不能被儒家视为平等的人,这也是早期"华夷之辨"问题之所以重要的原因之一。

道家对于人—物关系的看法则更为抽象。一方面,道家始终强调有一个终极或最初的先验存在并称为"道":道为万物的根源,万物皆出于道,相对于道的创造力和形而上性,万物是被创生出来的,它们是形而下的[2];另一方面,由于万物从同一的"道"中得到了不同的"理",故有不同的形态,表现出来就是"夫昭昭生于冥冥,有伦生于无形,精神生于道,形本生于精,而万物以形相生。"[3]

---

[1] 事实上汉语中有一些词语中隐约可以体现中国人一般的态度:对没有"义"的人称为"禽兽";对失去了"知"的人称为"植物人";对失去了"气"的人称为"尸体"。

[2] 参见王中江:《"差异性"和"多样性"的世界:庄子的"物之不齐论"》,载《社会科学战线》2021年第4期。

[3] 《庄子·寓言》。

这种结构把人—物关系从儒家的实体(能力/功能)层面向本质推进了一层,从本质上将人与物同一,又解释了人与物的区别。然而道—理—形结构是一种单向的演化过程,结合道家对形与名的辩证关系的认识,可以说人与物分别作为形的一种,在得到理之前很难称为完整的存在,更无法对承载何种理进行选择。这种偶然性虽没有否定人的高贵性,但也使人失去了特殊性。《庄子·秋水》有云:"以道观之,物无贵贱;以物观之,自贵而相贱;以俗观之,贵贱不在己。"首先,此处两个"物"字应当是指向包含人在内的万物,也即人与物在观测的过程中处于同等地位。其次,庄子认为观测行为本身会影响对事物的判断,而当人作为观测者时,无论选择各种标准,观测者本身就已经足以对观测产生重要影响。[1] 从这个角度出发,《道德经》认为的世界四大之中,[2] 道、天与地具有永恒性与先验性,而人之所以能居"四大",只是因为四大是人作出的总结,若是蝶梦老子,恐怕四大会变成道、天、地与蝶了。

理在与形结合过程中的偶然性在否定万物特殊性的同时,其由具有绝对性的道衍生而成的起源又导致成形后的性质不会发生变化。从这个角度上来说,道家中"人"的存在是先验的、不变的:形是空壳,而人只是得到了"人之理"的形,只要人之理不变,理与形没有分离,那么人也就不变——理本就从道中分离而出、因与其他理相区分而存在,同一个形是不会也没有能力承载两个理的。可见,早期道家可能会从某些角度根据某种标准对人进行观察与分类,如圣人、百姓等;但是他们基本不会像儒家一样认为某些生物属性的人类不配称为人,因为具备生物属性的人类一定是具备人之理,只要是具备人之理的形就一定是人。从这个角度来说,人是万物的一

---

[1] 某种程度上类似于现代量子力学的观测者效应。
[2] 参见《老子·道经·第二十五章》:故道大,天大,地大,人亦大。域中有四大,而人居其一焉。

种,但一定不会是物。

二、作为现象的支配行为

儒家和道家分别从具象和抽象两个层面描述了人与物的差异性与同一性。现在可以回头重新关注引出这种定性研究的问题,即如何解释本质同一的人和物之间,出现了作为现象的人—物互动,尤其是人对物的支配?具体来说,这种支配是否具有或是否需要具有正当性呢?

"正当性"(legitimacy)一词原本是对人类社会之中统治关系的描述,用于解释被统治者服从于统治者这一现象的原因,或者统治者的支配应当被服从的理由,马克斯·韦伯在《经济与社会》中将典型的正当统治总结为三个类型,即法理型权威、传统型权威和魅力型权威。就这个词的本意来说,正当性只存在于人与人的关系之间,物对人支配行为的反馈要么出于物理规则和化学反应,要么出于生物本能,不存在或没有能力进行有意识地服从行为,这种物质性的反馈并不建立在人文性的正当性基础之上。本文之所以尝试在中国古代的人与物的关系中使用"正当性"一词,是因为在传统认知之中,服从与支配是相对的概念,并不仅存在于在人与人之间,且会发生动态变化。具体来说,在万物有灵论的天地之间或作为终极起源的道面前,万物都平等地处于被支配的地位;而人与物作为万物的一部分,互相之间可否形成支配与被支配关系呢?

对此,前文中荀子的解释是宏观层面上"人能群,彼不能群也",也即人因为具有"群"的功能,在能力上对其他物形成了优势,因此人可以统御万物。《汉书·刑法志》表述为:"夫人宵天地之貌,怀五常之性,聪明精粹,有生之最灵者也。爪牙不足以供耆欲,趋走不足以避利害,无毛羽以御寒暑,必将役物以为养,用仁智而不恃力,此其所以为贵也。故不仁爱则不能群,不能群则不胜物,不胜物则养不足。"显然此处的人指的是作为群体的人类社会。可见,人的一切社会活动和美好品德的直接目的是驾驭物,最终目的是实现自己的安全与繁衍。从逻辑上来说,人是主体,物是客体,手段是支配,目的是实现主体自身的延续;在此过程中,"仁爱"和"群"的目的是增强主体相对于客体的各种能力,可以融入主体的概念之中作为一种属性存在。

那么,将人—物之间的同一性与差异性代入这个逻辑之中,将会面对的第一个问题是:该逻辑中的主体与客体是否具有唯一性与确定性?必须承认的是,任何事物追求自身的存在和延续是不容置疑的天然正确,因此不必对该逻辑中的目的进行过多质疑;可是正因为这种天然正确对物来说也当然存在,如果人为了自身生存吃掉动物是正当的,那么动物为了自身生命的延续伤害乃至吃掉了某个个人,是否亦是正当的呢?如果假设动物为了生存而伤害人类是正当的,也就意味着在这种具体场景中个人应当接受自己的客体地位以及主体的支配行为,进而得出其他人因为这一个案而对处于主体地位的动物进行复仇[1]是错误的价值判断;但这无疑是荒谬的。如果动物对人的伤害没有正当性,那么人对动物的支配也将基于同样的理由失去正当性。

一种对立观点是,人对物支配的正当性来自人的实践,即人通过劳动使物脱离了自然界,进而置于人的影响之下,成为人类社会的一部分。在这种情况下,物被人施加了强力的影响,从水稻、牛羊、飞禽变成了大米、肉食和羽毛,因此失去了原本与人平等或同一的地位,成为了人"用"的一部分。但是这种解释并没有从本质上回答之前的问题,只是把具体的采摘和捕猎转化成了抽象的劳动,并且仍然面对同样的诘问,即人通过劳动将物分离出自然界的行为作为

---

[1] 这种伤害了人的动物的伤害当然可以被冠以狩猎(满足人的生存需求)、除害(排除对人的生存威胁)等其他名义,但无法掩盖其具有相当的复仇(针对特定加害者的报复)的性质。

一种支配行为,是否具有正当性？可见,这种解释只是回避了问题,并没有正面回答问题。

另一种具象的解释是由于人与物的差别,尤其是人相对其他物来说具有的更多特质和更强功能,人对外在物的支配本质是内在功能的实现。这种人类中心论以康德"人是目的"的论断为成型标志,在中国古代的哲学思想中较为少见,其底层逻辑其实是能力带来权力,正如鸟类有翅膀但人类没有,所以鸟可以飞行但人不行一样；人基于社会性获得了实践的能力,而使用自身能力是一种无可厚非的自然权力,那么人就可以进行采摘和狩猎等行为,在这一过程中其他的物都是人进行自我实现的工具和手段。这种解释在人类社会中可以较为容易地成立,但是仍没有为人—物互动提供外部的正当性,因为在万物同一的尺度上,与"人是目的"相对的"物是目的"被抹杀或者无视了,如果万物只追求自己内在功能的最大实现,最终只能达成类似"所有人对所有人的战争"的"万物对万物的战争"状态,而这种状态是不稳定不和谐的。

同时,这种支配也面临来自抽象层面的质疑,那就是"人之理"是否有足够的资格干预"物之理"？毕竟物作为承接了物之理的形,其存在直接来源于道,而人强行对其赋予其他意义的行为则是对道的扭曲。从道家"无为"的主张来看,对此基本持否定态度,这种否定有两种含义,一是不认为人有权力和能力对作为创生实体的道[1]进行干预,因此也不应对由道而生的其他物进行干预。二是这种支配并没有使物脱离自然界,人支配物的行为本身就是人之理与物之理的应有之义,人与物的一切相互作用都是自然的一部分,人以为自己对物进行的某种属性的改变其实并没有发生。这两种含义都无法赋予人对物进行支配以正当性：前者视之为僭越,而后

---

[1] 参见王玉彬：《论老子"自然"观念的两种诠释进路》,载《人文杂志》2021年第9期。

者只将之作为现象的一种,其中并没有用于统治关系之中的正当性存在。

可见,古代中国的主流思想中始终将人对物的支配的普遍现象视为天经地义,是不言自明的,或者说无须说明。

三、人与非人的识别、转化与支配

有关这支配现象的主体与客体是否具有唯一性与确定性的更重要的一个问题是,人能否位于被支配的客体地位,如果可以,那么在什么情况下可以,可以被支配到什么程度?

前一个问题是好回答的,那就是当"人"被视为"非人"的时候。前文已经有所论述,儒家视野中的人需要经过社会学习,具备一定的品格以后才能被认定为完整的人;而在道家思想中,随着对"人理"的进一步研究和细化,以"圣人"与"大盗"[1]的对立统一为典型,道家或许不会对他们进行品行高下的道德评价,但这种区分事实上与儒家类似,也是先设定了某种标准,然后将人按照标准在齐物论的范畴之内将人区分成圣人、俗人、大盗,等等。因此,由于人的概念本就是后天的,人降格为非人的过程可以逆向转化为非人升格为人的过程。总的来说,根据人的道德原理,人之所以为人在于德,德性是人的根本属性,是人禽大别之所在,人一旦失去道德就是禽兽[2];由于道德这一伦理概念在社会之中才可以存在,从这个角度上来说,古代中国传统中的人与社会是同时产生的,而在一个已经形成的社会中出生的人,需要符合其所在的特定社会的道德,进而才能被这一社会接纳或认定为其中的完整的人。

---

[1] 《庄子·胠箧》:夫谷虚而川竭,丘夷而渊实。圣人已死,则大盗不起,天下平而无故矣。圣人不死,大盗不止。虽重圣人而治天下,则是重利盗跖也。

[2] 参见张中秋:《中西法律文化比较研究》,中国政法大学出版社2006年版,第412页。

因此,一个单纯的生物人变成生物人属性与社会人属性兼备的完整的人,需要符合三个条件:第一,他应当通过学习或者社会实践了解特定社会对人进行定义时的基本要求,并不断提升自己的道德水平以达到某种标准。儒家将这种提升自身道德水平的过程称为"教化",无论主张"性相近"[1]的孔子、"性善论"[2]的孟子还是"性恶论"[3]的荀子,他们都认同可以通过需要学习和教化的过程使人"成人":孔子"有教无类"的教育理念,说明所有人都是可以教化的;孟子将善政与善教相结合,《孟子·尽心上》记载:"善政,不如善教之得民也";荀子倡导礼乐政刑综合治理,但显然将道德教化放在首位,《荀子·富国》记载:"不教而诛,则刑繁而邪不胜;教而不诛,则奸民不惩"。与此同时,他们也需要通过一些礼仪来确认成人的资格,典型如《礼记·冠义》:"凡人之所以为人者,礼义也。礼义之始,在于正容体、齐颜色、顺辞令……故曰:冠者,礼之始也"此处"礼之始",某种程度上也是"成人之始"。

第二,社会中不仅存在正面评价如何成人的标准,同样存在从负面评价何为非人的标准,前者被称为礼,而后者被称为刑,二者一体两面,共同构成人之为人的评价体系。自周公制礼、汉以礼入法,至唐律得出"德礼为政教之本,刑罚为政教之用,犹昏晓阳秋相须而成者也"的结论,礼法结合一直都是传统中国人所遵守的社会秩序,其价值在于"通过对秩序与正当的建构,达到责任与权力、义务与权利差序格局的制度化、现实化,从而引导和规范人成长为成人。"[4]从技术上来说,《汉书》记载:"礼之所去,刑之所取,出礼则入刑,相为表里。"[5]可以说,传统中国的社会中,礼法是判断人之为人的正反

---

[1] 《论语·阳货》:性相近也,习相远也。
[2] 《孟子·告子上》:人性之善也,由水之就下也。
[3] 《荀子·性恶》:人之性恶,其善者伪也。
[4] 张中秋:《传统中国法理观》,法律出版社 2019 年版,第 249 页。
[5] 《汉书·陈宠传》。

两种表述,礼从正面塑造人的品质,法从反面惩罚人的错误。既然"入刑"以"出礼"为前提,而礼又是判断人是不是合格社会人的标准,那么罪犯便是不符合这个标准的人;换言之,由于人合乎礼法是常态,因此绝大多数场合下的"人"是自然人与社会人的统一,罪犯作为异类,至少不能称为完全的"有义"或"能群",也就是说其作为人的资格出现了瑕疵。

第三,人的标准与其所归属的社会紧密相关,不同社会群体之间可能存在不同的判断标准。这种社会群体间的互相评判过程具体到古代中国,则是以华夷之辨为代表的不同民族对先进文明定义权争夺。文明作为一种纵向的尺度,一定程度上标注了人类社会距离野蛮无序的自然状态的距离。从这个角度来说,文明的组织化程度越高、制度规范越完善、生产分工越明确,其对于内部的人的素质和道德要求就越高;反之也成立,只有符合更高标准的人才能更好地适应高文明社会。因此,早早发展出复杂礼仪系统的中原文明普遍表现出对周边部落形态社会的不认可,正如《汉书·匈奴传下》评论:"是以《春秋》内诸夏而外夷狄,夷狄之人贪而好利,被发左衽,人而兽心,其与中国殊章服,异习俗……是故圣王禽兽畜之,不与约誓,不就攻伐……其地不可耕而食也,其民不可臣而畜也,是以外而不内,疏而不戚,政教不及其人,正朔不加其国。"值得注意的是,此处使用的"人而兽心""禽兽畜之"这种表述一直沿用到宋明时期,如宋苏轼《王者不治夷狄论》:"夷狄不可以中国之治治之也,譬如禽兽然。"明李贤《达官支俸疏》:"臣闻帝王之道,在赤子黎民而禽兽夷狄。"这些"禽兽"的表述很大程度上是一种蔑称和比喻,但不可否认的是在华夷之辨的视角中,部分社会群体的成员并没有被视为中原文明意义上的完整的人,亦即某种程度上的"非人"。

以上是人之为人的三条标准,亦是人沦为非人的三种途径,分别对应个人评价、内部社会评价和外部社会评价。由此可以回答第二个问题,那就是当人位于被支配地位之时,可以或应当被支配到什么程度？

需要说明的是,此处的"支配"(control/dominate)强调的是主体对客体的强制,以及客体对这种要求和控制的服从或不得反抗,二者的互动关系带有强烈的绝对性和强制性。从本质上来说,社会中人与人之间形成的支配和服从关系通常需要正当性的支撑,但本文此处仅就这些强制的客观或实践的表现进行讨论。

正如前文中论述人对物的支配仅作为现象而普遍存在时提出的种种理由,客观的支配行为主要受到主客体之间能力的对比关系影响,一般来说主体的相对优势越大,所能达成的支配越彻底。与三种层次的"非人"途径相对应,存在三种层次的人对非人的支配。

第一种是个人评价层面的支配,其客体是道德有缺陷的个人,主体则是符合主流道德的个人。由于发生在社会地位平等的个人之间,其判断过程具有极大的主观性和私密性,而二者的生理条件层面大致相当,由于事实上主体很难对客体的行动进行限制或对其身体进行伤害,这种支配多体现为对双方社交关系的摧毁,如东汉朱穆《与刘伯宗绝交诗》:"……饕餮贪污,臭腐是食。填肠满嗉,嗜欲无极。长鸣呼凤,谓凤无德。凤之所趋,与子异域,永从此诀,各自努力",《世说新语·德行》:"又尝同席读书,有乘轩冕过门者。宁读如故,歆废书出看。宁割席分坐曰:'子非吾友也。'"对于另一种个人层面的评价标准,即是否成年来说,支配主体是成年家长,客体则是未成年人。此时,由于双方在体力、经验和社会权利上的较大差距,加之以百善孝为先的社会氛围和父为子纲的绝对观念,家长一般可以对子女进行全方位的安排和管教,甚至拥有相当的惩戒权力。这种支配受到两个方面的限制,一是来自亲情和血缘的自我约束。二是来自社会规则的尤其是法律的制约,如秦律规定:"擅杀子,黥为城旦舂",《大明律》规定:"凡祖父母,父母故杀子孙,及家长故杀奴婢,图赖人者,杖七十,徒一年。"

第二种内部社会的评价,即以礼法为标准,则支配主体是作为集合的社会群体,客体是组成该特定社会的所有个人,显然此处的主客体之间力量存在量和质上的巨大差距,客体很难做出有效的反抗,而主体的意志通常能得到充分的实现。在以礼正面评价赋予人之为人的资格之时,支配过程是礼对人的教化和引导,主要是精神层面潜移默化的塑造;在依法负面评价人为非人之后,支配的过程集中体现为刑罚的执行,是带有强制力的司法系统对客体人身自由的禁锢或对肢体施加痛苦。这种对客体的支配根据其"非人"的程度,相应匹配了阶梯式的刑罚,如在笞杖徒流死五刑系统中,笞只是对人肉体层面较为轻微的惩罚,而死刑可以看作全方位地剥夺人之为人的资格,根据罪责刑相一致原则反推,这种设置完整地表现了一个人根据其"出礼"的程度由人到"非人"的过程。

第三种外部社会的评价,以华夷之辨为代表,主体是特定的作为集合的社会群体,客体是另一社会群体的成员个人。与第二种情况类似,其他社会群体的成员如果符合本群体的评判标准(合乎礼仪),则可以被认定为完整的人,"为二者之间的流动与转换预留了渠道与空间"[1],如《汉书·蛮夷传》记载:"其慕义而贡献,则接之以礼让,羁縻不绝,使曲在彼,盖圣王制御蛮夷之常道也。"原本的"非人"被接纳为"人"后,便不再处于被支配的地位了。而如果不能发生这种转化或接纳,则会发生社会群体之间的冲突,一方将另一方认定为"非人",进而根据力量对比和群体意志对其进行支配。这种支配在不同历史时期有不同体现,如在早期社会,《史记·五帝本纪》记载:"蚩尤作乱,不用帝命。于是黄帝乃征师诸侯,与蚩尤战于涿鹿之野,遂禽杀蚩尤。而诸侯咸尊轩辕为天子,代神农氏,是为黄帝。天下有不顺者,黄帝从而征之,平者去之,披山通道,未尝宁居。"此时体现为部落战争;在春秋战国时期,《春秋左传·僖公十一

---

[1] 赵现海:《中国古代不同族群的"华夷意识"与边疆整合》,载《南开文学》2019年第2期。

年》记载:"夏,扬、拒、泉、皋、伊、雒之戎同伐京师。入王城,焚东门,王子带召之也。秦、晋伐戎以救周。"此时体现为华夏诸国与四方蛮夷之间的战争,也是最暴力最直接的身体和意志的对抗;汉武帝时,中原文明由于压倒性的国力优势,甚至取得了决定性军事胜利,完成封狼居胥的伟业;两宋时期由于战斗力对比的变化,华夏文明在无法取得力量优势的情况下,选择一种隔离的相处模式,类似第一种情况中两个个人之间的"绝交";元时则关系彻底失衡,而占优势的一方也选择了一种较为彻底的支配模式;清时不同文明逐渐互相融合,为了维持统治,清朝统治者必须在民族主义与国家主义之间寻求平衡。[1] 经过努力,雍正开始把华和夷重新定义为地理概念,而非血统、政权或文明概念;同时以君臣关系取代华夷关系。在这种语境下,不同文明实现了"人之为人"标准的统一,不同文明之间的支配关系自然也不再重要。

在传统中国法精神内核的道德人文精神中,包含了从德中衍生而出的理想主义精神。在道德人文精神中,"德归属于阳性,阳性表示变化、不息、成长、活动等性状,其对应的是生生不息的内在世界,所以,德是理想主义的根源。它表示对变动世界的期待,意味着对未来可抱有希望"[2]。因此,人由其德性,经由三条标准评判,每个人都有成为一个自然人与社会人统一的"完整的人"的希望或称可能性;从这个角度来说,在特定社会群体中将人视为非人从而进行支配,其实是对人的劣化,将人从水火—草木—禽兽—人的生命形态位阶中拟制地降低了一部分。当这种劣化发生在私人交往领域时,通常由于其个人道德缺陷;发生在刑罚过程中时,则是由于其通过自己的犯罪行为触发了负面评价机制,与前者类似,被劣化者自身带有某种主观过错;发生在文明冲突中时,则带有更多社会达尔

---

[1] 参见张双志:《清朝皇帝的华夷观》,载《历史档案》2008年第3期。
[2] 张中秋:《传统中国法的精神及其哲学》,载《中国法学》2014年第2期。

文主义性质,更类似于普遍的自然规律。另外,在人在由生物人成为社会化的人、社会化的人由于犯罪被"非人"化以及罪犯的重新社会化等种种过程,具体的个人以作为标准的抽象的人为参照,经历了一系列"等者同等、不等者不等,等与不等辩证变动"的复杂变化,正契合了中国传统法律的动态正义观。综上,中国古代人与非人的辩证关系,尤其是对"合格的人"的评价过程,可以对部分对人与人的支配关系提供一定合理性的解释。

试释秦汉简牍中的"篡遂纵之/囚"和"籯火"

黄 巍[*]

【摘要】 张家山汉墓竹简中有"篡遂纵之"和"篡遂纵囚"两个短语,其中的"篡遂纵"属于同类义的"三字连文",表示行为人分别以"公开劫夺"、"窃取逃亡"或"在论罪过程中免除其罪/释放"的方式,使罪犯脱离国家强制力实际控制而免受刑罚的故意犯罪行为。睡虎地秦墓竹简有"籯火"一词,应读作"燧火",表示火炬、火把一类意思。

【关键词】 张家山汉墓竹简;篡遂纵之;篡遂纵囚;睡虎地秦墓竹简;籯火

"篡遂纵之"和"篡遂纵囚"是分别见于张家山汉墓竹简《二年律令·具律》和《奏谳书》中的两个短语,"籯火"是两见于睡虎地秦墓竹简《法律答问》的词语。对上述词义的理解关系到对部分秦汉法律制度的认识。根据前贤的研究成果,本文尝试对"篡遂纵之/囚"和"籯火"的词义提出一些新的看法,以求教于学界方家。

一、篡遂纵之/囚

"篡遂纵之"一语见于张家山汉墓竹简《二年律令·具律》:

---

[*] 作者系中国政法大学国际儒学院博士研究生。

城旦舂、鬼薪白粲有罪罨(遷)、耐以上而當刑復城旦舂,及日黥之若刑爲城旦舂,及奴婢當刑畀主,其證不言請(情)、誣一二一告,告之不審,鞫之不直,故縱弗刑,若論而失之,及守將奴婢而亡之,篡遂縱之,及諸律令中曰同法、同罪,其所一〇七與同當刑復城旦舂,及日黥之,若鬼薪白粲當刑爲城旦舂,及刑畀主之罪也,皆如耐罪然。其縱之而令亡城旦一〇八舂、鬼薪白粲也,縱者黥爲城旦舂。一〇九[1]

整理者将"篡"释为"劫夺"(引《汉书·成帝纪》注"逆取曰篡"),将"遂"注为"道路"。因此是将"篡遂"作为一个词语来理解,意思是"在路上劫夺囚犯"。

"篡遂纵囚"一语,见于张家山汉墓竹简《奏谳书》"南郡卒史盖庐、挚田、假卒史瞗复攸庫等狱簿":

……令:所取荊新地多群盗,吏所興與群盗遇,一五七去北,以僵乏不鬬律論;律:僵乏不鬬,斬。篡遂縱囚,死罪囚,黥爲城旦,上造以上,耐爲鬼薪,以此一五八當庫。·當之:庫當耐爲鬼薪。……一五九[2]

---

[1] 转引自张家山汉墓竹简整理小组:《张家山汉墓竹简[二四七号墓](释文修订本)》,文物出版社2006年版,第23、25页。其中的编连顺序从张建国、彭浩二先生说,将简一二一调整至简一〇七之前。详细论述请参见张建国:《张家山汉简〈具律〉121简排序辨正——兼析相关各条律文》,载《法学研究》2004年第6期;彭浩:《谈〈二年律令〉中几种律的分类与编连》,载《出土文献研究》(第六辑),上海古籍出版社2004年版,第65页。

[2] 律文转引自张家山汉墓竹简整理小组:《张家山汉墓竹简[二四七号墓](释文修订本)》,第104、105页。其中"僵乏不鬬",整理者原释"僧",今从郭永秉先生释。参见郭永秉:《"由一个实例谈秦汉法律文献读解中二重证据法使用尺度问题"主题讲演记录》,中国政法大学出版社,2018年版。

整理者没有对"篡遂纵囚"作出进一步的训释,原因可能是整理者认为该条与《具律》的"篡遂纵之"类似,故不赘述。

有学者对整理者的训释提出不同的见解:张建国先生在整理者将"篡遂"理解为"劫囚"的认识基础上,引用《唐律疏议·贼盗》中有关"劫囚"与"窃囚"的条款,将"篡"与"劫囚"、"遂"与"窃囚"对应起来,分别表示行为人采取"公开的乃至暴力的"方式和"不公开""暗地里进行的"方式使囚犯脱离官府的有效掌控。[1] 戴世君先生则提出完全不同的见解,他认为"篡"与"遂"意思相近,都是表示臣子"擅自主张违反君命"的意思,认为《具律》的"篡遂纵之"表示"擅作主张放走奴婢",而《奏谳书》的"篡遂纵囚"表示"擅作主张不追究犯罪者罪责"[2]。杨振红先生仍赞同整理者对"篡"的理解,与之不同的是将"遂"训释为"实现""完成",因此简文的意思是"已经判定罪刑",认为"篡遂"是"劫取已经判刑的囚犯",而"纵囚"是"应当论其罪却故意不论,应当将其逮捕归案却故意将其释放"[3]。

从语法结构上看,整理者将"篡遂"理解为"在道路上劫夺囚犯",应该是把"篡遂纵之/囚"理解为一种"并列结构",即"篡遂"与"纵之/囚"视为并列的两种犯罪行为。类似地,杨振红先生把"篡遂"和"纵囚"看成相互独立的两个罪名。而张建国先生很有启发性地联系唐律的"劫囚""窃囚"来理解"篡遂纵囚",是将这个短语理解为一种"偏正结构",即行为人以"篡"或"遂"的方式来"纵囚"。但是,在《奏谳书》的这一案例中,库被认定为"篡遂纵囚"的行为只见于如下这些叙述:

---

[1] 参见张建国:《张家山汉简〈具律〉121简排序辨正——兼析相关各条律文》,载《法学研究》2004年第6期。

[2] 戴世君:《"自尚(自常)"和"篡遂"释义》,载《语言研究》2009年第4期。

[3] 杨振红:《"南郡卒史复攸庳等狱簿"再解读》,载《中国古代法律文献研究》第8辑,社会科学文献出版社2014年版,第121页。

试释秦汉简牍中的"篡遂纵之/囚"和"旞火"

……庳挌捽獄,見罪人,不以法論之,而上書獨財(裁)新黔首罪,是庳欲一四六繹(釋)縱罪人也。……一四七[1]

詰庳:……人臣當謹奏(奉)法以治。今庳繹(釋)法而上書一四九言獨財(裁)新黔首罪,是庳欲繹(釋)縱罪人明矣。……一五〇[2]

……庳上書言獨財(裁)新黔首罪,欲縱勿論,得,審。……一五七[3]

庳的"罪行"仅限于不直接按照"僭乏不斗"的法律规定对新黔首进行论罪,并上书请求免除对新黔首的处罚。南郡卒史对此行为的认定是"释纵罪人"。其中的"释"应指上引文中的"释法"(大意应该与现在"有法不依"的说法相当,其与"人臣当谨奉法以治"相对而言,也可从侧面证明这一点),而"纵"则是对应"上书言独裁新黔首罪",即"上书请求免除对新黔首的处罚"。从简文中可知,新黔首败逃后携带武器藏匿山中,因为害怕受到法律惩处而不敢下山,虽然"诱召"了一部分,但他们中还有很大部分未能到案。[4] 既然未能收捕,自然也就谈不上释放。可见"篡遂纵囚"的庳只是试图使这些新黔首免受法律处罚,并无类似"劫囚"、"窃囚"或者"放走囚犯"的行为,其言行更与"道路"没有太多关联。

戴世君先生的观点很有解释力,但在词义训释的细处似乎令人

---

[1] 张家山汉墓竹简整理小组:《张家山汉墓竹简[二四七号墓](释文修订本)》,第104页。

[2] 张家山汉墓竹简整理小组:《张家山汉墓竹简[二四七号墓](释文修订本)》,第104页。

[3] 张家山汉墓竹简整理小组:《张家山汉墓竹简[二四七号墓](释文修订本)》,第104页。

[4] 原简释文作"利乡反,新黔首往击,去北当捕caught者多,皆未得……""新黔首恐,操其假兵匿山中,诱召稍来,皆摇恐畏,其大不安,有须南郡复者即来捕。"参见张家山汉墓竹简整理小组:《张家山汉墓竹简[二四七号墓](释文修订本)》,第104页。

仍存有少许疑惑。"篡"见于《说文解字·厶部》,训为"逆而夺取"。观察"篡"在传世典籍中的用例,往往同时兼有"违逆"和"劫夺"两方面的义项。[1] 而戴文引用《荀子·臣道》中的"逆命而不利于君谓之篡"来说明"篡"的意义,似乎忽略了"劫夺"的内涵,因而对"篡"进行了扩大解释,将其变为一般意义上的"违反命令"。《荀子·臣道》同篇中有两次对"篡臣"一词进行了描述:"上不忠乎君,下善取誉乎民,不恤公道通义,朋党比周,以环主图私为务,是篡臣也";"从命而利君谓之顺,从命而不利君谓之谄,逆命而利君谓之忠,逆命而不利君谓之篡"。由此可见,《荀子》原文对于"篡臣"的内涵有丰富的说明,"篡"应该不仅限于"逆命而不利君"而已。"顺""谄""忠""篡"这些"定义"都是荀子为了篇章的展开论述而设置的,具有一定程度的主观性和局限性,未必能代表相同历史时期中人们对于这些概念的普遍认识。(例如,与之对文的"忠",在先秦典籍中有丰富的内涵,恐怕也不能用"逆命而利君"来概括)而引用《春秋公羊传》中"大夫无遂事"来说明"遂"有"专断"之义似乎证明力不足。引文见于《春秋公羊传·桓公八年》,经文作:"祭公来,遂逆王后于纪。"传文作:"遂者何?生事也。大夫无遂事。"从语法上看,经文中的"遂"表示两个动作("来"与"逆")之间的承接关系,词义不妨作"于是就""然后就"讲,是"遂"的常用义项。所谓的"专擅"是《春秋公羊传》传文中常见的所谓"微言大义",是基于"遂"的这一常用义项的发挥,必须联系前后文才能揣摩得出"祭公这样顺势而行为是一种无视君命的专擅做法"的判断。这是存在于文段中而并非为"遂"所独有的含义,因此不能说明"遂"在离开了这个专属语境之后仍然具有"专擅"的义项。另外,从律意上看,"纵之/囚"属

---

[1] 如《尔雅·释诂下》有"篡,取也";《方言》有"自关而西,秦、晋之间,凡取物而逆谓之篡";《孟子·万章上》有"而居尧之宫,逼尧之子,是篡也,非天与也";《史记·秦本纪》有"上下交争怨而相篡弑"等,均有"夺取"之义项。

于违法行为,自然是"违反命令"的举动,似乎没有必要再用"违命专断"来强调一遍犯罪性质。并且《二年律令》律文中规定的其他一些官员的故意犯罪,如"译讯人为诈伪以出入罪人"(简一一一)、"鞫狱故不直"(简一一三)等,似乎也符合所谓"违命专断"的特点,但都没有冠以"篡遂"的前缀。

本文认为,整理者将"篡"训为"劫夺"的理解是值得肯定的。《史记·建元已来王子侯者年表》中有"元年,侯则篡死罪,弃市,国除";《汉书·王子侯表上》中记作"太初元年,坐篡死罪囚,弃市";《汉书·五行志上》有"是岁,广汉钳子谋攻牢,篡死罪囚郑躬等,盗库兵,劫略吏民";《汉书·文三王传》有"谋篡死罪囚,有司请诛"等,都可说明将"篡"视为"劫囚"有典籍依据。而"遂"有用作"逃亡"之义,在秦简中常见。[1] 如果考虑将其按"使动用法"理解,即行为人采取某些行动"使得罪犯逃亡",那么张建国先生将"遂"理解为类似"窃囚"的行为也可行。问题的关键在于我们有必要对"纵"在"篡遂纵之"和"篡遂纵囚"两个短语中的意义进行区分,这在戴世君和杨振红二位先生的论文中已有涉及。[2]

在讨论"纵囚"的内涵时,学者往往引用睡虎地秦墓竹简《法律答问》简九三作为论述的依据:

論獄可(何)謂"不直"?可(何)謂"縱囚"?辠(罪)當重而端輕之,當輕而端重之,是謂"不直"。當論而端弗論,及傷其

---

[1] 如睡虎地秦墓竹简《秦律杂抄·公车司马猎律》:"……射虎车二乘爲曹。虎未越泛藩,從之,虎環,赀一甲。虎失,不得,車赀一甲。虎欲犯,徒出射之,弗得,赀一甲。豹藩,不得,赀一盾。"又如《法律答问》简一九六:"可謂'署人'、'更人'?粺牢有六署,囚道一署藩,所道藩者命曰'署人',其他皆爲'更人';或曰守囚即'更人'殿,原者'署人'殿。"其中的"藩"均读为"遂"(详情请参阅本文第二部分论述),表示"逃亡"。

[2] 参见戴世君:《"自尚(自常)"和"篡遂"释义》,载《语言研究》2009年第4期;杨振红:《"南郡卒史复攸庳等狱簿"再解读》,载《中国古代法律文献研究》2015年第00期。

251

獄,端令不致,論出之,是謂"縱囚"。九三[1]

虽然本条中"纵囚"表示行为人"故意免除罪犯应受刑罚"应无争议,但值得注意的是本条设问与《法律答问》中其他有关名词解释的设问有差别[2],在被释名词之前加有"论狱"的前缀。这似乎是施设了一个提问的范围,即在"论狱"的范围内如何理解"纵囚"。因此,这可能暗示着"纵囚"(或"纵某")这样的法律术语在其他的使用范围还有其他的内涵。我们不难发现在《法律答问》简六三中就有这样的用法:

將上不仁邑里者而縱之,可(何)論?當䣃(繫)作如其所縱,以須其得。有爵,作官府。六三[3]

本条中的"纵之"显然是一般意义上的"放走罪犯",与简九三中的"纵囚"意思不同。而且,"纵"字表示的这两种法律意涵在上文引述的《二年律令·具律》条文(简一二一、一○七、一○八、一○九)中就有体现。

该条中第二款第一项,为"其证不言情,诬告,告之不审,鞫之不直,故纵弗刑,若论而失之"。所列举的六种违法行为,均与司法审判活动的公正性有密切关系。因此其中的"故纵弗刑"应该与《法律答问》简九三的"纵囚"对应,同为"故意免除罪犯应受刑

---

[1] 睡虎地秦墓竹简整理小组:《睡虎地秦墓竹简》,文物出版社1990年版,第115页。

[2] 在《法律答问》中,一般的有关名词解释的设问都是直接对被释名词进行提问,如简一有"何谓加罪",简二二有"何谓同居",简三一有"何谓挟䉜",简七二有"何谓后子",简七六有"何谓牧"等。

[3] 睡虎地秦墓竹简整理小组:《睡虎地秦墓竹简》,文物出版社1990年版,第108页。

罚"。如前文所述,《奏谳书》中庳的行为正符合此种情况,因此庳的"纵囚"亦与此"纵囚"相同。该条中第二款第二项,为"及守将奴婢而亡之,篡遂纵之"。所列举的违法行为均与看守、将领国家强制力控制下的人群有关,与司法审判活动没有关系,因此其中的"纵之"应该与《法律答问》简六三的"将上不仁邑里者而纵之"对应,同为"放走(罪犯)"。之所以与"亡之"对举,可能是因为"亡之"仅表示"亡失"的结果,而"纵之"则强调行为人在行为过程中具有主观上的故意。

明确词义之后,我们应如何认识"篡遂纵之/囚"的短语结构呢?陈伟武先生提出的存在于简牍用语中的"三字连文"现象值得关注。[1] 陈文引述俞樾《古书疑义举例》中的数个用例,同时补充以传世文献中用例,对出土楚简和秦简中所见的"三字连文"现象进行了系统辑证。将其按照连文词的词义划分为同义、近义和类义三种类型,认为"三字连文"现象不能仅用"古人语缓"解释,其中既有韵律的考量,也有语义互足的考量。同义或近义的"三字连文"如《奏谳书》中"新黔首恐,操其假兵匿山中,诱召稍来,皆榣(摇)恐畏",[2]其中的"摇""恐""畏"均有"动摇恐惧"之意,可以并列连文。而类义的"三字连文"就更为多见:如《法律答问》简七二有"擅杀州髡其后子,谳之",简一〇三有"父母擅杀刑髡子及奴妾",简一〇四有"主擅杀刑髡其子、臣妾",[3]其中的"杀""刑""髡"都属于私人施加肉体惩罚一类行为;又如《法律答问》简八五有"铍戟矛有室者,拔以斗,木有伤也,论比剑",简八六有"斗以针鈹锥,若针鈹锥

---

[1] 参见陈伟武:《从楚简和秦简看上古汉语词汇研究的若干问题》,载《历史语言学研究》第七辑,商务印书馆2014年版,第98~100页。

[2] 张家山汉墓竹简整理小组:《张家山汉墓竹简[二四七号墓](释文修订本)》,第104页。

[3] 以上三条引文参见睡虎地秦墓竹简整理小组:《睡虎地秦墓竹简》,文物出版社1990年版,第110、117、118页。

傷人,各何论"[1],其中"铍""戟""矛"和"针""钛""锥"分别表示形制同类的兵器或锐物;又如,《二年律令·金布律》简四三三有"亡杀伤县官畜产……皆令以平价偿",简四三四有"亡毁伤县官器财物,令以平价偿"[2],其中"亡""杀/毁""伤"都属于使得官府财产蒙受损失的一类行为,均是并列连文。因此本文认为,《二年律令·具律》中的"篡遂纵之"和《奏谳书》中的"篡遂纵囚"也可以视为这种类义的"三字连文"。无论是表示"放走罪犯"的"纵",还是表示"故意免除罪犯应受刑罚"的"纵",都可以与表示"劫夺罪犯"的"篡"、表示"窃囚逃亡"的"遂"并列连文,同为一类使罪犯脱离国家强制力控制而得以免受刑罚的故意犯罪行为,三种犯罪行为之间是相互并列的关系。

二、旞火

"旞火"一语见于睡虎地秦墓竹简《法律答问》简一五九、一六〇:

"舍公官,旞火燔其舍,虽有公器,毋责。"·今舍公官,旞火燔其叚乘车马,当负不当出?当出之。一五九[3]

旞火延燔里门,当赀一盾;其邑邦门,赀一甲。一六〇[4]

整理者引述《说文解字》所载"旞"字的或体"旘",认为该字在

---

[1] 以上两条引文见睡虎地秦墓竹简整理小组:《睡虎地秦墓竹简》,文物出版社1990年版,第113页。

[2] 以上两条引文见张家山汉墓竹简整理小组:《张家山汉墓竹简[二四七号墓](释文修订本)》,第68页。

[3] 睡虎地秦墓竹简整理小组:《睡虎地秦墓竹简》,文物出版社1990年版,第130页。

[4] 睡虎地秦墓竹简整理小组:《睡虎地秦墓竹简》,文物出版社1990年版,第130页。

试释秦汉简牍中的"篡遂纵之/囚"和"旞火"

上述两简中可读为"遗",又将"遗火"一词理解为"失火"。

"旞"字在睡虎地秦墓竹简中共出现十次,今将各简图版与整理者的释读结论整理见表1。

表1 "旞"字简图版与整理者释读

序号	A	B	C	D	E	F	G
字形							
简号	杂抄26	答问196	封32	为吏41	答问159	答问160	答问204
释读	读"遂"				读"遗"		读"队"

观察表1可以发现,本字由"豕""辶"部和"辶"部共同构成,其中"㫃"部位于字形的中部。"旗游"部分写为一撇笔,向左撇出,或与"旗杆"部分相分离而与"辶"部"彳"最上方一撇粘连或贴近,如B、E、G式;或与"旗杆"部分粘连,字形类似"扌"部,如A、C式;或省略"旗游"部分,仅留下"旗杆"部分,如D、F式。虽然存在一些写法上的变化,但基本不影响整体字形的辨识,整理者隶定本字为"旞"是审当的。

"旞"字见于《说文解字·㫃部》:"导车所以载。全羽以爲允。允,进也。从遂声。旞,旞或从遗。"从字形上看,"旞"从"遂"得声是确定的,因此本字读作"遂"具有语音上的基础条件。进一步说,"遂"字又由"㒸"得声,因此"旞"字与其他由"㒸"得声的字也具备通读的语音基础。而"旞"字作为《说文》记载的异体,其来源可信,其字显然

255

从“遗”得声。“遂”字上古音在邪钮微部,“遗”字在以钮微部[1],音近可通。《诗·小雅·角弓》有“莫肯下遗”,《荀子·非相》引之作“莫肯下隧”。《山海经·南山经》:“其南有谷,曰育遗。”郭璞注“遗”字为“或作隧”。“隧”字亦由“遂”字得声,可知从“遂”声字与从“遗”声字具备通读的语音基础,因此将“旞”字读为“遗”也是可行的。传世典籍中也有用“遗火”为“失火”的用例,如《后汉书·逸民传·梁鸿》有“曾误遗火延及它舍,鸿乃寻访烧者,问所去失,悉以豕偿之”。

但是,在睡虎地秦简中已经有“失火”表示“过失引起火灾”的用例。《秦律十八种·内史杂》有:

> 有實官高其垣牆。它垣屬焉者,獨高其置芻廥及倉茅蓋者。令人勿紤(近)舍。非其官人殹(也),毋敢舍焉。一九五善宿衛,閉門輒靡其旁火,慎守唯敬(儆)。有不從令而亡、有敗、失火,官吏有重辠(罪),大嗇夫、丞任之。 內一九六[2]

本条规定了官吏的防火职责,将“失火”明确指称为“重罪”。在《二年律令·贼律》中我们可以看到有关火灾处罚和相关责任更为具体的规定:

> 賊燔城、官府、及縣官積㝡(聚),棄市。賊燔寺舍、民室屋廬舍、積㝡(聚),黥爲城旦舂。其失火延燔之,罰金四兩,責四所燔。鄉部、官嗇夫、吏主者弗得,罰金各二兩。五[3]

---

[1] 上古拟音材料参见李珍华、周长楫合编:《汉字古今音表》(修订本),中华书局1998年版。

[2] 睡虎地秦墓竹简整理小组:《睡虎地秦墓竹简》,文物出版社1990年版,第64页。

[3] 张家山汉墓竹简整理小组:《张家山汉墓竹简[二四七号墓](释文修订本)》,第8页。

可见,对"失火"的处罚和连带责任处罚都是比较重的。对比《法律答问》简一五九和简一六〇的规定,让人不免觉得处罚的轻重变化较大。并且,在法律条文中用两种术语来指称同一犯罪行为,似乎显得不够严谨。

梁静先生在释读上引张家山汉简《奏谳书》简六一、简六二的"挑盗书毄遂亡"时,将"遂"依照整理者读为"燧"(即'燧'字的偏旁异构形体),指的是"炬火"。典籍用例见《史记·周本纪》张守节正义:"燧,炬火也。"又读"燧亡"为偏正结构,大意为"(夜晚)在火炬的照明下逃亡"。[1] 梁静先生对于"遂亡"的释读似乎显得情境过于具体,但将字读为"燧"并释为"炬火",对我们认识《法律答问》中的"蘢火"有很大的启发。"燧"亦由"遂"得声,因此与"蘢"具备相互通假的语音条件。"遂"字有"穿通"的义项,而"燧"之本义为取火的工具。上古先民取火,往往采用钻木的方式,正与"穿通"之义相合无间。因此,"遂"在"燧"字中可以视为表音兼表意的部件。《韩非子·五蠹》有"有圣人作,钻燧取火,以化腥臊"。及至后世,取火的用具也多冠以"燧"名,如"燧石""鉴燧"等。而"燧"由取火用具兼为表示取火行为,又引申为有"火"义,属于古汉语词义引申中常见的"名动相因"。典籍中常见"烽燧"用语,如《史记·司马相如列传》:"夫边郡之士,闻烽举燧燔,皆摄弓而驰,荷兵而走。"司马贞索隐引韦昭曰:"烽(烽),束草置之长木之端,如挈皋,见敌则烧举之。燧者,积薪,有难则焚之。烽(烽)主昼,燧主夜。"按照韦昭所述,烽燧有昼夜之分,但语词在实际使用的过程中,同义近义的词语连用,往往会发生义类相授的情况,导致混用不别。因此"燧"也逐渐有了如"烽"那样的可以"挈""举"的"火把""火炬"一类义项。《左传·定公四年》有:"针尹固与王同舟,王使执燧象以奔吴师。"杜预注:"烧火燧系象尾,使赴吴师惊却

―――――――――

〔1〕 梁静:《张家山汉简〈奏谳书〉复音词研究》,载《简帛语言文字研究》第2辑,巴蜀书社2006年版,第89页。

之。"曹植《应诏》有:"前驱举燧,后乘抗旌。"说明"燧"可以表示可捆扎、可举之物,应与"火把""火炬"类似。照此思路,《法律答问》中的"旞火"很可能表示某种常设的照明火把。简一六〇中的"延燔"之"延"很值得注意。"延"即表示"蔓延",这似乎暗示一种可能性,即"旞火"是原本就燃烧着的,只是因为其他的原因(如风吹火星飞溅等)蔓延开来,引发了其他地方的燃烧。这种"火把"很可能设在里门、邑邦门或官舍外,与门相距不远,供照明使用。因此在简一五九中,舍公馆者仅作为止宿在官舍的人,并不负担对这类"公共照明设施"的照管义务,火灾也并非由于自身原因引起,因此不必承担"燔"的法律责任。简一六〇中,虽然不能明确"延燔"发生的具体原因,但是里门和邑邦门的管理者依然有着看护其职责所在的义务,所以当火灾蔓延至里门、邑邦门时,他们还是要承担法律责任的。只不过由于不是严格意义上的"过失引起火灾",防范这种常设火源引起的火灾在难度上也更大一些(照明火把不能视为火灾隐患而一概扑灭),因此这种情况下的处罚才会比《二年律令·贼律》中对"失火"的处罚规定要轻一些。

学术聚焦

【编者按】 本卷"学术聚焦"栏内,我们聚焦于传统社会治理专题。我们选编了两篇文章,第一篇涉及晚清国际法传入之后,对于中国国家治理方面产生的影响,国家是如何进行对策处理的;第二篇则是宋代以来中国国家治理的一般逻辑。这两篇文章,一个涉及传统与近代转换的问题,另一个涉及传统治理的问题,可以看作姊妹篇,都表达了对国家治理的现实关切。

国际法传入对晚清领海主权意识的塑造

吴官政[*]

【摘要】 领海是国际法上的一个基本概念,在近代以前中国并无领海的概念,只有一个较为模糊的海疆观念。《万国公法》第一次向中国人系统地介绍了近代领海理论,使清政府萌生了领海主权意识。甲午战争后兴起的赴日留学热潮,为中国引入了更为全面和深入的领海理论,对中国领海主权意识的发展产生了深远影响。列强对中国领海的侵扰及不断传入的国际法理论共同塑造了清政府的领海主权意识,20世纪初清政府已经能够自觉运用领海主权理论参与国际法实践,其在国际法的指导下采取的一系列保卫领海主权的行为不仅具有历史意义,也对今天我国海洋纠纷解决有着重要的现实意义。从清政府领海主权意识的形成过程来看,今天我们仍然需要认真思考如何看待国际法及海洋领土的问题。

【关键词】 海疆;国际法;《万国公法》;领海主权;晚清

领海是随着西方海洋国家对海洋的认识和利用逐渐形成和确立起来的国际法上的一个基本概念。在古罗马时代,海洋被认为是"共有之物",任何国家都有利用海洋的权利。但随着古罗马势力的扩张,在公元前末期罗马统治者开始主张对海洋拥有管辖权。这种思想发展到中世纪,欧洲封建君主对海洋提出了领有权或者所有权

---

[*] 作者系中国政法大学国际法学院博士研究生。

主张,如从 10 世纪起,英国国王便自称为"不列颠海的主权者""诸海的主权者",要求经过船只向英国国旗致敬以示尊重英国主权;15 世纪末葡萄牙和西班牙依据教皇谕旨,以一条子午线为界瓜分了大西洋,要求在他们控制的海域外国商船必须经其允许才能通行。[1] 进入资本主义发展时期,海上贸易的扩大迫切需要打破海洋被各封建君主割据的局面,批判霸占海洋的呼声日益高涨。1609 年,荷兰法学家格劳秀斯(Hugo Grotius)发表了著名的《海洋自由论》一书,提出了海洋自由原则,同时也承认从海上控制的那部分海域属于沿岸国所有。这一理论逐渐得到西方各海洋大国的普遍承认,公海及领海概念由此产生。此后,威尔伍德、普芬道夫等人又从不同方面论证了沿海国对沿岸水域的享有主权和所有权的思想。1702 年,荷兰法学家宾刻舒克(Bynkershoek)发表了《论海上主权》一书,他明确将海洋划分为公海和领海,提出了陆地上控制权终止在武器力量终止之处确定领海宽度的"大炮射程规则"。经过宾刻舒克的发展,领海理论被西方国大部分际法学者所接受,到 19 世纪初,西方海洋国家已普遍把这种理论应用于国际实践。

一、近代以前中国的海洋观念

当领海主权在西方海洋国家广为传播和普遍接受之时,中国正处于"康乾盛世"之际,对领海概念茫然无知。中国是一个大陆国家,同时也是一个海洋国家,自古就有着漫长的海岸线,历代王朝也都将海洋视作自己统治权范围。正如乾隆皇帝曾对英使声称:"天朝抚有四海"[2]。这里的"四海"和"天下"或"世界"同义,按照"普

---

〔1〕 参见邵津主编:《国际法》,北京大学出版社、高等教育出版社 2005 年版,第 125 页。

〔2〕 [英]斯当东:《英使谒见乾隆纪实》,叶笃义译,商务印书馆 1963 年版,第 561 页。

天之下,莫非王土;率土之滨,莫非王臣"的大一统疆国观念,世界所有空间均属于皇帝,海域自然属于"王土"的范围。即乾隆皇帝指出的那样:"天朝尺土俱归版籍,疆址森然,即岛屿沙洲亦必划界分疆,各有专属"[1]。在近代以前,中国没有出现"领海"的概念,但有一个更为宽泛"海疆"概念。"海疆"是相对"陆疆"而言的,其意义较为模糊,有时指沿海的陆地,有时指与陆地临接的海域,有时则笼统地包括前述二者,完全由统治者根据自己的标准来决定。对于海疆范围的界定,清政府主要以内洋与外洋来区别,内洋一般是指近海区域,内洋以外的海域属于外洋,但也属于水师官兵巡哨职责范围,内外洋的界限实难确定。[2]"海疆"是王朝统治意识的自然延伸,但在中国古代远未达到同陆疆一样重要的地位,这是因为:一方面,中国古代重农抑商,以农为本,生存发展的主要资源主要由陆地提供,没有开发利用海洋的需求,海洋不被视为是一种资源,而是被视为一种难以逾越的障碍;另一方面,正因为海洋的屏障作用,统治者无须担心来自海上的威胁,王朝统治的挑战者只能来自陆地,这又进一步强化了统治者将重心放在陆地,海洋就变得无足轻重,甚至被忽略了。"海疆"一词本身也只是突出其防御功能,而且主要是为保卫陆权而存在的,中国历代统治者的海疆观念主要表现在"禁海""开海"的张弛更替政策中。[3]

近代以前,虽然统治者海洋观念淡漠,但不妨碍其对沿岸海洋行使完整的管辖权。因为在西方海洋国家叩门之前,历史上仅有日本倭寇和越南海盗能对中国沿海构成威胁,统治者都对其进行了严厉

---

[1] [英]斯当东:《英使谒见乾隆纪实》,叶笃义译,商务印书馆1963年版,第562页。

[2] 参见刘延华:《南海断续线的历史疆域基础》,载《云南师范大学学报(哲学社会科学版)》2018年第4期。

[3] 参见李德元:《海疆迷失:对中国传统海疆观念的反思》,载《厦门大学学报(哲学社会科学版)》2006年第2期。

的打击。鸦片战争前,清政府就对沿岸海洋享有完整的管辖权,这主要表现在以下方面:首先,牢牢控制着洋船的"引水权"。外国船舶要进入广州口岸,必须先到澳门取得许可,由设立在澳门的海防军民同知衙门指派引水员,导入虎门海口。[1] 其次,严格管理着湾泊的洋船。清承明制继续禁海,1685年大开海禁之后也仅留广州作为唯一通商口岸,"除西洋夷船二十五只更替贸易"外,"其余各国夷船,例应收泊黄埔"。[2] 黄埔成为外国商船湾泊的唯一指定地点,广东当局为此制定了严格的管理措施,规定外国商船不得任意驶离或与民船交接。最后,对外国船员的管辖。清政府对停泊在自己口岸的外国商船行使完全的管辖权,包括民事及刑事案件的管辖权,洋人和华人并没有区别,即"在中国境内,钦定律例尊严绝伦。外人之往中国者得以居留,悉出宽典。中国臣民所应遵守之律例,与外人所应遵守者相同。中国臣民所应服从惩治犯法之刑罚,与外人所应服从者亦相同。当时中国地方官之办外交固力守此旨者也。"[3] 清政府前述对海洋的控制和管理行为看起来与行使领海主权颇为相近,但对一个还没有领海观念,甚至还没有国家边界意识的政府来说,不可能产生领海主权的意识,其对海洋的管辖只不过是"王土"观念的延伸,不过是对其统治权的本能维护。

当然,清政府没有领海主权意识,并不是说中国就不存在领海主权,一国的领海主权是客观存在的。近代中国的各项主权沦丧过程中,领海主权丧失就首当其冲。西方列强最先从海上侵入中国,清政府在传统的"重陆轻海"疆国观念下并未对东南沿海的"夷情"足

---

[1] 乾隆九年(1744年),澳门同知拟定《番舶出入章程》前一两条就是关于引水问题的规定,包括"洋船进口必得内地民人带引水道,""洋船到口,海防衙门拨给引水之人,引入虎门,湾泊黄埔"的规定。

[2] 参见梁廷楠:《粤海关志》,粤东省城龙藏街业文堂承刊卷二十八,第30页(收入沈云龙主编:《近代中国史料丛刊·续编》,第19辑,第184号)。

[3] 顾维钧:《外人在华之地位》,外交部图书处,民国十四年,第26~27页。

够重视,仍坚持"守土防卫"的闭关自守政策,最终未能抵挡住西方列强的坚船利炮,领海主权不断沦丧。鸦片战争前,外国兵船未经许可随意闯入中国海域,任意交战、捕获,逃避或抗拒清政府对商船及水手管辖,并利用武装商船走私鸦片等严重侵犯中国领海主权的行为比比皆是。[1] 鸦片战争后,西方列强通过一系列不平等条约攫取了中国的领海主权,把中国的领海变成了各国的"公海"。

二、国际法传入与晚清"领海主权"意识的形成

（一）《万国公法》与领海主权观念的萌生

1840 年,鸦片战争爆发,清政府战败。惨败让清政府彻底从世界统治者的迷梦中醒来,迫使其开始了解主权国家及近代国际关系形态,这也促成了规范这种新型国家关系的国际法输入中国。其实在鸦片战争之前,中国已经与近代国际法开始有了一些接触,但都是一些零碎的国际法知识,加之受传统的世界秩序观影响并未受到重视。近代国际法正式、系统地传入到中国始于 19 世纪 60 年代《万国公法》一书的翻译出版。1862 年,清政府设立同文馆并聘请美国传教士丁韪良（Willian Martin）为总教习。丁韪良接受美国驻华公使华德（John H. Ward）的建议,将美国学者惠顿（Henry Wheaton）所著的《国际法原理》（*Elements of International Law*）翻译成中文,然后由美公使蒲安臣（Anson Burlingame）呈送总理衙门,要求出资刊行。清政府派员对译稿进行编校后,于 1864 年正式出版题名为《万国公法》的译本。

《万国公法》第一次向中国人系统地介绍了领海理论,是近代领海理论在中国传播的开端。该书第二卷"论各国自然之权"中第四章是"论各国掌物之权",从该章第六节到第十六节为专门论述海洋法方面国际法规则,主要包括了近代领海及领海主的权规则及制

---

[1] 参见刘利民:《试论条约前时代西方海洋国家对中国领水主权的挑衅》,载《兰州学刊》2004 年第 4 期。

度。如第六节"管沿海近处之权"指出:"各国所管海面及海口、澳湾、长矶所抱之海,此外更有沿海各处离岸十里之遥,依常例亦归其管辖也。盖炮弹所及之处国权亦及焉。凡此全属其管辖而他国不与也。"[1]这一条即阐述了领海的概念、宽度及领海主权原则。其他章节则分别论述了长滩、岛礁、海湾、海峡、港口的专有管辖权、捕鱼权、公海自由权、外国船舶无害通过权等。除了上述内容外,该书其他一些章节也涉及领海主权相关的问题。如第二卷第二章"论制定律法之权"中第九节较详细地论述了兵船与商船在他国海口的管辖及豁免问题,第十节论述了各国对本国航行于公海船舶的专属管辖权问题。第四卷第二章"论敌国交战之权"和第三章"战时局外权"较大篇幅地论述了战时兵民船捕获问题及中立国沿海及港口中立权利。限于译者的法律素养和中文水平,书中很多概念术语并不十分准确,领海被翻译成"沿海近处",内海被翻译成"小海",公海被翻译成"大海",等等,但较当时中国使用的内洋、外洋、大洋、海疆等非常笼统概念还是有着巨大的进步。该书介绍的国际法知识更新了中国人的海洋观念,使中国人明白了海域的划分及它们各自的不同地位和所应有的权利,对中国领海及领海主权观念形成具有重要的启蒙意义。

《万国公法》的出版对清政府接受国际法起到了非常重要的作用,在该书出版的当年清政府就运用该书中的领海主权理论成功处理了"普丹大沽口船舶"事件。该事件经过为:普鲁士公使李福斯(H. Von. Rehfues)乘坐"羚羊号"军舰来到中国,在天津大沽口海面拿获了三艘丹麦商船作为捕获品。事件发生后,总理衙门当即向德国公使提出抗议,主要依据就是《万国公法》"管沿海近处之权"理论,指出拿获水域是中国"专辖之内洋",任何外国在中国内洋扣留

---

[1] [美]惠顿:《万国公法》,[美]丁匙良译,何勤华总校,中国政法大学出版社2003年版,第133页。

他国船舶"系显夺中国之权",在以国际法为根据和不接待普鲁士公使的威胁下,普鲁士释放了两艘丹麦商船并对第三艘商船赔偿1500元。[1] 正是这一事件的成功交涉,清政府才开始真正对《万国公法》感兴趣。此后,总理衙门总领恭亲王奕䜣在给皇帝的一份奏折中称:"(丁韪良)于上年九月间带同来见,呈出万国律例四本,声称此书凡属有约之国,皆宜寓目,遇有事件亦可参酌援引……臣等查该外国律例一书,衡以中国制度,原不尽合,但其中亦间有可采之处。即如本年布国在天津海口扣留丹国船只一事,臣等暗采该律例中之言,与之辩论,布国公使即行认错,俯首无词,似亦一证……将来通商口岸各给一部,其中颇有制服领事官之法,未始不无裨益。"[2]正因如此,总理衙门批准早已成稿的《万国公法》,并出资刊印后发给各省使用。在十九世纪下半叶,该书成了清政府对外交涉的基本依据。[3]

"普丹大沽口船舶"事件极大地鼓舞了清政府引入国际法的热情,由《万国公法》开启了一场翻译引进西方国际法著作的运动。此后,在清政府的支持下,丁韪良和其学生将大批西方国际法著作翻译成中文,诸如《星轺指掌》《公法便览》《公法会通》(最初名为《公法千章》,后采纳总理衙门官员董恂的建议改为《公法会通》)《陆地战例新选》等。这些译著很多都涉及领海问题,其中对领海问题论述最为详细的当属《公法会通》,该书第三卷"辖地之权"中第二百九十五章至第三百四十六章均是对领水相关问题的论述。除丁韪良外,其他学者也翻译了一大批国际法著述,其中影响较大有英国学

---

[1] 关于"普丹大沽口事件"的详细经过,参见王维俭:《普丹大沽口船舶事件和西方国际法传入中国》,载《学术研究》1985年第5期。
[2] 宝鋆:《筹办夷务始末》,载沈云龙主编:《近代中国史料丛刊》正篇第62辑,第611号,台北,文海出版社1966年版,第2702~2704页。
[3] 参见刘利民:《十九世纪中国领海观念的传输与接受》,载《烟台大学学报(哲学社会科学版)》2009年第2期。

者傅兰雅(John Fryer)翻译的《各国交涉公法论》,该书初集四卷论"国与领土",其中第三卷深入论述了领海、领土取得及通商规则等。这些国际法译著对领海理论的介绍,使中国人的海洋观念产生了较大变化。但直到甲午战争前,清政府及当时的知识分子也只是有限度地接受了国际法,根本上还是认为国际法与中国体制不合,国际法的用处主要是"制服领事官"或者"储之以备筹边之一助"[1],领海作为"王土"的延伸观念未有根本性改变,区别仅在于借助于国际法这一形式出现,国际法上的"领海"与传统的"海疆"交织并用。这一时期,清政府初步掌握了国际法中关于领海理论的一些知识,具备了利用国际法知识维护领海主权朦胧意识,深入研究领海理论或运用领海理论的实践并不多,这段时期中国的领水主权观念始终停留在萌芽阶段。[2]

(二)留日学生与领海主权意识的发展

1895年,清政府在甲午海战中惨败,列强趁势竞相谋求租界和势力范围,中国陷入被瓜分豆剖的危险境地,为救亡图存朝野上下兴起了维新变法运动,诚如清末重臣张之洞所言:"从前旧法,自不能不量加变易,东西各国政法,可悉者亦多,取其所长,补我所短,揆时度势,诚不可缓。"[3]学习西方政法知识成为当时社会的热门。甲午战争让中国重新审视日本,中国兴起了一股留日热潮,清政府于1896年派唐宝锷等13名学生赴日,成为中国近代赴日留学的开始,到1906年的十年间留日学生人数已达8000人。[4] 这些留日学生大

---

[1] 参见张斯桂:《万国公法序》,载[美]惠顿:《万国公法》,[美]丁韪良译,何勤华总校,中国政法大学出版社2003年版,第57页。

[2] 参见刘利民:《十九世纪中国领海观念的传输与接受》,载《烟台大学学报(哲学社会科学版)》2009年第2期。

[3] 张之洞:《张文襄公全集》卷三十七"变法陈事疏",湖北官书局刊本。

[4] 参见[日]实藤惠秀:《中国人赴日本留学史》,谭汝兼、林启彦译,三联书店1983年版,第451页。

量翻译和介绍日本国际法学者的著作或讲义,为中国引入了更为准确和深入的领海理论,对中国领海主权意识的发展产生了深远影响。

晚清留日学生译介西方法政知识中包含了大量的领海理论,呈现出以下几个特点:第一,采用了准确的国际法专业术语。此前丁韪良等翻译国际法时并未找到准确表达领海制度相关的中文词汇,1902年9月《外交报》连续刊载了日本亚东协会《纪各国会议领海事》一文,文章开头即明确"注:于海面立一定界限,由滨海之国管辖,谓之领海",该文中还出现了"领海界限""中立""海湾"等词语。[1] 留日学生传输回的专业词汇有利于促进国际法在中国的传播,特别是有利于中国人对领海理论的理解与接受。第二,宣传途径和方式更加广泛和多样。甲午战争之前的"西法东渐"运动是徐缓渐进的,甲午战争后急转直上,20世纪前十年留日学生翻译国际法著作就在五十种以上。[2] 这些译著几乎都涉及领海理论的介绍,更新了中国此前的领海理论。同时,留日学生还参与创办新式报刊或在这些报刊上刊文普及领海理论,如前面提到的《外交报》,以及《法政学报》《广益丛报》《东方杂志》《浙源汇报》等翻译、介绍及研究领海文章相当多。通过报刊使国际法知识的传播更为迅捷,传播范围也更加广泛。第三,领海理论受关注程度空前提高。在此前的国际法译著中领海理论只占很小的一部分,内容也比较简单,随着中国领海问题的增多,留日学生译介国际法更加注重为现实服务,相对于其他国际法知识,领海理论受关注程度最高,出现了大量专门介绍领海理论的文章,其中包括不少具体研究中国领海相关问题的文章。第四,领海理论更为深入。20世纪初,除了翻译传播日本

---

[1]《纪各国会议领海事》,译日《亚东时报》,载《外交报》,壬寅第19号,光绪二十八年八月十五日(1902年9月16日),第21期;壬寅第20号,光绪二十八年八月二十日(1902年9月20日),第22期。

[2] 参见田涛:《国际法输入与晚清中国》,济南出版社2001年版,第141页。

国际法,留日学生开始自己编写一些国际法著作,如江苏留日学生杨廷栋编写的《公法论纲》,浙江留日学生王鸿年编写的《国际公法论纲》等,这些著作在介绍诸如疆界之类的国际法知识时,还特别注重对包括对内水在内的海洋法知识介绍。这一期很多报刊也开辟国际法专栏,讨论和发表了大量领海相关的文章,如《外交报》的"公法"(后改为"国际法")栏目,除了连续刊登过《纪各国会议领海事》一文,还先后发表过《国际法上河与海之界域》《论外国商船内犯罪案件之裁判管辖权》《论日本队与大东沙不得先占之理由》《论渤海湾渔业之权》《论军舰之特权》《论法律上之胶州湾》等文。[1] 可见,仅此一家报纸就涉及领海的概念及其历史溯源、海洋划界、领海取得、商船管辖权、军舰治外法权、海湾问题、渔业权等复杂问题,并运用领海相关知来解释和解决这些问题,其中不乏深刻的学术研究,有着显著的实用价值和时代意义。

总之,甲午战后,中国各界开始寻找救亡图存之道,"中学为体,西学为用"的守旧思想受到了批判或抛弃,开始主动学习西方政法知识,留日学生希望能以国际法来保全国家权利,挽救国家命运,其翻译和传入的国际法知识对中国产生了巨大的影响,特别是传入了较为全面而深入的领海理论,对中国人准确而系统地掌握领海及领海主权理论起到了重要的作用,不仅使中国知识界的领海观念得到更新,而且也使晚清政府原本有限的领水主权意识得以发展。

三、晚清政府维护领海主权的国际法实践

国际法正式传入使晚清政府产生了朦胧的领海主权意识,经过近四十年的海洋纠纷洗礼和留日学生传入的领海理论影响,清政府逐渐具备了近代国际法上领海主权意识,并能自觉运用领海主权理

---

[1] 参见田涛:《国际法输入与晚清中国》,济南出版社2001年版,第150~157页。

论参与国际法实践,这是国际法对晚清政府领海主权意识塑造的结果,也是晚清政府领海主权意识的集中体现。晚清政府关于领海主权的国际法实践主要体现在以下几个方面。

(一)主动参加国际会议和国际公约

从洋务运动时起清政府与国际社会接触逐渐增多,清政府开始不同程度地参与一些国际会议及其他国际活动,但最初基本上都是以"联络邦交"为宗旨,其参加国际会议主要是列席"观会""听议",一般不涉及具体事务合作和政治性议题。但随着甲午战败后海疆危机的进一步加深,晚清政府开始重视和参加各种海洋国际会议,借以向各国宣示中国的海域疆界和主权。例如,1906年清政府接到意大利政府邀请参加在该国举办的国际渔业展览会,就被清政府赋予了更多的政治意义,而不仅是主办方邀请的一般农业交流。负责此次参会事宜的商务部头等顾问官张謇指出:"参加赛会一则正领海主权之名,今趁此会得据英国海军第三次海图官局之图,绘制海图以表明渔界,即可以表明领海主权……。"[1]清政府指示外务部、广东水师提督及南北洋海军统领萨镇冰绘制《江海渔界全图》,认为"非绘成全图,不足划清渔界,即不足表明领海"。"江海渔界全图,并该书内载中国渔船所到之外,地名及注说明华文,兼译英图原下文,俾外人明晓,趁此会场,得据此表明渔界,即可以表明领海主权。"[2]可见,晚清政府对领海主权意识日益增强,已认识到"渔业遂与国家领海主权有至密之关系"[3],并通过地图形式向各国宣示领海主权。

19世纪末,晚清政府除通过参加海洋国际会议宣示主权外,还开始参加国际海洋公约,包括参加相关公约的起草和谈判。1894

---

[1] 李士豪、屈若搴:《中国渔业史》,台北,商务印书馆1980年版,第64~65页。
[2] 李士豪、屈若搴:《中国渔业史》,台北,商务印书馆1980年版,第65页。
[3] 李士豪、屈若搴:《中国渔业史》,台北,商务印书馆1980年版,第64页。

年,清政府加入了《国际海关税则出版联盟公约》,迈出了中国加入国际公约的第一步。甲午战后清政府为努力获得国际社会认同,开始积极参与国际公约谈判和缔结活动。1896年,清政府加入《航海避碰章程》,并于次年公告颁行全国,各地海关据此修改或制定了理船厅章程,使之与国际公约接轨。在晚清政府参加各类缔约会议中,最值得关注的是1899年和1907年两次参加海牙和会,这两次和会是编纂国际法的重要实践,清政府派员参加并发表了意见,并在1904年至1910年,先后签署了一系列海战相关国际条约,包括《关于1864年8月22日日内瓦公约的原则适用于海战的公约》《关于战时医院船免税的公约》《关于1906年7月6日日内瓦公约原则适用于海战的公约》《关于战时海军轰击公约》《关于海战时中立国权利义务公约》。[1] 这些公约的签订,标志清政府开始主动参与国际海洋事务,已经能够从国际规则制定的层面来考虑自身海洋权益的保护。

(二)运用国际法维护领海主权

随着国际法意识的不断强化,清政府除了参加了一些国际会议和国际公约外,还多次力图运用国际法规则来维护领海主权,特别是在处理南海诸岛主权问题上卓有成效。根据近代国际法原则,"先占"是领土原始取得的一种方式,即国家最先且有效地占领无主地,从而获得该领土的主权行为。先占必须具备两个条件:(1)先占的对象必须为"无主地",即不属于任何国家或被原属国家明确抛弃。(2)先占应为"有效占领",占领国须明确作出取得该无主地的意思表示,并且实行有效管理,包括建立组织、采取行政措施,标示主权等适当的行为。南海诸岛为中国人最早发现、最早命名和最早进行开发的,如果按照先占原则,可以确定为中国领土。但自20世纪初日本就不断侵扰南海诸岛,1902年日本商人西泽吉次率人入侵

---

[1] 参见田涛:《国际法输入与晚清中国》,济南出版社2001年版,第344~347页。

东沙岛开采磷肥,为了捍卫海洋领土,清政府派员到东沙岛和西沙岛勘察,并在西沙岛树碑作为主权标志。[1] 到1907年,日本推行"水产南进"政策,西泽吉次再率百余人登上东沙岛,拆毁岛上中国建筑物,并将中国人坟冢掘开,焚化骸骨,在岛悬挂日本旗,竖立木牌,声称占领"无主荒岛",把东沙岛擅自命名为"西泽岛",把东沙礁改名为"西泽礁"。广东当局多次向日本领事抗议"图谋占我东、西沙岛行为"[2],"两广总督张人骏派人搜集相关历史文献和图籍,找到了王之春的《国图柔远记》和陈寿彭译的《中国江海险要图志》,另外还有中国和英国出版的一些地图"[3],从而证明东沙岛历来都属于中国,日方只好承认东沙岛为中国固有领土。1909年,清政府与日本签订了《收回东沙岛条款》,由中方收购西泽吉次在该岛所置物业,日方归还东沙岛,至此该事件得以解决。[4] 此事件后,清政府采取多项措施加强对南海诸岛的管理,1909年设立"筹办西沙事务办",派水师提督率海军巡视西沙,在主岛上升旗、鸣炮21响,以隆重的仪式宣示主权,还绘制了西沙群岛总图和各岛分图。1910年,清政府设立"管理东沙委员",加强对东沙岛的行政治理,还筹建无线电台和灯塔。清政府采取的各项措施完全符合近代国际法规则,首先通过向日本领事正式"抗议"避免构成国际法上对占领的"默认",其次通过历史文献和图籍驳斥了日方占领"无主地"的说辞,最后通过设立行政机构和升旗、鸣炮等仪式表明对南海诸岛的主权,这些都是具有国际法效力的行为。

---

[1] 参见李金明:《中国南海疆域研究》,福建人民出版社1999年版,第185页。
[2] 郭渊:《从近代国际法看晚清政府对南海权益的维护》,载《求索》2007年第2期。
[3] 王彦威,王亮:《清季外交史料》(第2册),台北,文海出版社1985年版,第47页。
[4] 参见王铁崖编:《中外旧约章汇编》(第2册),三联书店1957年版,第605页。

除南海外,清末日本对东北沿海权利的非法侵夺也受到清政府的高度重视。日本一直企图使侵夺黄海、渤海湾及山东沿海渔利的行为合法化,想把渤海公海化。在1907年熊岳城渔业纠纷案交涉过程中日本关东都督府水产课课长声称:"该渔区非中国领海,而确系公海。"[1]此后,日本人不顾中方抗议经常私自到渤海湾捕鱼,并称在公海捕鱼与中国无关。1910年日本三十多艘渔船在渤海湾养马岛以东捕鱼被中国发现,当中国官员"诘以在领海内私捕,侵夺我之权利"时,日本领事则答复捕鱼行为发生在离中国海岸三海里以外,"应属公海,不在领海范围之内。"[2]日本国际法学者也附和日本官方的观点,如日本法学博士秋山氏认为:"就晚近国际法所定原则,确认潮退时三英里以内为领海,而渤海湾口两突角彼此异常间隔,且散在突角间各岛屿之距离亦达二十英里以上,中国毫无获得条约上何等之特权,又安能有此实际之利益?"[3]当时中国舆论给予了驳斥,如《地学杂志》就刊文指出,渤海湾全部为中国的领海。其理由有三:首先,领海宽度各国标准尚不统一,日本无权强迫中国接受三海里说。其次,基于时效理由或者说历史性权利,"如渤海湾历稽旧时图籍,向已隶我版图。夫占领土地逾若干期,即为有效,乃万国通行之公例。渤海湾即非我有,历久为我占领,无第二国出而干预,则应为我国所有,何待申明,况原为中国领海乎?"最后,也没有条约规定渤海湾为公海,"无如中外条约从无规定渤海湾为世界公海非中国领海者。不有此规定,是列国公认之矣!"[4]可见,当时中国已经对领海界限、时效取得、先占取得、历史性权利等海洋法规则有了一

---

[1]《渤海渔业主权之当研究》,载《浙源汇报》第22期,中国大事。
[2] 邵羲:《论渤海湾渔业权》,载《外交报》第283期,庚戌改良第十七号,宣统二年六月二十五日,论说,第2页。
[3]《中国大事记载第二:中国时事汇录》,载《东方杂志》第7年第6期。
[4]《渤海湾全部为中国领海说》,载《地学杂志》第1年第五号,宣统二年五月,说郛,第43~44页。

定认识,虽然不完全准确,但已经能利用这些规则来维护自身合法权利。

(三)建立中国领海制度尝试

国际领海制度主要内容包括领海的法律地位、领海宽度及其基线划定等。受国际法传入的影响,清政府在其最后十多年的岁月里开始了建立中国领海制度的尝试。1899年12月,在清政府与墨西哥签订的友好通商条约就可以看出有建立中国领海制度的趋势。该条约第11条规定:"彼此均以海岸去地三力克(每力克合中国十里)为水界,以退潮时为准,界内由本国海关章程切实实行,并设法巡缉,以杜走私、漏税。"[1]因为当时中国还没有"领海"及"领海范围"的译词,所以中文用的是"水界",但从英文"the limit of their territorial water"用语来看,其使用的是领海"territorial waters"一词,即这里"水界"实际指一国管辖领海范围。而且,该条规定以退潮作为领海基线和多数国家的领海制度一致。当时各国对领海宽度主张各不相同,但三海里的宽度已经逐渐取得了习惯国际法的地位,中墨条约未约定三海里的宽度应和墨方主张有关,清政府在后来的主张及实践中没再提到三力克的领海范围,其后的多次对外交涉中也都按照三海里来主张权利。

到20世纪初清政府已经开始讨论全国范围内的领海界限了,根据现有资料显示,1904年张謇咨呈两江总督议创南洋渔业公司的呈文提出领海界限问题,时任两江总督周馥在奏折中提出不宜按照三海里制度划分中国的领海范围,他奏称"臣维振兴渔业本以保全海权为要义。然查西国海权以潮退三海里为限,英、法等国海峡甚狭,海滨小岛亦多近岸。中国沿海岛屿星罗棋布,甚有相隔百余海里者。岛无大小远近,皆渔人托业之区,趋潮往来不分界限。若仅以潮退三海里为限,则名为保护,反蹙海疆,不如我向来领海之权,较

---

[1] 王铁崖编:《中外旧约章汇编》(第1册),三联书店1957年版,第936页。

为上策。此不能不审时度势,深思远虑,预为声明者也。此节应如何取益防损之处,自当与该修撰审慎筹议,以维大局。"清廷对此的意见是:"如所请行。"[1]所谓向来领海之权,实指中国传统海疆之权,但这里已经超越了海疆原有之意,结合了国际法上领海之意蕴,反映出晚清政府已经对领海制度有了较深入的了解和思考,并能结合自身实际情况予以运用。但清政府的这种打算明显与其实力不相符,20世纪初列强纷纷侵占中国领海及海岛,环中国海纠纷四起,多数时候清政府官员都坚称列强侵犯中国领海,可毕竟没有宣布过领海界限,使其交涉缺乏法律依据。地方当局及舆论都强烈要求清政府早日制定海图,划定领海界限。1908年,迫于内外压力清外务部照会各国驻华公使,宣布:"粤海三洲、七洲、九洲各洋均在中国领海权力范围内,可以实施中国之海界禁例,不得指为公海。"同时,外务部还决定对沿海七省的海界进行测量绘图,"作为中国领海定线,即向各国宣布,一律公认"。[2]这次广东海界的宣布是中国最早宣布的领海界限,虽然是笼统和局部的,但也是清政府建立领海制度的初步尝试。

此后,1909年《海军》杂志对当时全国海洋划界会议进行了报道:"中国应绘完全领海全图,前由江督倡议,拟行联合划一办法,已由陆军部核准定议,并咨商各省筹办一切。现部中提议,领海界线关系国家主权,现值扩张海军,振兴渔业,应将界线划清,绘列精确详图,宣布中外,共相遵守。惟查中国沿边领海,由奉直起,计中经鲁、苏、浙、闽以至极点之广东,绵长三千余里,欲行详绘全图,自应从测量、研究、编撰入手。惟与其由各省分办,散漫迟延,而不能统一,仍不若在适中地方专设局所,由一处承任,分途测绘办理。即照

---

[1] 朱寿朋:《光绪朝东华录》,中华书局1958年版,第5343~5344页。
[2] 《外交报》,戊申第18号,光绪三十四年七月十五日(1908年8月11日),第217期,交涉录要。

江督原议,在该处设局开办,以南洋为中心点,分上下两路:上路由苏海经渤海、直海以至奉天海面;下路由苏海经浙海、闽海以至广东海面。准于明春先办北向一带海图,将来东南各处及粤海亦拟并归测办。刻已由部将此事详咨各该省矣。"[1]即清政府对建立领海制度已有详细规划并已着手实施,表明其领海主权观念已经发展到了较高水平。

(四)开启海事立法工作

除了启动制海图、划海界工作,清政府还参照国际法及各国成法开始进行海事方面的立法工作,主要体现在:首先,关于船舶和船政的管理规章的制定或修改。如前所述清政府1896年加入《航海避碰章程》,此后中国各地海关都参照《航海避碰章程》制定或修改了理船厅章程以切实履行中国条约承诺义务,1907年修订的《江汉关理船厅章程》第25条规定"凡船只均须遵守万国航海避碰章程";1904年长沙海关颁布的《长沙关理船厅章程》第11条规定"各船夜间行走应如何悬挂各灯,必须遵照万国会议防备碰撞之章程办理"。[2]其次,制定海上捕获法规。甲午战争以来中国在海上捕获问题上处处被动,1904年清政府颁布的《局外中立条规》便有海上捕获问题的规定,但是因为种种原因捕获立法迟迟未能开展。1908年春,英国领事询问两江总督端方:"中国关于海洋战事品,法部大理院有何章程办理及有何已定之事可据以为例?"后由外务部转请陆军部答复:"海上捕获品审判章制,军法司正在审订,尚未告成。"同年发生的中日"二辰丸"交涉案的使清政府迅速下定决心推动捕获立法工作。1908年6月《外交报》的一篇报道中提到:"又自日本二

---

[1] 海军编译社:《详商合办七省领海全图之法》,《海军》第一号,海事新报,1909年6月1日,第204页。

[2] 交通铁道部交通史编纂委员会:《交通史·航政编》第2册,1931年版,第786、817页。

辰丸案议结,而政府以我国向无捕获裁判之法律,遂至外交失败。于是外务部宪政编查馆、税务处会同核议,查照各国成法,签订内地及领海以内捕获裁判专律,拟埃脱稿,先碟各使,候其认可,即当奏请宣布办法通行。"[1]可见清政府已经启动了捕获立法工作。最后,开始海盗惩治、海底电缆保护方面的立法。1910年3月《外交报》报道了清政府在海盗惩治方面的立法情况:"外务部与海军大臣议商本国领海暨在外国领海之职务条约,及在公海中处治海贼之法,须由海军大臣预先比照各国现行章程及普通刑法上杀人强盗罪处置之原则,缮就草案,请旨施行,以便由外务部咨驻华各使照章办理。"[2]同年5月,该报又提到:"(海军部)因特商外部,会同民政部,务将海国图志派员重修,并即参照各国现行章程,所有在本国领海及在外国领海且在公海中处治海贼之法会订草案。其军用海底电线应否仿照英美海军电线办法,均预为筹办。侯订明奏准后,即照会各国查照核议。"[3]清政府的海事立法已经扩展到海底电缆保护这种比较新的领域了,虽然清政府在其最后几年统治期内未能完成前述立法工作,但体现出清政府领海观念的成熟,以及反映了清政府已经能将领海主权意识上升到国家法律高度。

四、结语

国际法的传入,为近代中国带来了一套崭新的国际关系知识体系和价值观念,对晚清中国的领海主权意识的塑造起到了积极作用。在国际法传入前,中国只有模糊的海疆概念,意在海洋的防御

---

〔1〕《外交报》,戊申第11号,光绪三十四年五月五日(1908年6月3日),第210期,交涉录要,诉讼交涉。

〔2〕《外部议定领海职务条约》,《外交报》,庚戌改良第4号,宣统二年二月十五日(1910年3月25日),第270期,外交大事记,要事汇志。

〔3〕《划清海权之筹备》,《外交报》,庚戌改良第10号,宣统二年四月十五日(1910年5月23日),第276期,外交大事记,要事汇志。

及保卫陆疆的功能,缺少主权意识。《万国公法》的翻译引起了清政府对国际法的兴趣,进而引发了一场翻译和引进国际法及国际法学的运动。因为近代西方列强侵入中国都是从海上而来,最先遭到破坏的即是中国的领海主权,所以国际法中关于海洋法的规则自然受到了清政府的重视,它们为清政府理解和处理海洋纠纷提供了最重要的理论参考。但因国际法与中国传统的天下秩序观和宗藩体系不符,清政府并未从根本上接受近代国际法规则,而是在"中体西用"的主导思想下,将国际法视为折冲樽俎、自利其国的外交工具。加之当时西方列强侵犯中国主权的种种行径对国际法的践踏,导致清政府对国际法各项原则半信半疑、摇摆不定,在重大事件的处理上仍然会不自觉地倒向旧式观念和理论。从鸦片战争结束到甲午战争前,领海作为"王土"的延伸观念未有根本性改变,清政府虽然掌握了国际法中关于领海理论的一些知识,但其领水主权观念始终停留在萌芽阶段。甲午战争后,中国传统守旧思想遭到批判和抛弃,并开始主动学习西方政法知识,各新式学堂普遍设立国际法课程,国际法成为"今日立国之要具""直中国存亡绝续之所系"[1]。留日学生译介了大量日本的国际法著作,传回了较为完备的领海主权理论,清政府逐渐形成了近代意义上的领海主权意识。20世纪前后,清政府已经能自觉利用国际法知识维护自身领海主权,其采取的一些符合近代国际法准则的行动和措施不仅具有重要的历史意义,在今天我们维护领海主权斗争中依然有着重要的现实意义。如其在各类国际海洋会议上提交的地图以及对领海主权的申明资料,特别是维护南海诸岛主权采取的一系列有效措施,都成为解决中国今天海洋纠纷的重要资料,无可辩驳地证明了中国在东海、南海等海域的主权权利。可以说,近代列强入侵迫使清政府将海疆观念的重点从拱卫内陆转移到保卫领海上来,而几乎同时传入的国际法则

---

[1] 守肃:《论国际公法关系中国之前途》,载《政法学报》1903年第3期。

塑造了清政府的领海主权意识,在清政府保卫领海主权的斗争中起到了重要的作用。

总体来看,国际法对晚清中国的领海主权意识塑造是缓慢而曲折的,晚清政府对近代国际海洋法规则的认识和运用经历了一个从工具理性到价值理性的演进过程。回顾国际法正式传入到清朝灭亡的近半个世纪里晚清政府领海主权意识的转换,笔者认为有两点是今天仍然需要认真思考的问题:第一,如何看待国际法的问题。清政府认为西方国际法与其体制不同,不断强调自身的特殊性和优越性,但其自我设定的角色并未被国际社会认可反而孤立于世界,求平等尚不可得,被列强套上一个个不平等条约。甲午战争失败开始让清政府的有识之士开始考虑列强为何仅针对中国,"不明公法之原则"可谓最关键的因素。在国际法传入四十多年还不明"公法",除了缺乏打破传统的勇气,和其对国际法的质疑及排斥有极大关系,其实清政府未认识到的是,它质疑和排斥并非国际法本身,而是国际法给其安排的国际地位,是西方列强以国际法为借口所进行的不法行为。这种对国际法的质疑并未随着清政府的覆灭而终止,今天仍有学者认为国际法是西方大国"权力优势"的保存体系,但换一个角度来看国际法又何尝不是强国的"权力限制体系",未能保护弱国利益非国际法本身之过,而是国际法无法阻挡来自现实世界强权的践踏。第二,如何看待和保护海洋领土问题。晚清政府领海主权意识觉醒迟缓,主要原因在于向来不重视海洋领土和国际海洋法规则。现在我们知道,领水和领、领空一样都是领土的重要组成部分,但很难说"重陆轻海"的观念已经彻底改变。回眸历史,前瞻未来,今天我们一方面要构建强大的海上防卫力量;另一方面要重视海洋资源的开发、利用和研究,制定海洋经济战略,让海洋国土观念深入人心,唯有如此才能真正走向海洋强国。同时,我们还要看到"海洋法绝不是一套静态的法律体系,而是一个法律应变过程,或是暂得其平的法律秩序。"[1]领海宽度从20世纪初的3海里扩展到20世纪80年代《联合国海洋法公约》确定的12海里,在20世纪还发展出了24海里的毗连区、200海里的专属经济区、大陆架制度以及国家管辖之外的国际海底区域制度等。在国际海洋法体系的变革中我国始终处于追随者和学习者的地位,随着综合国力的提升,我国应逐步向国际海洋法体系的建设者和维护者转变,只有掌握国际规则制定权才能更好地维护自身的海洋权益。

---

[1] 周忠海主编:《国际法》,中国政法大学出版社2008年版,第309页。

宋代以来中国国家治理的基本理念、源流与法治路径

郝 斌[*]

【摘要】 分析宋代以来国家治理的基本理念就可以发现,作为宋以后国家和社会主流意识形态的理学的诞生不是偶然的,也不是对汉儒的一种反动,它是在当时社会发展变化过程中,儒家为了适应当时的其他思想流派的冲击,对自身理论进行的一次革新和发展,既是对原有儒家理论的承继,又是综合西传佛教及本土道家思想的一种创新,它既关注出世的"为天地立心,为生民立命",又关注入世的"为往圣继绝学,为万世开太平"。它所倡导的"中正仁义"对宋至清代包括法治路径在内的国家治理模式产生了正面的和负面的影响。

【关键词】 理学;儒家;中正仁义;法治路径

一、问题的提出

宋以后,作为儒学创新成果的理学逐渐成为当时中国的主流意识形态,变成了统治阶级治理国家的理论依据,并成为其时士大夫等阶层所普遍信奉的处世哲学和价值判断的根据所在,此种情状一直延续到清朝末年方告终结。那么理学究竟是什么? 它又是为何逐

---

[*] 作者系中国政法大学证据科学院博士研究生。

渐被宋以后的统治阶级和主流社会所接受,并成为治理国家的基本理念和价值判断的标准,以及在理学的影响之下的法治路径又是如何？本文试图从理学的基本理念、源流以及其影响下的法治路径对宋以后的国家治理理念进行探讨,以期为中国特色社会主义法治体系建设提供借鉴。

二、理学的基本理念

一般认为,理学是探讨人类社会基本运行规律的学问,是传统儒家政治学和伦理学的哲学化,重点着眼于经世致用,主张心性修养与躬行实践结合,出世与入世并重,最终以天下为己任。具体来说,理学是探究世界与心性的关系,建立一套贯通世界人生的原则及修己立人的理论。它吸收了道家的"道生万物"即以"道"为世界本体来建立儒家学说的世界观,通过天人合一,类比自然规律,进而推广到人类社会,得到了人类社会的基本规律,也就是把礼义人伦自然化、无为化,从而建立起内圣外王的理论体系。同时又吸收了禅宗清静内省的修养方法来建立学习路径,提出了人如何修养提升自己的问题,进而建立了儒家政治学说解决问题的"体用合一论"[1],也就是现代通行意义上的哲理框架等。

（一）理学的前提

作为一个理论,必有其前提,通过前提经过推导得出结论,再通过结论所遵循的逻辑得出相应的推论。那么理学的前提是什么？理学的前提就是天人一体的时空观,具体也可以表述为天人合一、天人感应。理学虽然是儒家处于新时代大变革期所作出的创新,但其

---

[1] 所谓体用问题,在不同的语境中有不同的表达,如体与用、形上与形下、本体与工夫、天与人、道与器、性与形、本与末、内与外等。"体用合一论"追求的就是体与用二者的统一,主要针对当时禅宗和儒家学派普遍存在的体用分离,是对体用割裂现象的批判,因为"道无上下,一以贯之"。

构建依然离不开儒家的基础理论。而《易经》作为儒家大道之源、群经之首,其时空观最能够代表儒家时空观,自然也就代表了理学的时空观。《易经》时空观概括来说就是气一元论,也即无极生太极,太极化两仪,两仪生四象,四象生八卦,八卦相荡,万物生焉。[1] 而无极、太极、两仪、四象、八卦、万物皆为气;气散则为无形之气、气聚则成有形之气,气大到无外、小至无内,包含了天地人三才,世界就是气,就是无限的时空。所以人也是世界的一部分、无限时空的一部分,故而天人自成一体,所以阴阳、五行、八卦的演化程序就是世界的运化规律,既能推演自然的运化,也能推演人类的命运。《易经》中强调天、地、人三才之道,天之道在于"始万物";地之道在于"生万物";人之道在于"成万物"。天道曰阴阳,地道曰柔刚,人道曰仁义。天地之道生成万物,人之道则是天地之道的载体与表达。而"诚者,天之道也;思诚者,人之道也。"[2] 人只要"诚"即可与天一致。董仲舒就认为"天人之际,合而为一。"[3] 而按照理学大家朱熹的观点,天是道德的本原,人天然地具有道德,这就是天人一体。但由于人类后天受到各种名望的蒙蔽,不能去展现自己心中的道德本源。故而需要自我修行和自省,而其目的,便在于去除外界欲望的蒙蔽,"求其放心"[4],从而达至一种自觉地履行道德的境界。

(二)理学的基本结论

基于天人一体时空观为前提的理学,认为天理等于人理,天道等于人道,而天理就是天道之理,人理就是人道之理,天理之间阴阳循环,天道之间物极则必反,否极则泰来。世间万物之理也即事理之间刚柔互济,阴阳并存。故,人道之理的人理讲究的是"中正仁义"。

---

[1] 参见《易传·系辞上传》。
[2] 参见《中庸》。
[3] 参见《春秋繁露·深察名号》。
[4] 参见《孟子·告子章句上》。

"中"要求不偏不倚,阴阳平衡,不走极端。"正"要求抱守原则,知可为也要知不可为,即知道人生的上限何在,也要知道人生的底线何在。而只有有底线的人,才能做到荣辱不惊,静心无欲。而无欲方能不急不贪不忿。"仁"要求以恻隐之心待人,也即己所不欲勿施于人,己之所欲慎施于人,要求为人处世多为别人设身处地着想,得饶人处且饶人。"义"要求行为恰如其分,也即遵纪守法,行为符合社会大多数人利益。

(三)理学的推定

理学认为,研究天理可以用于人理,观察天道可以预测人道。理学开创者周敦颐就认为太极生万物,万物发展是刚柔相济,人要避免在振荡中死亡,必须在振荡中保持本真与根本,这才是做人的核心。而这个根本就是中正。人如果能够中正,便能内心安宁平静,超凡入圣。人要中正,路径是无欲。故而理学的集大成者朱熹就指出,中庸之道是社会稳定,个人幸福的唯一道路。因为天道地道都振荡循环,波澜起伏,唯有"中正不变",[1]这个中正不变就是本源。与其随波逐流,跌宕起伏,朝不保夕,不如谨守根本,方会事半功倍。而具体到人,其根本中正就是诚,也即不自欺不欺人。故而需存天理,灭人欲,这才是修养中正之道的不二法则。社会的中正则是仁义,整个社会讲究仁义,就会国富民强、国泰民安。社会要仁义,依靠的是统治者的仁和被统治者义。统治者仁,就是要宽容,但这种宽容不是无边界,而是要宽严相济。被统治者义,就是要有序,知道自己的位置,并在自己的位置上遵守规则,安分守己。

以理学为承继的儒家学说中,重点关注的是公正和博爱。理学认为,一个社会的稳定和国泰民安、民富国强,来自社会等级分明和秩序稳定,只有上下等级分明,老百姓才会安分守己,才会创造积累而不是破坏毁损;只有社会秩序稳定,社会才会分工明确,各司其

---

[1] 参见《中庸》。

职,资源才会实现最优配置,才会协同配合,实现社会最快速发展。所以包括理学在内的儒家学说强调等级和秩序,但对等级和秩序的强调必然会带来社会不断积累的戾气和不满,而为了消化掉这些负面因素,避免社会崩盘而不可收拾,维持整个社会的长治久安,就必然要给予社会中的个体发泄及希望的渠道,这时公正就应运而生,表现为依法治理,也即王子犯法与庶民同罪,同时博爱也必不可少,表现为"老吾老及人之老,幼吾幼以及人之幼。"[1]

三、传统中国国家治理的源流

(一)宋代理学起源的原因

首先是争取意识形态统治地位的现实需要。隋唐以来,佛教迅速发展,其精密思辨特点,对中国儒家这种缺乏逻辑思辨能力的学说产生了致命的冲击。儒家思想一向以现实社会的伦理纲常为主,缺乏哲学上的推理系统。儒家学说是实用主义的,强调学以致用,其核心是修身、齐家、治国、平天下,没法进入形而上学境界,无法超越自己。但是人类毕竟与动物不同,必然会有精神上的问题。而精神又是可以超越物质的有限而变得无常,这样超越的结果必然是从自我进入忘我,从理性进入信仰,从清醒进入混沌。[2] 而佛教关于此的论述就给中国的士大夫阶层打开了一扇新的大门,远远超越了儒家学说的境界,导致儒家学说节节败退。所以就算是唐代儒学得到官方大力倡导,但是由于儒学知识体系和逻辑体系的粗糙,实际上影响力是日益衰微。到了宋初,学者为建立儒学能够对抗佛教的逻辑体系和形而上学体系,不得不吸收道教和佛教中关于世界本体的概念,作为建构自己的世界论和本体论,这就是理学。

---

[1] 参见《孟子・梁惠王上》。
[2] 人的精神一直在追求超越,而超越的标志就是消灭了时空概念,其特征可以理解为不知此地为何地,不知今时为何时。

其次是儒学自身也需要改革,传统意识形态需要修补。儒学自两汉以至隋,已由孔、孟的儒学变为经学,可谓已成百足之虫,虽死而不僵,但终究是失去了活力,必须创新求生。而经学从西汉、东汉到唐代,已由注重微言大义的今文经学一变而为专重训诂考据的古文经学,由笺注经传的"注"再变而为"注"作"注"的疏,致力于文字训诂名物考据、章句分析,与孔、孟"尊德性""论政治"的学风距离越来越远,而且笺注日趋烦琐,而唐人作"疏",例不破"注",即"注"有错误亦不会指出,反而代为解释维护,这种琐屑的讲疏,舍本逐末,忽略先哲经传中所含义理的讨论,已经走投无路。

最后是中央政府巩固权力的需要。宋初统治者鉴于唐末五代以来伦理道德崩溃,社会风气败坏不堪。[1]更由于宋朝得位不正,担心武人效仿陈桥兵变、黄袍加身,所以坚定执行重文抑武,认为让国人多读书,就能防患于未然。所以从宋太祖立国开始,便极力提倡文教,奖励儒学,力崇实践,专事于修养的工夫。国家政策的支持,导致宋代书院极盛,例如白鹿、岳麓、应天、嵩阳四大书院。书院多聘请名儒,他们大多排斥功利,崇尚道义,教学宗旨在于发扬孔门义理之学及修已立人之道,开启了理学身体力行的先河。

(二)宋代理学的开创与衍变

1. 理学的开创与形成

理学的开山鼻祖是周敦颐。周敦颐主要阐述世界发生的原理、次序和"诚"的意义。他的学说渊源于道家的太极、阴阳五行之说,参以佛家的心性,而以儒家仁义之道为宗。他的思想主要是结合佛家"清静寂灭"之说,[2]以及道家的"恬静无欲",从而得出"无欲故

---

[1] 五代的统治阶层的子弑父,父杀子,只为权力而为,极大破坏了整个社会的道德基础和纲常伦理。

[2] 此处实际是佛家结合道教的清净无为与本身的涅盘寂灭之说而提出,最初见于韩愈《原道》:"今其法曰:必弃而君臣,去而父子,禁而相生养之道,以求其所谓清净寂灭者。"

静"的理念。[1]

周敦颐认为世界的起源乃由"无极而太极","太极"是世界的本体,"太极"动而生"阳",静而生"阴",动极而后静,静极而后动,循环不息而生金、木、水、火、土五行,由五行而生万物。在人生方面,周敦颐认为阴阳五行配合得最恰当的就是人,所以万物中以人为最秀,具有太极之理、五行之性,受太极"纯粹至善"的"理",故人之性本来是善。而世界既由金、木、水、火、土五行构成,则人亦有仁、义、礼、智、信五常。"其见诸实施,则不外乎仁义二者。"[2]仁义之性,皆是善的,但用得不当,却可变为恶,所以人要不离中正以确立做人的标准,欲确立做人的标准,必须无欲、主静。无欲便会心灵虚静,于事物的是非利害的考虑上便能居于中道,明理通达,而在行动上便自然正直无私,能做到这样,便能达到至诚的境界,也是一个圣人的境界,同时也是一个太极的境界,进而达至儒家追求的最高境界"天人一体"。周敦颐的学说已将世界论与人的修身养性结合在一起,构建了理学的基础。

程颢、程颐则是在周敦颐的基础上继续发展理学。但是他们关注的重点不在于世界本身,而主张直接从人生实际经验探究人生的本源,从而通过实际生活与内心体验来探寻修养的方法。程颢认为学者须先识仁,然后以诚敬存养,进而通过内心反省以掌握做人、修养的道理。程颐论"心性"与程颢相同,但在"诚、敬"方面的修养则有不同。程颐在"涵养"和"进学"两方面提出"存天理,去人欲"的方法,并认为"涵养须用敬,进学在致知"[3]"诚意在致知,

---

[1] 参见周敦颐《太极图说》:"圣人定之以中正仁义,而主静,立人极焉。"意为没有个人私欲,才能寂然不动于心。此应源于《老子》三十七章,"无欲以静,天下将自定。"周敦颐认为,圣贤之人应以中正仁义之道修养自己的品德,达到一种虚静的境界,以此作为做人的最高标准。

[2] 参见周敦颐《太极图说》。

[3] 参见《近思录·为学大要》。

致知在格物"[1]。一方面修己的意志,使之专一集中,不为外物所动;另一方面今日格一物,明日格一物,然后加以归纳,便会豁然贯通,明白万物皆为一理。他主张"持敬"与"穷理"并重。这就是朱熹物"道问学"[2]的来源。

到了朱熹,其理论已经集宋代理学之大成,他认为"格物""致知"可帮助了解个别事物的理,从而归纳了解世界的天理,因此他认为修养方法在"道问学"以致知,"存天理"以去人欲。朱熹认为世间万事万物都有一个真理存在,这个真理就是"太极"。至于"真理"要表现而成为具体的形象,则有赖于"气"。他认为:"理也者,形而上之道也,生物之本也,气也者,形而下之器也,生物之具也"[3]。由此而解释到人、物的形成,"理"与"气"合而构成人,由于气中有清、浊,因而人性亦有善、恶。因此,朱熹认为人要从善,必须"存天理,去人欲"。而要去人欲,便必须"敬"与"致知"。所谓"敬",是要使人的一己之心,常常受到警策监督,一旦有私念私欲的萌芽,便要马上加以克制;"致知"即求取学问,因为天下之物理精髓皆具于圣贤书中,所以读圣贤典籍便是"致知"的所在。人若做到"敬"与"致知",就绝对可以到达至德、至善、至理的境界。

与朱熹同时代的理学另一个代表人物是陆九渊,他认为"宇宙内事乃己分内事,己分内事乃宇宙内事。"[4]故通过自我内心的反省即可了解天理;他高度重视"持敬",认为"持敬"可使人能明心见性,因此他强调反省,认为知识的多寡与个人修养无必然关系,故而

---

[1] 参见戴圣《礼记·大学》。
[2] 道问学是指从事对知识学问的追求。道:循着。"道问学"一说出自《礼记·中庸》,与"尊德性"共同构成了对人的道德修养的要求。《中庸》认为,人的道德的养成,不仅需要发挥天赋的道德本性,还需要后天的不断学习。人们应该在知识学问的讲习中,把握经典所传承的道理,并不断体认这些道理在生活细节上的要求,进而将对道理的认知转化为现实的德行。
[3] 参见《朱文公文集·答黄道夫书》。
[4] 参见金缨《格言联璧·学问类》。

提倡"尊德性"。陆九渊特别注重"持敬"的内向工夫,主张心即是理,不容有二,认为"即物穷理"[1]为支离破碎,故而需使人先发明本心之明,而后博览,以应万物之变。陆九渊的观点集中体现为"学苟知本,六经皆我注脚"。[2]

朱熹与陆九渊在关于理学的认识大体一致,但如何获取"理"的途径却颇有区别。朱熹认为天下一切事物皆有其"理",而形成具体形象,则有赖于"气",他认为"理也者,形而上之道也,生物之本也,气也者,形而下之器,生物之具也"。[3]而"气"中之"理"即人之"性";"气"有清、浊,禀"气"之清者为圣人气,浊者为愚人,故人须明德修身以涤除"浊"气;是而提出"穷理以致其知""反躬以践其实"的主张而以"居敬""格物"为本。朱熹的理论偏于近代的归纳法,陆九渊则近于演绎法;朱熹重经验,陆九渊重直觉。故朱熹以陆九渊"心即理"太简易;陆九渊又以朱熹"格物致知"过于烦琐。朱、陆二者理论的争端对宋以后的思想史影响颇大。其后大部分历史时期的大部分哲学家都或以朱熹学说,或以陆九渊学说,或以纠正二者之说以表述自己理论。据明清之际的黄宗羲记载"宋乾淳以后,学派分而为三:朱学也,吕学也,陆学也。三家同时,皆不甚相合。"[4]

2. 理学的自我衍变

理学集大成者并成为宋至清末的主流意识形态的是朱熹的学说。但是作为理学一大分支的陆九渊学说,对后世影响也极大。首先陆九渊认为"理"是人心所具有的,它的具体内容就是"仁、义、礼、智",继承了孟子人心"四端"的学说,巩固了中国固有的伦理道德的标准。其次,陆九渊认为"心即理","宇宙便是吾心,吾心便是宇

---

[1] "即物穷理"认为理在物先,事事物物皆是理的表现,要依据具体事物穷究其理。
[2] 参见《象山先生全集》。
[3] 参见朱熹《朱文公文集·答黄道夫书》。
[4] 参见黄宗羲《宋元学案》。

宙",简单直接,易于求功。大道至简,与禅宗在佛教各学派中脱颖而出类似,明代王阳明之后,陆学因能上承孟子且浅显易懂而盛极一时。再次,陆九渊具有怀疑精神,他说:"为学患无疑,疑则有进。"[1]又说:"小疑则小进,大疑则大进"[2]而且他又充满自立自重的精神,反对盲目依傍,他认为:"自立自重,不可随人脚跟,学人言语。"[3]他又反对迷信,主张"凡事看其理如何,不要看其人是谁。"[4]最后是陆九渊的学说注重实事求是,为中国的儒学开阔了一个新途径,使一般学人不再遵循古儒的既有框架,有助后人解放思想再创新。同时他高度重视孟子的四端学说,从做人修身的义理方面入手,发扬人的善性真理,对中国伦理道德影响极大。

3. 理学衍变中分支的极盛期

作为理学一大分支的陆九渊学说,一直被朱熹学派压过一头,直到明代王阳明时期,方达极盛。王阳明认为"圣人之道,吾性自足,向之求理于事物者误也"[5]。这表明他认为心是感应万事万物的根本,找到了本心,就找到了万事万物的本源,实现了真正的超越。他认为圣人之道就是良知,良知人皆具备。而判断事情对错是非的标准就是良知。[6]也即"心外无理,心外无物",[7]比如山里的野花自开自落,与本心的关系就在于"尔未看此花时,此花与尔心同归于寂。尔来看此花时,则此花颜色,一时明白起来。便知此花,不在尔的心外"[8]。王阳明不但是一个有深度的思想家,还是一个知行合

---

[1] 参见《陆九渊集·语录下》。
[2] 参见《陆九渊集·语录下》。
[3] 参见《陆九渊集·语录下》。
[4] 参见《陆九渊集·语录下》。
[5] 这就是著名的王阳明"龙场悟道",在龙场这个环境下,王阳明结合历年来的遭遇,日夜反省。一天半夜里,他忽然顿悟,方有此说。
[6] 参见王阳明《教条示龙场诸生》。
[7] 参见王阳明《传习录》。
[8] 参见王阳明《传习录》。

一派。[1] 所以史学家张岱年评价王阳明"阳明先生创良知之说,为暗室一炬。"

王阳明的核心思想源于"天泉证道",即"无善无恶心之体,有善有恶意之动。知善知恶是良知,为善去恶是格物。"[2] 其核心思想就是知行合一。"知者行之始,行者知之成"。[3] 知中有行,行中有知,知行一体不可分割。知必然要表现为行,不行不能算真知。而行必有知,以知为行,知决定行。

王阳明与朱熹区别主要在于虽然都认为人类秩序的起点和依据是天理,但是朱熹的天理要通过格物才能寻得;而王阳明的天理就在人心。王阳明认为可以通过"致良知"这一"不二法门"安顿人心,建立人类社会的等级和秩序,从而达成天下大治。而建立这种秩序和等级的路径,朱熹认为是由明君决定,是"得君行道",而王阳明认为是"觉民行道"。但王阳明的"知行合一"的缺陷在于知易行难,后世王阳明的信奉者,强调了知而忽略了行,出世而不入世,于儒家本义大相径庭,造成了虚无主义与清谈学风泛滥。这种情况直到清初,经各大儒力倡敦实之学风方才重新注重躬行、以经世致用为主。故后世批评宋明理学是"蔽于静而不知动,蔽于家而不知群,蔽于中庸而不知用力"。[4]

---

〔1〕 公元1519年,宁王发动叛乱。当时王阳明正准备前往福建,行至江西吉安与南昌之间的丰城,得到宁王叛乱的消息,立即孤身一人赶往吉安,并迅速组织了一支农民为主的武装力量,出兵征讨宁王。通过准确判断局势,制定正确的战略目标和计划,王阳明率领仓促组建的八万平叛军,直捣宁王的老巢——南昌,并在鄱阳湖决战,经过三天的激战,宁王战败被俘,宁王叛乱历时35天后宣告结束。

〔2〕 参见王阳明《传习录》。

〔3〕 王阳明认为,一个人心里有了一个想法,这就是行动的念头萌生了,而一个人切切实实的行动,就是使这个想法得到实现的功夫;所以说,产生去做一件事的念头,就是行的开始了,而笃实一贯、不达目的决不罢休的行动,则是实现理想的保证。

〔4〕 参见李维武:《张岱年论"现在中国所需要的哲学"及其启示》,载《中山大学学报(社会科学版)》2010年第1期。

四、宋代以来国家治理的法治路径

中国古代进行国家治理的法治路径,是奠基在中国法文化的基础之上,经过漫长发展过程,不断吸纳演变而来,[1]而法文化背后又离不开当时国家治理所依据的主流意识形态,作为宋以后社会主流意识形态的理学,既是对儒家的继承,又是对儒家的创新发展,对宋及以后的法文化影响自不待言,可谓变与不变的结合,其优缺点也很是明确。

(一)不变的法治原则

中华法系在世界法系中是独树一帜,自成一体的,其具有超强的完备性和传承性,体现了法律的客观性与刚强性。纵观中国法制史,从《法经》,到秦汉之律,再到唐律疏议,直至宋刑统、大明律以及大清律例等,历朝历代的法律,皆是通过对前者的扬弃而予以编纂成文,并在这一过程中,不断地规范化与系统化。特别是作为理学研究处于活跃时期的两宋,其法治更是"继唐之后成就最辉煌的朝代,有些规定既超越于唐,也为明清所未能企及"[2]。虽然在具体的法治过程中,可能会因为具体情况的不同而导致执行的细微之处有所差别,但可以明确的是,古代中国是有自己的法治主线的,这个法治主线就是包括理学在内的儒家所提倡的天理、国法与人情的统一,其中的天理就是社会正义,国法就是法律正义,人情则是个案正义。在这条主线之下,又衍生出了古代中国法治路径所遵循的几个基本原则。

1. 法为治本的原则

古今中外,对公平正义内涵的界定可能不完全一致,但是对公平

---

[1] 参见张晋藩:《中国古代司法文明与当代意义》,载《法制与社会发展》2014年第2期。

[2] 张晋藩:《中华法制文明的演进》,中国政法大学出版社1999年版,第323页。

正义的追求,却是概莫能外的。西方法庭外有双眼蒙条,手持宝剑与天平的女神洞悉奸恶,除暴安良来实现正义。中国则有皋陶制律,西汉刘安《淮南子·主术训》篇说"皋陶瘖而为大理,天下无虐刑"[1],其创设了法律制度,并通过獬豸这一神兽"触不直而去之"来实现公平正义。自法律条文创设以后,依法断案也逐渐发展为了古代中国的法治原则之一。诸多法典,都对此原则有严格规定,要求官员在裁判案件时,必须依据律、令、格、式等进行判决,如先秦时期的《尚书·吕刑》就载有"惟察惟法,其审克之"[2]要求在司法裁判中要做到尊重事实,适用法律,严加审核。而到了《唐律疏议》中,其也明确规定"诸断罪皆需具引律、令、格、式正文,违者笞三十"[3]对断案不严格按照既有法律条文的,处以笞刑。即便是封建社会的最高统治者皇帝颁布的敕令,如果属于临时性政策,而没有上升为永久性法律条文,其依然不得作为今后时期断罪的法律依据。进行裁判的官员,如果对此不加考虑地引用,导致误判的出现,属于故意错判,"以故失论",该官员需要承担相应的司法责任。另在裁判中,审理的官员若不依照既有法律,故意对行为人予以轻判或重判的,也需被科以刑罚。尤其到了理学初创的宋代,其统治者有感于五代的政无常法、罚无定刑的混乱局面,提出了"王者禁人为非,莫先于法令"[4]。

2. 严守程序的原则

自古代中国法律成文化以后,历朝历代都很重视法治的程序化构建,并逐渐形成了一整套严格、完备和发达的法治程序,在前现代的法治史上独领风骚。古代中国法治程序要求非常严格,凡是证据

---

[1] 参见刘安:《淮南子》,中华书局2012年版,第534页。
[2] 参见王世舜、王翠叶译注:《尚书》,中华书局2012年版,第612页。
[3] 参见岳纯之点校:《唐律疏议》,上海古籍出版社2013年版,第476页。
[4] 参见《宋大诏令集》卷二〇〇《改窃盗赃计钱诏》,中华书局2009年版。

的获取、审级的变迁、文书的格式都有一套完整的要求,违背了相关规定,需要承担相应的司法责任。如刑事司法中的审级制度,按照笞、杖、徒、流、死的轻重程度,对其终审权限,均通过法律予以明确规定。以两宋为例,受理学"中正仁义"的影响,宋代的法治建设尤为强调"恤狱慎刑",并着重通过程序来限制司法权的滥用,从而实现法律的良性运转。如在刑事审判中,通过鞫谳分司确保犯罪嫌疑人招供前的合法权益的保障,通过翻异别勘确保犯罪嫌疑人招供后的应有权利的维护。由此可见其程序之严密。而其他有关刑事司法的程序,也有明确规定,如犯罪嫌疑人口供的获取,虽然可以通过刑讯的手段获取,但是刑讯时所用的工具、针对的对象,使用时的程度,历代法律都有明确规定,其目的就是防止实践中为了达到快速破案或者解决纠纷而滥用刑讯手段。

3. 以人为本的原则

以人为本的原则是古代中国法治文明的关键内核,尤其在理学兴盛之后,对"天人一体"的追求,使对人这个万物最灵者的关注达到了空前高度,其不仅体现在对人生命权的关心,也体现在对鳏寡孤独等弱势群体的关注上。儒家一直认为人乃万物之灵,当为天下最贵。如《荀子·王制》就说"水火有气而无生,草木有生而无知,禽兽有知而无义,人有气有生有知,且有义,为天下最贵。"[1]表现在法律中,就是《唐律疏议》所表述的"夫三才肇位,万象斯分。禀气含灵,人为称首。莫不凭黎元而树司宰,因政教而施刑法。"[2]而以人为本,必然体现就是崇德讲礼。同样,在《唐律疏议》开篇《名例》的"疏议"中,亦表述到"德礼为政教之本。"[3]德礼作为古代中国一直

---

[1] 参见方勇译注:《荀子》,中华书局2011年版,第126页。
[2] 参见岳纯之点校:《唐律疏议》,上海古籍出版社2013年版,第1页。
[3] 参见岳纯之点校:《唐律疏议》,上海古籍出版社2013年版,第3页。

以来推崇的道德,体现的就是对生命的重视和弱小的关爱。[1] 如《唐律疏议·断狱》中规定:"死罪囚,谓奏画已讫,应行刑者,皆三复奏讫,然始下决。"[2],到了明清时期,除了一些特殊死因实行立即执行以外,大部分死囚都需经秋审复审之后再行决断。而对于幼弱、老耄、蠢愚等特殊的社会群体,自古以来,一直都有赦免从轻处罚的原则。如西周的"三赦"之法:"一赦曰幼弱,再赦曰老耄,三赦曰蠢愚。"此后,历代律法对老幼病弱等群体犯罪后减免刑罚的制度进一步规范。如宋代残疾人即依法可享有三种法定权利,分别是免除丁税和保甲义务[3],犯罪时可依法宽减[4],是社会抚恤的重点对象。以人为本的原则贯穿中国社会始终,对鳏寡孤独的体恤深入中国人的骨髓,哪怕是在提出"饿死事极小,失节事极大"理学大家程颐家中,其依然有两个再嫁的寡妇,而且程颐对再嫁的行为也并不像后世所传说的那样为理学所影响而严酷和不宽容[5],整个社会中,寡妇再嫁依然是常态,除了普遍禁止寡妇居丧而嫁和嫁于前夫祖免以上亲之外,理学和其影响下的法律并未对此予作普遍的限制性规定。

(二)坚守的法治理想

任何社会都有自己的理想,西方社会的理想是柏拉图的乌托邦,中国社会的理想是陶渊明的桃花源,理学把它总结为"中正仁义",是"各美其美,美人之美,美美与共,天下大同"的新社会。而欲达这一目标,不仅需要道德上的自律,还需要法律上的补充。故而,古代中国的法治理想是基于理想社会而对法的另一种思考。

---

[1] 参见张中秋:《传统中国法理观》,法律出版社2019年版,第153页。
[2] 参见岳纯之点校:《唐律疏议》,上海古籍出版社2013年版,第486页。
[3] 参见马端临:《文献通考》卷一一《户口考二》。
[4] 宋朝不断细化对笃疾者的矜恤,规定笃疾者在沙门岛三年以上,便可移配州军牢城,而身体健全的罪犯60岁且在沙门岛五年,也只可移配广南牢城而已。
[5] 程颐的儿媳王氏,在程家育有一子,其夫死后,改嫁了自己的姐夫的夫家兄弟章氏,对于此王氏再嫁的行为,程颐并无不满。

原情定罪。原情定罪是法律伦理化的重要体现,自汉以后,趋势越发明显。体现在法治实践中,就是儒家因势利导,把纲常礼教思想贯彻其中,最为突出的就是春秋决狱的尝试。所谓原情定罪,就是"法一定而不易,情万变而不同,设法防奸,原情定罪,必欲当其实而已。"也就是要弄清事实真相,考察犯罪动机,强调"法者,缘人情而制,非设罪以陷人也。志善而违于法者免,志恶而合于法者诛。"[1]考察董仲舒《春秋决事比》现存的几则案例,可知,相关案件的判决,较当时法律规定为轻,其渊源依据就是《春秋》之义,这也是汉儒以《春秋》改造法律的开始。通过,引礼入律,用儒家思想改造已制度化的法家法,使严酷的刑法也多了一丝人间温情,而探求经义与法律的结合点,为此后数千年的司法实践注入了情理的因素,也奠定了古代中国司法德礼为本,刑罚为用的基调。但是值得注意的是,在儒家思想改造完法家法之后,统治阶层出于稳定政权从而适应经济和社会发展的需求,逐步认识到法律作为"理国之准绳,御世之衔勒。"[2]的重要性,故而,在儒家伦理入法之后,一直都在对相关法律进行调整创新,以期满足社会各阶级的需求,理学兴盛的宋以后,针对"事之出无穷",而相应地出现了立法中的"知时适变"、"适其变"而"殊其法"的特点。[3] 这某种程度上也标志原情定罪走上了法治化的道路。

宽容血亲复仇与犯罪存留养亲。礼法结合,德刑合一,是古代中国法律的重要特征。其形成多肇始于实践。血亲复仇是氏族社会的风俗,但随着儒家文化强调的礼的因素,其逐渐得到封建社会的认可,并在相当大的程度上,获得了道德上的合理性,及法律上的合法性。《礼记·曲礼上》就记载"父之雠,弗与共戴天。兄弟之雠不反

---

[1] 参见陈桐生译注:《盐铁论》,中华书局2015年版,第823页。
[2] 参见《宋会要》选举一三《试法》。
[3] 参见《元丰类稿》卷一一《战国策目录序》。

兵。交游之雠不同国。"[1]这表明,父兄之仇,不共戴天,必需手刃仇人,不可假于人手。但血亲复仇作为私力救济,通过非国家权力的方式剥夺他人生命安全,有违社会秩序稳定,故而,汉代以后,法律对复仇杀人予以严加控制,但这也只是针对一般性仇杀。一旦发生极端情形下的血亲复仇时,官方往往则会网开一面,引礼脱罪,甚至是予以褒奖,这时,情理在此类法治实践中就占据了上风。在理学占据意识形态的统治地位直至退出历史舞台,其虽依然限制血亲仇,但是对凶犯却予以"可矜",视具体情节在量刑上予以减等。而这在当时的社会,也是被认为"其志可嘉""其情可原",并认为官府的可矜处理,是顺应民意,符合情理之举。

孝道在古代中国,具有特殊地位,在儒家看来,孝顺父母乃仁之根本。"君子务本,本立道生"。只有孝道得以尊崇,人与人之间的伦理关系才会正常建立。而古代中国法的存在是以道德为逻辑前提,法治是以道德为裁判准则。故而,与孝道相适应的一项司法制度"存留养亲"就应运而生。具体是指,犯人直系亲属年事已高,家中又无成年男子,犯人本应在家中供养双亲,其所犯罪行又非十恶不赦之罪,此时可允许上请,酌情判决,待老人去世后,再实际执行。

无论是对血亲复仇的宽容还是犯罪存留养亲,其本质都是"酌以人情参以法意",在法律内外,又参出情理之道。如果灵活运用,最能契合世道人心,可达奇效,不仅实现法律实施过程中的中正平直等具体正义,又实现个案处理的"正当、合理、周全与妥善"。[2]

情理法的三位一体。古代中国法治理想的终极目标就是天理、国法与人情的三位一体,山西省平遥县现存最古老的县衙门前有联为证:"要酌理,要揆情,要度时事做这官,不勤、不清、不慎,易造孽,

---

[1] 参见胡平生、张萌译注:《礼记》,中华书局2017年版,第47页。
[2] 参见张伟仁:《天眼与天平——中西司法者的图像和标志》,载《法制史研究》2011年第二十辑。

难欺天。"[1]这显然是在提示统治阶级,处理事务时,要酌天理揆人情依法度,否则,天理难容。宋代以二程和朱熹为代表的理学家,将儒家的三纲五常抽象为"天理",明确指出三纲五常就是天理的表现。朱熹说:"宇宙之间,一理而已。天得之为天,地得之为地。而凡生于天地之间者,又各得之以为性。其张之为三纲,其纪之为五常,盖皆此理之流行,无所适而不在。"[2]可见,理学是将天理作为评判是非的最高标准,并以此作为法治活动的指导,其颇类似于西方法学的自然法,认为法律虽然是君主统治的工具,但是它依然要满足人民的普遍要求,而不能与社会公认价值观相抵触。而人情,也就是人之常情,是处于社会中的人对于人与人之间关系的一种期待。"何谓人情?喜怒哀乐惧爱恶欲,七者弗学而能。"[3]可见在儒家思想中,人情就是西方所说的习惯法,是一种从"人"出发的价值判断,人情往往与天理相结合,组成情理。而国法就是国家承认或制定的各种法律。

必须承认的是,古代中国,礼法森严,自董仲舒将"君君臣臣父父子子"上升为三纲五常之后,凡违背纲常礼教的都被视为大逆不道,逆天而行,这在一定程度上禁锢了个人的自由,本质上有违国人中庸的本性,故而理学兴盛之后,出现了天理、国法与人情相统一的需求,使古代法治可以作出合乎情理,顺应人性的判决。天理,并非虚无缥缈的海上蜃楼,而是在人们自然生活中而形成的日常生活准则,是为百姓所普遍接受并遵守的生活习惯。而国法则是国家制定法。人情就是人与人相处中合理正当的常情。从辩证法的角度来看,天理、国法与人情之间,虽有一时主从之分,但无永久高下之别,他们彼此之间并不是一成不变,固定静止,而是一直出于动态变化

---

[1] 参见张仁善:《中国法律文明》,南京大学出版社2018年版,第368页。
[2] 参见《朱熹集》卷七〇《读大纪》。
[3] 参加《礼记正义》卷二二《礼运》。

之中,并不断相互融合。实践中,兼顾天理、国法与人情,法治结果合情合理合法,一直是古代中国法治所追求的最高境界。

(三)不变中的变化

理学认为整个社会讲究仁义,才会国泰民安,而其路径就是统治者的仁和被统治者义。统治者仁,就是要宽容、中庸。被统治者义,就是要在自己的位置上安分守己,遵守规则,坚守秩序。故而随着当时经济社会的发展,思想上的变化也就潜移默化地体现到了处于上层建筑的法律之中。

宋以后,为了保证作为统治者一分子的官员公正廉明进而确保统治者的"仁",法律开始对官员任职开始有了严格回避法规,如亲嫌、职务和籍贯回避等。而同时,随着社会向前发展,为了体现中正义义,宋以后的民事权利主体尤其是佃户等社会地位较以往有了显著提高,佃农获得了土地永佃权,农民有土地典当、买卖和借贷的权利,同时从宋代以后,财产继承方面都禁止"异姓乱宗","不问妻妾、婢生,止依子数均分,奸生之子,依子数量与平分。"[1]有效保障了奸生之子、立继之子等弱势群体的继承权利,体现了社会博爱的一面。而刑法方面,对传统的"谋反""谋大逆"等十恶之罪及盗贼作乱等加重处罚,体现了对被统治者的"义",也即在本位安分守己的要求。而出于公正的需要和提倡,宋以后的地方都设立了专门的提刑按察使司,执掌当地的司法、监察,"掌全省刑名、按劾之事","振扬风纪,澄清吏治"[2]。而且为了加强司法审判和监督,确保体现社会公平公正,进而确保统治合法性,对于疑难大案进行"台省杂议""九卿会审"。

(四)宋以来法治路径的不足

1.礼盛而律衰,依法治国被依礼治国所取代。儒家经过长时间的发展和创新,在当时的社会已经占据了绝对的统治地位,而包括

---

[1] 参见《大明令》户令,辽沈出版社1990年版,载《大明律》附录。
[2] 参见《清史稿》卷一一六《职官志三》。

理学在内的儒家思想中,一直对礼予以高度重视,而轻视法律的作用,以礼代法,以礼作法的现象经常发生,并且在法律中明确规定"依义制律",[1]法律的地位一落千丈,成为了治国之小道,以礼治国的补充。尤其是在宋朝之后,礼刑合一的局面完全确定,律学的研究基本停滞,至明代制定明律,亦不过是对前朝法律的总结和局部改善,在立法技术和依法治国方面上无任何进展,至清入关之后,一本明律,除增加新例以外,对法律亦无其他建树,致使中国法律在千余年的时间保持稳定而无大的变化,在社会中也逐渐让位于礼,故而礼之仪越发烦琐,而律之规停滞不前,此种情势直到清末变法始得大变,究其清末法律变革根源,不在变法本身,而在新旧思潮的碰撞,此后,支配社会意识形态长达一千余年的理想思想终于谢幕,中国迅速进入了法治发展的新时期。

2. 等级特权思想严重,法律面前不能实现人人平等。虽然,中国古代社会一直主张"王子犯法与庶民同罪"。但这是社会一个美好愿望,实际上,在中国封建社会,皇权具有至高无上的地位,而且各级礼仪的规制,法律面前也区分等级,不同等级的官员有相应的特权,与之相伴的有"刑不上大夫"之说,同时法律中还有明确的"八议"制度,即"议功、议亲、议故、议贤、议能、议贵、议勤、议宾",属于八议范围的统治阶层,除十恶重罪以外,流罪以下减等,死罪由官僚集议减罪,报皇帝批准。[2]而对于平民阶层,除了老幼病残以外,通常没有减刑或赎罪的渠道。这种对统治阶级和被统治阶级如此鲜明的不平等,虽然系理学所倡导的"各自有序"在法律中的当然体现,但是,在这种情况之下,等级特权超越了法治,上行下效,久而久之,社会公众对法律公平就难以认同,导致法治路径中的信任危机,

---

[1] 唐律疏议卷第一名例篇:"易曰:理财正辞,禁人为非曰义。故铨量轻重,依义制律"。

[2] 参见张晋藩:《中华法制文明的演进》,法律出版社2010年版,第299页。

同时也是对理学所提倡的中正理念的一种悖反。

3.理学思想的兴盛,对民众权利造成了禁锢。理学作为官方正统学说,主导教育和科举等领域,成为中国封建社会后期占据统治地位的思想理论体系,影响久远。理学追求中正仁义,提倡内心自我反省,认为格物致知,对皇权的过度膨胀是有抑制作用的,但是理学从"存天理,灭人欲"出发,对民众的各种欲望包括合理的物质需求进行限制,同时其倡导的"天理、国法与人情"三位一体理论的出现,又为国家法律增添了浓厚的伦理色彩,强化了社会舆论的支持,并进一步强化了对君父、官贵等"尊长"绝对的服从义务,固化了尊卑等级秩序,"当以严为本,而以宽济之"[1],不仅对违背国法,更对违背伦理的行为进行严厉打击,在这种思想理论支持下的法律体系,对个体与群体之间的法律义务缺乏明晰的界限,从而对民众的自由造成了极大的限制,使个人权利淹没于理学伦理说之下。

五、结论

"人们创造自己的历史,但是他们又并不是随心所欲地创造,并不是在他们自己选定的条件下去创造,而是在直接碰到的、既定的、从过去承继下来的条件下去创造。"[2]中华民族作为世界上一支古老而又伟大的民族,创造了五千余年的灿烂文明,为人类社会作出了极大的贡献。而中华优秀传统文化是中华民族的突出优势,是中国在新时代立足于世界之林的根基,必须要传承和发扬好。中华法文化作为中华优秀传统文化的一部分,影响极为深远,其所构成的中华法系是在我国特定历史条件下形成的,显示了中华民族的伟大创造力和中华法治文明的深厚底蕴。"中华法系凝聚了中华民族的

---

[1] 参见《朱子语录》卷一〇八,中华书局1999年版,第2689页。
[2] 参见马克思:《马克思恩格斯选集》第1卷,人民出版社1995年版,第585页。

精神和智慧,有很多优秀的思想和理念值得我们传承。出礼入刑、隆礼重法的治国策略,民惟邦本、本固邦宁的民本理念,德主刑辅、明德慎罚的慎刑思想,援法断罪、罚当其罪的平等观念,保护鳏寡孤独、老幼妇残的恤刑原则,等等,都是中华优秀传统法律文化智慧的结晶。"[1]而"当代中国的伟大社会变革,不是简单延续我国历史文化的母版,也不是其国外现代化发展的翻版。"[2]理学作为儒家应对西学东渐的佛家学派而内化而生的一门学说,既是对儒家本源的一种再追溯和解读,也是对当时各种思想的一种吸收和借鉴,自宋代开始其逐渐成为以后诸王朝的主流意识形态,并在自身对儒家的承继与创新中,对当时包括法治在内的治理路径也产生了深远的影响,本文通过分析这些变与不变,优点与不足,以及对之前和当时理论与经验的舍弃与坚守,期冀为新时代中国特色社会主义法治体系的建设提供参考。

---

[1] 参见习近平:《坚定不移走中国特色社会主义法治道路,为全面建设社会主义现代化国家提供有力法治保障》,载《求是》2021年第5期。

[2] 参见《中共中央关于党的百年奋斗重大成就和历史经验的决议》。

法治人物

【编者按】 本卷"法治人物"栏中,我们选编了两篇文章。一篇涉及一个不常被法学界关注的人物——宋理宗,因为到理宗时,南宋已经快到穷途末路之时,但是不妨碍他依然有其独特的法治理论;另一篇则涉及一个最常被关注的人物——沈家本,虽然研究沈家本者,可谓众多,但不妨碍我们推陈出新,写出新意。

"求实":宋理宗法治理论的核心理念

杨 晋*

【摘要】 中国思想传统之中,不乏经世致用的求实理念。宋朝的历代君王在法治建设方面多有建树,其中,宋理宗面对内忧外患、举步维艰的严峻形势,警醒地认识到"虚论诚无益于国"。理宗主张"以实政图实效"而力行实政,在治国理政的实践当中构建出了一套以"求实"为核心理念,以求晓谕劝诫、赏信罚必之实,求取士授官、审冤治狱之实,求虔敬应天、养惠民生之实等方面为主要内容的法治理论体系。这套法治理论体系作为一种能动性力量,在宋理宗治国理政的实践当中一以贯之。

【关键词】 宋理宗;求实;法治理论;核心理念

引言

在我国数千年的历史时间轴上,宋代虽然只占据了三百多年时间,却是中国历史上承前启后的关键时期。宋代相承于隋唐,后继以明清,其历史地位已深为学人所识:"中国所以成于今日现象者,为善为恶,姑不具论,而为宋人之所造就,什八九可断言也"[1]。宋朝也是我国历史上十分重视法治建设的时期,历代君主对于法治建

---

* 作者系六盘水师范学院马克思主义学院讲师。
[1] 严复:《与熊纯如书》,载《严复集》第3册,中华书局1986年版,第668页。

设都有自己的贡献,正如徐道邻先生所言:"宋朝的皇帝,懂法律和尊重法律的,比中国任何其他的朝代都多",并得出"中国的法治,在过去许多朝代中,要推宋朝首屈一指"。[1]

学界对于宋代皇帝法治理论的研究所依据和使用史料文献主要包括《宋会要辑稿》《宋史》《续资治通鉴长编》《建炎以来系年要录》《文献通考》等,但在这些文献当中除《宋史·理宗本纪》外,极少有关于理宗一朝法治理论的详细记载。而让人振奋的是,在《宋史全文》当中,有目前关于理宗法治理论的最为翔实的记载,本文以此为主要史料来源,探析宋理宗的法治理论,期以补学界研究之不足。

理宗对于当时的内外环境认识至为深切。首先是国家边患不断:"国势仅定而未强,编徽多虞而未靖"[2],理宗所言是实,整个南宋时期,一直处于北方少数民族政权的威胁之中;其次是国家内政举步维艰:"察文审己而庶政靡齐,务本重农而群生寡遂,朝纲斁而积玩,吏习狃于怀私"[3];再次是士林风气败坏:"比年以来,鲜耻寡廉,相师成风,背公营私,恬不知省,大言无当者敢以傲诞而不恤,肆行无忌者习于欺罔而不悛,因循苟且,玩岁愒日,由内而外,靡然同流"[4]。朝中官员"各分朋党,互相倾轧,无房、杜相济之美,有牛、李角立之风"[5];最后是理宗对于当时刑狱形势的严峻认知同样也是深刻的,他说:"朕闻政平讼理则民安其乐,告讦易俗则礼义兴行。近有司受词,多是并缘为奸,延及无辜,摊赖缗钱动以数万"[6]。面对如此严峻的形势,他在诏令中说:"思所以自强之计,百尔执事,亦宜相戒,以实克去己私,以自公体存国心,谨乃身,率乃职,裕乃民,

―――
〔1〕 徐道邻:《中国法制史论集》,台北,志文出版社1976年版,第89~90页。
〔2〕 汪圣铎点校:《宋史全文》,中华书局2016年版,第2870页。
〔3〕 汪圣铎点校:《宋史全文》,中华书局2016年版,第2870页。
〔4〕 汪圣铎点校:《宋史全文》,中华书局2016年版,第2711页。
〔5〕 汪圣铎点校:《宋史全文》,中华书局2016年版,第2842页。
〔6〕 汪圣铎点校:《宋史全文》,中华书局2016年版,第2857页。

用辑我邦家"[1]。理宗苦苦思索国家的发展之路,深知唯有坚持真扎实干,才能治国安邦,他在诏令中说:"二三大臣,其为朕就实以用人才,而以振纪纲、饬边备、通财用为急"[2]。宝庆元年十月乔行简在奏疏里曾经将理宗求实的目的表述得已经比较清楚了,他说:"求贤、求言二诏之颁,果能确守初意,深求实益,则人才振而治本立,国威张而奸宄销"[3]。理宗以"求实"为本,目的在于国家谋求实际效益,振兴人才之道,巩固治道之本,外扬国威,内惩奸宄。

由是,宋理宗深谙治国理政"非知之艰,行之惟艰"[4],"虚论诚无益于国"[5]的道理。因此,理宗在法治建设当中极其强调"求实","以公心奉公法,以实政图实效"[6],并在总结前代君主法治建设经验的基础之上,建构出了一套以"求实"为核心的法治理论体系,成为指导理宗一朝治国理政的能动性力量。

一、中国思想传统当中的"求实"理念

在中国思想传统当中,"实"常常与"名""虚"相对应。首先,求实就是强调要尊重和讲求实际,一切从实际出发,实事求是。孔子说:"朝闻道,夕死可矣"[7],孔子愿意以生命追求真知实道,可谓真心求实了。又说"名不正,则言不顺;言不顺,则事不成;事不成,则礼乐不兴;礼乐不兴,则刑罚不中;故君子名之必可言也,言之必可行也"[8],强调名实相副才能实现刑罚得中、政通人和。"荀子说:

---

[1] 汪圣铎点校:《宋史全文》,中华书局2016年版,第2786页。
[2] 汪圣铎点校:《宋史全文》,中华书局2016年版,第2786页。
[3] (清)毕沅撰,"标点续资治通鉴小组"校对:《续资治通鉴》,中华书局2016年版,第4443页。
[4] 汪圣铎点校:《宋史全文》,中华书局2016年版,第2645页。
[5] 汪圣铎点校:《宋史全文》,中华书局2016年版,第2707页。
[6] 汪圣铎点校:《宋史全文》,中华书局2016年版,第2879页。
[7] 《论语·里仁》。
[8] 《论语·子路》。

"王者之论……无能不官",法家术治派认为"术者,因任而授官,循名而责实",这都在强调对于官吏必须考量其真才实学、授官求实,只有名实相副者才能治国理政、司牧一方。商鞅说"圣人不法古,不循今",因为"法古则后于时,循今则塞于势",主张根据实际情形采取不同的统治策略,韩非子所谓"世异则事异"和"法与时转则治",就是强调在统治策略的抉择上要实事求是,做到尊重客观事实,一切从实际出发。"夫律者,当慎其变,审其理"[1],意思就是法律应当慎重地关注社会发展的实际,审查其中蕴含的道理和规律,自古无一成不变之法,立法者必须"推时拨乱,博施济时"[2],从实际情势出发增革损益因时而立法。周代有"刑罚世轻世重"之训,是为了顺应时代发展和社会实际需求,而以"五听察民情"是为了查明案件的事实真相,以求得狱讼理断之实。《汉书》有载:"修学好古,实事求是"[3],意为敬修学问,爱好和研习历史,就是要从历史事实当中寻求治国正理。《后汉书》有载:"哀平之际,同承太初,而妖孽累仍,疴祸非一。议者不以成数相参,考真求实,而泛采妄说,归福太初,致咎四分"[4],这里的"考真求实"就是要厘清事实真相,实事求是,否则就会招致错咎。

其次,求实就是强调经世致用,要付诸实践以求得实效。荀子说:"不登高山,不知天之高也;不临深谷,不知地之厚也",未曾亲身登上高山之巅,就不知道天有多高;未曾亲身踏入深山巨谷,就不知道地有多厚。韩非子说:"公孙鞅之治秦也,设告坐而则其实",这里的"则其实"就是必须加以实行、落实的意思。在评判合纵连横时,韩非子曾说"事大未必有实",这里的"实"指的也是要求实效、实用。

---

[1] 《晋书·刑法志》。
[2] 《晋书·刑法志》。
[3] 《汉书·河间献王刘德传》。
[4] 《后汉书·律历中》。

管子所谓"明主之听也,言者责之以其实……乱主则不然,听言而不督其实"[1],对于为官者"必采其言而责其实"[2],注重官员对国家方针政策的践行和落实。《唐律疏议·序》中说:"德礼为政教之本,刑罚为政教之用"[3],强调政教之道在于崇德礼而施刑罚,求经世致用的治国理政之方。司马光强调"学者贵于行之,而不贵于知之"[4],就是在说为学者贵在真切实行,而并非贵在知晓其理。宋人有一篇《实斋说》当中对于"求实"的见解颇具典型意味:

> 天以阴阳五行化生万物,人得之以为性者,一实理也。圣人因性中固有之善而修之以为教,仁义礼智之大端,君臣父子之大伦,皆实理之得于天者也。士君子践圣贤之言,学其所学,事其所事,由格物致知以至诚意正心,修身齐家以至治国平天下,皆实理之修于身,实学之致于用者。有此实则必有此效,岂空言哉!吾夫子生而天纵,其示人以为学之渐次,必曰十五志学,三十而立,以至五十知天命,六十耳顺,步步践实,以造于从心不逾矩之地,正欲后人向实地上渐次而进,如九层之台,自下而上,以有实地以为之基也。外乎实则虚也。栀言蜡貌,饰虚美以炫外也;锦心绣口,崇虚观妖丽,巧则巧矣,工则工矣,皆浮伪之为文,反乎实者也。故君子必践实之为贵。余来古瀛十二祀退又率其同志就乡先生讲说,虽隆冬盛寒,至夜分乃散。此其为学之实也。自其高祖以来,子孙义聚者五世,内外雍睦无间言。虽长之率之,而积中节之以礼,将之以敬,入其门,典刑肃然,气象谡然,犹有中原承平之旧俗。此又其事亲从兄处家睦宗之实也。

---

[1] 《管子·明法解》。
[2] 《韩非子·问辩》。
[3] 《唐律疏议·序》。
[4] (宋)司马光:《司马温公集编年笺注》(第4册),巴蜀书社2009年版,第546页。

余尝题其读书室曰"实斋",积中复求余为发其义,则告曰:夫实所以为诚也,《中庸》曰:"诚之者,择善而固执者也。"择善而固执之,由实积功以造於诚也。又曰:"博学之,审问之,慎思之,明辨之,笃行之。"五者由实而诚,所以积功之目也。学者苟于道,於是五者朝夕用其实力,有不为,为之必要於成,不成不措也。积由余既哉![1]

此文将"求实"阐释得可谓面面俱到,既看到了圣人则天之实,又看到了教化之实,同时也论述了实践的重要意义。由格物致知到修齐治平,皆是由"求实"为根本途径,这是一种典型的理学论调。两宋时,北方强大的少数民族政权始终威胁着中原,北宋以儒治国,号称"半部《论语》治天下",但从《续资治通鉴长编》《建炎以来系年要录》等历史典籍所记载的历史真实中可发现,北宋被异族逐出中原、皇帝被异族所掳、割地输银的残酷现实使儒士们在心理上产生了巨大震撼。自此后的南宋庙堂主和派逐渐压倒主战派,君主的权力也随之空前膨胀,体制上不再有任何形式的约束。从此,知识分子意识到,政治必须从影响君主开始,其余皆为其次。进而对所信奉的儒家文化作出深刻的反省,后新儒家的泰斗朱熹对统治者强调"格物"以"致知",进而达到"正心""诚意"。既然君主绝对专制的局面已经形成,君主的道德观念、思想意识就决定一切,在这种情形下,为了实现治国、平天下,就只有让君主皈依儒家学说"内圣"的一面。理学的兴起,尤其是成为官方正统思想之后,在教育策略上要求"讲实理""育实材"进而"求实用",反对性理之空谈而强调"明理躬行""知先行后""知行合一"。作为一种能动性的力量,理学实实在在地影响了宋理宗的法治建设实践。

---

[1]《则堂集》卷三。

二、宋理宗晓谕劝诫、赏信罚必之"求实"

中国自古以来就是泱泱大国，幅员辽阔人口众多，任何一个统治者的权力触角都难以直接延伸到社会的基层，更不可能做到直接统治到每一个个体，因此君主只能依赖于庞大的官僚体系来治理天下、司牧百姓。这样一来，对于官僚队伍的治理，就成为统治者统治策略的重心所在，是所谓"治民先治官"。法与教化综合为治是中国古代治国理政驭民的重要经验，"教化"是中国古代最为重要的施政方针，君王作为天下之主，代天司牧，必先"教化"牧民之官，进而再依赖他们去"教化"民人百姓。理宗多次晓谕劝诫朝廷官员"宜务忠实以革欺诞"[1]。嘉定十七年十二月，理宗特颁下诏书，晓谕朝中群臣说道："朕初纂丕图，亟承慈训。既御经幄，日亲群儒，深念进德，立治之本，实由典学，朝夕罔敢怠忽，尚赖诸贤悉心启迪，毋有所隐。朕当垂听，益加自勉。即令学士院明谕朕意"[2]。端平二年八月，理宗采纳臣僚的奏言，再次劝诫各级官员："上自宰执，下及百执事，毋徇于名，而皆以务实为心"[3]。宝祐四年正月，理宗晓谕劝诫朝中大臣须"儆于有位，俾精白一心，各扬乃职，务循明而则实，勿假公而济私"[4]。此外，理宗也重视对于皇太子的切实关怀和晓谕培养，下诏："皇太子宫詹事以下，讲读外日轮一员辰入酉出，以备咨问，以称辅导之实"[5]。

任何一个时代都是需要榜样的，因为榜样的树立可以很好地引领和营造良好的社会风气，进而促进国家的精神文明建设。对曾经为国家作出巨大贡献者，理宗本人和当时的朝臣重臣都多次进行褒

---

[1] 汪圣铎点校:《宋史全文》,中华书局2016年版,第2751页。
[2] 汪圣铎点校:《宋史全文》,中华书局2016年版,第2619页。
[3] 汪圣铎点校:《宋史全文》,中华书局2016年版,第2703页。
[4] 汪圣铎点校:《宋史全文》,中华书局2016年版,第2847页。
[5] 汪圣铎点校:《宋史全文》,中华书局2016年版,第2921页。

扬。首先是对理宗有扶保之功的皇太后,理宗有过多次赞扬,有大臣上言:"臣伏读太后还政御札,前代母后勉强矫拂不能为之事,而太后圣断行之,略无难色,实为万世母后临朝之法。"[1]理宗深以为然,两次请求皇太后继续垂帘听政。随后理宗下诏,诏令中说:"朕以眇躬,获承大宝,实赖圣母同览万几"[2]。不久又在御笔中评价史弥远说:"丞相忠贯日月,勋塞宇宙,实惟我国家无疆之休"[3]。宝庆元年七月,礼部侍郎真德秀在向理宗的奏疏中说道:"先皇帝每旦御朝率在卯、辰之间,臣侍螭坳二年,实所亲见",赞扬先皇帝勤于政事,毫不懈怠。宝庆二年十一月,理宗在诏令中又一次说道:"朕以眇躬,嗣承大统,实戴皇太后覆育推祐之恩,丰功盛德,宜极尊崇"[4]。所谓"爱待敬而不败,德须威而久立"[5]自古君王理政向来是恩威并施、奖罚信明,有奖自然就得有罚。对于不良之官,理宗谓"贪吏诚不可以不治"[6],在对官僚体系进行惩贪治庸的过程当中,理宗下诏要求必须查有实据,并且下令"赃吏有实迹者,不测置狱,明正典刑,其永不得与亲民及师儒差遣"[7]。端平元年正月,采纳大臣会龙在举报处罚贪官污吏时要求"须明指事实,研究赃罪"[8]。因为在理宗看来,唯有真正做到"指实劾奏",才能"庶几罚称其罪"[9]。也正因如此,理宗多次下诏要求"犯赃私者,令监司核实来上"[10]。

---

[1] 汪圣铎点校:《宋史全文》,中华书局2016年版,第2620页。
[2] 汪圣铎点校:《宋史全文》,中华书局2016年版,第2620页。
[3] 汪圣铎点校:《宋史全文》,中华书局2016年版,第2621页。
[4] 汪圣铎点校:《宋史全文》,中华书局2016年版,第2634页。
[5] 《汉书·刑法志》。
[6] 汪圣铎点校:《宋史全文》,中华书局2016年版,第2705页。
[7] 汪圣铎点校:《宋史全文》,中华书局2016年版,第2628页。
[8] 汪圣铎点校:《宋史全文》,中华书局2016年版,第2683页。
[9] 参见汪圣铎点校:《宋史全文》,中华书局2016年版,第2912页。
[10] 汪圣铎点校:《宋史全文》,中华书局2016年版,第2920页。

三、宋理宗取士授官、审冤治狱之"求实"

隋唐以来，科举取士历来为统治者所重，不唯其是一种统治策略，更是因为科举所取之士将充实到国家官僚队伍之中，切实参与国家的治理实践。在"求实"理念的指导和统摄之下，理宗也十分重视将此作为取士的重要标准。在事实上，宋朝是一个阶级矛盾、民族矛盾互相交织，日趋尖锐的时代，南宋朝廷虽然偏安一隅，经济上也得到了相当程度的发展，但"靖康之耻"宛如昨日，且天灾频仍、边境不稳更加之岁贡不断，此时的南宋朝廷上下已经失去了"务虚清谈"的社会条件，必须选拔"实才"才能真正裨益社稷江山。宝庆二年二月，理宗御笔亲赐大臣程珌等，要求在科举取士时对于中举文章的具体要求："夫文辞浮靡者，必非伟厚之器，议论诡激者，必无正平之用"，从这一要求当中可见理宗"求贤务实之意为至勤"，注重文风的厚重，"务忠实斥浮伪"[1]。这是难能可贵的，科举取士当中的应试文章往往"华于言而寡于实"[2]，理宗警醒地认识到："比年以来，习尚浇漓，文气卑苶，纯厚典实视昔歉焉"，故而以文章的"伟厚""正平"来作为取士标准，希望能够"矫偏适正，崇雅黜浮"，以恢复和实现"使人皆君子之归，如古者贤才之盛"的理想状态。[3] 绍定五年二月，理宗再次告诫主管科举的官员："科举取人，先识器，后辞藻，务忠实，斥浮伪"[4]。这一主张无疑是具有积极意义的。理宗要求科举取士以求实才的同时，也是在担心人才的埋没、流失。端平更化期以"务革众弊"[5]，当然也包括科举场上的种种的弊端，理宗在诏令中说"国家进士之科，得人为盛，比年场屋循习宽纵，易卷、假

---

[1] 汪圣铎点校：《宋史全文》，中华书局 2016 年版，第 2628 页。
[2] 《盐铁论·论诽》。
[3] 汪圣铎点校：《宋史全文》，中华书局 2016 年版，第 2635 页。
[4] 汪圣铎点校：《宋史全文》，中华书局 2016 年版，第 2670 页。
[5] 汪圣铎点校：《宋史全文》，中华书局 2016 年版，第 2696 页。

手、传义之弊,色色有之,深恐真才实能无以自见"[1]。但事与愿违的是,文风华而不实之弊积重难返,淳祐六年六月,国家选才前夕,仍旧是"秋闱在近,文弊未革",理宗仍在坚持扭转此种情形,他在诏令中殷切嘱咐道:"令监学及诸路郡学精加校考,崇实黜浮,以俟荐送"[2]。

  自孟子开始,古代的思想家、政治家就充分论证了法与吏不可分割的密切关系。清初学者王夫之从总结历史经验的角度论证了无论是单纯任法还是单纯任吏都不足以为政,结论就是"择人而授之以法,使之遵焉"[3],也就是使贤吏执良法,只有法与吏相统一,才能带来善治。宝庆元年六月辛亥,秘书监叶禾向理宗"奏郡司贪刻之害",理宗一针见血地指出"郡守不职,亦缘监司不得其人,监司得人,则一道蒙福"[4]。对于当时官吏队伍的状况,理宗也表示出了自己的担忧,以至于他在诏令中说:"士大夫以议论求胜者多,以事功自勉者鲜,朕为人才世道忧之"[5],因此非独取士要求选拔实才,理宗对于现任官员的选拔授官标准同样也注重在任上时的实际表现。宝庆二年八月,理宗下诏:"新中法科而资质浅者,须外历二考以上,方擢为评事"[6]。在国家行政事务当中,理宗要求相关官员须"有重厚笃实之行"[7],还要求各路监司"考察郡县奉行勤惰以闻"[8]。理宗皇帝"起自民间,具知刑狱之弊",同时也深谙"徒法不足以自行"[9]之理,他在诏令中说:"盖虽尧舜之法度,文武之方策,苟非得

---

[1]　汪圣铎点校:《宋史全文》,中华书局2016年版,第2696页。
[2]　汪圣铎点校:《宋史全文》,中华书局2016年版,第2783页。
[3]　《读通鉴论》卷十。
[4]　汪圣铎点校:《宋史全文》,中华书局2016年版,第2621页。
[5]　汪圣铎点校:《宋史全文》,中华书局2016年版,第2835页。
[6]　汪圣铎点校:《宋史全文》,中华书局2016年版,第2633页。
[7]　汪圣铎点校:《宋史全文》,中华书局2016年版,第2805页。
[8]　汪圣铎点校:《宋史全文》,中华书局2016年版,第2648页。
[9]　《孟子·离娄上》。

人,是迪是懋,则亦徒法而已。故必赖济济之贤、蔼蔼之士,布列中外,道德一而风俗同,然后可望其举行不悖,相维于长久也"[1],因此对于掌管刑狱之官的要求极为严格。绍定三年十月,有大臣上奏:"乞下吏部,今后县令狱官须曾历三考……毋得作破格轻授。或监司、帅守辟置,亦令吏部审实合格方许放行"[2],理宗下诏从之。后理宗诏令有云:"近民之官,莫如县令"[3],县令狱官是典型的亲民之官,不仅要求具有审冤治狱的磨勘、考察,以"实其能、察其过"[4],吏部在任用、擢升时还必须再进行深入考察与核实,经考核合格者方能够过关。韩非子曾说:"圣人者,审于是非之实,察于治乱之情也。"[5]绍定二年八月,有大臣向理宗上言:"州县供摊、告讦二害,乞今后凡追究不实者,许被害人越诉,仍令监司觉察"[6],理宗下诏从之。

理宗既知敬畏天命,而天道昭彰无所私覆,就是说上天是至为公平的,"则天立制"就必须注重公平,严禁官员上下其手、混淆是非,审冤治狱更须慎谨慎、公正。又"天有大德曰生"[7],人命至重,君王代天司牧,就应当关心民瘼、慎重人命。理宗深明历代官逼民反的沉重教训,特准大臣李日迈"凡亲民之吏,必选廉去贪,使不至激民为盗"[8]的奏疏。同时,理宗也认为民生、刑狱与国运息息相关。淳祐八年三月,大臣陈垓相理宗进言:"民命与国脉相维,狱讼不当、刑罚不中,则无以保斯民之命脉,尚何以保吾国之命脉",并因以"极

---

[1] 汪圣铎点校:《宋史全文》,中华书局2016年版,第2922页。
[2] 汪圣铎点校:《宋史全文》,中华书局2016年版,第2655页。
[3] 汪圣铎点校:《宋史全文》,中华书局2016年版,第2668页。
[4] 《韩非子·八奸》。
[5] 《韩非子·奸劫弑臣》。
[6] 汪圣铎点校:《宋史全文》,中华书局2016年版,第2649页。
[7] 《易经·系辞下》。
[8] 汪圣铎点校:《宋史全文》,中华书局2016年版,第2671页。

言检覆、决狱、疏决、推勘、拘锁、刺环、奏裁、详覆、重勘、追证十弊"[1]，所言种种俱是有理有据、情实意切，理宗下诏从之。并且针对"刑狱淹延"的现象而"诏刑部及各路监司：刑狱案卷速与理决，仍差属官往州县狱审断，毋令奸胥作弊，滥及无辜"，还要求必须"立为限日，处分行之"，不仅是口头督促官吏从速审断刑狱案件，还明确设置审断期限，真正将这一要求落到了实处。[2] 在官员的升降管理方面，理宗要求"择忠实详练者拟进"，而"侵越扰民者，指实以闻"。[3]

四、宋理宗虔敬应天、养惠民生之"求实"

应天以实，其实出于对天命的敬畏。商朝末年，纣王无道，西周统治者在推翻殷商之后便提出"皇天无亲，惟德是辅"，后董仲舒首倡"天人感应之说"，此后历代君王莫不敬畏天命。孔子说："敬神如神在"[4]，就是在说要心怀虔诚恭敬。宝庆元年七月，礼部侍郎真德秀在向理宗的奏疏中说道："今陛下所御之宫廷，即二祖储神闲燕之地也。仰瞻楹桷，俯视轩墀，常若二祖实临其上"，并且需要做到"食则见先帝于羹，立则见先帝于墙，庶几不负罔极之恩，丕昭纯孝之实"[5]。荀子有云："天行有常……应之以治则吉，应之以乱则凶"[6]，"敬天以实不以文"[7]，就是在说统治者应该根据实际情况，制定正确的措施，并以实际行动来顺应天心，才能取得良好的社会治理效果，朱熹谓之"行者，践其实"[8]。理宗要求朝廷上自君主

---

［1］汪圣铎点校：《宋史全文》，中华书局2016年版，第2792页。
［2］汪圣铎点校：《宋史全文》，中华书局2016年版，第2796页。
［3］汪圣铎点校：《宋史全文》，中华书局2016年版，第2865页。
［4］《论语·八佾》。
［5］汪圣铎点校：《宋史全文》，中华书局2016年版，第2622页。
［6］《荀子·天论》。
［7］汪圣铎点校：《宋史全文》，中华书局2016年版，第2706页。
［8］（宋）朱熹：《四书章句集注》，浙江古籍出版社2013年版，第22页。

"求实":宋理宗法治理论的核心理念

下至百官均须"举行实政,以格天心"[1],宝庆二年七月,乔行简在向理宗上奏时说道:"陛下引咎责躬,此意上通于天。在祖宗朝皆有已行典故,臣已略具敷陈,欲乞陛下思所以应天之实"[2],理宗欣然采纳了这一建言而"庶几修省以实应天"[3]。景定二年十月,理宗再次下诏:"应军民及刑狱有合宽恤等事,可疾速讨论以闻,庶尽应天以实之意"[4]。

《尚书·洪范》有载:"惟天阴骘下民,相协厥居"[5],上天广施福泽,缔造万民,并且赐给万民以常生之资,使他们能够安居乐业,和谐相处。"天生蒸民,不能自治,故立君以临之"[6],而"天子作民父母"[7]在秉承天命统治亿兆百姓的同时,也肩负着保养民生的职责义务。正如管子所说:"莅民如父母,则民亲爱之。道之纯厚,遇之有实。虽不言曰吾亲民,而民亲矣。莅民如仇雠,则民疏之;道之不厚,遇之无实,轴伪并起,虽言曰吾亲民,民不亲也"[8]。养惠民生"事无大小,须是务实"[9],因此理宗要求"中外有位之士,亦务就实以举职业,而以体国事、克己私、遂民生为本"[10]。绍定二年五月,成都、潼川等地发生旱灾以致谷物歉收,理宗从臣僚之请下诏"令制置司及各路监司疾速措置赈恤,务要实惠及民"[11]。"明主举实事,去无用"[12],民生问题关系到国家治乱的肯綮,而统治者欲养惠民生以

---

[1] 汪圣铎点校:《宋史全文》,中华书局2016年版,第2847页。
[2] 汪圣铎点校:《宋史全文》,中华书局2016年版,第2632页。
[3] 汪圣铎点校:《宋史全文》,中华书局2016年版,第2732页。
[4] 汪圣铎点校:《宋史全文》,中华书局2016年版,第2906页。
[5] 《尚书·洪范》。
[6] 《建炎以来系年要录》卷三,丁酉。
[7] 《尚书·洪范》。
[8] 《管子·形势解》。
[9] 汪圣铎点校:《宋史全文》,中华书局2016年版,第2749页。
[10] 汪圣铎点校:《宋史全文》,中华书局2016年版,第2786页。
[11] 汪圣铎点校:《宋史全文》,中华书局2016年版,第2648页。
[12] 《韩非子·显学》。

上应天命、下收民心就必须"恤民隐而惧天变"[1],必须做到让老百姓真正得到切身的实惠,绍定五年九月,理宗在诏令中说"有关民间利便疾苦,并令诸路监司、守令以实具述闻奏"[2]。嘉熙元年五月,理宗下诏:"朕应天以实,每怀严恭寅畏之思,视民如伤,敢替抚庵矜怜之意"[3]。中国古代以农立国,历来"民以食为天,食以安为先",所谓"民穷则为盗"[4],尤其在战乱与灾荒时,更须"养民必惠,否则暴"[5],而发放钱粮、开仓赈济无疑是最能让老百姓感受统治者"施恩常惠"的有效途径,因此理宗多次下诏赈灾济贫,更重要的是理宗将灾异视为上天示警,每每反省自身,强调"今宜讲求实政,凡可以销弭灾异者,次第行之,毋为具文,以称朕祗畏天戒之意"[6],倘若"郡守奉行不谨"就会使得"所惠失实"[7]。为了销弭灾异进而挽回天心,理宗每每避殿、减膳,并下诏书以令"朝廷百官讲求阙政,宽民力,恤军旅,缓刑狱,问疾苦,辑流民,凡可以销灾变者毋匿厥指,共图应天之实"[8]。所以理宗时期多次发放钱粮,振贫济困。例如,嘉熙三年四月,理宗下诏:"诏州县赈流民,决系囚,蠲赃赏钱",并"令逐路漕司、常平司下州县,多方存恤"[9]。对于战祸灾异的防备,理宗所要求的也是实情,他要求"监司守臣宜亟讲荒政以赈乏绝,税租有合蠲减者具实以闻"[10]。理宗对于历代的惠民举措,对于其中真

---

[1]　汪圣铎点校:《宋史全文》,中华书局2016年版,第2672页。
[2]　汪圣铎点校:《宋史全文》,中华书局2016年版,第2673页。
[3]　汪圣铎点校:《宋史全文》,中华书局2016年版,第2726页。
[4]　汪圣铎点校:《宋史全文》,中华书局2016年版,第2814页。
[5]　汪圣铎点校:《宋史全文》,中华书局2016年版,第2848页。
[6]　汪圣铎点校:《宋史全文》,中华书局2016年版,第2781页。
[7]　汪圣铎点校:《宋史全文》,中华书局2016年版,第2863页。
[8]　汪圣铎点校:《宋史全文》,中华书局2016年版,第2781页。
[9]　汪圣铎点校:《宋史全文》,中华书局2016年版,第2735页。
[10]　汪圣铎点校:《宋史全文》,中华书局2016年版,第2790页。

正有益于民者则"仿而行之,庶几实惠于民"[1]。理宗时期最是难能可贵的一项惠民实政,便是广建慈幼局、平粜仓、官药局,并给各路主管官吏提出了实实在在的明确考量标准"以推行于实惠"[2],理宗要求"慈幼局则必使道路无啼饥之童,平粜则必使小民无艰食之患,官药则剂料必真、修合必精"[3],以求"实惠均及"[4]。

结语

观今宜鉴古,因为无古不成今,对待悠久的历史文化传统,应当同时抱有温情与审慎。"实干兴邦,空谈误国",宋理宗以"求实"为核心理念,并在此指导之下革除了朝廷部分弊端,缓和了当时尖锐的社会矛盾,延续了宋朝的国祚,虽然最终"美意虽多,实政未究",但这与理宗所面临内忧外患、举步维艰的国家形势有着极其密切的关系,是社会和历史发展的必然趋势,作为今人不宜过分苛责。

近代以来,在西方现代法文化的冲击之下,古老的东方法治文明也开始了漫长的入世之旅,我们以何种眼光看待中国悠久的传统法律文化,以何种方式弘扬古老的华夏法治文明,是关系民族自信能否进一步增强的重要因素。用历史的眼光来洞察历史,以批判的态度来对待批判,最终目的都在于重新审视中国传统法文化,从传统法文化当中汲取现代法治资源,以求得中华法系的复兴。宋理宗治国理政坚持"以实政图实效",并由是构建起来的以"求实"为核心理念的法治理论体系,为当下的中国特色社会主义法治理论建设提供了宝贵的历史智慧和深刻的治理经验,值得去总结和深思。

---

[1] 汪圣铎点校:《宋史全文》,中华书局2016年版,第2919页。
[2] 汪圣铎点校:《宋史全文》,中华书局2016年版,第2816页。
[3] 汪圣铎点校:《宋史全文》,中华书局2016年版,第2864页。
[4] 汪圣铎点校:《宋史全文》,中华书局2016年版,第2803页。

变法视野下的沈家本:沈家本与修订法律馆

卢晓航[*]

【摘要】 清末法律改革中,沈家本以其家学渊源、久居刑曹的经历和身后的律学功底,被任命为修律大臣,并成为修纂法律的专门机构修订法律馆的灵魂人物。修订法律馆脱胎于原隶属刑部的律例馆,重新激活了律例馆搁浅已久的修纂法律的职能,于清末法律改革中扮演了重要角色。修订法律馆借部院之争的余震得以脱离法部辖制而获得独立机构之名义的过程,离不开沈家本的力争;其于存续期间贡献出大量修律成果,也直接得益于沈家本贯彻的会通中西的方针,及其延揽人才、收拢人心的领导能力。无沈家本之引领,则无修订法律馆之独立、发展与运转,二者于清末法律改革中构成了交相辉映、盛衰与共的命运共同体。

【关键词】 沈家本;修订法律馆;清末法律改革

光绪二十八年四月六日,清廷颁布谕旨:"现在通商交涉,事益繁多,着派沈家本、伍廷芳,将一切现行律例,按照交涉情形,参酌各国法律,悉心考订,妥为拟议,务期中外通行,有裨治理。俟修定呈览,候旨颁行。"[1]此前一年,六十一岁的沈家本辗转经过保定、西安

---

[*] 作者系清华大学法学院博士研究生。
[1]《著派沈家本、伍廷芳修订律例谕》,参见怀效锋主编:《清末法制变革史料》下卷,第3页。

又回到京中,于三十余年的刑曹生涯的历练之后,终于得任刑部右侍郎,步入朝堂。沈家本其人,年过不惑方考取进士、年逾花甲才得以位列朝班,堪称大器晚成;然而恰恰是生命中的最后十数年,沈家本激流勇进地投身于清末法律改革的浪潮之中,并成为当中核心的灵魂人物,从"以律鸣于时"的同侪中脱颖而出,成为会通中西的"法制冰人"。[1]

修订法律馆作为法律改革中负责起草和修纂法律的机构,为沈家本参与修律事业提供了重要的舞台,而沈家本的领导赋予法律馆的生机和动力,是法律馆以不可或缺的角色鼎立于清末法律改革的支柱。

一、修订法律馆前身:律例馆

修订法律馆的前身是创设于清朝初年的律例馆。《清通典》记载:"初顺治二年特置律例馆,敕修律官撰定律书,四年书成,名曰《大清律集解附例》,其后次第刊修,皆特简王大臣为总裁,以各部院通习法律者为提调、纂修等官,凡额设十有八人,乾隆七年始以其馆并隶刑部,复改定员额如今制焉。"[2] 可见最初创设律例馆这一官署,意在完成清朝第一部律例的修撰。乾隆六年,满、汉两种文字的律例均已撰成;乾隆七年始,律例馆归隶刑部辖下,由刑部尚书或侍郎充任律例馆总裁[3] 律例馆的职能也转为稳定的常规性修撰:"五年汇辑为小修,十年重编为大修。"[4]

---

[1] 杨鸿烈语。参见杨鸿烈:《中国法律发达史》,上海书店1990年版,第1008~1019页。

[2] 参见《清朝通典》卷25。转引自万有文库本《十通》,商务印书馆1935年版,第11172页。

[3] 参见张德泽:《清代国家机关考略》,学苑出版社2001年版,第108~109页。

[4] 《清史稿·职官志》:"别设律例馆,由尚书或侍郎充总裁。提调一人,纂修四人(司员兼充),校对四人,收掌二人,翻译、誊录各四人(司员及笔帖式充)。掌修律例,五年汇辑为小修,十年重编为大修。"参见《清史稿》卷114,中华书局1976年版,第3289页。

除修律之外,律例馆的早期职能同样包括了刑、吏、兵等诸部条例的修订。薛允升曾于《读例存疑》中谈及这一职能带来的各部条例保持系统性、不相龃龉的益处:"从前律例馆兼管各部条例,尚属画一,自各部自设则例所,遂不免互相参差矣。"[1]在律例馆隶属刑部之后,不复掌修平行各部条例。同治九年之后,律例亦未再依照五年一小修、十年一大修的成例进行修撰,[2]律例馆的另一主要职能亦因此搁置。

但若因此认为律例馆已沦于闲曹,亦不合于事实。律例馆的另一项重要的日常职能,是为刑部疑难案件撰写说帖,为上述案件的裁量提供指导性意见。沈家本于《刑案汇览三编序》中,记叙了刑部将疑难案件交律例馆详核的流程:初时由律例馆馆员出具说帖,自道光年间起,流程化繁为简、说帖渐少,光绪庚辰以后,律例馆馆员已不复出具说帖,转而直接代为拟定稿尾。[3] 律例馆虽面临修撰律例这一职能的式微,但因其对律例的谙熟,转而挑起稽核疑难案件、提供核覆意见的要务,即便将其视为刑部的核心机构亦不为过。吉同钧评价曾任刑部侍郎的赵舒翘时曾语:"(赵)十年升郎中,任提牢、秋审坐办、律例馆提调。盖律例馆为刑部至高机关,虽

---

〔1〕 参见薛允升,黄静嘉编校:《读例存疑重刊本》第5册,卷46,台北,成文出版社1970年版,第1164页。

〔2〕 沈家本《律例校勘记》中所言:"律例自同治九年大修之后,久未修改,迄今三十二年矣,其中应修之处甚多。"参见沈家本:《沈家本未刻书集纂》,中国社会科学出版社1996年版,第3页。

〔3〕 沈家本《刑案汇览三编序》:"从前刑部遇有疑似难决之案,各该司意主议驳,先详具说帖呈堂。如堂上官以司议为是,由司再拟稿尾(覆外省之语曰稿尾)分别奏咨施行。若堂上官于司议犹有所疑,批交律例馆详核,馆员亦详具说帖呈堂。堂定后仍交本司办稿,亦有本司照覆之稿。堂上官有所疑而交馆者,其或准或驳,多经再三商榷而后定,慎之至也。道光中,渐有馆员随时核覆不具说帖之事,去繁就简,说帖渐少。光绪庚辰以后,凡各司疑难之案,一概交馆详核。于是各司员惮于烦也,遂不复具说帖。馆员亦不另具说帖,径代各司拟定稿尾,交司施行。"参见沈家本:《寄簃文存》,商务印书馆2017年版,第194页。

堂官亦待如幕友,不以属员相视。"[1]亦可旁证律例馆于刑部的超然地位。

沈家本久居刑曹,亦曾任律例馆提调一职长达六年时间,因此,被任命为修律大臣之后,将律例馆作为日后修律机构之基础十分顺理成章。律例馆脱胎而称为修订法律馆(时人多简称"法律馆"),摆脱法部(其时刑部已改法部)的行政从属地位而获得独立,与光绪三十三年发生的"部院之争"直接相关,后文将另详叙之。从律例馆到修订法律馆,重启修订改造旧律、编纂新律的职能,冥冥中形成了一种复古与溯洄:以重要角色登上清末新政舞台的修订法律馆(律例馆),又似重新拾起其于顺治以降、自同治而止的旧职,不能不说是一种有趣的"逆行"。

二、修律大臣人选:适合与适逢

清末是一个风雨飘摇的时代。光绪二十六年,庚子之变爆发,慈禧仓促出逃,或因这次经历,国家已到不可不变之际的局面,直接地摆在了清廷的面前。该年十二月初十日,两宫于西安发布改弦更张诏,决议改革:"法令不更,锢习不破;欲求振作,当议更张。"[2]由是掀开了清末新政的序幕。光绪二十七年六月,张之洞、刘坤一上奏《江楚会奏变法三折》中的第二折"整顿中法十二条"、第三折"遵旨筹议变法谨拟采用西法十一条"[3],提出了整顿旧律、制订新律的具体主张,意在革除现行法弊端、与国际接轨,可以视为清末修律的

---

[1] 吉同钧:《薛赵二大司寇合传》,载《乐素堂文集》卷三。转引自陈煜:《清末新政中的修订法律馆——中国法律近代化的一段往事》,中国政法大学出版社2009年版,第37页。

[2] 《变法上谕(光绪二十六年十二月初十日)》:"一切政事尤须切实整顿,以期渐图富强。懿训以为取外国之长,乃可补中国之短,惩前事之失,乃可作后事之师。"

[3] 参见怀效锋主编:《清末法制变革史料》上卷,中国政法大学出版社2010年版,第12~30页。

源起。

　　于变法大潮及尽快收回领事裁判权("治外法权")的压力[1]之下,光绪二十八年二月初二日,清廷发布上谕,命袁世凯、刘坤一、张之洞保举长于中西律例的官员。[2] 同年四月初六日,清廷接受袁世凯等会奏的保举人选,将沈家本、伍廷芳任命为修律大臣。这一年,沈家本已六十二岁,这是他供职于刑部的第三十八年。

　　沈家本,字子惇,浙江吴兴人。其父沈丙莹为道光乙巳年(道光二十五年)进士,历任刑部广东司主事、广西司员外郎、江苏司郎中、律例馆提调、山西道监察御史等,沈家本初入刑部,便是因父荫援例任刑部郎中。[3] 由此可知,沈家本对律例的精熟,原系家学渊源。沈家本于同治三年始任刑部郎中,《清史稿》评价其"博稽掌故,多所纂述";光绪九年得中进士后,仍留部中,"补官后,充主稿,兼秋审处"。无功名之忧后,沈家本专注于律学,并得到了时任刑部尚书的潘荫祖的赏识。[4] 此后,除短暂的外放之外,沈家本始终就职于刑部,及至得到修律大臣任命的前一年、即光绪二十七年,沈家本由光

---

〔1〕 修律的另一个主要契机是为取回领事裁判权,即时人所说的"治外法权"。鸦片战争之后,西方列强通过在不平等条约中规定特权,将治外法权这一严重侵犯司法主权的制度强加于中国,实际导致了涉外案件中的华人因领事的偏袒而遭到不公审判等弊害。其时英、美、日、葡等国家许诺,在中国法律达成与西方各国接轨的目标之后,将自动放弃治外法权。《中英续议通商行船条约》第12款:"中国深欲整顿本国律例,以期与各西国律例情形及其审断办法既一切相关事宜皆臻妥善,英即允弃其治外法权。"参见《大清法规大全·外交部》。此后与美国、日本、葡萄牙三国所签订的《通商行船条约》也规定了类似的内容。参见张德美:《探索与抉择——晚清法律移植研究》,清华大学出版社2003年版,第150页。

〔2〕 光绪二十八年二月初二日上谕:"著责成袁世凯、刘坤一、张之洞慎选熟悉中西律例者,保送数员来京,听候简派,开馆编纂,请旨审定颁发。"参见《光绪宣统两朝上谕档》第28册,广西师范大学出版社1996年版,第36~37页。

〔3〕 参见李贵连:《沈家本年谱长编》,山东人民出版社2010年版,第3页。

〔4〕 《清史稿·沈家本传》:"初援例以郎中分刑部,博稽掌故,多所纂述。光绪九年,成进士,仍留部。补官后,充主稿,兼秋审处。自此遂专心法律之学,为上述潘荫祖所称赏。"

变法视野下的沈家本：沈家本与修订法律馆

禄寺卿擢升刑部右侍郎，正式位列朝班。[1] 李贵连先生认为，沈家本作为当时"硕果仅存"的旧律权威、最具专业资格的"旧体制中人"，可免于礼教派"非我辈中人"的排揎或苛责，[2]可以说道出了沈家本适合修律大臣这一重任的关窍。

然而，若无前文所提及的"硕果仅存"这一尴尬局面，修律大臣之选或许本非如此独一无二。正在清廷任命修律大臣的前一年，即光绪二十七年，当时律学的两位大家赵舒翘与薛允升先后陨落。

薛允升，字可猷，号云阶，嘉庆二十五年生人。咸丰六年得中进士，以主事签分刑部，数次外调之后，于光绪六年升任刑部右侍郎，光绪七年转刑部左侍郎，光绪九年一度署刑部尚书，光绪十九年升任刑部尚书。[3] 薛允升自任刑部堂官始，颇得推重，"凡各司呈书或请派差，先让薛堂主持先署，俗谓之开堂。如薛堂未书稿，诸公不肯先署，固由诸公虚心让贤，而云阶之法律精通，动人佩服，亦可见矣。后升尚书，凡外省巨案疑狱不能决者，或派云阶往鞫，或提京审讯，先后平反冤狱，不胜枚举。"[4]

薛允升所著《读例存疑》，更是旧律学集大成的著作，即使是其后辈沈家本修律时，也颇有奉为圭臬的推崇之意："上年法律馆修改现行刑律，于《读例存疑》之说，采取独多，亦以律设大法，其随时纂如之例，苟与本律违忤，或律外加重者，概从删并。"[5]沈家本于修纂刑律时提出的删除不适时律例、改重为轻、男女同罪等主张，于《读

---

[1] 参见李贵连：《沈家本年谱长编》，山东人民出版社2010年版，第99页。
[2] 参见李贵连：《沈家本年谱长编》，山东人民出版社2010年版，第2页。
[3] 参见陈煜：《清末新政中的修订法律馆——中国法律近代化的一段往事》，中国政法大学出版社2009年版，第162页。
[4] 吉同钧：《薛赵二大司寇合传》，载《乐素堂文集》卷三。转引自陈煜：《清末新政中的修订法律馆——中国法律近代化的一段往事》，中国政法大学出版社2009年版，第163页。
[5] 沈家本：《故杀胞弟二命现行例部院解释不同说》，载《寄簃文存》。

例存疑》中已可闻先声。

令人叹惋的是,薛允升未能亲自以主导者的身份践行自己的律学主张。光绪二十三年,薛允升因其从子通贿、涉嫌为其筹销弥策被弹劾,坐不嫌远,被贬为宗人府府丞;次年,因疾奏请开缺,一直居住京中。直至光绪二十六年,薛允升由京奔赴行在,十月间奉诏起复为刑部左侍郎兼会办陕西账务。十二月,因刑部尚书赵舒翘处斩,薛允升再次任职刑部尚书,只是此时他已年逾八旬,勉强拖着支离病体办公而已;次年(光绪二十七年)两宫回銮,薛允升随扈北行,于行程中病卒于河南开封。[1]

而相比于年迈的秋曹前辈薛允升,赵舒翘的陨落则更令人愕然。赵舒翘,字展如,道光二十七年生人。按《清史稿》载,赵舒翘同治十三年即中进士,授刑部主事,迁员外郎。经外调,于光绪二十一年任刑部左侍郎,次年又升任刑部尚书,其时不过四十九岁,光绪二十五年再直入军机处。相比于年至花甲方得任刑部右侍郎的沈家本与薛允升,他的仕途可谓是一帆风顺。赵舒翘素有廉名,吉同钧曾相较评价他与薛允升:"若观其行事老成练达,涵养深沉,赵固不及薛;公正无私,操守清廉,薛允不如赵。"[2]然而,盛极则衰,庚子事变之后,赵舒翘因曾附和慈禧主张、屠戮教民,又曾随刚毅往河北涿州"视察"、并于回京后劝说慈禧利用义和团灭洋,被八国联军列为战犯之一,要求惩办,慈禧迫于压力将赵舒翘处斩。[3]沈家本为此亲往长安赵舒翘墓前祭奠,并作《大元村哭天水尚书》一诗,有"始祸众

---

[1] 参见黄静嘉:《中国法制史论述丛稿》,清华大学出版社2006年版,第257~260页。

[2] 吉同钧:《薛赵二大司寇合传》,载《乐素堂文集》卷三。转引自陈煜:《清末新政中的修订法律馆——中国法律近代化的一段往事》,中国政法大学出版社2009年版,第178页。

[3] 参见陈煜:《清末新政中的修订法律馆——中国法律近代化的一段往事》,中国政法大学出版社2009年版,第178~179页。

亲贵,误国魄应褫;君乃罹此难,系铃铃谁解"之悲愤语。[1] 于沈家本看来,赵舒翘不过是替罪羔羊,纵有人应付出代价,也不当由他赵舒翘赴死。

然而,不能否认的是,恰是因赵舒翘被问罪处死,刑部空虚得以官复尚书的薛允升又病逝于途中,律学人才接连凋零,才凸显出这一危难时机之下,沈家本作为修律大臣人选的无可替代之处。薛允升年长辈高、底蕴深厚、极具号召力,赵舒翘年富力强、青云直上、而又清廉正直,若他二人尚在,不能断言沈家本的修律大臣之职必定落于二人之一,但至少存在一定的可能性。

或云修律大臣不止一人,清廷首次任命修律大臣,即同时任命沈家本、伍廷芳二人,伍廷芳退出后,修律大臣一职亦先后曾为俞廉三、刘若增等人所任,但真正可一度与沈家本并驾齐驱,也只伍廷芳一人而已。然而,这正是因沈、伍两个人选各自独立、互为补充,伍廷芳这一搭档的存在,并不影响沈家本这一人选的不可替代性。由张之洞等保举沈、伍二人的奏折可知:"查刑部左侍郎沈家本久在秋曹、刑名精熟,出使美国大臣四品卿衔伍廷芳练习洋务、西律专家……"[2]二人一中一西的格局可谓十分鲜明。

不过,强干如伍廷芳,并未能如沈家本一般几乎全程参与清末的法律改革事业,而是姗姗来迟、疾疾抽身。"姗姗来迟",系因任命修律大臣上谕颁布时,伍廷芳尚在美国,因外交谈判和修订商律等事宜难以抽身,直至次年(光绪二十九年)八月才回到北京,与沈家本会师。[3] 而"疾疾抽身",指伍廷芳任职不过半年,即请假三月回籍

---

[1] 参见李贵连:《沈家本年谱长编》,山东人民出版社2010年版,第96~97页。
[2] 参见《袁世凯奏议》卷一四,天津古籍出版社1987年版。
[3] 然则,其时法律馆连经费亦尚未落实,并未能真正开展修律工作,因此伍廷芳虽迟来一年有余,但只错过了修律的前期准备事宜。参见陈煜:《清末新政中的修订法律馆——中国法律近代化的一段往事》,中国政法大学出版社2009年版,第198页。

修墓,此后决意不再北上,奏请开缺,最终得以允准。[1] 伍廷芳中途退出修律事业的原因众说纷纭,苏亦工先生认为,或因伍廷芳不惯衙门陋习,不合于时流,因此公务上不得志,又或因职位调整,伍廷芳于光绪三十二年正月调任刑部右侍郎,而沈家本时任刑部左侍郎,排名高于伍廷芳,此为伍廷芳的又一不得志处;[2]陈煜先生则以为,伍廷芳的离任或与《大清刑事民事诉讼法草案》的流产有关:沈、伍二人教育背景殊异,对于法律改革的目标认知亦有不同,伍廷芳更重视编纂新法且隐以英美法而非日本法为准绳编纂新法,《大清刑事民事诉讼法草案》即是他这一意识领头的产物。然而,为是否采取陪审制和律师制,沈、伍二人存有争议,甚至一度超出法律馆的范畴、咨询于北洋大臣袁世凯。最终在伍廷芳坚持下,草案采取其思路,规定了陪审制、律师制,然而甫一交付内外臣工议论,即引起一片哗然,满耳皆是驳斥反对之声。此事对于伍廷芳的信心或为一次重大打击,并导致其萌生退意。[3]

无论如何,伍廷芳匆匆离开清末修律的舞台,甚至早于修订法律馆之独立,已成事实,其参与修律的时间至多不超过三年。在他之后,沈家本的另一搭档俞廉三,从目前可见的材料视之,似乎并未能似伍廷芳一般,与沈家本之间碰撞出势均力敌的火花。沈家本作为修律大

---

[1] 光绪三十二年七月二十九日《香港华字日报》以《伍秩庸决意不出山》为题,该报道说:"伍秩庸前因告假回籍修墓……于闰四月间已由津抵沪,逗留两月,尚未赴粤。兹悉侍郎近日又以旧病触发头痛等词,再行奏请开去刑部侍郎缺。蒙恩再赏假两月,勿庸开缺。然说者谓此次假满后,仍续请,大约决意乞骸骨,不复作出山之想云云。"虽两宫多次电召,伍秩庸决意不再北上。同年十月十七日《华字日报》北京专电:"伍廷芳奏请开缺,奉旨允准。"参见张云樵:《伍廷芳与清末政治改革》,台北,联经出版事业公司1986年版,第242页。

[2] 参见苏亦工:《重评清末法律改革与沈家本之关系》,载《法律史论集》1998年第1辑。

[3] 参见陈煜:《清末新政中的修订法律馆——中国法律近代化的一段往事》,中国政法大学出版社2009年版,第208~209页。

臣、作为修律的领头人物,是契若符节的适合,也是时局所致的适逢。

三、修订法律馆独立:部院之争的余震

溯及修订法律馆得以从法部(刑部)独立而出的原因,不能绕过部院之争。

部院之争的背景是清廷对于官制的改革。自光绪二十七年起的新政温吞数年之后,终于因"立宪派"的崛起而迈出了较大的步伐。彼时日俄战争战局初定,日胜俄败,战局消息传回国内,极大地刺激了朝野对于君主立宪制的幻想,一时间"制度决定论"甚嚣尘上。清廷在派遣五大臣出洋考察后,开启了官制改革,将新政引到具体的制度改革之上。

权力分置思想的中国式变通运用,贯穿于官制改革之中:资政院为立法之一足,军机处于内阁为行政之一足,法部(改革前为刑部)与大理院(改革前为大理寺)为司法之一足,呈三足鼎立。[1] 其中,法部掌司法行政,大理院掌最高审判。然而,单论"司法"这一端之中,仍然潜藏着行政与司法的纠葛:若论职能,大理院只是较为单纯的最高审判权,但法部同时执掌司法行政权与一部分最高审判权——复核秋审朝审案件、各省死刑案件和恩赦特典等事务,如此,则难以单纯以行政与司法将此二官署定性之。法部的司法行政权可以对大理院监督至何种程度,法部的复核权与大理院的审判权之间的混淆与重叠应当如何分界,都是官制改革之后,上谕中一句"刑部著改为法部,专任司法;大理寺著改为大理院,专掌审判"所未曾明晰的。[2]

---

〔1〕 参见张从容:《部院之争:晚清司法改革的交叉路口》,北京大学出版社2007年版,第24~35页。

〔2〕 《裁定奕劻等核拟中央各衙门官制谕》:"今昔情形既有不同,自应变通尽利。其要旨惟在专责成、清积弊、求事实、去浮文,期于厘百工而熙庶绩。……刑部著改为法部,专任司法;大理寺著改为大理院,专掌审判。"参见故宫博物院明清档案部编:《清末筹备立宪档案史料》(上册),中华书局1979年版,第471页。

光绪三十二年,紧随于官制改革之后,清廷又采取系列人事变更,对各部院的大臣进行了调任,如任命戴鸿慈为法部尚书,将沈家本由刑部调往大理院任正卿。大理院之原身大理寺为"几等闲曹",重新建设颇为困难,人力、财力、物力无一不缺,而法部背靠原刑部的家底,条件较为优越。然而,大理院之建设越艰难,大理院职权之确认便越迫切,若不趁分工尚未尘埃落定,于司法权限中争得一席之地,恐将再度沦为可有可无之附庸,人才、银钱等将更无从谈起。加之此时大理院新任正卿是修律大业不过中道的沈家本,此时他个人、大理院的职权与修律事业的开展已经被牢牢捆绑。

在此情境之下,大理院抢先制定了《大理院审判编制法》,确立大理院为"全国最高之裁判所",享有最高审判权与最高解释权,规定四级审判机构,确立"大理院直辖审判厅"的概念;而法部亦不落于人后,奏请确立法部为"司法衙门",综理各部省法制,对各级审判机构有监督权,对各直省刑事稿件也有复核权。二者权限存在交叉重叠,然而竟先后得到了清廷的批准,各有上谕可以背书。[1] 部院之间的权限之争已在所难免,并最终因法部曾鉴与大理院董康之间爆发的激烈争执而进一步激化。

光绪三十三年四月三日,法部尚书戴鸿慈未与大理院商议,单方面呈交《奏酌拟司法权限折》,提出法部所谓"司法行政权"原即包括"行政权"与"司法权"(审判权);大理院方面,沈家本既不满于法部所提供清单中对其职权的一味扩张,又不满于戴鸿慈自行上奏、从而使己方失去协商机会的举动,故于六天后呈交《奏厘定司法权限折》作为回击,在法部所提供的权限清单上添加按语,以表达大理院对权限划分的异议:"原以法部与臣院同为司法之机关,法部所任系

---

[1] 参见张从容:《部院之争:晚清司法改革的交叉路口》,北京大学出版社2007年版,第76~81页。

司法中之行政,臣院所掌系司法中之审判,界限分明可无疑义。"[1]部院之间的争端最终落足于"行政"与"司法":大理院未经允许而从法部奏调干员、任命审判官员、接受民政部案件、筹建各级审判厅、划分司法区域等行为,是否侵犯法部之行政权;大理院于法部的重案及死刑案件复核权之外,要求大理院对经其复核的案件拥有同于法部的署名权,是否属于其应有之审判权。[2]

部院之争的白热化震动了朝廷,最终受到最高权威的干预。四月十二日,清廷在沈家本的奏折后批谕,要求部院"和衷商办,不准各执意见",并将法部右侍郎张仁黼与大理院正卿沈家本对调。[3]沈家本品级虽未变,却从可以单独裁决或奏事的大理寺正卿,转而屈居戴鸿慈之下,实属暗贬,兼之削弱了沈家本于部院事务中的影响力;张仁黼不降反升,将部院之间的争端交由原上下级的戴、张二人解决。此举使部院之间的争斗暂歇,两部间的角力达到一种微妙的平衡。四月二十日,部院于"连日晤商"之后达成一致意见,同意了大理院于所复核案件中的审核权,但法部控制了大理院的人事任命权,并将参与大理院官制的制定。[4]

部院之争暂告一段落,但论争并未停止。在官制改革中,沈家本调任大理院后,其作为修律大臣所带领的修订法律馆,已经从实质

---

〔1〕 参见张从容:《部院之争:晚清司法改革的交叉路口》,北京大学出版社2007年版,第81~92页;戴鸿慈:《奏酌拟司法权限折(并清单)》,载怀效锋主编:《清末法制变革史料》上卷,中国政法大学出版社2010年版,第391页;沈家本:《大理院奏厘定司法权限折(并清单按语)》,载怀效锋主编:《清末法制变革史料》下卷,中国政法大学出版社2010年版,第394~396页。

〔2〕 大理院并未否认法部对重案及死刑的案件的复核权,相反在《大理院审判编制法》中予以确认,仅要求经其复核的案件拥有同于法部的署名权,而不沦于法部的下辖审判机关;但法部的主张是将重案复核权扩张至对大理院案件的驳审权。参见张从容:《部院之争:晚清司法改革的交叉路口》,北京大学出版社2007年版,第91~92页。

〔3〕 参见朱寿朋编:《光绪朝东华录》,中华书局2016年版,总第5669页。

〔4〕《法部大理院会奏遵旨和衷妥议部院权限折(并清单)》,参见《大清法规大全·法律部》卷四,政学社1909年版,第1814~1815页。

上脱离法部,成为独立的修律机构。随着法律改革在各个方面的推进,修订法律这一权力的重要性逐渐凸显;加之此前因司法权限划分而引发的部院之争的铺垫,修律权限成为第二阶段论争的焦点。

光绪三十三年五月一日,已调任大理寺正卿的张仁黼奏请派部院大臣会订法律,主张将法律馆改为修订法律院,由法部和大理院"专司其事",各部院堂官"一律参预"。[1] 此折意在削弱沈家本作为修律大臣领导修律的权力,同时将权力划分至部院。六月九日,法部奏上《拟修订法律办法》,与张仁黼的奏议大同小异,提出特开修订法律馆,同样由法部、大理院主持。而在各部院堂官之外,更加之各督抚将军作为参议法律大臣,将参与立法的人员范畴进一步扩大,更加稀释了沈家本作为修律大臣的权限。[2]

对此,沈家本以退为进,奏请以三月为期,编成《大清新刑律》总则,随即辞去修律大臣一职。[3] 但于当时情况,无论是从学识才干,还是在修订法律馆属员中的名望,沈家本实是统领修律不二之人选,清廷并不愿意临阵换帅。因此,在沈家本如期呈交总则之后,宪政编查馆终于在谕令下提出修订法律办法:将法律分为法典和单行法两种类型,分别将起草权划予修订法律馆和各部院及各省;修订法律馆独立、与部院不相统属;宪政编查馆掌握法典及单行法的考核权。[4] 这套办法既保留了中央部院的单行法起草权,又确立了修订法律馆独立的修律机构的性质,因此基本调停了部院与修订法律馆之间的论争。

---

〔1〕 参见张仁黼:《大理院正卿张仁黼奏修订法律请派大臣会订折》,载故宫博物院明清档案部编:《清末筹备立宪档案史料》(下册),中华书局1979年版,第834页。

〔2〕 参见戴鸿慈等:《法部尚书戴鸿慈等奏拟修订法律办法折》,载故宫博物院明清档案部编:《清末筹备立宪档案史料》(下册),中华书局1979年版,第841页。

〔3〕 参见沈家本:《修订法律大臣沈家本奏修订法律情形并请归并法部大理院会同办理折》,载故宫博物院明清档案部编:《清末筹备立宪档案史料》(下册),中华书局1979年版,第838页。

〔4〕 参见奕劻等:《宪政编查馆大臣奕劻等覆修订法律办法折》,载故宫博物院明清档案部编:《清末筹备立宪档案史料》(下册),中华书局1979年版,第850~851页。

借着部院之争的余震,修订法律馆摆脱了其原身律例馆附属于刑部的下设机构的地位,成为与法部相独立的修律机构。在此次争端之中,沈家本时而慷慨奏陈、据理力争,时而以退为进、上下周旋,试图由官制改革前既定的分权格局中挣脱,为自己所在之部门谋求更大的权限。为此,戴鸿慈曾于部院之争过程中致信梁启超,指责沈家本恋栈权力,不肯退让,包揽修律、人事调度、审判等多方权限,如此作为,与立宪的目标南辕北辙。[1]然而沈家本如此积极地扩权,恋栈权位之心或有,然而时局不进则退,其确保修律工作推进和法理思想践行、推动司法改革进程之抱负和苦心亦绝不可忽视。

需补充说明的是,修订法律馆虽由此获得名分上的独立,但在实际的修律工作中,法典与单行法的二分并未被严格执行。在《大清新刑律》的编纂过程中,经张之洞主管的学部上奏,朝廷批谕,修订法律大臣会同法部对法典进行斟酌修改;后又于《逐年筹备事宜清单》中,明确规定了修改新刑律的工作由修律大臣与法部同办。[2]这与新政以前的修律传统无疑是相关的。

四、沈家本于法律馆之贡献:人与事

光绪三十三年十一月十四日,修订法律馆开馆前夕,沈家本领衔上奏的发《法律馆办事章程》,明确了法律馆的四项基本职责:拟订奉旨交议各项法律;拟订民法、商法、刑法、刑事诉讼法、民事诉讼法

---

〔1〕 光绪三十三年二月三十日戴鸿慈致梁启超书信:"……而沈堂乃以阴柔手段,攘窃法权,一切用人行政区划审判区域事宜,不关白法部,亦并未会衔,径直上奏,惟留秋朝现审诸例案,推诸法部,自余修律大臣法律学馆,皆归一人之手,法部不过问焉。夫修律者,立法部之义务也,司法调度司法警察者,司法省之义务也,秋朝现审者,大审院之义务也,今以一人之责任,兼三权而有之,其不丛弊者几何。"参见丁文江、赵丰田编:《梁启超年谱长编》,上海人民出版社2009年版,第379~381页。

〔2〕 上谕《九年预备立宪逐年筹备事宜清单》,上海商务印书馆编译所编纂:《大清新法令(1901-1911)》(第1卷),李秀琴、孟祥沛、汪世荣点校,商务印书馆2010年版,第16页。

诸法典草案及附属法;删订旧有律例及编纂各项章程;编译各国法律书籍。[1] 为完成上述职责,法律馆设二科及译书处、编案处,第一科职掌关于民律、商律的调查和起草,第二科职掌关于刑事诉讼律、民事诉讼律的调查和起草,译书处职掌编译各国法律书籍,编案处职掌删订旧有律例及编纂各项章程。[2]

对比光绪三十三年以前伍廷芳曾参与的修律活动,陈煜先生曾整理、统计,共十四份:

《奏删除律例内重法》(伍、沈,光绪三十一年三月二十日);
《奏核议恤刑狱各条》(伍、沈,光绪三十一年夏);
《奏酌拟变通刑法》(伍、沈,光绪三十一年夏);
《奏变通窃盗条款》(伍、沈,光绪三十一年夏);
《奏停止刑讯请加详慎》(伍、沈,光绪三十一年夏);
《奏请专设法律学堂》(伍、沈,光绪三十一年夏);
《奏定法律学堂章程》(疑为伍、沈,光绪三十一年);
《奏请于各省课吏馆内专设仕学速成科》(伍、沈,光绪三十一年夏);
《奏订新律》(伍、沈,光绪三十一年九月);
《奏流徒禁刑讯、笞杖改罚金》(伍、沈,光绪三十一年九月);
《奏诉讼法请先试办》(沈、伍,光绪三十二年四月二日);
《奏伪造外国银币设立专条》(沈、伍,光绪三十二年四月二日);
《奏虚拟死罪改为徒流》(疑为沈、伍,光绪三十二年四月二日);
《奏议订商律续拟破产律》(沈、伍与商部汇奏,光绪三十二年四月)。[3]

---

[1] 《修订法律大臣沈等会奏开馆日期并拟办事章程折(附清单)》,参见《东方杂志》第5年第2期,"内务"。另:重组后的修订法律馆正式开馆日期为十一月二十七日。

[2] 参见程燎原:《清末法政人的世界》,法律出版社2003年版,第186~187页。

[3] 参见陈煜:《清末新政中的修订法律馆——中国法律近代化的一段往事》,中国政法大学出版社2009年版,第207页。

陈煜先生提出,在中国传统政治文化中,排名的先后顺序相当受重视,从中可见权力大小和个人地位高低。光绪三十一年的奏折中,伍廷芳署名均先于沈家本。二人一任外务部右侍郎,一任刑部左侍郎,品级相同,虽则清代官制以左为尊,但外务部居众部之首,因此二人单论官阶难分高下,此时署名先后即反映出修律大臣权力之大小。当中总纲性的《奏删除律例内重法》一折,甚至出现了"臣廷芳"的字样,可见该合奏中伍廷芳应占主导地位。伍廷芳上奏之风格较为直接坦率,不似沈家本之含蓄委婉,上述奏折中表现出一定的"伍氏风格",也可作为旁证。[1]

若依此看法,光绪三十二年以后,伍廷芳请假回籍扫墓、不复北上,后几份奏折当为沈家本主导;及至光绪三十三年末修订法律馆成立时,伍廷芳更不复在京城。但法律馆之《办事章程》,仍与前述沈、伍合奏乃至伍廷芳主导合奏的奏折所体现的法律改革之方阵一脉相承。苏亦工先生认为,"从清末修律的全过程看,肯定沈氏是清末法律改革的主持人大体上仍是不错的,但不宜低估伍氏的作用;沈氏的最大功绩在于不避物议将伍、沈二人共同确立的修律方针贯彻始终",虽于沈家本的领衔地位过于谦逊,但点出沈家本通过与伍廷芳的短暂合作,探索并沿用会通中西的方针,可谓准确。

法律馆存续期间,于删订旧法、编纂新法、习惯调查、翻译外国法律、推动法律学堂创办等方面都取得了成绩,而最大的所获当属《钦定大清刑律》的诞生,这部法律的编纂也体现了沈家本的律学思想。

沈家本以深厚的律学功底为基,兼之任修律大臣之后打开的开放视野,从而形成了既不盲目崇拜妄自菲薄,亦不骄矜自大故步自封、开放和发展的法律观,以"折衷各国大同之良规,兼采近世最新之学说,而仍不戾乎我国历世相沿之礼教民情"的目标修纂律例:

---

[1] 参见陈煜:《清末新政中的修订法律馆——中国法律近代化的一段往事》,中国政法大学出版社2009年版,第207~208页。

"我法之不善者当去之,当去而不去,是谓之悖。彼法之善者当取之,当取而不取,是谓之愚。夫必熟审于政教风俗之故,而又能通乎法理之原,虚其心,达其聪,损益而会通焉,庶不为悖且愚也。"[1]

在会通中西的指导思想之下,兼之立足于薛允升《读例存疑》等前辈律学著作,《钦定大清刑律》历经六年七案的修纂,才最终于宣统二年十二月得以颁行。该刑律于资政院议决过程中引发的礼法论争,是资政院第一次常会中浓墨重彩的一笔。早在其第一案公布之初,就已经引发了众多的争议,被认定其中部分条文于礼教有妨;至资政院召开会议时,所议决的已经是修改后的第四案。[2] 争议的主要焦点在于:"子孙对尊长是否具有正当防卫权"之辩、"无夫奸"之辩;并由法条中的具体问题,上升至法律是否需以道德和习俗为基础、法律须遵循家族主义抑或国家主义的争论。[3] 由于时限问题,《大清新刑律》最终以省略三读的方式通过了总则,未能议完分则;后由宪政编查馆进行修订,上奏清廷后得以颁布,即《钦定大清刑律》。

《钦定大清刑律》共五十三章、四百二十一条,另附《暂行章程》五条。《钦定大清刑律》从根本上迈入了近代化法典之列:体例上,采取总则、分则二分,总则规定犯罪构成要素和刑罚适用的一般原则,分则规定具体的刑名及刑罚;刑罚体系上,由五刑改为主刑和从刑,主刑包括死刑(废除斩刑,只采取绞刑或枪决)、无期徒刑、有期徒刑、拘役、罚金五种,从刑则包括褫夺公权和没收财产;改重为轻;随时代发展增加新罪名(如妨害选举、妨害交通等);删除十恶、八议等部分罪条。虽则碍于各方压力保留了《暂行章程》,但其中广受争

---

[1] 沈家本:《裁判访问录序》,载沈家本:《寄簃文存》,商务印书馆2015年版,第206页。
[2] 参见陈新宇:《〈钦定大清刑律〉新研究》,载《法学研究》2011年第2期。
[3] 参见向达:《清末礼法之争述评》,载《深圳大学学报(人文社会科学版)》2012年第5期。

议的"无夫奸"条款最终并未被纳入正文。[1]《钦定大清刑律》当视为修订法律馆编纂工作的典型成果。

沈家本于修订法律馆的贡献,绝不止于简单地带领馆员完成法律馆的职责。除却其令人敬服的律学素养和业务能力,其对于人才的网罗和善待是修订法律馆得以活跃的另一个关键。沈家本认为,法律馆之成败,一半在网罗人才,一半在明定职司:"伏思馆中事务繁重,需才众多,必有提纲挈领之员,方能有条不紊……非多得明达之才,不足以资商订。"[2]由于律学一科广博幽深,专业门槛较一般行政事务更高,因此对于人才的需求也更为强烈。沈家本为法律馆寻觅、求索人才,一方面是向内求,即请求从其他部门调任,如光绪三十三年十月二十日《奏为拟调晓法政人员以资任使事折》、光绪三十三年十一月初二日《奏选保法律馆提调人员折并单》、光绪三十四年十月初四日《照案遴员派充臣馆咨议官折》等,皆出于此,其中《奏为拟调晓法政人员以资任使事折》一折之中,便提名三十位其他部院人员充任馆务,多为具有留洋背景的青年才俊,如严锦镕(美国哥伦比亚大学政法科)、王宠惠(北洋大学法科、美国耶鲁大学法学院法学博士)、章宗祥(日本帝国大学法科)、曹汝霖(日本东京法学院、1905年法政科进士)、陆宗舆(日本法政速成科)、江庸(日本早稻田大学法制经济科、1908年法政科举人)等,以美、日两国留学背景为多,留日者犹多。[3]上述名字,多于民国政坛叱咤风云,竟也曾于修订法律馆中齐聚一堂,居于沈家本麾下,可见法律馆虎踞龙盘。

除却向内求,人才亦可向外求,即是聘请外国法律专家,例如,日

---

[1] 参见陈煜:《清末新政中的修订法律馆——中国法律近代化的一段往事》,中国政法大学出版社2009年版,第332~333页。

[2] 沈家本:《修订法律大臣沈家本奏选保法律馆提调人员折并单》,载《政治官报》光绪三十三年十一月初二日,第四二号。转引自陈煜:《清末新政中的修订法律馆——中国法律近代化的一段往事》,中国政法大学出版社2009年版,第185页。

[3] 参见程燎原:《清末法政人的世界》,法律出版社2003年版,第187~188页。

本法学大家冈田朝太郎、松冈义正、小河滋次郎、志田钾太郎等,都曾应邀来华,其中冈田朝太郎在中国伫留的时间长达九年,受聘为"北京法律学堂教习兼钦命修订法律馆调查员",负责起草《大清新刑律》等草案,在京师法律学堂、京师法政学堂讲授刑法总则、刑法分则、刑事诉讼法、法院编制法、法学通论、宪法、行政法等课程。至民国时期,他仍以政府顾问的身份,参与《修正刑法草案》的起草工作。[1]

法律馆馆员之一江庸曾以"清季达官中最为爱士之人"评价沈家本:"凡当时东西洋学生之习政治法律归国稍有声誉者,几无不入其罄中。法律馆于两大臣下,虽设有提调、总纂、协修等名目,然薪俸之厚薄,则不以位置之高下为标准。总纂薪金倍于提调,纂、协修之专任也,薪金又倍于总纂。盖以初筮仕之学生,其资格不足以充提调、总纂,使之专致力于编纂事业,非厚俸不能维絷也。当时王大臣中亦多喜延揽新进,惟严范生(学部侍郎严修)师之爱士出于至诚,然事权不属不能尽如人意,其余类叶公之好龙,非沈公比也。"[2]愈低阶、简易的修律工作,反而奉以愈多薪水,以此换得馆员安心编纂;修订法律馆早期经费并不充裕,亦需沈家本时或上奏请拨,然而于人才待遇一事上如此优厚,可以想见沈家本其时如何得人敬服拥戴。

五、尾声

宣统三年二月,或因礼法之争带来的外部压力与看尽官场倾轧的心灰意冷,沈家本请辞修订法律大臣及资政院副总裁,修律大臣转由刘若曾担任,沈家本由是结束了将近十年的修律生涯。其时沈家本已七十一岁高龄,但他的离开依然令法律馆诸人感到诧异和群龙无首的茫然。

---

〔1〕 参见陈新宇:《礼法论证中的冈田朝太郎与赫善心——全球视野下的晚清修律》,载陈新宇:《寻找法律史上的失踪者》,商务印书馆2019年版,第185~187页。
〔2〕 参见江庸:《趋庭随笔》,文海出版社1967年版,第61~62页。

时任法律馆总纂的汪荣宝于日记中记下沈家本离任后法律馆的散漫和冷清：

"宣统三年三月十三日　到修订法律馆，不见一人，迄午刻而散。"

"宣统三年三月二十八日　到修订法律馆，闻其无人，良久始遇书卫，询知馆中自刘少卿接任后改以午后办事，往往至四、五时始集，故午来之间无人也。"[1]

此前上午九、十点钟众人齐聚办公、草拟讨论的昔日光景终不复现，随着灵魂人物沈家本的离去，法律馆似乎也被抽走了一把支棱的脊骨，与日暮西山的清王朝一齐流露出难以遮掩的破败气息。次年清王朝覆灭，又一年，沈家本病逝于北京寓所。

沈家本于暮年成为修律事业之执牛耳者，自就任修律大臣始，便将自己的能量尽数燃烧于此。修订法律馆得以从律例馆脱胎而得新生、又摆脱对法部的从属地位成为独立的法律编纂机构，乃至以"会通中西"为方针奉献出大量的旧律改造、新律编纂等成果，沈家本在其中扮演着不可或缺、不可替代的领导作用；而相应地，修订法律馆也反哺予沈家本从精熟秋曹到融贯中西的进步、是他奉献于修律的十年成为人生最高光的部分。二者相互成就，亦是相互依存。沈家本适逢修律之契机，得以通过修订法律馆挥掷所长，固然是其人生一幸；中国近代法律之发展史上能得一沈家本，又何尝不是幸事。

---

〔1〕 参见《汪荣宝日记》。转引自胡震：《亲历者眼中的修订法律馆——以〈汪荣宝日记〉为中心的考察》，载《华中科技大学学报（社会科学版）》2010年第3期。

学术新人

【编者按】 本卷"学术新人"栏中,我们选编了四篇文章,其中第一篇和第二篇是博士研究生的作品。讨论了清代的查旗御史。作者从查旗御史的四方面法律职责进行考察,参考众说,且对学术界成说提出一定的质疑,展现了学术新人的敏锐色彩。第三至四篇,则为硕士研究生的作品,涉及制度史、法律与文学诸领域,同样展现了某种"新锐"的视角。

略论清代的查旗御史

翟文豪*

【摘要】 八旗制度是清代安身立命的根本,雍正元年,为了稽查旗务,设置查旗御史。本文主要对查旗御史的法律职责进行梳理,对查旗御史在京师八旗旗务中的作用进行勾勒。查旗御史隶属于都察院,作为监察御史的组成,因其本身的弊端和八旗制度存在的弊端,其历史作用并不能被高估,但作为专有职官存在180多年,应该对其作"同情"理解。通过对查旗御史的法律职责的考察,为八旗制度在社会发展中的样态化提供另一种面向。同时,对现今的监察文化也有一定的借鉴意义。

【关键词】 京师八旗;查旗御史;法律职责

八旗制度是清代的重要制度之一,与清代的产生以及之后的发展都息息相关,关于八旗制度与清代的论述,学术界成果丰硕,专著和高质量论文为后人研究提供了重要的借鉴。关于八旗制度中的查旗御史,目前学术界仅有一篇文章[1]。本文以查旗御史的法律职责为中线,对该文章中关于查旗御史的职责问题进行更为全面的补充。

---

* 作者系北京大学法学院博士研究生。
[1] 杜家骥:《清代八旗的查旗御史》,载《满学论丛(第1辑)》2011年第15期。

一、查旗御史的形成及沿革

八旗,是清朝满族特有的旗人组织,集军事、行政管理等诸多职能于一体,有满洲、蒙古和汉军八旗。清入关以后,因为驻地的不同,分为盛京八旗、京师八旗(禁旅八旗)和驻防八旗。[1] 御史一职,设立于秦朝,即御史大夫,作为秦代的监察官,负责监察百官。汉以后因之,直到明朝设立都察院,清代沿袭明代官制,同样设立都察院,负责监察百官。

(一) 形成

雍正元年,皇帝为整顿旗务,纠查京城八旗内的不良风气,修正八旗的运行轨道,保证立国之本的正常运行,设置查旗御史,对八旗进行监督。谕令,"每旗派出满洲御史二员,照稽察各部院衙门例,令其稽察。"[2] 从品级最高的都统、副都统,到低级官员,查旗御史都严行稽查。此时的查旗御史,只是两名满洲御史,而没有蒙古人和汉人。无论从御史数量还是从不同旗来看,查旗御史的监察力度是不够的,并不能达到官职设立的初衷。

(二) 发展

考虑御史数量不能覆盖八旗的满、蒙、汉三处,无法满足监察工作的现实需要,乾隆四年,增加了汉军查旗御史。"汉军御史,虽在汉御史数内,实属旗员。请每旗再增一人,令各察一旗,将满洲、汉军科道,并见在稽察旗务御史,共简二十四人。"[3] "四年夏六月增派查旗御史。"[4] 这则材料也是雍正四年增加汉军查旗御史的佐证。

---

[1] 参见孟森:《清史讲义》(八旗制度考实),中国书籍出版社2017年版,第15~93页。

[2] (清)慧中:《钦定台规》,卷三,清乾隆都察院刻补修本,第26页。

[3] 《续修四库全书》编纂委员会编:《钦定大清会典事例》(第812册),上海古籍出版社2002年版,第226页。

[4] (民国)《清史纪事本末》,卷十九,民国三年石印本,第78页。

此外，为防止因血缘等因素架空御史监察，保证查旗御史可以更好地开展监督等工作，查旗御史采用回避制度。"查旗御史系该旗都统、副都统子、婿及远房族侄，比照查仓科道，与该监督同旗以及外姻内亲者，照例回避，请旨更调。"[1]

乾隆二十九年，火器营设立稽察御史。"向来火器营挑选官员并注销等事，均入于各该旗，护军营内送查旗御史稽察，今火器营另设专员诸事，均系自行承办，应于满洲蒙古汉军科道内奏请钦派一员稽察。"[2]乾隆四十二年，前锋营和护军营也有了稽察御史。查旗御史是按旗设置的，八旗中有一个特殊的机构，最初是值月旗，后改为值年旗[3]，值年旗中也有稽察御史。

(三)消亡

乾隆五十年，汉军查旗御史被裁撤。光绪三十二年，在官制改革过程中，因经费和官员的俸禄问题，以及查旗御史在现实生活中与设立初衷有背道而驰的倾向，查旗御史从历史的舞台上消失。"近年各省因摊筹赔款，罗掘几穷，财政窘迫日甚一日，即如练兵经费计授所关，屡奉严旨催促，尚多欠解，岂能以军屯工艺等事，增筹巨款，所请应从缓议。又原片请加都统副都统等养廉一节，查重禄为制治之原，各旗都统至佐领等廉俸过少，自应量从优厚，方足以示体恤，而期整饬，惟官缺较多，库款正绌自，未可以艰难之饷，加之冗滥之员，似应将参领以下各员严加甄核，酌拟归并，再议加俸，以免虚糜，拟请饬下兵部会同各该旗都统核拨具奏，请旨施行，至查旗御史，当时设立，原有深意，近年沿袭，往成具文。拟请查照裁撤查仓巡城御

---

[1] 《续修四库全书》编纂委员会编:《钦定大清会典事例》(第812册)，上海古籍出版社2002年版，第224页。

[2] 《续修四库全书》编纂委员会编:《续修四库全书》(第812册)，上海古籍出版社2002年版，第228页。

[3] 参见杜家骥:《清代八旗制度中的值年旗》，载《历史教学(下半月刊)》2011年第11期。

史成案,将查旗御史即行裁撤,旗务由都统等认真经理,以重责成。"[1]《皇朝续文献通考》中也记载了"光绪三十二年,裁查仓御史、巡城御史、查旗御史。"[2]

二、查旗御史的法律职责

八旗中的查旗御史,是中国御史文化在旗务方面的表现形式。秦代设立监察御史对百官进行监察,汉代有谏议大夫,唐代有御史台,宋代有通判,明清则均为都察院。八旗中的查旗御史,是都察院派去监察八旗的,而八旗属于兵部管辖,因此有其特殊性存在。查旗御史在八旗中,主要行使监督、参奏、稽察旗务等职能。查旗御史的职责较为广泛,在笔者看来,对八旗官员的监察是最重要的,其逻辑在于,在明主治吏不治民的思想指导下,通过治吏达到吏治的目的。通过对八旗官员的监察保证八旗主体架构规范性,从而发挥八旗的军事职能(八旗建立之初就是基于军事组织的考量),为保障军事职能的充分发挥,必须要做好经济基础的建设等各个方面。所以笔者大体从行政事务、军事事务、经济事务、其他事务四个方面展开论述。

(一)行政事务

1. 挑补官缺

八旗挑补前锋官员等缺时,本旗大臣要将挑补的时间、地点及时知会查旗御史,以便开展监督等工作,保证行政效率。乾隆二十四年,皇帝奏准,"都统、副都统等每月公定日期,商同挑取,系何日何地挑取之处,皆报各查旗御史。若逾定期,或王大臣等有专就近便

---

〔1〕 (清)端方:《大清光绪新法令》(第八类·军政·营制饷章),清宣统上海商务印书馆刊本,第74页。

〔2〕 刘锦藻:《皇朝续文献通考》,卷一百二十七,清光绪三十一年乌程刘锦藻坚匏庵铅印本,第7页。

而劳众者,该御史即行指参。"[1]

挑补官员时,该旗大臣应将官员的资料清查并派大臣进行验看,不能按时完成的,也应上奏将情况说明。曾任查旗御史一职的观音保曾上奏,其曾校阅补授官员的档案,这些补授官员的档案或者没有被负责旗务的官员查清,或者移送档案之前没有验看,种种因素导致补授官员的程序进展缓慢。针对此种情形,皇帝下旨,"嗣后八旗补授在京及外省驻防官员并补授佐领、承袭世职等事,如有情由不能于限内完结者,令该旗各将情由陈奏行知。"[2]

补授公中佐领时,若佐领因公差而远出,则要尽快选出合适的官员带领引见。

"公中佐领缺出,俱于二十日内办理,随单用绿头签补授官员事件一同具奏,补授惟原管佐领世管佐领缺出,俱随用折子家谱承袭世职事件一同补授。"在为期一个月内,依照补授公中佐领之例,完成官员补授。如果在规定的期限内不能办理完结,"将情由声明送查旗御史,令其稽察其员缺,即拣选官员带领引见,暂令署理。俟将佐领原委查明时,再将应补授人员带领引见补授。如此庶佐领员缺不致久悬,而佐领下事务可免迟缓隐匿之弊矣。"[3]

2. 稽察官员行政行为

查旗御史的产生,其重要原因之一就是八旗内各官员日渐懒散,使八旗内无论是官员还是兵丁都逐步失去往日的纪律和斗志,军事实力受到很大挫伤。因此通过查旗御史的设立,不断规范官员的行为,促使官员恢复往日的锐气,成为清统治者的主要目标。

---

[1]《续修四库全书》编纂委员会编:《钦定大清会典事例》(第812册),上海古籍出版社2002年版,第518页。

[2] (清)允禄等奉敕编:《世宗宪皇帝上谕八旗/上谕旗务议覆/谕行旗务奏议》,世宗宪皇帝谕行旗务奏议卷三,第1页。

[3] (清)允禄等奉敕编:《世宗宪皇帝上谕八旗/上谕旗务议覆/谕行旗务奏议》,世宗宪皇帝谕行旗务奏议卷十一,第1~2页。

日常行政过程中，常有八旗官员懒惰好闲，行政官员不入衙署办公之风渐兴，使衙署形同虚设。军务不能在办公场所有序推进，只会对整个军政系统进行冲击，所以都统等主要负责官员要带头维护行政系统的运转。"都统、副都统等除军机大臣、领侍卫内大臣兼理部务及有别项差使，不能逐日进署外，其无别项差务者，俱令逐日进署办事。有无故不行进署者，该查旗御史即行查参。一月之内五日不进署者，罚俸一个月，十日不进署者，罚俸三个月，半月不进署者，罚俸一年，一月全不进署者，降一级留任。私罪如有因病告假者，扣除假限。"[1]身兼数职的官员，也要隔天进署办理公务，不能旷到延误。"都统、副都统内有兼办别衙门事务者，隔日进署，其余俱每日进署办事，如有旷误，令查旗御史参奏议处。"[2]在衙署公办时，要注重官员礼节，维护整个礼制的正常运行。对官员的礼节行为进行规范，是对传统礼制的遵守和维护。官员遵守礼制的出发点在于，官员因品级的不同而表现出不同的礼节行为，是对体统的尊崇和施行，任何人都不应该也不得僭越。八旗官员在公所办事时，要按照品级，有序行事，遇到别旗大臣，要按照品级规范个人行为，不能因为隶属旗种不同而违反礼制。"凡八旗官员在公所办事，如遇别旗大臣，亦照见本旗大臣之例行，倘有越分违例任意行走者，听该管大臣并查旗御史题参交与该部议处。"[3]除此之外，身有白事的官员不能因为其有白事而不按照规定的次序行事，等级不因为任何事情而有所突破或例外。"凡八旗官员在公所办事，各按品级序坐。有应行侍立白事等官。亦各按例遵行，倘有越分违例行走者，听该管官

---

[1]（清）伯麟：《兵部处分则例》（八旗·卷一），清道光兵部刻本，第81页。
[2]《续修四库全书》编纂委员会编：《钦定大清会典事例》（第812册），上海古籍出版社2002年版，第228页。
[3]（清）允禄等奉敕编：《世宗宪皇帝上谕八旗/上谕旗务议覆/谕行旗务奏议》，世宗宪皇帝谕行旗务奏议卷五，第8页。

大臣并查旗御史题参。"〔1〕

在行政文书的使用上，要按照程序规范使用，不能因为程序的复杂性或事情的紧迫性等，为了便利而使程序出现缺漏，让非分之人得利。雍正四年，观音保上奏称，"八旗各部院互相行文必钤用印信，惟新年封印之后白文，将补行印文之处注明，近见于平常时节亦有用白文者，恐不肖之徒从中作弊，隐瞒大臣，私自行文。"其认为公务无小事，应除了新年封印之外，平时俱不用白文，也会让办事人员更加谨慎。皇帝依其所奏，令"查旗御史严行稽察"〔2〕。

对于不同行政事务，有对应的期限，以提高行政效率，保证国家机器的良好运转。如针对注销程序，容易办理的旗务，应在十日内完成；各地驻防官员来京的，按照文件记载宽裕二十日。诸如此类，都有明确的法律规定，对于"不能依限完结者，声明缘由，于原限外宽限十日。有行查调取稽延时日者，随时咨会查旗御史查覆，仍速行办结注销"〔3〕。

查旗御史设立之初，就不仅是为了监察官员的选任等问题，也要对官员的违法乱纪行为进行监察，及时参奏。"命尔御史等稽察八旗事务者非只令稽察补官注销事件而已，如都统等勒索属下旗员等舞文弄弊，皆当查明……嗣后如仍不留心稽察，朕必将尔等严加治罪。"〔4〕官员要对本辖区的治安等认真负责，不能敷衍了事，要注重社会秩序的稳定，官员的行政不作为本身也是违法行为。查旗御史等对官员的不作为而导致的社会风气的败坏，及时检举稽查。"顺天府卞宝第奏，近畿骑马贼滋扰，请严定缉捕章程一折，据称马贼肆

---

〔1〕 （清）伯麟：《兵部处分则例》（八旗·卷十九），清道光兵部刻本，第2页。
〔2〕 （清）允禄等奉敕编：《世宗宪皇帝上谕八旗/上谕旗务议覆/谕行旗务奏议》，世宗宪皇帝谕行旗务奏议卷四，第5页。
〔3〕 《续修四库全书》编纂委员会编：《钦定大清会典》（第794册），上海古籍出版社2002年版，第808页。
〔4〕 （清）慧中：《钦定台规》，卷三，清乾隆都察院刻补修本，第30页。

行,通州固安等处路劫之案,层见叠出外,甚至有一日劫数案者,闻京中棍徒勾结外匪,每至京营交界地方拦抢车辆,回京窝藏,所在皆有……各该地方官一味粉饰,并不认真缉捕,以致盗风日炽,亟应严定章程,以靖地方,著步军统领衙门、查旗御史、五城御史、并由步军统领衙门知照八旗都统各按地面。"[1]

八旗官员应该规范自身行为,不得随意摊派经费,扣除兵丁银两,防止违法乱纪行为的发生,查旗御史应认真稽察,如果失察,也要受到处分。道光十一年,镶红旗汉军都统上奏称参领阎龄科派秋操操划拉地界的费用,使领催任意摊派克扣。皇帝认为镶红旗汉军有此弊端,其他各旗应该也不免有此情弊,御史要求各旗都统认真查办旗务,防止再有类似事件发生,"著查旗御史一体认真稽察,不可有名无实,如未能查出弊端,别经发觉,定将该御史等一并议处"[2]。

3. 抚恤官员

清代承袭自秦朝以来的治理宗旨,即通过治吏进行治民,以实现吏治。治吏的方式之一就是规范官员的行为以符合礼制的要求。如政府对官员红白事的规定,本身就是对礼制的维护。官员遇有红白事件,政府对其进行抚恤,以稳固提升君臣关系,查旗御史对不端行为进行监督,保证朝廷抚恤的落实。"武职副都统以上,文职副都御史以上,遇有红白事件,均不准赏给俸银外,其余世职及三品以下文武官员,遇有祖父母、父母、本身妻室子媳之白事,嫁女娶妻娶媳之红事,该佐领、骁骑校、领催、族长出具保结,呈报参领,转报都统咨部给与。仍每月将赏给银两数目缘由,于月底造册,送查旗御史查

---

[1]《穆宗毅皇帝实录》(二),卷七十一,同治二年六月下,中华书局1986年版,第46册,第434页。

[2]《宣宗成皇帝实录》(三),卷一百九十五,道光十一年八月下,中华书局1986年版,第35册,第1073页。

覆。倘有冒领等弊查出,即行参奏,将冒领之人治罪,该管各官扶同捏结者,俱降二级调用。"[1]

君主体贴臣下,发放银两,保证官员的生活标准,是对体统的维护,也是解决官员的生活问题,以便官员有更多的精力放在行政事务上。嘉庆皇帝认为,八旗官员被坐扣银两太多,生计拮据。且银两制度经过改革,之前允许八旗遇到红白事件,可向政府申请借银,现在则不允许。皇帝下令,之后官员"婚丧事件应作何,酌量赏给之处,著军机大臣即行议奏……凡八旗官员等之祖父母、父母、本身妻室等丧事,及娶妻娶媳嫁女等事。俱由本族长、佐领确查,与例相符者,咨报请领,各该旗仍将应领人数并银两数目,开列事由,咨报查旗御史查覆。"[2]

4. 督查官员乘轿

官员乘轿本是身份的象征,是特权的表现。但因乘轿问题引发了一些恶性,清政府希望通过查旗御史对不正之风进行纠察,改变旗人的恶俗之气,保持满人特有的"骑马拉弓"之风,维护清王朝的统治。

在统治者看来,骑马相对乘轿而言是更好的选择。满洲人本就是在马背上得天下,因此骑马的能力不能减退,而乘轿则是加速满洲人"英勇"的催化剂。统治者着眼于此,引导大多数人都骑马,保证满洲人的优势。清朝旧制,文武大臣俱为骑马上朝,乾隆朝时期,皇帝就曾下令,"满官文武均乘马,惟亲王郡王、大学士、尚书得乘轿,贝勒贝子,公都统及二品文大臣非年老疾病不能乘马者,均不得乘轿,八旗大臣并不得乘车,违者,查旗御史参奏。"[3]到了嘉庆时

---

[1] (清)伯麟:《兵部处分则例》(绿营·卷十),清道光兵部刻本,第2页。
[2] 《续修四库全书》编纂委员会编:《钦定大清会典事例》(第813册),上海古籍出版社2002年版,第666页。
[3] (清)乾隆三十二年敕:《钦定皇朝通典》,卷五十五,第26~27页。

期,因满大臣乘轿人数过多,其曾下令禁止部分满大臣乘轿。一方面因为大臣行走于部院,并无乘轿之例;另一方面若平时不练习骑马,如遇危急差务,需要骑马时则又不会,而贻害公务。嘉庆帝下令,"嗣后满洲文大臣内年及六旬实系不能时常乘马者,著仍乘轿,余皆禁止。再王公等,不论老幼,尽行乘马上朝,长期俱著乘马。将此通行严禁,倘有不懔遵者,查旗御史即行参奏。如有徇隐,经朕查出,将该御史一并治罪,绝不宽宥。"[1]

禁止大部分官员乘轿,一方面是为了保证满洲人的优势,防患于未然;另一方面,对轿夫管理不善,会败坏社会风气。"各该衙门及步军统领、查旗御史不时严查,如有纵令轿夫开设赌场及擅行乘轿者,即行参奏。倘各该衙门及步军统领、查旗御史不行查出,别经发觉,将于查察之步军统领等官罚俸一年,文职交吏部议处。"[2]需要坐轿的官员,要让轿夫居住在自家周围,以方便管理。若轿夫居住太远,闲暇之余,易私设赌场,滋生旗人不良习气。"如令遥远居住,私设赌场,将该王大臣一并议处。此次降旨后,抬轿人等若仍私设赌场,著步军统领衙门、查旗御史查参,从重议处。如不严查,仍蹈前辙,将失察衙门官员一并治罪,断不宽恕。"[3]

(二)军事事务

1. 选取甲兵

八旗制度因其脱产的特性,对兵丁的选取非常严格。若成为八旗甲兵,国家每月会有足够的补贴,以保障兵丁可以将精力放在军事上,解决生计问题,就是为了保证作为清王朝建立基础的八旗制度,永远作为王朝最坚实的基础,因此统治者十分重视甲兵的挑选。

---

[1]《续修四库全书》编纂委员会编:《钦定大清会典事例》(第812册),上海古籍出版社2002年版,第227页。

[2] (清)伯麟:《兵部处分则例》(八旗·卷十九),清道光兵部刻本,第2页。

[3]《续修四库全书》编纂委员会编:《钦定大清会典事例》(第812册),上海古籍出版社2002年版,第229页。

略论清代的查旗御史

在挑选兵丁标准方面，京师八旗作为拱卫京师最主要的军事力量，统治者极为重视兵丁军事素养，弓力作为较为容易衡量的标准，必须严格执行，不得有丝毫懈怠。"八旗都统嗣后遇有披甲缺出，务当认真考验，必须弓力较强，箭有准头者，方准挑补，不得借口调剂以致有名无实，兵力日形软弱。著查旗御史于各旗挑缺时留心查察，如所挑之兵仍有弓箭平常者，即据实严参。"[1]弓力较强、箭有准头是挑选兵丁的主要参照，对于弓力较强的参考则是看六力官弓的使用情况。"八旗各营凡挑缺拣选，均遵定例用六力官弓较射，以定去取。"要求都统覆核查实，查旗御史在各旗挑补之时也应留心观察，"如都统等所挑之兵仍有虚报弓力情弊，即行据实严参。"[2]道光十一年，富俊上奏称，虽然朝廷规定以六力弓为标准检验弓力，但在挑补过程中，被挑选之人多以本人之弓射箭，往往以二三四力虚报六力。道光皇帝下令以六力官弓为标准，且被挑选之人均用官弓射箭，不得用本人之弓。"嗣后八旗各营凡挑缺拣选，均遵定例，用六力官弓，较定去取。"[3]

在挑取甲兵之前，本旗的负责官员要提前知会查旗御史，查旗御史要亲往稽察，让规定落到实处。"近闻派出各员视为具文，日久懈驰，每月仅以一奏塞责，竟不亲身稽察，以致查旗之例有名无实，殊属非是。"[4]在挑缺之时，查旗御史要严加查看，秉公办理，不能隐瞒，纵容弊端存在。培养训练兵丁，会消耗国家大量的钱粮，因此挑缺就显得十分重要，要非常严谨，不能有不法行径。"各旗设有查旗

---

〔1〕（清）李玉宣等修、（清）衷兴鉴等纂：《同治重修成都县志》，卷四，清同治十二年刻本，第4页。

〔2〕《续修四库全书》编纂委员会编：《钦定大清会典事例》（第812册），上海古籍出版社2002年版，第231页。

〔3〕《续修四库全书》编纂委员会编：《钦定大清会典事例》（第812册），上海古籍出版社2002年版，第300页。

〔4〕《续修四库全书》编纂委员会编：《钦定大清会典事例》（第807册），上海古籍出版社2002年版，第487页。

御史,其本旗挑补各项钱粮,一应户口册籍,均有稽察之责……嗣后著查旗御史于挑缺之时秉公查覆,如有情弊,该御史即时指名参奏。"[1]

乾隆二十四年,副都统富亮上奏称,八旗领催、马甲、养育兵等在挑缺之日,只有都统或副都统一人前往。作为管旗大臣,不能为了贪图便利,不在衙门办公挑选,在府里挑选,于理不合。皇帝下令,"嗣后务于各旗教场等处,定期同往,并咨报查旗御史。若致愆期,或仍前图便,该御史指名题参。"[2]

都统、副都统等作为高级官员,在挑选兵丁时,应亲自按时进行挑选,由查旗御史进行监督。都统、副都统等,"如有逾期或不往教场公同挑取者,该御史即指名参奏,罚俸六个月。"[3]都统、副都统应亲自到场外,查旗御史也要亲自到场,保证监督工作。"定例各旗挑缺时均有查旗御史公同阅看,嗣后均令按期到班,如有拣选不公者,即著指名参奏。"[4]

在挑选兵丁的预备人选中,若是挑取马甲,应该先从佐领负责的人群中挑取,如果没有合适的人,则在参领负责的人群中挑取。"马甲缺出,由本旗都统会查旗御史,于本佐领下步军养育兵闲散内挑补,如本佐领下不得人,即于本参领下挑补。"[5]若是挑取披甲,要认真考察披甲的弓箭准头,平常者不能录用,要挑取精干之人。"著查旗御史于各旗挑缺时留心查察,如该都统等,意涉瞻徇,所挑之兵仍

---

[1] 故宫博物院编:《钦定中枢政考》(第4册),卷三十,海南出版社2000年版,第84页。
[2] 《高宗纯皇帝实录》(八),卷五百八十一,乾隆二十四年二月下,中华书局1986年版,第16册,第413页。
[3] (清)伯麟:《兵部处分则例》(八旗·卷二十五),清道光兵部刻本,第3页。
[4] 《续修四库全书》编纂委员会编:《钦定大清会典事例》(第812册),上海古籍出版社2002年版,第230页。
[5] 《续修四库全书》编纂委员会编:《钦定大清会典》(第794册),上海古籍出版社2002年版,第799页。

有弓箭平常者,即行据实严参。"[1]同时也告诫各省驻防将军等,在挑缺之时,以弓箭为重,保持军队的战斗能力。挑补以后,查旗御史要对花名册进行核查,"如有不符,该御史即行参奏,将承办错误造册官降一级留任,该管大臣罚俸六个月。"[2]如果佐领将挑补之人没有送查旗御史验看,私行替补,将佐领降二级调用,顶替之人也要革退。

兵丁挑选完成后,负责官员将兵丁名单造册,查旗御史认真核查,如有错误,将负责官员等分别处罚。"八旗挑补甲兵,将所挑人名造册送查旗御史,与户口原册校对。如有不符,该御史即行参奏,将承办错误之造册官并该管大臣分别议处。"[3]

2. 兵丁训练和验看

京师八旗兵丁定期训练,以保证军队战斗力。在训练开始之前,将本旗负责校射的大臣职务和姓名汇总为册,"先期送查旗御史,听御史亲往察看。"[4]乾隆十一年,江南道监察御史范宏宾上奏称,在兵丁训练之时,按规定都统、副都统都要亲往校射,但都统可能恰巧有奏事会议,此时"应留副都统校阅,不许擅委参领,仍令查旗御史不时稽察。"[5]此外,除了都统可能临时有奏事会议外,训练时间的选择也至关重要。乾隆四十年,皇帝欲将阅射改到午刻,工部侍郎署副都统德成奏称,骁骑营的官员,每日都要进署办公。"若将阅射改至午刻,恐转贻误公务,应毋庸改。至每逢操演日期,都统、副都统内,必令一人前往,责成查旗御史,临时稽察。如有托故不到者,

---

[1]《续修四库全书》编纂委员会编:《钦定大清会典事例》(第807册),上海古籍出版社2002年版,第483页。

[2](清)伯麟:《兵部处分则例》(八旗·卷二十五),清道光兵部刻本,第1页。

[3] 故宫博物院编:《钦定中枢政考》(第4册),卷三十,海南出版社,第85页。

[4]《续修四库全书》编纂委员会编:《钦定大清会典事例》(第812册),上海古籍出版社2002年版,第300页。

[5]《高宗纯皇帝实录》(四),卷二百五十七,乾隆十一年正月下,中华书局1986年版,第12册,第283页。

即行参奏。"[1]

查旗御史对没有亲往的官员及时参奏,以规范八旗官员行为,从而符合训练要求。"有不到者系职官申饬记过,兵丁鞭二十七,至三次者,系职官罚俸一年,兵丁责革。若该管大臣有徇庇官兵者,照徇庇例降三级调用。"[2]校阅步兵的射箭情况,官员要根据兵丁的表现,"娴熟者分别奖赏,平常者即行重责,该旗大臣不亲身前往阅操,查旗御史即行参奏。"[3]

八旗兵丁按照规定,在冬季也有训练任务,都统、副都统都要亲往,"倘有事故亦必去一员,如有托故不到者,著查旗御史参奏。"[4]在训练过程中,皇帝也会派出大臣阅看参奏,有时大臣阅看后的奏折不能及时上达天听。原因在于派出大臣数量较多,这些大臣"所到先后不齐,互相等候,以致多延时日"。在冬季训练时,训练进程会因大臣没有全部到齐而无法开展,"兵丁未免过于苦累"。皇帝下令,"嗣后派出阅看军政及看射布靶之王大臣,著查旗御史轮班前往稽察,毋庸干预阅看兵丁之事,惟稽察王大臣等之到与未到,有无迟误,倘有竟不前往,或迟误次数过多者,即据实奏明。"[5]

八旗官兵在指定的时间内训练射箭等,由来已久,官员不仅要亲往验看训练状况,自身也要参与习射。"遇较射之日,不惟参领等官应行一同射箭,即前往阅箭之管旗大臣亦应身先射箭"。参领等不仅要参与训练,管旗大臣也应该身先士卒,参与训练,防止本业荒废。"管旗大臣、参

---

〔1〕《高宗纯皇帝实录》(十三),卷九百七十八,乾隆四十年三月上,中华书局1986年版,第21册,第56~57页。

〔2〕(清)伯麟:《兵部处分则例》(八旗·卷二十五),清道光兵部刻本,第1页。

〔3〕《续修四库全书》编纂委员会编:《钦定大清会典事例》(第808册),上海古籍出版社2002年版,第3页。

〔4〕《续修四库全书》编纂委员会编:《钦定大清会典事例》(第813册),上海古籍出版社2002年版,第531~532页。

〔5〕《续修四库全书》编纂委员会编:《钦定大清会典事例》(第813册),上海古籍出版社2002年版,第686页。

领等官仍有不行射箭者,著查旗御史参奏至各部院衙门。"[1]因此在训练开始前,各旗将习射官员的职名造册,送查旗御史,"官兵习射之期……如该管大臣有不亲往演射者,即行参奏罚俸一月。"[2]

3.查验马政

马既是战争利器,更是生活必需品,是不可或缺的生产、生活工具,因而清代统治者十分重视马政建设。八旗马政对清朝的建立、发展和巩固发挥了巨大的作用。[3] 因此要求查旗御史对马政工作严加查验,保证八旗的战斗实力。

为了保证马匹的数量,保证八旗战斗实力,朝廷定期对各旗马匹进行清点。清点过程,"派大臣公同点验马匹以清弊薮也,查弊之法,勤加点验,方免蒙混"。

为了便于区分各旗的马匹,"令各按旗分分别铸造烙印,将马匹一一印记,八旗满洲蒙古所用印式各不相同,则烙印后可杜互相充点影射之弊"。本次清点,都统、副都统、查旗御史等共同参加,此后"副都统二人闲月轮往各点验一次,查旗御史闲两月轮往点验一次,都统于每季孟月点验一次"。点验每月进行一次,但不规定具体时间,以突击的方式破除敷衍、虚假的成分。此外,都统、副都统、查旗御史三职,凡有一职为新任,则三职位需要各自点验一次。"遇出青放马收马之时,则公同到圈点验。"[4]

(三)经济事务

1.监督旗房问题

八旗刚入京师,统治者为了解决旗人的住房问题,大肆圈占土

---

[1]《续修四库全书》编纂委员会编:《钦定大清会典事例》(第808册),上海古籍出版社2002年版,第2页。

[2]《续修四库全书》编纂委员会编:《钦定大清会典事例》(第808册),上海古籍出版社2002年版,第8页。

[3] 参见苏亮:《清代八旗马政研究》,中央民族大学2012年博士学位论文。

[4]《续修四库全书》编纂委员会编:《钦定大清会典事例》(第808册),上海古籍出版社2002年版,第198页。

地,建造房屋,分配给旗人居住。随着社会发展,旗人因生计问题将房屋租典、买卖等,甚至出现京城内旗人搬移至城外居住的情况,这都与统治者的法令相违背。清政府或对现有房屋进行修缮,或重新购置土地建造旗房来保障旗人住房。

对旗房不时地加以维护和修缮,以解决旗人的居住问题,本是皇帝体恤为民、倍加爱护的表现。各旗都统应该随时查看房屋的损毁状况,随时修补。"并交查旗御史随时详查纠覆,仍令各该旗于岁底将查过有无修理及是否完整之处咨报直年旗汇总,具奏一次。倘有不行修理以致损坏过甚者,惟各旗都统及查旗御史等是问。"[1]在营房修缮时的经费使用方面,都统等人先对房屋的损毁程度和预算费用有所了解。修补费用三两以内的,由兵丁自行修补;三两以上的,用公项房租银两修补。"查旗御史按季查验,如有污践残损过甚不行修理,以及浮冒不实等情,即行参奏,其有无修理是否完整之处,著各该旗于岁底咨报直年旗汇总具奏。"[2]

旗房建设之初,是为了保证旗民兵丁的生活,随着社会的发展和兵丁的不良习惯等,部分兵丁出现了生活拮据等情况,不得不将旗房租典[3]或者作为保证。然而,租典的过程中,兵丁并无足够的能力在规定的期限赎回房屋,反而使房屋易主,出现很多兵丁无房居住的状况。更甚者,有些兵丁不自行居住旗房,而是将旗房租典,换取经济来源。因此要求"查旗御史查察,可保无典卖情弊。"[4]"倘有私行租典与人者,从重治罪,失察之该管佐领骁骑校罚俸一年,领

---

[1] 《续修四库全书》编纂委员会编:《钦定大清会典事例》(第810册),上海古籍出版社2002年版,第569页。

[2] 《续修四库全书》编纂委员会编:《钦定大清会典事例》(第813册),上海古籍出版社2002年版,第465页。

[3] 关于旗房的租典、买卖等问题,具体可以参见刘小萌:《清代北京旗人社会》,中国社会科学出版社2016年版,第82~131页。

[4] 《钦定八旗通志》,卷一百十三,乾隆五十一年奉敕,第15~16页。

催照骁骑校处分鞭责,参领等罚俸六个月,管辖大臣及步军统领均罚俸三个月公罪。该旗大臣及查旗御史仍将官房并无私行租典倒坏之处公同出结,送值年旗于岁底汇奏。"[1]此外,随着兵丁的革退、升迁等,兵丁不再居住旗房从而出现空缺,各旗官员要对随时空缺的旗房进行登记管理,及时分配给没有房屋居住的八旗兵丁,将该名单造册交查旗御史。

2. 稽查粮米发放

粮米发放问题关系八旗的生计,是生活基础的主要来源,粮米发放的整个过程看似简单,实则极为复杂,而且在这一过程中也衍生出诸多问题。

在粮米发放过程,易出现官员克扣、少发、滥发等情形,从而影响兵丁的生计来源。因此规定,在发放之初,都察院派科道官员,先与领米旗员查验粮米,开封校对。整个发放过程,要求"都统、副都统会查旗御史前往监放。"[2]

粮米分为官员的俸米和兵丁的甲米,要求有所不同。在粮米发放前,需要对官员和兵丁的分配粮米提前统计,分别造册送部,为粮米发放提供依据。八旗官员的俸米要在每月初十以前造册送部,兵丁的则于每月十五以前送部即可。对于仓场放粮的时限,俸米要在两个月内放完,甲米要在一个月内放完,各旗将收到粮米情况造册送户部,户部扎仓(关闭仓门)。如果存在逾期的情况,补领期限为户部扎仓后的十日内,查旗御史对此进行稽查。如果不能在规定的期限完成放米,"违限一日至十日者,罚俸一月;十日以上者,罚俸三月;二十日以上者,罚俸六月;一月以上者,罚俸一年;两月以上者,

---

[1] (清)伯麟:《兵部处分则例》(八旗·卷十五),清道光兵部刻本,第11页。
[2] 《续修四库全书》编纂委员会编:《钦定大清会典》(第794册),上海古籍出版社2002年版,第798页。

罚俸两年。"〔1〕

发放粮米有固定地点,但八旗分布在京城内四周,距离较远的旗兵要雇佣车辆将本旗粮米进行运输,雇佣车产生的费用称为车脚钱。雇佣车一般由八旗官员负责寻找,如各旗的领催,他们的雇佣一般是固定的,这样车脚钱较低,这些领催等官员不仅能节省部分车脚钱,还能从兵丁的份额中任意克扣。这一过程,官员两头得利,兵丁却不能领到规定的粮米,影响兵丁生计。此外,车脚钱一般由本旗派员到户部领钱,代为雇佣费用,待下次放米时,由户部先行扣除上月垫付的费用,整个过程如有"浮冒克扣等弊,该旗都统并查旗御史随时查参,从重严办。"〔2〕

兵丁领得粮米后,有的会卖给商民,以获取银两。朝廷发现,这些私卖商民的兵丁却是坑害了自己。康熙年间,很多八旗兵丁会将在领米之后卖给商民,但是这些商民"囤积贩卖,及至该兵丁等食米不足,又仍向铺户用贵价购买,奸民等因得抬价居奇,"对八旗生计造成很大的影响。因此皇帝规定,如果官员在领米之后售卖的,该官员交部议处,买米之人(商民等)也要治罪。俸米放完后,各旗也要查点本旗俸米是否全数进城,防止俸米外泄。粮米发放前,各旗先将兵丁的米数造册送查旗御史,并遴选章京数员,在放完米后在朝阳门外监督官兵进城。"如查有城外售卖等弊,该章京即回明各该旗都统会同查旗御史奏明,将买米石者治罪,卖米者责革。倘有售卖城外铺户等弊,立即严拿,奏明纠办。"〔3〕

咸丰七年,京师米贵,旗人生活困难,户部拨给八旗蒙古汉军和内务府三旗赈米,每日每旗可以领米六石。由各旗都统依据户口多

---

〔1〕《续修四库全书》编纂委员会编:《钦定大清会典事例》(第813册),上海古籍出版社2002年版,第563页。

〔2〕(清)福趾:《户部漕运全书》,卷六十四,清光绪刻本,第50~51页。

〔3〕《续修四库全书》编纂委员会编:《钦定大清会典事例》(第812册),上海古籍出版社2002年版,第308页。

寡,酌量分配,"查旗御史会同各该旗都统、副都统,轮往监视,以昭覆实。"[1]咸丰八年六月,米价一直居高不下,八旗生计艰难,原计划将赈米放至五月就停止。但现在突然停止发放,会让更多的兵丁无生计来源。于是咸丰皇帝下旨,再延长三个月赈米时间,由户部拨给,"查旗御史会同各都统、副都统,轮往监视覆实办理,用示振恩膏叠沛至意。"[2]

3. 监督八旗银两使用

八旗银库是八旗制度的经济基础,库银由印房参领兼管。八旗公银存贮,由参领上报都统,银库由参领派兵轮班看守。账目两本,参领将出纳数目详细登记,将出纳数目按月造册,送查旗御史查验。该参领离任之时,"如有亏挪等弊,该都统等查出即行参奏,将专管之参领革职治罪。"[3]

发放饷银时,按照定例,负责官员亲往抽验,由参领发给各佐领,各佐领按照名册发放。为了方便发放,规范化管理,将各旗的发放时间统一规定,每旗在领取饷银时,本旗的都统或副都统,必须有一人前往抽验,防止各佐领在发放时,有冒领或者克扣现象。"如值关放之期,该旗都统、副都统无人亲到抽验,著查旗御史据实参奏。"[4]

八旗官兵的赏俸和赏银,每月都会将事件造册,由户部、查旗御史、提督衙门审查。赏俸和赏银的流程有所不同,赏俸由户部在年终汇奏,赏银则由各都统于年终汇奏,再送户部覆销。八旗官员支领赏银之后,各都统在汇总造册送户部时,同时造册咨送查旗御史,以便稽覆。在奖赏兵丁时,应根据其实际生活状况加以奖赏。如其

---

[1] （清）福趾:《户部漕运全书》,卷六十四,清光绪刻本,第50页。
[2] （清）福趾:《户部漕运全书》,卷六十四,清光绪刻本,第51页。
[3] （清）伯麟:《兵部处分则例》（八旗·卷九）,清道光兵部刻本,第1页。
[4] 《续修四库全书》编纂委员会编:《钦定大清会典事例》（第812册）,上海古籍出版社2002年版,第231页。

已有二顷以上田地或住房,或者有租铺面房产的,都可以认为是有产兵丁,不应对其滥赏。若是贫困兵丁,没有恒产,都统等则应严饬各参佐领、管领、骁骑校、领催、族长等,让其秉公确查。确实应该领赏的,造花名册并出具印甘名结,"报送该部都统、总管内务府大臣等,会同查旗御史一并查核。"[1]

对于八旗中的弱势群体,如孤寡老人等,每人每月另给赡银一两五钱。这种人群的数量并无定数,随时会有增减。都统等应留心体察,防止冒名顶替,应该养赡的人要及时得到接济,自力更生者则不在帮扶的范围内。"八旗孀妇孤子,内有伯叔兄弟系兵丁并前锋校、护军校、骁骑校、笔帖式等微员者,俱一体给予养赡钱粮,仍交步军统领及查旗御史严查。如有冒滥挑补者,即行参奏治罪。"[2]

(四)其他事务

1. 规范八旗红白事

红白事是基本规范问题,是社会关系的重组。通过红白事及其相关事项的规范与引导,可以有效调节社会矛盾,提高国家治理水平和治理能力。除此之外,"红白事有一定的仪式,仪式的过渡性为其他人的生活提供了缓冲,提供了重新生活的契机"[3],对社会关系也是重组和调试。

在红白事方面,不仅官员有一定的抚恤,八旗兵丁也有优恤,其主要目的还是保证旗人的生活水准。"城内八旗兵丁,婚丧事故支领赏银,各该旗咨报步军统领衙门,由步军校确查转报覆对;至城外

----

[1]《续修四库全书》编纂委员会编:《钦定大清会典事例》(第814册),上海古籍出版社2002年版,第426页。

[2]《续修四库全书》编纂委员会编:《钦定大清会典事例》(第812册),上海古籍出版社2002年版,第229页。

[3] 林耀华:《金翼:一个中国家族的史记》,庄孔韶、方静文译,生活书店出版有限公司2015年版,第126页。

八旗新旧营房兵丁赏银,由管理该营房大臣及查旗御史严行查察。"[1]统治者对红白事的银两发放时间进行规定,银两及时发放,能将发放银两这一行为所释放的信号及时传达给接收者。明确规定,银两发放时间白事不得超过五天,红事若符合规定应及时发放。"有故意勒掯者,查旗御史查出参办。"[2]

婚丧事件,本身就是礼制的表现形式之一,在该事件的整个过程中,要遵守该事件及其以外的行为规范,行为要符合礼制的规定,不得违反。如果发现有违例僭用的,由佐领、族长呈报都统,然后送刑部治罪。如果佐领、族长有故意隐瞒情形,佐领、族长交兵部议处。在监督方面,实行连坐,即由都统、查旗御史、参领侍卫及步军统领一同稽察,如果发现佐领、族长或婚丧事件当事人有违法行为,即行参奏即可。都统、查旗御史、参领侍卫及步军统领有一人上奏,其他人均可以免责。"若经他处查出,将该旗都统、查旗御史、参领侍卫、步军统领等一并议处。"[3]

2. 督促清文使用

清文即为满洲语言,清自入关以后,就担心满洲人因与汉人等接触,学习汉文化以后,将本族语言逐步丢弃,于是多次强调学习满语的重要性。清中期以前,重要的档案或君臣之间的机密文件多用满语,但随着汉文化的渗透,满语的使用频率不断降低。统治者要求八旗官员在考试时,要考察清文的掌握情况,如果本族人都不使用清文,汉大臣等就更不会使用。因此要求查旗御史对考试中八旗官员的清文掌握情况进行考察。"清文为满洲本业,各旗士子自应习之有素考试,八

---

[1]《续修四库全书》编纂委员会编:《钦定大清会典事例》(第813册),上海古籍出版社2002年版,第668页。

[2]《续修四库全书》编纂委员会编:《钦定大清会典事例》(第812册),上海古籍出版社2002年版,第228页。

[3]《续修四库全书》编纂委员会编:《钦定大清会典事例》(第814册),上海古籍出版社2002年版,第25页。

旗生员向有各该旗考试后录送之例,嗣后凡遇考试,八旗中书笔帖式翻译官译汉官,该旗录送时即照考试生员之例,一体先由各旗佐领考试,如佐领不谙清文,即由参领考试,仍俟都统副都统与查旗御史会考甄别录送,倘有冒名传递情弊,立即严参惩办。"[1]

三、查旗御史的察议

所谓察议,即官吏有过失交部议罚。查旗御史若有失职之处,应对查旗御史进行调查处理,针对察议查旗御史的案件,有专门的程序规定。

察议查旗御史的案件,以都察院为主体,因查旗御史隶属于都察院,所以都察院首先要对案件详细查明,然后据实参奏。"八旗都统、副都统等,因辨理事务舛错处分者,往往有之,何以查旗御史并未见一体议处,著都察院查明具奏。"[2]

都察院作为查旗御史的上级部门,查旗御史隶属于都察院领导。同时,查旗御史因要对八旗旗务进行监督等,所以查旗御史又置身于兵部的权力范围内。

乾隆三年,曾有查旗御史出现失职行为,因查旗御史属文官序列,兵部无权处置,兵部应行文将查旗御史的失职行为传达给吏部。兵部只是将武职官员进行查议,并没有将失职的查旗御史行文知会,从而导致兵部与都察院都没有及时对查旗御史的失职行为奏报。于是决定,"都察院于定例以后,议处八旗各案,该御史应否查议之处,已经遂案核明,即应奏请察议。又复请交兵部细查各案,补行咨部议处,亦属不合,都察院堂官,著交部察议具奏。"[3]吏部上奏

---

[1] 王炜编校:《〈清实录〉科举史料汇编》,武汉大学出版社2009年版,第823页。
[2] (清)慧中:《钦定台规》卷三,清乾隆都察院刻补修本,第30页。
[3] 《高宗纯皇帝实录》(二)卷七十五,乾隆三年八月下,中华书局1986年版,第10册,第190页。

称,针对正蓝旗冒领银两二案,"查旗御史应行察议,例由兵部移咨都察院核明,转咨臣部查议。"[1]

乾隆皇帝为防止各部门相互推诿,不能及时将案件处理,降旨明确案件处理流程,将察议查旗御史案件的流程成为定例。即察议查旗御史的案件,兵部要将案件移交给都察院,在都察院查明以后,将案件移交给吏部,让吏部进行法律裁判。"嗣后如有察议查旗御史之案,著兵部分别移咨都察院,都察院核明转行吏部察议。"[2]

对于查旗御史的处罚,有明确规定。对于查旗御史的工作失误,即没有及时将稽查对象的违法行为详察严参,而被其他人发觉的,要受到罚俸的处罚。若是对违法行为进行包庇,则要被降级处分。"凡各旗都统、参领所办事有未妥协以及迟延者,稽查该旗御史不行察出参奏,别经发觉者,将察旗之御史,照不行详察例罚俸六月。倘有瞻徇情面,明知错谬,不行参奏者,照徇情例降□二级调用。"[3]

四、结论

查旗御史设立于雍正元年(1723年),于光绪三十二年(1906年),官制改革时被裁撤。查旗御史设立的基础是八旗制度,八旗制度是清王朝安身立命的根本,查旗御史的设立就是为了对八旗进行整顿,企图恢复昔日的强健,从查旗御史的职责范围就可见一斑。查旗御史对八旗官员的行政行为进行监督;对各项军事活动进行督查;对八旗的经济事务,尤其是对粮饷的发放等,进行严格的验看抽

---

[1] 《高宗纯皇帝实录》(二)卷七十七,乾隆三年十月上,中华书局1986年版,第10册,第225页。
[2] (清)慧中:《钦定台规》卷三,清乾隆都察院刻补修本,第30页。
[3] (清)官修:《大清会典则例》,四库全书本,卷十三,第5页。

查,以保证旗人的正常生活和各种福利保障;包括但不限于对礼制的维护、清文的学习、旗人不良风气的纠正等,均属于查旗御史的职责范围。当然,查旗御史本身作为行政系统的一环,也会受到行政系统的规制和约束,出现违法行为时,也要受到法律的制裁。

应该注意的是,八旗制度并没有随着社会的发展而进行自身的变革,只是一味地试图通过外部方式解决八旗制度自身存在的致命问题,这种问题也可以归结为兵制的问题,八旗设立之初是兵农合一、集军事、行政管理等为一体的综合性组织,类似于府兵制。[1] 但因为入关以后,旗人被汉文化所浸染,旗人也因较为安定的生活而敷衍训练,加之政府经济政策对旗人生计的保障,越来越多的旗人沾染不良风气,懒散堕落。以至于作为国家根基的八旗制度反而成为阻碍社会发展进步的羁绊。查旗御史本身也存在问题,即自身品级较低,且工作时间多为机动时间,不如其他部院官员一样工作时间井然有序。[2] 查旗御史设立之初本身存在的问题,加之其要监察的八旗制度本身存在的问题,况且查旗御史是在八旗制度的需求上建立起来的,所以,查旗御史只是一种治标不治本的存在。此外,专差制度也提供了一种面向,清朝为稽察某项专门事务或特殊区域的事务会派员稽察,这一专员成为专差,有清一代,设立名目繁多,除查旗御史外,尚有"巡江御史、巡视屯田御史、巡视茶马御史、巡盐御史、巡漕御史、查监御史"[3]等,细致的工作安排中也体现了临时设职、缺乏统筹的监察体制弊端。

查旗御史,作为清代的专职官职,作为清代监察的组成部分,在御史监察领域是一种探索和实践,不能因为八旗本身的缺陷而对其

---

[1] 关于兵制问题研究,可以参见雷海宗:《中国文化与中国的兵》,商务印书馆2001年版,第52~53页。

[2] 具体参见杜家骥:《清代八旗的查旗御史》,载《满学论丛(第1辑)》2011年第15期。

[3] 张晋藩:《中国监察法制史》,商务印书馆2019年版,第505页。

过多的否定。总而言之,只有解决了根本性问题,抓住主要,才能对其他附带性问题逐个击破,隔靴搔痒显然不是改革者应有的思维方式。同时,对自我的不断审视,也是在不断发展的社会中进行自我调适的基础和前提。

明代内阁制度的"职责不副"之弊

刘正良*

【摘要】 明代"罢相置阁"与"明无善政"间存在密切关联。阁臣"无相职而履相责",身陷"职责不副"的困境,而这种"职责不副"又源于内阁制的制度设计。由于内阁属于积习而成的政治习惯,阁臣并无"相职",其职权亦缺乏制度性保障。内阁制度与皇明祖制的根本性矛盾,又使皇权攫取了黜陟阁臣的合法性基础。可见,"罢相置阁"在复活宰相制的同时,增强了负担"相责"之阁臣的皇权依附性,从而强化了"乾纲独断"的局面,最终造就了"明无善政"的恶果。

【关键词】 内阁制度;相职;相责;职责不副

明朝是中国古代政治与法律制度发生重大变革的时代。明太祖罢丞相而令"事皆朝廷总之"的政治改革,是传统时代中央政治发展史上具有跨时代意义的重大历史事件。[1] 此行一举宣告了统治古代中国千余年的君相制之覆亡,自此以后,"宰相""丞相"等语汇不复存于官制之中。然而,罢相之事体非同寻常,岂是一朝一夕便可成就之事?就连朱元璋本人也承认:"人主以一身统御天下,不可无辅臣"[2],他所设计的这种"乾纲独断"的政治体制仍犹待改良。正

---

* 作者系中国政法大学法学院博士研究生。
〔1〕 参见郭成康:《十八世纪的中国政治》,云龙出版社2003年版,第20页。
〔2〕 《明太祖实录》卷133。

因如此，在明王朝二百余年的国祚当中，朱明子弟曾在诸多制度之上对"太祖定制"予以变异。而在这些新设、修正，抑或废止的制度当中，最受瞩目亦最受争议者，当属类相而非相，非相却又渐似古相的内阁制度。有关内阁制度的争论，大抵可追溯至黄宗羲所言之"有明之无善政，自高皇帝罢丞始也。"黄氏驳斥"或谓后之入阁办事，无宰相之名，有宰相之实也"的观点，指出罢相置阁令宦官攫取相权，致使生杀予夺出自宫奴。后世阁臣虽可持法祖之论稍加补益，但依旧不足以弥补此阙，无相之实的阁臣们难以力挽狂澜，大明之朝政因而日荒。[1] 今世学人论及内阁者，亦大多乐于从黄氏之论断入手，就"内阁相否""罢相与明无善政是否有所关联"等事阐发论述。阁臣究竟是否掌握古相之职权、肩负古相之职责？君相制的终结与内阁制的肇端又是否果系"明无善政"之根源？这些问题困扰着一代又一代的学者。

笔者赞同"罢相置阁"与"明无善政"之间存在密切关联。内阁，作为明代国家的中枢机构，自身却存有地位不定、权限模糊、名实不能相副等诸多弊症。其制度设计中权、责不甚明晰，以至于即便是曾身居其位的阁臣群体内部，亦就"内阁相否"一事存在不同见解。[2] 但是，现今学者之著作往往囿于"内阁相否"之疑问，工于从政治的视角观察内阁制度，以具有模糊性的"权力"为准绳考察内阁制度的发展与转变。笔者认为倘若能转换思维，从内阁制的制度设计入手，分析其是否存在缺陷，并探究其制度设计背后存在何种思想根源，便能更好地解答内阁之设何以招致"明无善政"之恶果，进而俾令吾辈进一步加深对明朝政治制度的理解，以期为探索明朝乃至整个中国古代中央政治制度的发展规律提供助力。

---

[1]《明夷待访录·置相》，载《黄宗羲全集》第一册，浙江古籍出版社1985年版，第7页。

[2] 参见郭成康：《十八世纪的中国政治》，云龙出版社2003年版，第24页。

一、"职责不副":从两位名辅的名、实之论说起

既然要探讨内阁制的制度设计有何缺陷,从阁臣群体对内阁制所发表之言论出发无疑是切实可行的着手点。而综观历朝阁臣对内阁制度的论述,又首推有明一世负有盛名的两位首辅:高拱与叶向高。就内阁的"名"与"实",二位名辅曾分别发表过截然不同的见解。高拱直言内阁"虽无宰相之名,有其实矣。"〔1〕而叶向高却提出内阁"无相之实,而虚被相之名"。〔2〕两段话针锋相对,令人倍感困惑,我们唯有回溯他们做出相反论断之缘由,挖掘其中隐而不现之真意,方能洞悉二臣心中对内阁与阁臣的看法,进而发现二者言论看似相左,但实际上并未相互抵触。

高拱之论,出自其所著之《论养相才》一文。此文言其时阁臣"其选也以诗文,其教也以诗文,而他无事焉。"不能胜任现今内阁被委寄的平章军国大事之重任。故而应当改革内阁候补——即翰林词臣的选任与教导制度,使之明何以治乱安危,又何以安常处顺、通变达权,通晓正官邪、定国是的方法,从而育成相才,助益大明王朝的中兴。由此看来,高拱于此文开篇所言之"名"与"实"中,"名"为相职,"实"为相责。在他眼中,列位"政本之地"的阁臣虽碍于祖制,从制度上不称宰相,却仍旧肩负着调元赞化的宰相之责。恰如东汉名相陈平所言:"宰相者,上佐天子理阴阳,顺四时,下育万物之宜,外镇抚四夷诸侯,内亲附百姓,使卿大夫备得任其职焉。"〔3〕高拱亦并不讳言其身担宰相之责,隆庆六年正月癸亥,在为推辞穆宗进封其官职之敕谕而奏报的疏文中,高拱便曾做出与陈丞相之论堪称雷同

---

〔1〕 (明)陈子龙等编:《明经世文编》卷302,中华书局1962年版,第3194页,《论养相才》。

〔2〕 (明)陈子龙等编:《明经世文编》卷461,中华书局1962年版,第5051页,《与申瑶老第二书》。

〔3〕 《史记》,韩兆琦译注,中华书局2010年版,第4200页。

的宰相宣言：

> 国朝设置阁臣，止备顾问，代言而已。后乃隆以穹阶，委以平章重务，是辅弼之臣也。辅弼之臣，上佐万机，无专职，无所不兼。必使阴阳调和，纪纲振饬，百官奉职，万姓乐生，礼教流行，风俗淳美，兵强财足，四夷咸宾。然后其职乃尽，尽其职，乃可言功〔1〕

若以太祖的眼光来看，此论恐怕称得上是大逆不道。但穆宗目睹此疏后，非但未指斥高拱之僭越，反倒是嘉奖其"功在社稷"。可见，穆宗亦委"高阁老"以国家大计，认可其肩负宰辅之重任。而《论养相才》中内阁"无名有实"的论断，正是源于此君臣相宜之情境所造就的"宰相意识"。高拱的"宰相意识"促使他不仅认同阁臣虽无"相职"却肩负"相责"的观点，更是令他将宰相"赞理万机，表正百僚"的"相责"视作使命并主动履行，最终凝结成此"无名有实"之论。然而，这种无"相权"而履"相责"的等差局面，不过是穆宗、高拱君臣间互相成就下所达成的微妙平衡，而到了叶向高主政之时，情况业已大不相同。

分析叶向高的"有名无实"之论，不难发现，其口中的"名"与"实"，恐怕与高拱所言之"名""实"不尽相同。向高此言，出自其寄往老师申时行的书信当中。鉴于张居正柄政而罹身后惨祸，叶向高在阁期间，力图复仁宣旧制，不与闻部政，事事皆慎重处之。他在信中声称自己对六部政务不敢有分毫之干涉，甚至部事都要迨至拟票发回后，方得略知一二。在内阁依制执掌的票拟工作当中，他亦同样如履薄冰，止于顺从部意，为其"票答"而已，唯恐增添分毫之己见。然而，即便叶氏谨小慎微直至如此，甚或可称之怯懦，却仍旧"事有壅格，则无人不相委罪"，一旦为政有丝毫不妥，即将为千夫所

---

〔1〕《明穆宗实录》卷65。

指。叶向高痛陈其时阁臣履职之难,斥责六部之官"论事权,则其推阁臣于事外,惟恐有一毫之干涉;论利害,则其扯阁臣于事中,惟恐有一毫之躲避",并得出如今阁务"其难易苦乐已大失其平矣"的结论。[1] 而向高窘境之根源,无疑便是前文中其申告的内阁"无相之实,而虚被相之名"。可见,叶向高所言之"名""实"与高拱恰恰相反,"名"为"相责","实"为"相职"。内阁"无相之实",意味着身处其中的阁臣没有"相职",并因此缺乏如宰相般钳制百官的职权;"虚被相之名",则指出阁臣即便是无此权柄,却仍因入直文渊的表象而被迫担负起了对"毫无事权"的他们来说过分沉重的"相责"。在叶向高向万历皇帝所条陈的另一奏疏中,我们能更加深入地理解他的无奈:

> 我朝阁臣只备论思顾问之职,原非宰相。中有一二权势稍重者,皆上窃君上之威灵,下侵六曹之职掌,终以取祸。臣备员六年,百凡皆奉圣断,分毫不敢欺负。部务尽听主者,分毫不敢与闻。惟是有不行,则一切尽以罪臣。良繇阁臣不补政本,虚单猜疑,易起议论,日多以至此极也。[2]

叶向高的苦楚,正是阁臣无"相权"而履"相责"之弊症所造就的。考察历朝历代的宰相制度,宰相虽各有其名,却都具备"一人之下,万人之上"的法定地位。然高祖废相后,"以威福归朝廷,以事权归六部,以公论付台谏"[3]。内阁不过秩序五品,名列翰林院之下,且终明一世都未尝变更。执掌内阁的辅臣,名义上并无"宰制百官、

---

〔1〕 参见(明)陈子龙等编:《明经世文编》卷461,中华书局1962年版,第5051页。
〔2〕《明神宗实录》卷501。
〔3〕 (明)徐学谟:《世庙识余录》卷24。

纳六部为府库"这种附随于"相职"的事权。有明一世间或涌现出的权相,亦未尝能有一人挑战皇明祖制,变更成法而为主政之阁臣赢得如古相般尊崇的法律阶秩。然则,恰如向高所言,诸司因阁臣"虚被相名"而责望于内阁,事有不行便皆以之归咎于辅臣,俨然目之为宰相。但若是要求六部之官听命于其口中所谓"辅弼政本者"之时,他们又将搬出皇明祖制,以法祖之名主张阁臣不得干预部务。况且,万历帝静摄日久,不理朝政,章奏常常留中。六部缺官,部务难行,叶向高亦多次奏请补官缺而不得行。同时,前辈阁臣接连或遭罢黜、或致仕而去官,向高独相日久,更加剧其阻塞言路、壅蔽圣听的骂名。面对这般混乱嚣杂的政治图景,他甚至欲一举回归太祖之制,裁撤内阁以息事宁人。但终究还是囿于圣躬,不敢"以此意形之论奏"。叶向高饱受内阁"职责不副"之害,促使他否认自己负有如宰相般的重担,阐发出内阁"有名无实"的结论。

综上所述,高拱与叶向高两位名辅,其就内阁之"名实"所阐发的论述,虽看似南辕北辙,所欲表达之意却殊途同归。他们所谈论的,皆是内阁辅臣无宰相之"相职"而负有宰相之"相责"这一"职责不副"的核心矛盾。不同之处在于,高拱"锐志匡时,宏才赞理",主动承担"相责",并视之为应尽的使命;而叶向高则认为自己"碌碌浮沉,贻忧宗社",[1]他逃避宰辅之"相责",并辩称阁臣不过虚冒相名,既然无此职权,自然不应担此重任。无论如何,他们有关内阁名实不副的论证,事实上所指向的都是明代内阁制度的致命缺陷,即阁臣"职责不副"这一弊症。

二、"职责不副"的生成:积为定制的政治习惯与被触动的皇明祖制

在笔者看来,此"职责不副"之弊,根源于内阁制度与皇明祖制,即不成文的政治习惯与成文的国朝典章间的根本性矛盾。正是这

---

[1]《明神宗实录》卷503。

二者间的矛盾,令内阁辅臣在无"相职"的情况下勉强承担"相责",致令职权、职责不能统一,内阁的事权缺乏制度之保障,为"明无善政"埋下了隐患。如果我们采法制史上"类型化"的目光去考察内阁制,不难发现,与其说内阁是明代法定的中枢机构,毋宁说它不过是在明朝政治实践中积习而成,又被朝廷默许存在,并视作宰辅加以利用的一种政治习惯。

在明朝的典章制度之中,被制度化的内阁职权实际上颇具局限性,这些明文列举,成为定制的职权,我们可从《明会典》中觅得其详。万历《明会典·翰林院》条下,事无巨细地记载了内阁之执掌。其文云内阁主翰林院事,并因而享有"知经筵""提调讲读""撰进文字"等总计三十五项权力。其职权涵盖文化、礼仪、选举等诸多方面,却唯独不涉及政治。《会典》不过于开头浅论何谓"入阁办事",而办何事、如何办事,惟以"参预机务"一言以蔽之,就其细节则一概不予详论。[1] 内阁载于典章中的制度性职权,皆为其执掌翰林院从而理应具备的,作为君主书办的权力。

当然,任何一位略微通晓明史之人,想必都不会把这些非决策性权力视作内阁所执操的权柄之全部。正如王世贞所言,内阁乃是"避名而阴操其实",替皇帝代言,令"万机不独断,睿智不恒操"[2]的决策性权力,才是内阁何以隆以穹阶、尊为师保,并凌驾于百官之上的根本原因。以至于清修《明史》直言:内阁"掌献替可否,奉陈规诲,点检提奏,票拟批答,以平允庶政。"[3]堂而皇之地肯定了其作为前明政本机构的地位。然而,恰如前文所言,这些职权从未被载入官方的典章制度当中。

---

〔1〕 参见(明)李东阳等纂,(明)申时行等重修:《大明会典》卷221《翰林院》,广陵书社2007年版,第2937~2945页。

〔2〕 (明)王世贞:《嘉靖以来首辅传》,中华书局1991年版,第1页,《嘉靖以来首辅传序》。

〔3〕 (清)张廷玉等:《明史》卷72《职官志一》,中华书局1974年版,第1732页。

明代内阁制度的"职责不副"之弊

事实上，内阁所掌握的事权，其涵摄范围颇为广泛。除前文所提及的书办之权外，内阁还职掌"出纳帝命，率遵祖宪，奉陈规诲，献告谟猷，点简提奏，拟议批答，以备顾问，平允庶政"[1]。不过，这些事权独立于国朝典章之外，肇端于政治先例，以不息之政治实践与历史进程之推进而逐步积为定制，以至于诸多内阁事权之缘起，直至今日仍存争议。譬如，内阁事权中最为显赫者，同样也是阁权为世人所尊崇之核心，即所谓"拟议批答"的票拟权力，其滥觞的时点便至今仍无定论。现存说法当中占据主流者的"宣德说"，即谓票拟发端于宣宗命近臣以小票传达的"条旨"：

> 永乐、洪熙二朝，每召内阁造膝密议，人不得与闻。虽倚毗之意甚专，然批答出自御笔，未尝委之他人也。宣德时，始令内阁杨士奇辈，及尚书蹇义、夏元吉，于凡中外奏章，许用小票墨书贴名疏面以进，谓之条旨，中易红书批出。[2]

无论如何，我们应当肯定的一点是，内阁事权的扩张，倚靠的是"渐积之势"[3]，即明朝政治演进的过程中，内阁柄政之实践所不断积习而成为定制的诸多政治习惯。这些政治习惯虽未被明文列入官方政书，却实实在在地作用于明代的政治生活中，且日渐令内阁呈现出如同宰相一般的表观。此种表观，尤见于其对皇权的制约，以及对诸司事务的掌握。当皇帝之命不合君道、或有悖祖制之时，内阁既有权提出反对意见，恳请皇帝收回成命，亦可拒绝拟旨，俾令弊政不得施行，譬如刘健之于武宗、张璁之于世宗，都曾有逼令皇帝

---

[1] （清）孙承泽：《春明梦余录》卷23《内阁一》，王剑英点校，北京古籍出版社1992年版，第326～328页。
[2] （明）黄佐：《翰林记》卷2《传旨条旨》，中华书局1985年版，第17～18页。
[3] （明）王世贞：《嘉靖以来首辅传》，中华书局1991年版，第1页。

让步于内阁的故事。皇帝倘如采取非常手段,径传中旨,则会被视作违背君德,招致士大夫之批评。此即内阁对皇权可行使之干预和制约。与此同时,内阁不仅利用票拟之权拟定大政方针,纳六部为其手足,还要求诸司在章奏上闻之时附送揭帖关白阁臣,以掌握各曹所欲申陈之事。叶向高曾以"揭帖亦无"作为标榜自己不闻部事的佐证,可见以揭帖传达部务至少在万历年间业已形成一种政治常态。阁臣上可制约皇权,下可宰制诸司,其作为宰相,即政府首脑的表征逐渐昭然若揭。然而,"曷言辅,避相也"[1],内阁既欲规避宰相之名,与其自然略有参差。最彰明者,莫过于其事权未尝制度化的这种习惯色彩。

不过,这种习惯色彩并不影响内阁地位之稳固。在明朝,自帝王至大小臣工,大都默认阁臣身为辅弼之臣的地位。嘉靖帝在与臣僚谈到朝仪班序之时曾言道:"夫阁臣,职首文班,位居辅弼。"[2]肯定了阁臣身居百官之长的显赫地位。得世宗恩允而荣膺此地位的张璁则坦言"臣切惟皇上宣德流化,必自近始,近必自内阁始。""人君以论相为职,宰相以正君为功。"赞美皇帝有"尧舜知人之明"[3]。同时,百官上言为政之策时,亦将选任良辅当作国家的头等大事。成化年间,浙江道监察御史孔儒就曾上疏言"精择辅臣,用而信之",他谈到"本朝不设丞相,内阁之官乃相职也。必精择其人而用之,既用之必信任之"。孔氏将拣选与驾驭辅臣视为同等重要的两件大事,并恳请皇帝务必要在"政治得失,人材贤否"等诸多政务上"皆咨访而行之",以使"幸臣""小人"不得夺阁臣之权、扰辅弼之职。[4]

---

[1] (明)王世贞:《嘉靖以来首辅传》,中华书局1991年版,第1页,《嘉靖以来首辅传序》。
[2] 《明世宗实录》卷119。
[3] (明)陈子龙等编:《明经世文编》卷177,中华书局1962年版,第1801页,《应制陈言》。
[4] 参见《明宪宗实录》卷57。

隆庆时，担任刑科都给事中的胡价也在其章疏中极言内阁"赞理万机，表正百僚"的重要性，并指出"其进退用舍与百执事不同"[1]，须慎重其事。内阁掌权业已积习为定制，即便是号称"内相"的司礼监亦无法动摇其根基，唯有"照阁票批硃"[2]，即便是所谓阉宦专权乱政的时期亦如此。刘瑾柄政之时，犹须内阁与之互为照应，"中外奏疏处分，亦未尝不送内阁"[3]。魏忠贤权倾朝野，斥尽正人，也依旧不得裁撤内阁，只得于阁中安插党羽，与顾秉谦合力把持朝政。内外臣工对于阁臣本人尚能把持非议，但针对这一显而易见突破祖宪规制的制度，却丝毫不敢与之抗衡。就连贵为当朝首辅的阁臣叶向高本人，也"恐其骇人而不敢吐"[4]，只能在书信中私下抒发自己裁撤内阁的设想。足见作为一项政治习惯的内阁制度具备较强的稳定性，已非可因时而更易之单纯惯习了。

　　内阁制度虽已成定制，但却迟迟未能上升为成法，其原因自然是太祖废相祖制的阻碍。太祖朱元璋定鼎中原，为保皇位永固、国祚绵延，以"自古国家建立法制，皆在始受命之君"，定立祖训，命子孙"钦承朕命，无作聪明，乱我已成之法，一字不可改易"[5]。有明一世，朱明子孙虽往往视祖训为弁髦，但直至明亡都未尝革去。况且，祖训在上，余威仍存。明朝诸帝对于违反祖训一事，大多亦尽力回避，仅在非常情形之下才不得已而为之。譬如，朱棣对建文朝臣施以"诛十族""瓜蔓抄"等酷刑；神宗纵容后宫干政；以及时有出现的太监柄政如王振、刘瑾、魏忠贤等。这些显然与祖制有违的特殊情形，短则数年，长则十余年，皆不成气候，更毋论定为常法了。然而，

---

[1]　《明穆宗实录》卷63。
[2]　（清）张廷玉等：《明史》卷74《职官志三》，中华书局1974年版，第1818~1819页。
[3]　（明）王鏊：《震泽长语》卷上，商务印书馆1938年版，第16页。
[4]　（明）陈子龙等编：《明经世文编》卷461，中华书局1962年版，第5051页。
[5]　《皇明祖训》，北京图书馆藏明洪武礼部刻本。

唯独内阁制度持续百余年,且又定为常行之法,颇为可怪。明帝不仅在《会典》中大谈"虽官署名职,间有更易,列圣相承,随时与事,因革损益,代各不同,而皆不失乎皇祖之意"[1],更是处处掩饰内阁已成相体之事实。越是欲掩盖真相,其意图越发昭彰可察,明朝统治者显然早就意识到了内阁制度与"事皆朝廷总之"之祖宪间的南辕北辙。他们不惜阳奉阴违,命阁臣"无相职而履相责",令中枢政治体制始终游离于国朝典章之外,亦要保留此种政制,恐怕正是为了维持这一矛盾现象之存续。考察内阁制度的运行,我们会发现,内阁制度与皇明祖制的根本性矛盾,在政治实践中已然成为高悬明朝历任辅臣头顶的"达摩克利斯之剑"。这种制度设计使阁臣不可能如宰相般挥斥方遒、匡济时政,造成了其"职责不副"的境遇。

三、"职责不副"的存续:内阁与祖制张力之下生成的皇权依附性

"职责不副"是这种根本性矛盾赋予阁臣的一种两难境地,抑或说是"原罪"。内阁制度既已与祖制存在核心冲突,辅臣自然不能两全其美,履"相责"而不逾"祖制"变成了绝无实现之可能的理想状态。若是如高拱那样励精图治,欲履行内阁被授予的"掌丞天子佐理万机"之职责,那么阁臣就将不得不僭越祖宪,上侵君主之威灵、下夺六部之执掌,或忤逆人君,或插足部务,势必会让自己沦为变乱祖制的戴罪之身,随时都可能被劾以"操朝廷大政"而遭罢黜。若是像叶向高那般,试图回归祖制怀抱,"以天下事仍责之六部"[2],那么就必然难以达成内阁被委寄之重任,"既不能尽得之皇上",亦将辜负百官之责望,不仅会坐以"怠政"之嫌,为内外臣工所不齿,"天下后世推敲于存亡利害之故"时,也难避后人之委罪。同时,即便辅

---

〔1〕 (明)李东阳等纂,(明)申时行等重修:《大明会典》,广陵书社2007年版,第4页。

〔2〕 (明)陈子龙等编:《明经世文编》卷461,中华书局1962年版,第5051页。

臣冒天下之大不韪,持正秉公,但只要为政不能顺百官之意,臣僚就将避而不谈内阁调元赞化,佐明主燮理天工的责任,动辄将专权乱政之罪加之于其身。南京礼部尚书霍韬曾于嘉靖十六年上疏称:"陛下总揽乾纲,政自己出,宜无所谓权柄下移者,乃其疑似之迹则有之。内阁之臣,止司票拟,而外人不知者,遂谓朝廷大政举出其手。"[1]看似是单纯重申祖训,实际上是通过强调"乾纲独断"来讽喻首辅夏言有碍人主揽权之事。御史赵锦劾奏亦持祖宪大旗,言"陛下天纵圣神,乾纲独运",并以"诸司之题覆,则已先受其风旨,阁臣之票拟莫非两行其胸臆"[2]为由,弹劾阁臣把持部政。而且,阁外有群臣之非议,阁中又有同僚虎视眈眈。在"首次大分"之后,首辅独揽票拟大权,其余辅臣不过"参议论而已",甚至"唯唯不敢可否"[3]。"阁体重首辅",唯有成为首辅,才可"主图事揆策",享有"宰相"之优位。[4]阁臣之间的倾轧成为常态,王世贞形容其时辅臣之争"其为次则出首之上,其为首则恶次之近。",足见其时争权夺势之激烈。高拱与张居正间也呈水火不容之势,"袒文襄则绌文忠,袒文忠则绌文襄",以至后世有识者皆为二贤之相倾而嗟叹。并且,正所谓"历数从来内阁之官,鲜有能善终者"[5],首辅僭越之深、得罪之重,其有志者若于斗争中落败,生前身后皆将罹惨祸。幸运者如高拱,不过"著回籍闲住,不许停留"[6]。不幸者如夏言、张居正,前者弃市,后者籍家,"覆盆有不照之冤,比屋有不辜之累也"。内阁制度与皇明祖训先验的矛盾,令阁臣之为政倍受掣肘,不能全然发

---

〔1〕《明世宗实录》卷204。
〔2〕《明世宗实录》卷395。
〔3〕《明世宗实录》卷90。
〔4〕 参见(清)孙承泽:《天府广记》卷10《内阁》,北京古籍出版社1982年版,第111页。
〔5〕 (清)孙承泽:《春明梦余录》卷23《内阁一》,王剑英点校,北京古籍出版社1992年版,第345页。
〔6〕《明神宗实录》卷2。

挥其如宰相般的事权,而身家性命亦将时刻遭受威胁。而将内阁置于此"积习与祖制"矛盾之下的制度设计,一方面让阁臣背负宰辅之重担;另一方面却使制度处处束缚其手脚,最终陷其于"职责不副"的吊诡境地。

然而,在这一窘境中保全自身的方法却十分显而易见。唯永葆皇帝之宠任,阁臣之地位才可稳如泰山,这亦即所谓阁臣之"皇权依附性"。当"圣聪"聚焦于阁臣之身时,任何官场内的攻讦都将蓦然间显得苍白无力。嘉靖年间,佥事史道与给事中郑一鹏分别弹劾大学士杨廷和与杨一清,前者"严旨切责,下之诏狱"[1],后者则"杖于廷,削职罢去"[2]。万历年间居正当国期间,御史刘台上疏极谏其"擅作威福",更是使神宗"大怒",被坐以"诬罔忠良,肆言排击,意惟搆党植私,不顾国家成败"之罪,被逮入锦衣卫狱。[3] 由此可见,在动,则被劾以"久居要地,尽用其术"[4],"起干政之渐,以"蔽塞圣聪"[5];静,则被斥为"君德有亏,不能匡正,谏臣降谪,不能申救"[6]这样"职责不副"的两难境地之下,辅臣若欲在用权行政,实现其政治抱负后,还能"得从容引退,恬然出长安门"[7],唯有竭尽所能结帝王之好,以保圣恩之不移,俾可得两全其美。

由此观之,阁权与皇权的紧密相依,正是这一制度设计所欲成就的目标。内阁制度这一政治习惯与皇明祖制的根本性矛盾极大地增强了阁臣的"皇权依附性",以违背祖训之制度,实现了祖训"乾纲独揽"之本意。我们不难发现,阁臣虽然在事权上掌握着非议朝政

---

[1] 《明世宗实录》卷22。
[2] 《明世宗实录》卷107。
[3] 参见《明神宗实录》卷46。
[4] 《明孝宗实录》卷78。
[5] 《明世宗实录》卷10。
[6] 《明神宗实录》卷277。
[7] 《明神宗实录》卷500。

之能力,然而,在内阁权势渐隆、地位渐穹之时,敢于犯颜进谏、补益君心的辅臣反倒是越发减少;背弃相道,宽纵主欲者相对却渐而增多。成化时,宪宗屡欲易储,召内阁诸辅臣计议之时,万安、刘健二位为明哲保身不敢言非。嘉靖年间有了"大礼仪"的前车之鉴,不敢言君心所非之风更甚,甚而出现了"词臣率供奉青词。工者立超擢,卒至入阁。"的现象,阁臣竟纵容皇帝沉迷斋醮,竞相撰写青词,时人谓其"青词宰相"[1]。阁臣不敢匡正君德,一遇君相矛盾,往往只能辞职以示抗议。正德初年刘健、李东阳与谢迁的"乞特允退"[2],万历中后期叶向高、李廷机的"乞请致仕",都是在皇帝昏庸,阁臣无可奈何之时的被迫之举。皇帝借助这样的制度设计牢牢掌了内阁阁臣的命门,令其群体不得不倾其所有挽留皇恩,以规避自身步桂州、江陵的后尘。为永葆皇帝之宠任,辅臣既须谨慎、细致、忠诚地履行自身所负之"相责",还须投圣上之所好,结主知、固主宠,乃至于阁臣往大多"未能荐一贤、行一事、挽回一弊政、消弭一衅端",碌碌充位,贻忧宗社而已。[3] 黄宗羲口中对臣子"君以形声强我,未之敢从也"的期许[4],就在这种制度设计当中化作泡影。有明一世,自内阁肇始后的诸帝,无疑是此种制度设计的最大获益者。他们一方面以政治习惯的形式复活了宰相制,从而在治理国家时得有辅臣之协赞;另一方面,又令这一习惯与祖制冲突,攫取了黜陟阁臣的合法性基础,陷其群体于"职责不副"的困境,确保了皇权对阁臣身家性命的绝对掌控。阁臣虽在表面上负担着"匡正君心"的"相责",但在"相职"缺失,职责不副的局面下,实际上只可唯君主马首是瞻。正因如此,"内阁"即便堪称宰相制在明朝的复活,却实际削弱了相权对

---

[1] (清)张廷玉等:《明史》卷193,中华书局1974年版,第5117~5118页。
[2] 《明武宗实录》卷10。
[3] 参见《明神宗实录》卷503。
[4] 参见《明夷待访录·原臣》,载《黄宗羲全集》第一册,浙江古籍出版社1985年版,第4页。

皇权的制约,令"乾纲独揽"在辅臣殚精竭虑地履职之下更加稳固。

四、结论:"乾纲独揽"下的"明无善政"

综上所述,"有明之无善政,自高皇帝罢丞始也。"[1]这一论断大抵正确。君主集权在明朝的发展,造就了宰相制的废止与内阁制的肇建。废、建之间,皇权在其行政效能因辅臣协赞而未有过分减损之同时,挣脱了相权的束缚,"明无善政"的诱因便由此产生。或许,身兼雄才与大略的君王能以这一制度为倚靠,更为便利高效地施展其治国理政之手腕。但不幸的是,明朝是一个盛产昏君的朝代,手足相残者有之、辍朝静摄者有之、四病俱全者有之、幼冲童昏者有之、刚愎自用者有之,恰恰是"圣圣相承"之下积习而成的内阁制度,放纵了他们的天性,"乾纲独揽"遂铸就此粗陋之景。

幸而,明朝同样是一个盛产贤臣的朝代,辅臣们在制度设计的镣铐之下,依旧践行着儒家"从道不从君"的远大理想。在"职责不副"这般步履维艰的处境中,他们与儒林士大夫群体一道,努力维持着大明王朝这一日趋朽败的国家机器之运转。阁中诸臣或许并非完人,但终究瑕不掩瑜、罪不蔽功。分析明代内阁的制度设计,无疑为我们提供了又一个认识内阁与明代中央政治的切入点。本文正是希望通过考察明代内阁制度设计上所存在的缺陷,揭露君主权力走向顶峰的历史进程中辅臣们所面临的困境,从而帮助我们更好地理解明代的中央政治制度,进而了解中国古代,与君权的发展趋势互相映衬的政治制度之演变。

---

[1]《明夷待访录·置相》,载《黄宗羲全集》第一册,浙江古籍出版社1985年版,第7页。

偶然的正义
——《苏三起解》所见明代司法的程序问题

赵 曜[*]

【摘要】 本文以《玉堂春落难逢夫》为例,论证了明代公案小说的正义结局具有偶然性。通过还原明代的司法程序,分析得出小说的女主人公本应含冤而死。"大团圆"结局不意味着法律的可靠,而是作者通过添加一些偶然因素刻意而为的结果,背后隐藏着小说的娱乐性质、教化性质、慰藉性质与中国人对实质正义的追求和憧憬。

【关键词】 公案小说;明代司法程序;"大团圆"结局;实质正义

一、引言

(一)研究意义

中国传统戏曲与文学中有一类专门描写审判及办案的文艺作品类型,称之为公案戏或公案小说。由于中国传统文化对大团圆结局的偏好,历代作者更偏向于描写正义得以伸张的故事,而对于冤案的描述较少。因此,冤案故事尤其吸引研究法律、文

---

[*] 作者系康奈尔大学法学硕士。

学与中国法制史领域的学者的目光,来探寻冤案何以为冤案。[1]然而,鲜少有人将目光聚焦在大团圆结局的文学艺术作品上,思考正义胜利的背后究竟是怎样一番图景:真的是因为可靠的司法制度从而获得公正的判决结果吗？还是由于一些偶然的介入因素而恰巧使罪犯落入法网？抑或是故事情节仅仅出于作者对当时司法的想象,反映出的只是以作者为代表的普通民众的正义观？为探究此问题,本文拟选取脍炙人口的京剧《苏三起解》(又名《玉堂春》)的故事,以其源头——冯梦龙编订的《警世通言》卷二十四《玉堂春落难逢夫》——为样本,试分析苏三的胜诉是否具有偶然性。若此结局果真出于巧合,则造成巧合的原因为何,以及在排除偶然因素的情况下,最终应为何种判决结果。

选取苏三案的原因有三:首先,苏三起解的故事流传甚广,选取其作为研究对象不至于冷门。其次,尽管苏三案在坊间的知名度较高,然而较少有学者从法制史的角度探寻搜证、审判、执行等一系列司法程序的正当性与合法性。最后,《玉堂春落难逢夫》故事情节完整、人物性格饱满、记述清晰详尽,为学术研究提供了一个参考性较强的样本。

本文的意义在于为公案文艺作品的法学研究提供另一个视角:从程序而非结果的角度出发,用非上帝视角探究文艺作品中正义的发生是否为虚构的幻象;并结合法制史,尝试分析历史语境下造成冤假错案的可能。需要说明的是,本文目的既不在于批判传统中国司法体制的缺漏,也无意于探讨文艺作品与现实生活的距离,而是为了解释文艺作品大团圆结局的背后,隐藏着何种形式逻辑与司法

---

[1] 参见苏力:《窦娥的悲剧》,载苏力:《法律与文学:以中国传统戏剧为材料》,三联书店2006年版,第117~154页；张建伟:《从宋元话本到现代小说——"十五贯"冤案的文学艺术呈现》,载《中国法律评论》2015年第1期；徐忠明:《〈活地狱〉与晚清州县司法研究》,载《比较法研究》1995年第3期。

现象。

(二) 文献综述

由于本文的研究对象是多学科领域的交叉集合,因此,文献的查阅大致分为三个方向:一为法律与文学方面的概论,二为中国法制史有关司法程序方面的论述,三为研究《警世通言》及《玉堂春落难逢夫》的著述。

首先,关于法律与文学方面的文献,从总体上把握,几乎都涉及一个基本命题,即以文学艺术作品为素材进行法学研究的可能性——这也正是本次研究的基础。尽管美国著名学者波斯纳教授在早期对此方向的研究持否定态度,出版了《法律与文学——一场误会》,然而随着此领域的不断发展,证实了通过文艺作品研究法与社会的独到之处。波斯纳本人的态度也发生了转变,承认了法律与文学研究的意义。在中国,法律与文学方向的研究同样是法学研究的富矿。苏力教授的《法律与文学:以中国传统戏剧为材料》的基点即是运用文艺作品探讨一般法律问题的可行性,令人耳目一新。[1] 此外,如冯象教授的《木腿正义》[2]、梁治平教授的《法意与人情》[3]、上海三联书店出版的合集《法律与文学研究》[4]等著作以及赵晓力教授[5]、余晓明教授[6]等学者的文章皆诠释了法律与文学这条道路是走得通且值得走的。义艺作品是用感性的方式来反映社会的普遍现象,而法学研究则是用理性来找寻世界的逻辑。在力求呈现

---

[1] 参见苏力:《从文学艺术作品来研究法律与社会》,载苏力:《法律与文学:以中国传统戏剧为材料》,三联书店2006年版,第384~386页。

[2] 参见冯象:《木腿正义》,北京大学出版社2007年版。

[3] 参见梁治平:《法意与人情》,中国法制出版社2004年版。

[4] 参见范玉吉:《法律与文学研究(第一辑)》,上海三联书店2012年版。

[5] 参见赵晓力:《要命的地方:〈秋菊打官司〉再解读》,载《北大法律评论》2005年第1期。

[6] 参见余晓明:《文学与法律之间——以〈白毛女〉的文本演替为例》,载《南京师范大学文学院学报》2004年第1期。

社会面貌此本质上,二者殊途同归。

其次,在中国法制史学方面,有关明代司法程序的论述尽管不如实体法丰富,但也有不少成果。例如,那思陆所著的《明代中央司法审判制度》[1]、尤韶华所著的《明代司法考》[2]等。本文拟借助相关文献资料,研究苏三案是否符合明朝当时的司法程序。

最后,研究明代公案短篇小说、"三言二拍"及《玉堂春落难逢夫》所蕴含的法律思想的文章,与前两类文献相比,数量着实不多,这为本文的写作提供了一定空间。尚未见有学者聚焦于细部,探索公案小说中法律的适用是否符合当时规范。在有限的资料中,学者多是从普通百姓的视角出发,或者是感叹于正义的缥缈,情绪上难掩失落与无奈[3],而尚未见有更进一步结合历史语境,理性看待苏三案中的不足之处的文章。

(三)研究方法

本文以研读大量明代公案小说为基础,对公案小说内容以及结局进行简要梳理,并尝试定量分析公案小说中冤案与大团圆结局的比例,探索结局与偶然因素介入的联系。此外,本文拟运用思想实验的方法,以苏三案为例,将其中的偶然因素刨除掉,重新按照明代司法程序审视苏三的真正结局为何。本文将以法律与文学导论方面的文献为研究起点,以中国法制史学方面的文献为辅助工具,来探讨苏三案的司法程序及其反映的社会普遍性意义。

---

[1] 参见那思陆:《明代中央司法审判制度》,北京大学出版社2004年版。
[2] 参见尤韶华:《明代司法考》,厦门大学出版社1999年版。
[3] 参见翟文喆:《苏三起解·提审·传统法观念》,载《中西法律评论》2004年第00期;王威:《身份社会、伦理法律与"轻程序"的逻辑推想——以戏剧〈苏三起解〉为例》,载《重庆科技学院学报(社会科学版)》2011年第4期;王威权:《〈警世通言〉所反映的民间法律观念探究》,载《语文建设》2016年第12期;张妍鸽:《从〈警世通言〉看我国古代法律秩序的构建》,载《语文建设》2015年第30期;崔茜:《大团圆之后的深思——评〈苏三起解〉》,载徐昕编:《正义的想象:文学中的司法》,中国法制出版社2009年版,第358~363页。

二、明代公案小说特征

(一) 选取定量分析的统计样本

由于经济的繁荣与出版业的发达,公案小说在明代空前繁盛。明代公案小说粗略可分为两大类型[1]:一为短篇公案小说集,现存世11部[2],二为拟话本小说,最具代表性的作品为"三言"与"二拍"。[3] 囿于笔者的时间与精力,无法一一研读明代所有的公案小说,因此,需在两种类型的小说中各选取最具代表性的作品进行研究。

首先,选取明代短篇公案小说样本。此类小说印刷颇为粗糙,受众为下层市井百姓。作者们受"法家书"影响很深,小说以案件类型排布,状词、诉词、判词也多引用"法家书",结构多为"先叙事情之由,次及评告之词,末述判断之公"[4]。这11部公案小说集又可分为两种类型:第一种如《龙图公案》,所有断案故事中的审判者皆为一人,如在《龙图公案》中即是由包公一人贯穿始终。第二种如《廉明公案》,采用一人一案的形式,每个案件由不同的审判者来审理。由于第一种类型的短篇小说从始至终仅由唯一审判者断案,受审判者个人办案风格影响较大,不具有普遍意义,因此不选择以此种类型作为定量分析的研究对象。关于第二种类型的短篇小说,需综合写作质量、内容排布等多种因素进行考量。通过分析比对,发现明代短篇公案小说存在不少互相抄袭的现象。例如,《新民公案》抄袭

---

[1] 参见苗怀明:《中国古代公案小说史论》,南京大学出版社2005年版,第59~86页。

[2] 分别为《百家公案》《廉明公案》《诸司公案》《新民公案》《海公案》《详刑公案》《律条公案》《明镜公案》《详情公案》《神明公案》《龙图公案》。

[3] 除"三言二拍"外,明代拟话本小说还包括《石点头》《西湖二集》《型世言》《欢喜冤家》《清夜钟》《贪欣误》《天凑巧》《鸳鸯针》《醉醒石》《一片情》《八段锦》《鼓掌绝尘》《载花船》等。

[4] 转引自苗怀明:《中国古代公案小说史论》,南京大学出版社2005年版,第71页。

《廉明公案》3案、《诸司公案》7案。另外，一些小说集存在大量的非现实因素，如在《百家公案》的94个故事中，有27则借助了鬼神等非人力因素，对本研究不具有参考意义。综合各方因素考量，《诸司公案》是较好的研究样本。全书共59案，仅有两案出现鬼神，文字较其他小说更为生动、翔实。全书分为六类案件：人命类、奸情类、盗贼类、诈伪类、争占类、雪冤类，能够较为全面地反映出民间争端。

其次，选取拟话本小说样本。拟话本小说藏有中有许多"散篇"公案小说，研究公案小说的学者黄岩柏曾统计过，在"三言"与"二拍"共80篇小说中，公案小说占到25篇，平均字数高达11,000字，相当可观。[1] 比起明代短篇公案小说，拟话本小说更注重人情世态的描写，文笔细腻生动，而非照搬判词。审判者也不再是简单的平面化的形象。因此，笔者拟选取最能代表明代拟话本小说的"三言二拍"作为分析样本。在剔除故事发生在明代之外的小说后，总计为30篇。

综上，为研究明代公案小说并提取案件决定胜诉的关键性因素，现选取《诸司公案》中的59篇短篇公案小说与"三言二拍"中的30篇公案小说为对象，开展如下的定量与定性分析。

（二）研读《诸司公案》与"三言二拍"

通读这两类明代公案小说后，有以下几点发现：

第一，《诸司公案》59个案件的判决无一例外均是有罪之人获刑、清白之人被释，"大团圆"结局占比100%。这不仅能从特意设计的"雪冤类"案件看出作者对正义的维护；在除"雪冤类"外的其余五类案件中，即使无辜者在初审中屈打成招，复审中也一定会碰到"好法官"替他们洗清冤屈。"三言二拍"的情况也基本相同。只有《滕大尹鬼断家私》一文中的判决不甚公正——判官自己贪污了原告的部分家产。而其余故事都拥有着"善有善报，恶有恶报"的团

---

[1] 黄岩柏：《中国公案小说史论》，辽宁人民出版社1991年版，第165页。

圆结局。值得一提的是,在部分因为复仇导致的杀人案中,复仇之人逃脱了法律的制裁,但由于"坏人"死亡,大仇得报,明代人认为此类案件不仅不因为杀人犯逃脱了法律的制裁而因此认为不公平,而且认为该等结局算得上好事一桩。[1] 因此,可以说"三言二拍"中描述的发生于明代的公案故事,以"大团圆"作结的小说占比高达96.8%。

第二,小说中正义的降临通常具有偶然性。首先,非现实因素会给官员断案以启示。常见情节如判官做梦梦到案件细节[2]、嫌犯名字带有预言性质[3]、冤魂附体告知众人真相等。[4] 其次,断案者对原被告外貌与气质的喜恶会影响其断案的态度。如,在《韩秀才乘乱聘娇妻,吴太守怜才主姻簿》中,吴太守"当下看过息词,抬头见了韩子文,风彩堂堂,已自有几分欢喜",显然,太守在看过韩秀才的样貌后,已将正义的天平倾向于他。再次,无辜者被折磨将死后总会苏醒过来,然后借助多方力量将真相公之于众。《错调情贾母詈女,误告状孙郎得妻》的女主人公在气绝后又苏醒过来,甚至《卢太学诗酒傲公侯》中男主人公被打了一个时辰后竟又转醒。最后,会有一些巧合情境来推动情节发展,这是小说的有机组成部分,但对于案件本身来说则是偶然因素。作者通常会用"恰巧""无巧不成书"等语言暗示这种巧合性。例如,《赫大卿遗恨鸳鸯绦》里描述道,"事有凑巧,物有偶然,香灯刚落下来,恰好静真立在其下,不歪不斜,正打在他的头上"。凡此种种,在拟话本小说中并非少见。

第二,司法程序上可能会存在部分非公正因素。较为普遍的一

---

[1] 例如,在《酒下酒赵尼媪迷花,机中机贾秀才报怨》中,小说结尾评价报仇之人"识见高强,也是观世音见他虔诚,显此灵通,指破机关,既得报了仇恨,亦且全了声名。"

[2] 例如,《崔知府判商遗金》《许察院感梦擒僧,王氏子因风获盗》。

[3] 例如,《冯大巡判路傍坟》。

[4] 例如,《酒谋财于郊肆恶,鬼对案杨化借尸》。

点是司法官员或证人收受贿赂的情况[1]。另外,刑讯现象也较为常见,并存在屈打成招的现象[2]。

但与此同时,亦存在不少令人佩服的审理与判决。比如,在《孙知州判兄杀弟》中,审理者不仅重视言词证据,更注重实物证据。在《王尹辨猴淫寡妇》中,作者认为,丈夫死后不可强留寡妇,守寡其实是有悖于人性的……不少案件所传达出的思想具有进步思想与教化作用,令人耳目一新。

三、苏三案中的偶然因素

按上述分析,明代绝大多数公案小说以"皆大欢喜"作结。然而公正判决的获得真的是由于可靠的司法制度吗？为研究此问题,笔者从以上89则小说中选取《警世通言》卷二十四《玉堂春落难逢夫》为主要例证,来探究苏三的胜诉是否出于偶然。

《玉堂春落难逢夫》主要描述了这样一个故事:名妓苏三(又名玉堂春)与礼部正堂的三儿子王景隆相爱。一年后王景隆银钱使尽,被老鸨赶出妓院。苏三暗助王景隆盘缠,使他得以还乡学习,自己从此不再接客,并叫街上百姓作证,赎回自由身。王景隆重回王家,刻苦念书,然而老鸨用计将苏三卖给了山西洪洞县贩马的客商沈洪。沈洪妻皮氏早有外遇,当沈洪和苏三到家后,皮氏伙同奸夫毒死了沈洪,并嫁祸苏三。县官受皮氏贿赂,将苏三屈打成招,下入死牢。王景隆中进士后被点为山西巡按,到任后查明苏三案情,平反冤狱,与苏三结为夫妻。

苏三的故事脍炙人口,恶人得到了惩罚,而苏三与王景隆的爱情也非常圆满,符合读者对美好爱情的期待。但仔细思考故事脉络,笔者认为,小说的"大团圆"结局至少是由两处偶然因素的介入而导

---

[1] 例如,《闻县尹妓屈盗辩》。
[2] 例如,《胡宪司宽宥义卜》。

致的。

（一）偶然因素一：王景隆的中举与任职

王景隆因受到苏三苦口婆心的劝说而发奋读书，参加乡试获得第四名，会试进了三场，中金榜二甲第八名，后任真定府理刑官，再后来任山西巡按。他的考学与晋升道路如此顺利且平坦，让人不免怀疑明代科举的轻易程度。

而真实情况是，明代科举考试竞争异常激烈。有学者研究，明代乡试录取率在4%左右，而会试录取率在10%左右，且乡试之前还有二次资格考试，根据已有数据计算，参加科举成为进士的概率大概仅有1/3000。[1] 王景隆仅读了不长时间的书就一次考中进士，这可称为第一次偶然事件。待到做官后，吏部考选天下官员，他因听闻苏三有牢狱之灾，"焚香祷告天地，只愿山西为官，好访问玉堂春消息"，后果然被安排为山西巡按，是第二次巧合。而之后一系列为苏三平冤的剧情，如果不是因为王景隆山西巡按的身份，是根本不可能发生的。其实，复审法官刘推官与初审法官的审讯技巧并无本质差别——均是运用刑讯作为获取口供的方法，然而二位官员的命运却大不相同，区别仅仅在于刘推官将刑讯用在了正确的对象上，而这正合了案件的实际掌控者王景隆的心意。

（二）偶然因素二：王景隆对名妓苏三始终如一的感情

王景隆对苏三的兴趣始于她的美貌。王景隆眼中的苏三"鬓挽乌云，眉弯新月。肌凝瑞雪，脸衬朝霞。袖中玉笋尖尖，裙下金莲窄窄。雅淡梳妆偏有韵，不施脂粉自多姿。便数尽满院名姝，总输他十分春色"。王景隆一眼便倾心于她。不到一年，为苏三花了三万余两白银。被老鸨赶走后，他仍忘不了这段烟花柳巷之情。回到家中，"坐不安，寝不宁，茶不思，饭不想，梳洗无心，神思恍忽"，可谓痴

---

[1] 参见李响：《明代小说中的女性与科举研究》，华东交通大学2018年硕士学位论文，第14页。

情。王景隆开始努力读书的动因也是苏三的规劝，而非父亲的责骂或家人的劝解。中举做官后，父母念他未娶，聘刘都堂之女。然而王景隆不顾已定亲事，不念门当户对，"一心只想着玉堂春，全不以聘娶为喜"。当选任为山西巡按后，他一刻也等不及，"连夜起马，往山西省城上任讫。即时发牌，先出巡平阳府。"如此深情的男子，无论在哪个时代，都非比寻常。考虑到他的爱慕对象身份特殊，在双方身份差异巨大的情况下，王景隆对苏三的爱依然不曾消退，且决心为她平冤、娶她为妻，这样矢志不渝的爱恋令人惊叹。尤其需考虑到传统社会的时代背景，娶妓为妻应当算作小概率事件。与苏王爱情形成鲜明对比的是《警世通言》卷三十二《杜十娘怒沉百宝箱》的故事，同为名妓的杜十娘为追求爱情将自己托付于李生，李生虽爱慕她，但屈从于社会的礼教观念，将杜十娘抛弃。假若王景隆如李生一般，他在做官后大概会将这段情缘淡忘，那么苏三案大概会成为一场冤案了。可以说，王景隆与玉堂春无比坚固的爱情是正义胜利的前提。

读者已看出"大团圆"结局背后的偶然因素，身为作者的冯梦龙怎会不晓得这些巧合情节对于结局的关键作用呢？其实，冯梦龙在《玉堂春落难逢夫》结尾处隐晦表达了大团圆结局的偶然性，说出了喜剧外衣下隐藏的悲剧性。他写道：郑氏元和已著名，三官阙院是新闻。风流子弟知多少，夫贵妻荣有几人？

公案小说的作者们其实早已意识到在他们的作品中，由于偶然因素的介入而获得正义的例子不在少数。若非以上帝视角安插了一些巧合情节，冤案才是普遍情况。比如，凌濛初在《许察院感梦擒僧，王氏子因风获盗》文末赋诗一首，可见其态度：世间经目未为真，疑似由来易枉人。寄语刑官须仔细，狱中尽有负冤魂。然而，有时为了迎合读者的心理需求，不得不将原本为冤案的故事生生改为喜剧结局。在一些小说中，初审实为冤狱，但复审时则突兀地出现转折与巧合——通常情况下是碰上一位睿智的官员来审判。例如，在《醒世恒言》卷二十九《卢太学诗酒傲公侯》中，主人公卢楠被冤，已坐十年牢狱，后突然出现的新任官员发现了十年前这一案的可疑之处，为卢楠平冤。与苏三案相同，卢楠案本质实为冤案，仅仅因为一些偶然性的因素导致了最终的正剧结局。下面两表格可以看出两个故事的相似性。这两案也可以基本代表明代公案小说的大多数故事框架与走向（见表1、表2）。

表1 两案基本情况

案件	提起诉状方	被害方	被害方与提起诉状方的关系	案件简述	原判情况	导致原判结果的主要因素	最终改判情况	导致最终结果的主要因素
苏三案	皮氏	苏二	沈洪	夫妻	皮氏诬告苏三故意杀人	死罪	受贿	皮氏凌迟处死，赵昂斩罪非轻。王婆赎药是通情，杖责段名示警。王县贪酷罢职，追赃不恕徇门。苏淮买良为贱合充军，一秤金三月立枷罪定	王景隆升为山西巡按
卢楠案	钮文、金氏	卢楠	钮成	农户与地主	诬告卢楠强占金氏不遂，将钮成打死	死罪	汪知县公报私仇	汪公罢官，卢楠释放	新知县陆光祖心思机敏

表2 两案审判情况与定罪依据

案件	是否存在刑讯	言词证据的公允程度	实物证据	无罪证据情况	裁判者的态度	伸冤途径
苏三案	棍打、夹棍	存在引供、诱供	无	无真正定罪依据	不关心结果，只认利益	山西巡按王景隆
卢楠案	棍打	证人与仵作人迎合知县意提供假证词	将钮成佣工文券认作假	未听取真正加害人卢才的证词	只为报复陷害	未主动伸冤（"汪给事却升了京堂之职，威势正盛，卢楠也不做出狱指望。"）

四、苏三案中的司法程序问题

假设剔除掉苏三案的偶然因素，即王景隆未当上山西巡按，他与苏三的感情也并非如此坚不可摧，则此案的结局大概是苏三被处死。其实从初审王知县受贿就奠定了冤案的基调。为探寻此案的处理方式是否符合明代社会的真实情况，不妨排除掉案件的偶然因素，从程序方面探寻苏三案中的问题，并重构苏三案的故事走向，论述玉堂春被冤死的可能性。

（一）关于受贿

一审法官王县令的错误显而易见。其态度从"见他二人各说有理"，到次日升堂以梦为证，"梦见沈洪说：'我是苏氏药死，与那皮氏无干。'"，态度转变只因接受了皮氏的贿赂，将法律良心置之于金钱之下。其实，明代是中国古代法律对官吏贪赃行为处罚最严厉的时期。[1]《大明律》对官吏贪赃的处罚比唐律加重,且制定了《大诰》作为严刑惩贪的依据。[2] 王知县收受了皮氏与奸夫的一千两银子,根据《大诰》的规定,凡"赃至六十两以上者,枭首示众,仍剥皮实草,以为将来之戒。"由此可知,王县令冒着极大的风险违反了法律。

(二)关于刑讯逼供

一审中,王县令叫皂隶重打玉堂春:"与我拎着实打!问他招也不招?他若不招,就活活敲死。"玉姐熬刑不过,说:"愿招。"二审中,刘爷即时拿赵昂和王婆,用了一番刑法,都不肯招。又将家仆小段名夹起来用刑,他熬不过招了出来。如此看来,一审、二审法官的审判方法并无差异,都是用刑讯作为获取口供的工具。仅仅因无辜者苏三屈打成招而使王县令成为冤狱的主使,而证人小段名熬刑不过的招供使刘爷变为平冤的功臣。沈家本曾对明代刑讯评价道:"明律概行删去(唐律拷囚之法),遂无节度,遇有疑难之案,仁厚者束手难行,暴戾者恣意捶打,枉滥之害,势所难免。"

刑讯在传统社会中应用广泛,它既作为获得证据的方式,也作为惩罚的手段。由于时代限制,要获取审判所需要的基本信息极为困难,因此,口供就顺理成章地成为证据之王。然而,尽管有限制的刑讯可能会促进口供的获取,但是刑讯的程度仅依靠判官的自我约束是极其容易失控的。孙中山在《中国之司法改革》一文中评价道,"在目前的法律状况下,处理刑事案件的全部程序都在于用刑"[3],认为官吏在审讯中对所有需要刑讯的人实施各种各样的手段,是"别出心裁地

---

[1] 参见殷啸虎:《秦镜高悬:中国古代的法律与社会》,北京大学出版社2015年版,第320页。

[2] 参见殷啸虎:《秦镜高悬:中国古代的法律与社会》,北京大学出版社2015年版,第321页。

[3] 孙逸仙、埃德温·柯林斯:《中国之司法改革》,载《中山大学学报(社会科学版)》1984年第1期。

精心加工以貌似执法"[1]

(三)关于有罪推定

王景隆到山西后,听闻车夫说起玉堂春的冤案,吩咐刘推官道:"闻知你公正廉能,不肯玩法徇私。我来到任,尚未出巡,先到洪同县访得这皮氏药死亲夫,累苏氏受屈。你与我把这事情用心问断。"先不论车夫如何得知苏三受冤,且看王景隆在除卷宗记录和一则传闻证据之外毫无其他证据的情况下,就判定皮氏是杀人凶手而苏三无罪,是典型的"先定后审"。

刘推官的办案思路也如出一辙。他先被上司王景隆告知皮氏有罪,后着手收集皮氏有罪的证据,而并非在取证的过程中查明案件事实,使得程序因果倒置。可想而知,若刘推官的上司是皮氏的亲属,则苏三的杀人事实就会被坐实了。由此观之,无论是取证还是审判,这些程序都仅仅是"走过场",并未起到它们的应有之作用。

(四)关于司法回避

《大明律》规定,"凡官吏于诉讼人内,关有服亲,及婚姻之家,若受业师,及旧有仇嫌之人,并听移文回避。违者,笞四十。若罪有增减者,以故出入人罪论。"王景隆在二审审判过程中退居幕后,遵守了司法回避制度的规定。但是在执行过程中,他不再回避,而是亲自执行。文中描写道:公子行下关文,到北京本司院提到苏淮、一秤金依律问罪。苏淮已先故了。一秤金认得是公子,还叫:"王姐夫。"被公子喝教重打六十,取一百斤大枷枷号。不勾半月,呜呼哀哉!这不禁让人质疑王景隆是否在借机报当年被赶出妓院之仇。

(五)关于判决与执行

刘推官拟的判词为:皮氏凌迟处死,赵昂斩罪非轻。王婆赎药是通情,杖责段名示警。王县贪酷罢职,追赃不怨衙门。苏淮买良为贱

---

[1] 孙逸仙、埃德温·柯林斯:《中国之司法改革》,载《中山大学学报(社会科学版)》1984年第1期。

合充军,一秤金三月立枷罪定。苏淮与一秤金与本案无关,却被判"买良为贱"罪,是不合司法程序的。明代法律中有类似"不告不理"的规定,明律第四三〇条规定:凡鞫狱,须依所告本状推问。若于状外别求他事,摭拾人罪者,以故入人罪论。同僚不署文案者,不坐。若因其告状或应掩捕搜检,因而捡得别罪,事合推理者,不在此限。

另外,小说描写道:公子行下关文,到北京本司院提到苏淮、一秤金依律问罪。苏淮已先故了。一秤金认得是公子,还叫:"王姐夫。"被公子喝教重打六十,取一百斤大枷枷号。不勾半月,呜呼哀哉!这是典型的利用司法公报私仇的行为。唐宋时的《狱官令》规定,根据囚犯罪情的轻重,适用不同的枷。而死罪的枷重25斤。[1] 推测明代枷的规制若相差不大,绝不会出现所谓一百斤的枷号。由此可知,在这个"大团圆"结局之中,隐藏着一出真正的冤案,即老鸨一秤金的死亡——她未在有控告、有审判等任何程序和实体依据下,凭空受了刑罚导致其身亡——一秤金才是真正遭受冤屈之人。正义与非正义的偶然不定,应归结于司法程序的不规范,而一秤金的死亡即是例证。

除此之外,小说中还有两处程序值得注意。

一是证据的取得。在传统中国社会,几乎没有法律涉及证据取得的合法性问题。苏三案中,刘推官利用"人力录音机"的办法,让书吏藏身于大柜之中,暗中记录犯罪嫌疑人说过的话。这种行为若发生在现代社会,此证据是否具有可采性值得怀疑。然而在古代中国社会,由于获取证据的手段极为有限,证据的取得相当困难,因此,类似"人力录音机"等取证方法不仅不违法,而且是被推崇的方法,因为这体现了法官的丰富经验与办案智慧。[2] 郑牧民教授将此种取证方法称

---

[1] 参见殷啸虎:《秦镜高悬:中国古代的法律与社会》,北京大学出版社2015年版,第217页。

[2] 大而化之,包括察听五辞、情理感化或教化、反复诘问、钩距和诈谖等具体方法。细而言之,则有"引贼上钩""假借他物""利用动物""模拟试验""察言观色""拉家常""咬文嚼字""乔装查访""考验情感""心理分析"等。

为"情讯法",与刑讯法相对。在公案小说中,情讯法比比皆是,例如,判官会"装神弄鬼"以恐吓嫌疑犯,通常情况下,嫌疑犯会因心虚而招供[1];又如,通过人伦亲情来检验真假父母,在危难时刻,真父母对孩子的情感显露无遗[2];再如,对作案团伙或受贿证人进行离间,让其对同伙产生怀疑,为保全自己从而供出事实。[3]类似的方法还有很多,它们都体现出法官非同寻常的能力。且这种能力并非一种依靠法学专业教育即可获得的能力,更多的是依靠生活经验的累积和与生俱来的聪慧。

二是勘验。这一程序是苏三案中未提及的,却是命案中必经的司法程序。例如,明宪宗规定:"今后有告人命,须先体勘明白,果系应该偿命者,然后如法委官检验,一律问断。"另外,明清时期重视物证检验。[4]然而在《玉堂春落难逢夫》中,冯梦龙既没有描述勘验沈洪尸体的部分,也没有交待王县令和刘推官对物证——也即砒霜的搜查。推测原因可能有三:其一,冯梦龙知晓这两个司法程序,但认为着墨于此并不能起到改变故事走向的效果。即使经过勘验与物证搜查,得出的结论依旧是沈洪因中毒而死,并未对犯罪嫌疑人的侦破起到帮助作用。因此,作者有意省略这两个步骤,从布局谋篇的角度让小说情节更加吸引人,详略也更加得当。其二,冯梦龙并非有意忽视这两个司法程序,而是由于以其本人为代表的普通百姓对司法程序的不熟悉,导致了作者写作上的疏忽。其三,冯梦龙故意省略一些司法程序以达到暗讽法律不严谨的结果,间接指出正义的偶然性。

由此可见,若重构苏三案,去除掉偶然因素,按照文中所描写的司法程序从头走一遍,则玉堂春落难后不仅不能再次"逢夫",而且由于

---

[1] 例如,《孟院判因奸杀命》。
[2] 例如,《曾御史判人占妻》。
[3] 例如,《许大巡问得真尸》。
[4] 参见李交发:《中国诉讼法史》,中国检察出版社2004年版,第116页。

司法程序本身存在的问题,大概率她将会被处死。即使王景隆听到此消息,由于他并无雄厚的权力与为爱拼搏的勇气,也只能束手旁观,并无翻案的可能。

五、公案小说"大团圆"结局的背后

明代文学对大团圆结局的喜爱偏好明显。例如,元杂剧中的《赵氏孤儿》《窦娥冤》这些典型悲剧被明代作家改编成了"大团圆"结局的《八义记》《金锁记》。[1] 文人对"皆大欢喜"结局的喜爱倾向在公案小说中也有明显体现。比如,关汉卿的公案剧《包龙图智勘后庭花》被沈璟改编为《桃符记》并写成及第团圆。[2] 显而易见,在公案小说中,正义之神几乎从未失手过的现象与司法现实有较大出入,分析此种现象的原因,推测可能有以下几种:

首先,小说的娱乐性质决定了读者阅读时的轻松心态。而悲剧会让本身来"图个乐"的读者产生不适感,因此,作者会有意迎合读者心态,将正义的天平倾向于无辜者与有德之人,而作恶之人总会受惩。在此种语境下,审判的作用更近乎于一种惯常的写作手法、一种通往"大团圆"结局的常用途径、一种道德意义下的陪衬,而非实现公平正义不可或缺的手段,也并非小说想要强调的主体。

小说作为一种教化工具还承载着宣示法律权威的作用。民众可以从简洁鲜明的"善有善报、恶有恶报"的故事中得到启发:道德的好坏可以决定一个人的命运,而突破道德底线则会有法律来惩戒,并且几乎无人可以逃脱掉。明代李渔认为,"窃怪传奇一书,昔人以代木铎,因愚夫愚妇识字知书者少,劝使为善,诫使勿恶,其道无由,故设此种文字,

---

[1] 参见粟海青:《晚明传奇团圆结局研究》,湖南师范大学 2018 年硕士学位论文,第 7 页。

[2] 参见粟海青:《晚明传奇团圆结局研究》,湖南师范大学 2018 年硕士学位论文,第 7 页。

借优人说法,与大众齐听。谓善者如此收场,不善者如此结果,使人知所趋避,是药人寿世之方,救苦弭灾之具也。"因此,文艺作品的"大团圆"结局使读者易于接受其中的道德观念,并感受到法律的权威性。

"大团圆"结局的另一个作用是,文人可通过喜剧结尾来弥补对生活的不满和历史的遗憾,借此慰藉自己。由于司法技术的缺陷,现实中的纠纷不能及时予以公正解决,但在小说中则可以塑造清官与名吏。他们拥有超人的智慧,使正义永远不会缺席。现实生活中,科学技术水平的不发达让一些冤案无法避免,但小说作者可以拥有上帝视角,将案件的所有原貌看清,从而还给无罪之人以清白。

另外,"大团圆"结局的背后也反映出传统中国社会中对于实体正义的重视。在苏力老师的《中国传统戏剧与正义观之塑造》一文中,他为传统戏剧更重视实体正义这一观点做了深入解读。苏力老师认为,公案剧很少存在裁判上的疑难问题,有问题的仅仅是执法,因此中国传统的戏剧从来没有真正思考过司法的核心法理学问题,而这种忽略,促成了道德主义进路的形成。[1] 另外,这种形式化的艺术世界隐含着作者对于政治、道德的评价以及他对观众或读者的有意引导。[2] 笔者进一步思考认为,这种将事物格式化的艺术创作方式会自动抹除程序上的问题,因为程序正义的问题很难被描述成"善恶对立"的二元清晰结构,不如实体问题明确且易于理解。因此,从作者的写作意图以及写作难度上考虑,描写程序问题也远不如直接给出正义或非正义的大结局来得轻松方便。

六、结论

本文以《玉堂春落难逢夫》为例,研究了明代公案小说中的正义结局具有的偶然性。由于明代司法程序的一些问题以及社会观念与

---

[1] 参见苏力:《中国传统戏剧与正义观之塑造》,载《法学》2005年第9期。
[2] 参见苏力:《中国传统戏剧与正义观之塑造》,载《法学》2005年第9期。

科学技术等多方因素，有罪之人不一定都能够被法网捕获。而公案小说的作者为了弥补这些遗憾，利用文学手法将偶然因素加入案件审理过程中，使小说最终的结局呈现出"善有善报，恶有恶报"的面貌。"大团圆"结局表达的是传统中国社会对于实体正义的美好追求。

然而本文对于明代公案小说中正义偶然性的研究仍是非常初步的。受限于笔者精力，未能研读更多的明代公案小说以便作出更为细致的分析研究，较为遗憾。期待今后能对明代以外的公案小说甚至公案戏有更加深入的观察。

由于学者对于冤案结局的关注度普遍大于喜剧结局，笔者希望本文可以为法律与文学领域的研究提供一个新的视角：通过逆向思考，以看似圆满的结局为起点，分析这一美好结局的合理性。若此结局为偶然因素介入所致，再通过正向思维进行思想实验，比对模拟当时社会中的真实境况。另外，通过明代公案小说的研读来梳理明代司法情况，尽管这一做法并不绝对严谨且有些冒险，然而是可行的。公案小说可以反映出普通百姓心中的司法状况和判官形象，可以为法制史的研究做出一定的补充。律例、条令等官方资料反映的是自上而下的视角，是国家对民众的要求与约束。而公案小说这种民间艺术形式反映的则是自下而上的视角，是百姓对法律适用的理解。这种视角会给研究者带来新的启发。公案小说中偶然因素运用过多，传达出的恰恰是百姓对法律的不确定感。冤案未必不是特定时代背景下必然的结果，而团圆结局也未必就代表着法律的可靠。若想让正义变得可控，还需仰仗司法程序的可靠。

北魏班禄酬廉考论

陶鹏飞*

【摘要】 北魏前期在官吏无俸的背景下,贪污腐败之风炽盛,吏治状况败坏。一般认为北魏孝文帝太和八年(484年)"始班俸禄",班禄酬廉对遏制贪腐之风、改善吏治状况具有积极作用。这种观点的不足之处在于:没有以发展变化的眼光来考察北魏班禄酬廉的动态发展过程。在学界研究北魏班禄酬廉的既有成果基础上,以动态的视角考察班禄酬廉,认为其并非绝对地产生于某时,而是有着一个系统的开端、确立和完善的动态发展过程,即其应是开端于道武帝时期,正式确立和颁行于献文帝时期,在延兴三年得到进一步发展,最终于太和八年全面颁行。孝文帝全面班禄酬廉后,又陆续推行一系列配套措施对其予以了完善。北魏班禄酬廉的优秀经验,对当代廉政建设仍具有借鉴意义。

【关键词】 北魏;班禄酬廉;开端;确立;完善

一、问题的提出

北魏班禄酬廉,即北魏朝廷对不同品级的中外官吏按期发给相应的俸禄,以使中外官吏具备维持生计的经济能力,从而防止其以官吏无俸为理由实施贪污腐败。通俗而言,班禄酬廉,即是北魏确

---

* 作者系郑州大学法学院硕士研究生。

立普遍的官吏俸禄制度,使北魏各级官吏在为国家效力时,都能从朝廷领到一份薪水,朝廷为官吏生活提供一定物质保障,以促使其勤于政事,清廉行政。北魏建立者鲜卑拓跋部,在入主中原和全面推行汉化革新之前,部族面貌仍属于较为原始的军事部落联盟状态。鲜卑拓跋部军事集团在征服中原汉族政权和其他少数民族政权的过程中,对被征服地区设置的军政管理官吏,依照其部落传统习俗和旧制,都不发放俸禄,北魏朝廷的俸禄制度亦未建立起来,正如《魏书》所言"自中原丧乱,兹制中绝,先朝因循,未遑厘改"[1]。

北魏前期官吏无俸,埋下了吏治腐败的祸根,官吏作为军政管理者,在履行管理职责的同时也需要维持自身的衣食住行,官吏无俸,则在生存压力的驱使下,便会成为官吏违法乱纪和贪污腐败的动因,危害到政权统治的稳定。对于官吏无俸的危害,北魏朝廷在相当长的一段时间内并未意识到,直到北魏皇兴年间(467~471年),时任雍州刺史张白泽向献文帝上书"请依律令旧法,稽同前典,班禄酬廉"[2]并被献文帝采纳,北魏才开始仿效汉制正式确立并实施俸禄制。班禄酬廉的施行是北魏政治制度建设进程中的一个重大进步,其在正式确立和颁行之前经历了一个开端、发展的过程,北魏孝文帝时期(471~499年)又采取了一系列配套措施对其进行了完善,使之最终得以成熟,对提升北魏政权的统治质量起到了至为关键的作用。

以往学界对北魏班禄酬廉的研究,大致可以梳理为以下几方面:一是研究班禄酬廉的具体颁行时间。关于该问题的研究,学界通常认为北魏班禄酬廉颁行于北魏孝文帝太和八年(484年),主要依据《魏书》"宪章旧典,始班俸禄"、太和八年"始准古班百官之禄"、延

---

[1] (北齐)魏收撰:《魏书卷七上·高祖纪第七上》,中华书局1974年版,第153~154页。

[2] (北齐)魏收撰:《魏书卷二十四·列传第十二·张衮传附张白泽传》,中华书局1974年版,第616页。

兴二年(472年)之前"官无禄力"等的记载[1],代表性学者如张金龙、杨际平等。[2] 此外,少数学者如杜绍顺认为,北魏班禄酬廉早在太和八年之前的献文帝皇兴四年(470年)或者冯太后摄政时的延兴三年(473年)即已颁行[3],其依据的是皇兴四年张白泽上书献文帝时所提到的"班禄酬廉……显祖纳之",和冯太后诏书中的"县令能静一县盗者,兼治二县,即食其禄";景有泉认为北魏班禄酬廉早在道武帝时期(386~409年)便已确立实施[4],其依据的是《魏书》中的"食禄主帅军各四十六人"和道武帝诏书中的"保荣禄于天年"。二是研究班禄酬廉前官吏无俸的危害,危害包括北魏地方叛乱频发、贪暴屡禁不止等,代表性学者如袁宝龙、李书吉等。[5] 三是研究班禄酬廉的实施效果。在这一问题的研究上,学者们的研究结论基本一致,即班禄酬廉改善了北魏吏治状况,对杜绝官吏贪腐起到了

---

[1] 参见《魏书卷七上·高祖纪第七上》(p.154)、《魏书卷一百一十·食货志六第十五》(p.2852)、《魏书卷二十四·列传第十二·崔玄伯传附崔宽传》(p.625)。另外,(唐)杜佑的《通典卷第三十五·职官十七·俸禄》(p.953)中有"后魏初,无禄秩者。至孝文太和八年,始班俸禄……"的记载、(清)赵翼在《廿二史札记卷十四·后魏百官无禄》(p.319)中也明确提及并论证了"后魏百官无禄"的问题。这些史料都是学者们在论述太和八年开始施行俸禄制的常用史料。如无特别说明,本文写作所用《魏书》均为北齐魏收撰、中华书局1974年版;所用《通典》均为(宋)司马光编著、(元)胡三省音注、中华书局2013年版;所用《廿二史札记》均为王树民校正,中华书局1984年版。

[2] 张金龙:《北魏俸禄制的班行及其背景》,载《河北学刊》2015年第1期;杨际平:《论北魏太和八年的班禄酬廉》,载《厦门大学学报(哲学社会科学版)》1994年第1期。这方面的文献还有:梁满仓:《北魏后期的贪污之风与治贪之策》,载《探索与争鸣》1991年第3期;王新利:《北魏冯太后治国理政之道探析》,载《领导科学》2017年第9期;曾代伟:《试论北魏防范官吏腐败机制的架构》,载《现代法学》1998年第5期,等等。

[3] 杜绍顺:《北魏何时始行俸禄制》,载《史学月刊》1986年第6期。

[4] 景有泉:《关于北魏俸禄制的几个问题》,载《东北师大学报》1988年第5期。

[5] 李书吉、赵洋:《北魏班赐制度发微》,载《中国经济史研究》2016年第2期;袁宝龙:《北魏中期贪污之风盛行的内在原因及其影响》,载《中国石油大学学报(社会科学版)》2016年第5期。

积极作用,代表性学者如张晋藩、张金龙等。[1]

通过对现有研究班禄酬廉的文献进行综述,可知以往学者在研究班禄酬廉的颁行时间问题时,倾向于想要明确地探讨出班禄酬廉的具体颁行时间,笔者认为,这种试图弄清班禄酬廉具体颁行于某时的做法固然合理,却忽视了以动态的视角来考察班禄酬廉,即班禄酬廉并非突然产生于某时,而是有着一个开端、确立、完善的动态过程,本文要系统考察北魏班禄酬廉的动态演变过程,以勾勒出北魏班禄酬廉的完整发展面貌。此外,以往学者在研究北魏班禄酬廉的实施效果时,往往只指出班禄酬廉对北魏政权的积极意义和进步意义,鲜有论及北魏班禄酬廉的现代意义,基于此,本文将北魏班禄酬廉的积极意义和进步意义与当前时代相结合,以探索北魏班禄酬廉对当代廉政建设的启示,挖掘其中的优秀价值和经验,努力实现班禄酬廉所蕴含的优秀价值和历史经验的现代性转化。

二、班禄酬廉颁行前的北魏吏治

(一) 北魏前期官吏无俸的传统

北魏朝廷在实施班禄酬廉前的相当长一段时间内,对中外百官采取的是官吏无俸的做法,即国家没有建立俸禄制度,不像汉族政权那样按期发给百官相应的薪水,以致国家的各级官史都处于无俸状态。北魏前期实施官吏无俸,并不是因为北魏政权经济困难导致没有能力给百官发放俸禄,而是因为北魏建立者鲜卑拓跋部向来都没有给所属军政管理者发放俸禄的传统。[2] 北魏政权是由游牧民族鲜卑拓跋部建立起来的,在入主中原和全面推行汉化革新之前,

---

[1] 参见张晋藩、朱洁琳:《中国古代俸以养廉举措摭议》,载《西部法学评论》2013年第3期;张金龙:《北魏官宦贪腐与政府之对策》,载《中国高校社会科学》2014年第4期。

[2] 参见徐美莉:《也谈北魏前期"百官无禄"之原因》,载《史学月刊》2004年第3期。

鲜卑拓跋部的社会性质尚处于较为原始的军事部落联盟状态，其部落经济主要源自战争掠夺，通过掠夺被征服者和失败者的人口和财物，北魏政权积累了巨额财富，而此间北魏官吏的经济收入正是依赖于所掠夺的财富和其他内部财产的分配。[1] 基于北魏鲜卑拓跋部战争掠夺和分配所掠夺财富的特性，早期北魏政权一直坚持其官吏无俸的传统，没有形成俸禄制度。

关于北魏政权通过战争掠夺积累巨额财富的记载，见诸众多史料之中。例如，北魏在赫连夏灭亡时，从赫连夏处获得不可胜计的"府库珍宝、车旗、器物"，赫连夏数万姊妹、妻妾、宫人和"马三十余万匹，牛羊数千万"也悉数被北魏收入囊中[2]；在征伐蠕蠕（柔然）时，北魏尽收蠕蠕"人户畜产百余万"[3]；在对南匈奴刘卫辰部的战争中，道武帝攻破刘卫辰部，收其"马三十余万匹，牛羊四百余万头"，还有攻伐库莫奚得其四部"杂畜十余万头"、击破解如部得其"男女、杂畜十余万口"、打败高车袁纥部，掠其"生口、马牛羊二十余万"，即掳掠高车袁纥部人口和马牛羊等畜产二十余万……[4] 在通过频繁的对外战争掠夺财富的同时，北魏政权也重视通过各种方式从内部获取经济收入。如义租，韩麒麟向慕容白曜献上义租"六十万斛"，和"攻城器械"，从而使北魏在开展对外战争时"军资无乏"[5]；让北魏治下不参与朝廷对外战争

---

[1] 参见高敏：《有关北魏前期百官无禄制的两个问题》，载《历史教学问题》2004年第1期。

[2] 参见（宋）司马光编著、（元）胡三省音注：《资治通鉴卷第一百二十·宋纪二·文帝元嘉四年（四二七）》，中华书局2013年版，第3908页。

[3] （北齐）魏收撰：《魏书卷一百三·列传第九十一·蠕蠕传》，中华书局1974年版，第2295页。

[4] 参见（北齐）魏收撰：《魏书卷二·帝纪第二·太祖纪第二》，中华书局1974年版，第22~24页。

[5] （北齐）魏收撰：《魏书卷六十·列传第四十八·韩麒麟传》，中华书局1974年版，第1331页。

的民众"服勤农桑"[1],以增加国库收入,供应军国所需。北魏政权通过大量战争掠夺和其他内部经济收入,变得十分富裕,史载北魏河西一处牧场"马二百余万匹,橐驼将半之,牛羊无数"[2],北魏国库"太官八十余窖,窖四千斛,半谷半米"[3],北魏文成帝甚至诏令京师七十岁以上的民众可以享"太官厨食以终其身",还将内库的"绫绵布帛二十万匹"拿出来让内外官吏"分曹赌射"[4]。北魏政权之富裕,由此可见一斑。

(二)官吏无俸背景下北魏吏治状况

北魏前期(含建国过程)的官吏,在官吏无俸背景之下,他们获得生活来源的途径大致有五种:皇帝赏赐、朝廷廪给、经商获利、私家经济收入和贪污腐败。

1. 皇帝赏赐和朝廷廪给:主要属于中央官吏的生活来源途径

皇帝赏赐是官吏无俸背景下中央官吏获取经济收入的主要途径。如上文所述,北魏前期鲜卑拓跋部军事集团频繁对外发动战争掠夺财富,并且此时的北魏政权军力十分强大,在对外战争中几乎是战无不胜、攻无不克,失败者和被征服者的财富、人口往往会被北魏政权悉数收获。北魏绝大多数中央官吏同时也是军队将领[5],他们追随北魏皇帝东征西讨、南征北战,在此过程中为朝廷立下了

---

[1] (北齐)魏收撰:《魏书卷二十八·列传第十六·刘洁传》,中华书局1974年版,第688页。

[2] (北齐)魏收撰:《魏书卷一百一十·志第十五·食货志》,中华书局1974年版,第2857页。

[3] (梁)萧子显撰:《南齐书卷五十七·列传第三十八·魏虏传》,中华书局2000年版,第670页。

[4] (北齐)魏收撰:《魏书卷一百一十·志第十五·食货志》,中华书局1974年版,第2851页。

[5] 根据《魏书卷一百一十三·志第十九·官氏志》(p.2971~3015)和《魏书卷二·帝纪第二·太祖纪第二》的相关记载可知,北魏前期的绝大多数将领都担任有朝廷职位,如将领穆崇担任朝廷太尉、王建担任外朝大人、元仪担任左丞相、长孙嵩担任南部大人、叔孙普洛担任北部大人……所谓"部大人",即指不同地方的莅民之官。

战功或者作出其他贡献。战争胜利后掠夺到的财富,北魏皇帝会以赏赐的方式在这些将领和功臣之间进行分配。

如李顺追随太武帝征讨赫连昌有功,被太武帝赏赐"奴婢十五户,帛千匹"[1];豆代田追随太武帝征讨赫连昌有功被赏赐"奴婢十五口,金银各百斤",在征讨和龙时又被赏赐"奴婢六十口"[2];卢鲁元长期以来服侍追随太武帝,立有大功,被太武帝前后赏赐"僮隶数百人,布帛以万计"[3];王建追随道武帝攻伐诸国,击破二十余部,被先后赏赐"僮隶五千户""奴婢数十口,杂畜数千"[4]。及至北魏统一北方,入主中原,对外战争数量逐渐减少,国家经济来源亦由依赖战争掠夺过渡到依赖农业经济,但是皇帝赏赐依旧是中央官吏生活来源的主要途径,只是赏赐的内容发生了变化,农业经济的出产物以租调物为主,相应地赏赐内容也以租调物为主[5],如北魏太和四年(480年)用"绸绫绢布百万匹……赐王公以下",绸绫绢布应是农业经济的出产物。北魏朝廷廪给,据笔者理解,其性质类似于供给制,是指朝廷向中央官吏发放食品、衣物[6]、日用品等生活资料[7],以使其拥有最基本的生存保障。[8]

---

[1] （北齐）魏收撰:《魏书卷三十六·列传第二十四·李顺传》,中华书局1974年版,第830页。

[2] （北齐）魏收撰:《魏书卷三十·列传第十八·豆代田传》,中华书局1974年版,第727页。

[3] （北齐）魏收撰:《魏书卷三十四·列传第二十二·卢鲁元传》,中华书局1974年版,第801页。

[4] （北齐）魏收撰:《魏书卷三十·列传第十八·王建传》,中华书局1974年版,第709页。

[5] 参见朱安祥:《魏晋南北朝货币研究》,郑州大学2018年博士学位论文。

[6] 如据《魏书卷三十三·列传第二十一·谷浑传附谷洪传》载,北魏文成帝时"显祖舅李峻等初至京师,官给衣服。"

[7] 参见严耀中:《北魏前期政治制度》,吉林教育出版社1990年版,第113页。

[8] 参见徐美莉:《试论北魏前期的官员薪酬分配模式》,载《民族研究》2003年第6期。

在北魏前期官吏无俸的背景下,皇帝赏赐和朝廷廪给主要针对的是中央官吏,而地方官吏则很少有机会能够获得皇帝赏赐和朝廷廪给,即便有幸获得皇帝赏赐,所获赏赐数量和种类也远不及中央官吏,并且,皇帝赏赐的理由通常是官吏有功劳(军功),与时刻围绕在皇帝身边的中央官吏相比,地方官吏则很少有机会因功劳而获得皇帝赏赐。朝廷廪给,指向的是官吏个人,即朝廷仅针对官吏个人供给生活物资,兼顾不到官吏的家人和家庭,当有限的生活物资分摊到每个家庭成员时,难免会显得捉襟见肘。如北魏名臣高允,官至宰相,先后服侍了北魏朝五位皇帝,极获皇帝宠爱,但正是这样一位名臣,其生活却"家贫养薄",住的是"草屋数间",用的是"布被缊袍",吃的是"厨中盐菜",以致"家贫无衣,妻子不立",而这样贫苦的生活高允竟然过了五十多年,直到文成帝赏赐他"帛五百匹,粟千斛"[1],他的生活才稍微有点改善。由此可见,北魏中央官吏仅靠朝廷廪给很难使家庭生活得到实质改善,皇帝的不定期赏赐成为中央官吏改善经济状况的主要途径。

2.经商获利、私家经济收入和贪污腐败:北魏官吏共同的生活来源途径

(1)经商获利

经商获利是指北魏官吏通过从事或者参与商事活动来获取商业利益、增加自身经济收入。无论是中央官吏还是地方官吏,史书都有关于其经商获利的记载。关于中央官吏经商获利的记载,如北魏太武帝的太子拓跋晃就曾公然开展商业活动与民争利,"营立私田,畜养鸡犬,乃至贩酤市廛"[2],从而招致上下臣民的流言蜚语。北魏

---

[1] (北齐)魏收撰:《魏书卷四十八·列传第三十六·高允传》,中华书局1974年版,第1076页。

[2] 参见(北齐)魏收撰:《魏书卷四十八·列传第三十六·高允传》,中华书局1974年版,第1072页。

太子贵为储君,可谓是富有四海,却仍然要经商获利,与民争利,上行下效,北魏中央官吏经商获利者可见不在少数,且中央官吏经商获利的行为为皇帝所默许,这些中央官吏在与民争利时至多只是遭道德上的谴责和非议而已。

至于北魏地方官吏经商获利的记载,就更多了。如北魏太武帝时期的弘农太守崔宽,将弘农盛产的漆蜡竹木"路与南通,贩贸来往",通过与刘宋的贸易往来,崔宽获利颇丰,从而"家产丰富"[1];再如北魏赵柔在任河内太守时,有人送给赵柔"铧数百枚",赵柔就将这些犁铧"鬻之于市",有人要买赵柔的犁铧,赵柔向其"索绢二十匹"[2]。针对北魏牧守等地方官吏"颇为货利"的现象,北魏文成帝将其视作一种时弊,于和平二年(461年)下诏指出"每因发调,逼民假贷,大商富贾,要射时利,旬日之间,增赢十倍,上下通同,分以润屋"[3],地方官吏为了最大限度获取商业利润,不惜与富商大贾官商勾结,联合向民众发放高利贷,借此盘剥民众,分噬民利。可见地方官吏经商获利已经到了何种地步。

(2)私家经济收入

中央官吏的私家经济收入,是指包括鲜卑拓跋部和汉族士大夫等在内的中央官吏,其本身具有一定规模甚至可以说是数量庞大的家业,包括庄园、田产、土地、奴婢、畜产等,与此同时,这些官吏还可以通过权力和地位优势不断巩固和扩大自己的家业。依靠固有的家业,这些中央官吏可以从事经济生产,产出物供自己享用,从而实现衣食无忧。北魏太武帝时期的尚书令刘洁,有着规模十分庞大的

---

[1] (北齐)魏收撰:《魏书卷二十四·列传第十二·崔玄伯传附崔宽传》,中华书局1974年版,第625页。

[2] (北齐)魏收撰:《魏书卷五十二·列传第四十·赵柔传》,中华书局1974年版,第1162页。

[3] (北齐)魏收撰:《魏书卷五·帝纪第五·高宗纪》,中华书局1974年版,第119页。

家业,其后因谋反被夷灭三族,刘洁被抄家时"籍其家产,财盈巨万"[1],可知其家业颇丰。北魏开国元勋安同在出任冀州刺史时,非常重视开拓家业,"颇殖财货",他的儿子安原在担任尚书左仆射时也"外节俭,而内实积聚"[2],在父子二人的接续努力下,安家资产稳步增加。北魏文成帝时期的尚书谷洪贪婪且奢靡,"赀累千金"却仍然"求欲滋剧"[3],本已有万贯家财,还要贪得无厌。北魏太武帝朝长信卿罗结在解甲归田时,皇帝赏赐他"大宁东川以为居业"[4],足以保证罗结家族衣食无忧。

在地方官吏层面上,北魏早期的地方主要官吏很多是由之前的鲜卑拓跋部落首领和赵魏旧有地方贵族官僚转化而来[5],同中央官吏一样,他们原本就有家业或者世业,跻身为统治阶层之后,他们原有的家业或者世业依旧完整地保存了下来。北魏文成帝时,尔朱荣的祖父领民酋长尔朱代勤担任肆州刺史,尔朱氏家族在其族居地北秀容川的世业方圆三百多里,坐拥不计其数的钱粮和牛羊驼马,尔朱氏后人以此为基使"畜牧蕃息",最终家族日盛,"日觉兹盛,牛羊驼马,色别为群,谷量而已",尔朱氏家族财货丰盈远近闻名。[6]曾担任北魏河南太守的赵郡望族李显甫将数千李姓人家在州西山汇集起来,然后"开李鱼川方五六十里居之",李显甫成为这数千李姓人

---

[1] (北齐)魏收撰:《魏书卷二十八·列传第十六·刘洁传》,中华书局1974年版,第689页。

[2] (北齐)魏收撰:《魏书卷三十·列传第十八·安同传》,中华书局1974年版,第713~715页。

[3] (北齐)魏收撰:《魏书卷三十三·列传第二十一·谷浑传附谷洪传》,中华书局1974年版,第781页。

[4] (北齐)魏收撰:《魏书卷四十四·列传第三十二·罗结传》,中华书局1974年版,第987页。

[5] 参见(北宋)刘攽、刘恕、安焘等:《旧本魏书目录序》;《魏书》,中华书局1974年版,第3063~3065页。

[6] 参见(北齐)魏收撰:《魏书卷七十四·列传第六十二·尔朱荣传》,中华书局1974年版,第1643~1644页。

家的宗主,坐拥庞大的家业,当家业传承到李显甫的儿子李元忠一代时,李家"家素富,在乡多有出贷求利"[1],其家业依旧繁盛不衰。

(3)贪污腐败

在官吏无俸的背景下,北魏官吏贪污腐败是极其普遍的情形,尤其是对于地方官吏而言,贪污腐败更是其获得生活来源的主要途径。中央官吏贪腐的例子,如上文中提到的刘洁和谷洪。尚书令刘洁占据显赫的官位,作威作福,公开贪腐,刘洁曾要求"拔城破国者,聚敛财货,与洁分之"[2],明目张胆地贪腐敛财;尚书谷洪,本已家财万贯,却贪欲难填,竟然连皇帝赏赐给显祖之舅李峻的官服等生活资料也要截留贪污,最终被"有司所纠,并穷其前后赃罪,坐以伏法"[3]。此外,还有诸多其他中央官吏贪腐的例子,如北魏明元帝时,安同长子安屈在"典太仓事"时,曾"盗官粳米数石"[4],虽然安屈盗太仓粳米情有可原,但是安屈的行为却反映出当时中央官吏侵吞国家财物的普遍现象;北魏孝文帝时,辅国长史羊祉曾"侵盗公资,私营居宅"[5],也反映了当时北魏中央官吏常见的贪污不法行为。

与中央官吏比较而言,北魏广大地方官吏在无俸的背景下难以获得皇帝赏赐和朝廷廪给,亦即北魏地方官吏的经济来源途径相较于中央官吏要少,然而拥有更多经济来源途径的中央官吏尚且普遍贪污腐败,地方官吏的贪腐程度更是可想而知的了,可以说北魏地

---

[1] (唐)李延寿撰:《北史卷三十三·列传第二十一·李灵传》,中华书局2000年版,第791~792页。

[2] (北齐)魏收撰:《魏书卷二十八·列传第十六·刘洁传》,中华书局1974年版,第689页。

[3] (北齐)魏收撰:《魏书卷三十三·列传第二十一·谷浑传附谷洪传》,中华书局1974年版,第781页。

[4] (北齐)魏收撰:《魏书卷三十·列传第十八·安同传》,中华书局1974年版,第713页。

[5] (北齐)魏收撰:《魏书卷八十九·列传第七十七·羊祉传》,中华书局1974年版,第1923页。

方官吏贪腐成风,贪污腐败是北魏早期地方官吏获得经济来源的主要途径。早在北魏道武帝、明元帝和太武帝时期,北魏地方官吏的贪污腐败行为已经十分严重,时"天下守令多行非法",皇帝也频繁派遣大使巡行州郡"举告守令不法"、"纠劾/察举不法"[1]。北魏明元帝时,凉州镇大将叔孙邻和副将奚牧"竞贪财货,专作威福",后"坐伏诛"[2],是北魏早期因贪腐被诛杀的典例。北魏始光四年(427年),太武帝巡狩中山,仅在中山一地就查处、罢免贪腐的守宰十数人[3]。还有以"黩货"[4]著称的北镇都将长孙敦、"政以贿成"[5]的定州刺史拓跋纂、"在州受纳,多违法度"[6]的相州刺史许彦,这些都是因贪闻名的地方大吏;甚至在北魏天子脚下的定州和并州,其刺史和县令也"多不奉法",彼此之间相互勾连,以"交通财贿,共为奸利"[7]。贪污到无以复加地步的北魏尚书、平南将军公孙轨,在出镇上党时,刚到任的形象是"单马执鞭",离任时却拉走几百车贪污到的财物,后来又出镇虎牢,用"车百两载物而南";太武帝征讨蠕蠕时诏令州郡守宰征发民驴运输粮草,公孙轨得令后,擅自"令驴主皆加绢一匹",将所加之绢尽数贪墨,老百姓评价他"驴无强弱,

---

[1]《魏书卷二·帝纪第二·太祖纪第二》(p.33、p.36);《魏书卷四上·帝纪第四上·世祖纪》(p.73、p.88)。

[2](北齐)魏收撰:《魏书卷二十九·列传第十七·叔孙建传》,中华书局1974年版,第706页。

[3](北齐)魏收撰:《魏书卷四上·帝纪第四上·世祖纪》,中华书局1974年版,第73页。

[4](北齐)魏收撰:《魏书卷二十五·列传第十三·长孙嵩传》,中华书局1974年版,第645页。

[5](北齐)魏收撰:《魏书卷十五·列传第三·昭成子孙传》,中华书局1974年版,第372页。

[6](北齐)魏收撰:《魏书卷四十六·列传第三十四·许彦传》,中华书局1974年版,第1036页。

[7](北齐)魏收撰:《魏书卷三十·列传第十八·安同传》,中华书局1974年版,第713页。

辅脊自壮"；太武帝车驾巡幸上党，上党百姓向太武帝检举公孙轨的贪腐劣迹，太武帝知晓后愤怒地说道："轨幸而早死，至今在者，吾必族而诛之"[1]，可见公孙轨已经是贪污成性，病入膏肓。

  北魏皇帝也意识到地方官吏贪污成风的恶劣状况，其所发诏书中有不少痛陈地方官吏贪弊的地方。如太武帝在太平真君四年（443年）下诏道"牧守令宰不能助联宣扬恩德，勤恤民隐，至乃侵夺其产，加以残虐"[2]，指出地方官吏侵夺民产、贪墨成风的状况；文成帝在位期间，多次下发诏书反复提及地方官吏"侵食百姓，以营家业""聚敛烦数""贪秽过度""求欲无厌，截断官物以入于己"[3]等贪腐现象。总之，史料中关于北魏官吏在无俸背景下贪污腐败的记载还有很多很多，难以穷尽列举，这说明北魏早期的吏治状况特别是地方吏治状况是非常恶劣和腐败的。

  综上所述，北魏早期官吏无俸的背景下，中央和地方能够从国家得到的收入是十分有限的，皇帝赏赐和朝廷廪给仅能覆盖中央官吏和极少数地方官吏，绝大多数的官吏只能自行解决生活来源的问题。依靠经商获利和私家经济收入尚可以说是合法途径，但也难免会伤及普通民众的利益，即北魏官吏争夺民利，用以肥己；依靠贪污腐败获取经济收入，则完全属于是祸乱法度、殃及百姓、破坏政权统治稳定性的行为，然而不幸的是，无俸背景下的北魏官吏尤其是地方官吏贪污成风，吏治败坏，严重损害了北魏政权的统治质量，给北魏统治的稳定性埋下了巨大的隐患和不安定因素。北魏官吏也是有着正常生活需求的人，官吏无俸，则官吏生存受到威胁，只得自行

---

[1]（北齐）魏收撰：《魏书卷三十三·列传第二十一·公孙表传附公孙轨传》，中华书局1974年版，第784页。

[2]（北齐）魏收撰：《魏书卷四下·帝纪第四下·世祖纪》，中华书局1974年版，第96页。

[3]（北齐）魏收撰：《魏书卷五·帝纪第五·高宗纪》，中华书局1974年版，第114；116~117页。

解决生计来源问题,为了生存,北魏官吏不可避免地会去贪污腐败且难以禁绝,官吏无俸实为北魏早期贪腐成风、吏治败坏的直接原因。

三、北魏班禄酬廉的颁行过程

北魏政权建立早期,继续延续鲜卑拓跋部官吏无俸的传统,国家没有建立俸禄制度,北魏官吏基本都处于无俸的状态之下。官吏无俸,北魏政权不能按期向官吏提供生活保障,广大中央和地方官吏的生存压力只能自行解决,这样造成的结果是,给官吏贪污腐败和违法乱纪创造了口实,北魏官吏贪腐成风,自中央到地方的普遍贪污腐败严重败坏了北魏早期的吏治状况,使北魏早期的政治笼罩在黑暗和腐败之中。当然,不能否认北魏早期也有清廉的官吏。除上文提到的高允外,道武帝朝的吏部尚书崔玄伯,家中情景是"家徒四壁,出无车乘",他的母亲已经七十岁了,却"供养无重膳"[1];明元帝时,张蒲担任尚书左丞,家庭生活十分清贫,连妻子和孩子的衣食都不能及时供应上[2];太武帝朝中书博士平恒经常缺衣少食,"妻子不免饥寒"[3]。在地方官吏中,道武帝时,广平太守张恂性情清廉俭约,任职期间不为自己置办产业,死的时候"家无余财"[4];文成帝时期陆馛在相州担任七年刺史,其间一直是"家全贫约"[5];孝文

---

[1] 参见(北齐)魏收撰:《魏书卷二十四·列传第十二·崔玄伯传》,中华书局1974年版,第621页。

[2] 参见(北齐)魏收撰:《魏书卷三十三·列传第二十一·张蒲传》,中华书局1974年版,第779页。

[3] (北齐)魏收撰:《魏书卷八十四·列传儒林第七十二·平恒传》,中华书局1974年版,第1845页。

[4] (北齐)魏收撰:《魏书卷八十八·列传良吏第七十六·张恂传》,中华书局1974年版,第1900页。

[5] (北齐)魏收撰:《魏书卷四十·列传第二十八·陆俟传附陆馛传》,中华书局1974年版,第904页。

帝时鲁郡太守张应"履行贞素……妻子樵采以自供"[1]。在官吏无俸的背景下，这些人过着贫苦的生活，有的人时常衣食无着，但这并不意味着他们没有能力去贪污腐败和为自己置办产业，而是他们品格高尚，能够时刻坚守节操，安贫乐道，然而并不是所有的官吏都能像他们一样安于艰苦朴素的生活，这些清廉之人毕竟只是极个别，绝大多数的官吏还是会以贪污腐败的方式攫取经济收入，并对此习以为常。

（一）北魏班禄酬廉的开端至全面颁行

北魏早期官吏无俸，在笔者看来是引发北魏贪腐成风、吏治败坏状况的直接原因，官吏无俸以及由此引发的普遍贪腐现象，成为危及北魏政权稳定的致命因素。经过相当长的一段时间之后，北魏统治者才意识到官吏无俸的危害，并着手班禄酬廉，建立俸禄制度按期为官吏提供经济来源以保障其正常生活。笔者认为，北魏班禄酬廉并非突然产生，即班禄酬廉不是突然产生于北魏的某个时期，其有着一个从开端至完善的动态发展过程。考察北魏班禄酬廉，必须系统研究其动态发展过程，全面了解其前世今生的具体情况。

1. 北魏班禄酬廉的开端和正式确立

通过查阅《魏书》，可以发现在北魏道武帝时期就已经有了"禄"的记载。道武帝时期"自太祖平中山，多置军府，以相威慑。凡有八军，军各配兵五千，食禄主帅军各四十六人……费禄不少"[2]，在这段史料中，出现了"食禄、费禄"的字眼，其中的"禄"，当然可以被理解为俸禄，如此一来，便可以推知在道武帝时，军府主帅这一小圈子

---

[1]（北齐）魏收撰：《魏书卷八十八·列传良吏第七十六·张应传》，中华书局1974年版，第1901页。

[2]（北齐）魏收撰：《魏书卷五十八·列传第四十六·杨播传附杨椿传》，中华书局1974年版，第1287页。

里面已经实施了俸禄制,这些小范围的军府主帅已经可以从国家那里领到俸禄;再有天赐三年(406年),道武帝下发的一道诏书中提到"保荣禄于天年"[1],其中的"禄"亦可以被理解为俸禄,道武帝在这里告诫某些官吏要遵纪守法才能在晚年继续享受朝廷的荣誉和俸禄,也才能将恩泽传及子孙。通过《魏书》和道武帝诏书中传达的这些关键信息,笔者认为北魏班禄酬廉在道武帝时期便已经萌芽,只是说这段时期里,仅限于特定范围的北魏官吏才能享有俸禄,此时俸禄制普及的范围虽然很小,但足以证明其已经存在的客观事实。北魏道武帝时期在小范围内已经实施了俸禄制,尽管此时的俸禄制还没有全面推广和普及,但可以将其视作北魏班禄酬廉的开端。

道武帝时期便已在小范围内实施的俸禄制,在北魏献文帝时期(466~471年)得以正式确立和颁行。北魏献文帝时期,皇帝下发诏书规定,负有监察职责的官员,只要收受其所监察地域的人赠送的一头羊或者一斛酒,就判处死罪,送羊或者酒给他的人按照从犯论罪;检举揭发尚书以下官员的罪行,则将被检举揭发官员的官职授予检举揭发者。张白泽在得知这一诏令之后,深表担忧,认为如果这种羊酒之罚一旦实施起来,可能会引发"奸人窥望,忠臣懈节"。为了实现吏治清明,国家大治,张白泽认为应当"首去乱群",即消除贪官污吏滋扰百姓的现象,而贪官污吏滋扰百姓的直接原因是"服勤无报",为此,他向献文帝建言"请依律令旧法,稽同前典,班禄酬廉……常刑无赦",就是请求献文帝仿效之前汉族政权的做法,班禄酬廉,建立俸禄制度,按期给北魏官吏发放俸禄,以断绝他们贪污的口实,尽可能消除贪污腐败,改善北魏吏治状况。对于张白泽的建

---

[1] 参见(北齐)魏收撰:《魏书卷二·帝纪第二·太祖纪第二》,中华书局1974年版,第37页。

议,献文帝最后予以了采纳。[1] 张白泽上书献文帝请求班禄酬廉并被采纳,标志着俸禄制度在北魏正式得到了确立和颁行,北魏官吏在为朝廷服务时可以从国家获得俸禄,北魏前期官吏无俸的传统至此被终结。

2. 北魏班禄酬廉的发展和全面颁行

北魏班禄酬廉到了孝文帝前期,又获得了进一步的发展。延兴三年(473年),北魏国内农民起义运动此起彼伏,局势较为动荡。面对此种困局,还在摄政的冯太后诏令各级官吏,"县令能静一县劫盗者,兼治二县,即食其禄;能静二县者,兼治三县,三年迁为郡守;二千石能静二郡上至三郡亦如之,三年迁为刺史"[2],这里冯太后把官位和俸禄作为一种奖赏,能够帮助朝廷平息变乱,治理好一县,一县县令可以同时治理两县,受领两县县令的俸禄;以此类推,治理好两县可兼治三县,三县还能治理好则三年期满后升为太守,享受太守的俸禄;太守亦是如此,能够治理好一郡则兼治二郡,二郡治理好兼治三郡,三郡治理好则三年期满后升为刺史,享受刺史的俸禄。由冯太后的诏令可知,自献文帝时期正式确立并颁行班禄酬廉以来,俸禄制在北魏得到了较为全面的推广和普及,最起码县令、太守、刺史这些主要地方官吏已经被涵盖进俸禄制的范围内。针对国内变

---

[1] 献文帝诏诸监临之官:"所监治受羊一口、酒一斛者,罪至大辟,与者以从坐论。纠告得尚书已下罪状者,各随所纠官轻重而授之。"张白泽觉得这种"羊酒之罚"不妥,应当予以取消,遂上表献文帝谏曰:"伏见诏书,禁尚书以下受礼者刑身,纠之者代职。伏惟三载考绩,黜陟幽明。斯乃不易之令轨,百王之通式。今之都曹,古之公卿也。皆翊扶万几,赞徽百揆,风化藉此而平,治道由兹而穆。且周之下士,尚有代耕,况皇朝贵仕,而服勤无报。岂所谓祖袭尧舜,宪章文武者乎?羊酒之罚,若行不已,臣恐奸人窥望,忠臣懈节。而欲使事静民安,治清务简,至于委任责成,下民难辨。如臣愚量,请依律令旧法,稽同前典,班禄酬廉,首去乱群,常刑无赦。苟能如此,则升平之轨,期月可望,刑措之风,三年必致矣。"参见(北齐)魏收撰:《魏书卷二十四·列传第十二·张衮传附张白泽传》,中华书局1974年版,第616页。

[2] (北齐)魏收撰:《魏书卷七上·帝纪第七上·高祖纪》,中华书局1974年版,第138页。

乱频仍的问题，冯太后为了激励地方官吏帮助朝廷平息变乱，特地以官职和俸禄赏赐能够帮助朝廷排忧解难的能臣巧吏，在笔者看来，冯太后此举进一步强化了俸禄制对北魏官吏的影响力，强调了俸禄与官职一样作为国家名器的重要地位，对北魏班禄酬廉的进一步发展起到了积极的推动作用。

北魏太和八年（484年），孝文帝元宏下诏全面颁行班禄酬廉，其在诏书中回顾俸禄制道"自中原丧乱，兹制中绝，先朝因循，未遑厘改"[1]，他结合周汉置官班禄的旧制对北魏前期不颁行俸禄制的传统进行了省思，继而根据国家治理的现实需要提出"故宪章旧典，始班俸禄"[2]。值得注意的是，以往很多学者如本文在作文献综述时提到的杨际平，在研究北魏班禄酬廉时，都将太和八年孝文帝的这一诏书看成北魏班禄酬廉正式确立和颁行标志。然而在笔者看来，孝文帝的这一诏书并非标志着北魏班禄酬廉的确立和颁行，而是标志着对北魏既有班禄酬廉制度的进一步补充，即正如笔者在上文中所述的那样，北魏班禄酬廉早在太和八年之前的献文帝时期便已正式确立和颁行，标志是雍州刺史张白泽上书献文帝班禄酬廉并被采纳，孝文帝太和八年的这一道诏书，实为将已经确立和颁行的班禄酬廉进行补充说明并将其全面颁行（全面推行普及），就是要将班禄酬廉适用于北魏治下所有的文武官吏。

笔者之所以这样认为，是因为这一诏书中还有以下信息："户增

---

[1] 北魏孝文帝太和八年六月丁卯班禄诏："置官班禄，行之尚矣。《周礼》有食禄之典，二汉著受俸之秩。逮于魏晋，莫不聿稽往宪，以经纶治道。自中原丧乱，兹制中绝，先朝因循，未遑厘改。朕永鉴四方，求民之瘼，夙兴昧旦，至于忧勤。故宪章旧典，始班俸禄。罢诸商人，以简民事。户增调三匹、谷二斛九斗，以为官司之禄。均预调为二匹之赋，即兼商用。虽有一时之烦，终克永逸之益。禄行之后，赃满一匹者死。变法改度，宜为更始，其大赦天下，与之惟新。"参见（北齐）魏收撰：《魏书卷七上·帝纪第七上·高祖纪》，中华书局1974年版，第153~154页。

[2] 王琛：《孝文帝改革以后的北魏社会与法制》，中国政法大学2011年博士学位论文。

调三匹,谷二斛九斗,以为官司之禄",该句话指明了北魏全面颁行俸禄制之后,官吏俸禄的来源和俸禄的内容,官吏俸禄源于朝廷户调,俸禄的内容是布帛和谷等实物;"禄行之后,赃满一匹者死",该句体现了班禄酬廉后孝文帝对百官的要求,即朝廷已经全面颁行俸禄制,倘若还有官吏贪腐,一经查实,贪腐达一匹的就要被处死;"变法改度,宜为更始,其大赦天下,与之惟新",孝文帝为了全面颁行俸禄制,体现全面班禄酬廉之后的新气象,以大赦天下的方式来助推班禄酬廉的全面普及,意在让每一个北魏臣民都能知晓皇帝的这一诏书及其全面班禄酬廉的决心;"罢诸商人,以简民事……均预调为二匹之赋,即兼商用",上文中已经详细叙述过,在北魏早期官吏无俸的背景下,北魏官吏获得经济来源的途径之一,便是经商获利,无论是中央官吏还是地方官吏,经商获利的现象都十分普遍和盛行。北魏官吏经商获利的主要方式是培育为自己服务的商人[1],这些商人以其所代表官吏的名义开展商事活动并为其"主子"殖货求利,由此便产生了一个专为北魏官吏经商获利的商人阶层。北魏官吏经商获利,在与民争利的过程中难免会侵害百姓,所以孝文帝在全面班禄酬廉的同时"罢诸商人,以简民事"。孝文帝罢诸商人,不许北魏官吏经商获利却"预调为二匹之赋,即兼商用",即从每户户调中提出二匹,以供官府开展商事活动之用,经商获利的主体由官吏转为官府。[2] 分析以上四点信息可知,孝文帝在全面颁行班禄酬廉的同时,还将与班禄酬廉相关的一些问题进行了补充规定和说明,这是以往北魏朝廷在推行班禄酬廉时所没有的内容,旨在化解疑难问题,为班禄酬廉的全面推广普及消除障碍、铺平道路。

---

[1] 参见唐长孺:《魏晋南北朝隋唐史三论》,武汉大学出版社1993年版,第149页。

[2] 参见周一良:《魏晋南北朝史札记》,中华书局1985年版,第399页。

(二)北魏班禄酬廉的完善

北魏孝文帝在全面颁行班禄酬廉之后,为了确保班禄酬廉的顺利实施,又持续推行一系列配套措施对其予以完善,这些配套措施包括:严厉惩治贪污腐败、明确以品颁俸原则、完善官吏的俸禄来源途径。

1. 严厉惩治贪污腐败

官吏无俸是北魏官吏贪腐成风的直接原因,孝文帝在全面推行俸禄制之后,理当禁绝腐败,否则俸禄制将形同虚设,为此他加大了对官吏贪腐行为的打击力度。孝文帝早在班禄诏中便已声明"禄行之后,赃满一匹者死",在俸禄制全面推行之后,贪污财物满一匹的官吏要被处死。然而,在全面颁行班禄酬廉后不久,安南将军、秦州兼益州刺史李洪之却公然违反孝文帝"禄行之后,赃满一匹者死"的诏令,"非廉清,每多受纳",致使自己声名狼藉。面对李洪之的贪腐罪行,孝文帝言出必行,将李洪之锁拿进京并"亲临数之",最后将其赐死于家中。[1] 太和八年秋(班禄酬廉后),孝文帝派遣大使巡行天下纠察贪污不法的地方官吏,将查出的四十余名贪污腐败的地方守宰全部"坐赃死"[2]。

班禄酬廉全面颁行之后,因贪污腐败而被孝文帝严惩的官吏还有很多,笔者归纳总结的例子还有:济阴王拓跋郁,在任徐州刺史时,因"黩货"于太和十五年被皇帝赐死并废除爵位[3];安喜侯、幽州刺史张赦提因"贪虐"和"多有受纳"被孝文帝赐死[4];高允族弟

---

[1] 参见(北齐)魏收撰:《魏书卷八十九·列传酷吏第七十七·李洪之传》,中华书局1974年版,第1919~1920页。

[2] (北齐)魏收撰:《魏书卷一百一十一·志第十六·刑罚志》,中华书局1974年版,第2877页。

[3] 参见(北齐)魏收撰:《魏书卷十九上·列传第七上·景穆十二王传上(济阴王)》,中华书局1974年版,第447页。

[4] 参见(北齐)魏收撰:《魏书卷八十九·列传酷吏第七十七·张赦提传》,中华书局1974年版,第1922~1923页。

高遵,个性贪婪,素贪财帛,在任齐州刺史时,更是以酷暴取利,在被孝文帝当面斥责后仍不收敛,多所取纳,有恃无恐,最终被皇帝赐死[1];沃野镇将南安王拓跋桢和怀朔镇将汝阴王拓跋天赐,本是北魏皇族,但都因贪污聚敛而被"并坐赃贿免为庶人"[2];章武王、夏州刺史拓跋彬因"贪赇"而被皇帝剥夺了爵位和封地[3];太和十四年,京兆王、长安镇大将拓跋太兴因贪污腐败被"削除官爵"[4];北魏赵郡王、司州牧拓跋干,为人贪淫不遵典法,最终被"免所居官"[5]。在以上所列举的因贪腐而受严惩的北魏官吏中,诸如李洪之、拓跋郁、拓跋桢、拓跋天赐、拓跋彬、拓跋太兴、拓跋干之流,其身份都是皇亲国戚兼封疆大吏,但最终仍然难逃被赐死、削封、罢官、免为庶人等惩罚,则普通官吏因贪腐所受的惩罚亦是可以想见的,由此可知孝文帝捍卫和推行班禄酬廉的坚定决心。经过严厉惩治贪污腐败,北魏官吏贪腐之风被有力遏制,吏治状况获得极大改善,这为班禄酬廉的推行和完善创造了有益条件。

2. 明确以品颁俸原则

班禄酬廉在全面颁行之后,北魏根据官吏品级发放俸禄,即不同品级的官吏享受与其品级相对应的俸禄,正如《魏书·食货志》所记录的"太和八年,始准古班百官之禄,以品第各有差"[6]。明确以品

---

[1] 参见(北齐)魏收撰:《魏书卷八十九·列传酷吏第七十七·高遵传》,中华书局1974年版,第1921页。

[2] (北齐)魏收撰:《魏书卷七下·帝纪第七下·高祖纪》,中华书局1974年版,第165页。

[3] 参见(北齐)魏收撰:《魏书卷七下·帝纪第七下·高祖纪》,中华书局1974年版,第164页。

[4] (北齐)魏收撰:《魏书卷十九上·列传第七上·景穆十二王传上(京兆王)》,中华书局1974年版,第443页。

[5] (北齐)魏收撰:《魏书卷二十一上·列传第九上·献文六王传上(赵郡王)》,中华书局1974年版,第543页。

[6] (北齐)魏收撰:《魏书卷一百一十·志第十五·食货志》,中华书局1974年版,第2852页。

颁俸,前提是要解决官制(官职和品级)问题,设置不同品级的官职并选拔官吏充任之,则形成了不同品级的官吏,朝廷依据官吏品级发放俸禄。北魏官制早在道武帝时期便已初步设定,其以晋代九品官制为核心,同时掺杂鲜卑拓跋部民族色彩的内容,具有显著的"夷夏杂糅"特征。

本文从《魏书·官氏志》[1]中摘录部分典型内容,对北魏道武帝时期设置的官制予以探讨和说明。在设定中央官制方面,道武帝天赐元年(404年),仿照古代六卿之制设置五品六谒官,六谒官属官为六品大夫,大夫属官为七品元士,元士属官为八品令长,令长属官为九品署丞;在爵位制度上[2],北魏将汉人传统的五等之爵予以删减,删除伯、男两种爵位,另创王、公、侯、子四等爵位,规定"皇子及异姓元功上勋者封王,宗室及始蕃王皆降为公,诸公降为侯,侯、子亦以此为差",其中,王为第一品,封大郡,公为第二品,封小郡,侯为第三品,封大县,子为第四品,封小县;此外,还制定有五等品级的散官,散官从五品至九品都指明了与之对应的同等官职,五品以下的文武官吏亦分为五等,"百官有阙"时"于中擢以补之"。在设定地方官制方面,道武帝天赐二年(405年),参照周汉旧制设置上、中、下三级大夫的做法,在地方各州设置刺史三名,由一名北魏宗室官吏和两名异姓官吏组成,官秩为八品;在各郡设置太守三名,官秩为七品;在各县设置令长三名,官秩为八品。

事实上,《魏书·官氏志》对道武帝时期所设官制的记载非常详细,基于本文写作重心和篇幅限制,笔者暂时无法将全部的内容进行列举分析,仅摘录了部分内容予以阐释和说明。在对摘录的内容

---

[1] 参见(北齐)魏收撰:《魏书卷一百一十三·志第十九·官氏志》,中华书局1974年版,第2973~2974页。

[2] 北魏官制与爵制不同,但都分品级,在享受朝廷俸禄上,都是按照以品定俸,都具有"夷夏杂糅"特征。

进行分析之后,可知北魏道武帝时期在设定官制时,以晋代九品官制为核心,在借鉴周汉旧制的基础上,又融合鲜卑拓跋部的民族特色,创设出具有"夷夏杂糅"特征的官制。这套具有"夷夏杂糅"特征的官制,被确定"以为永式"[1],因此孝文帝全面班禄酬廉之初,以品颁俸时所依据的官制,应当仍然是道武帝时期所确定的这套官制。之后,孝文帝又多次对北魏官制进行了改革完善。太和十五年(491年),"大定官品"[2];太和十七年(493年),孝文帝下诏说道"比百秩虽陈,事典未叙……作《职员令》二十一卷……权可付外施行"[3];太和二十三年(499年)"复次职令",但孝文帝同年驾崩,宣武帝即位后将孝文帝改革后的官制继续颁行,并规定"以为永制"[4]。综上,孝文帝全面颁行班禄酬廉之后,俸禄的发放是根据以品颁俸原则进行的。在全面班禄酬廉之初,以品颁俸官吏品级的认定仍然沿用道武帝时期设定的官制,其后孝文帝又反复调整完善北魏官制,以品颁俸原则在此过程中被不断予以明确,其所依据的官制基础也更加稳定和牢固。

3. 完善赋税制度

北魏在统一北方、入主中原后,内外战争逐渐减少,国家和社会趋于稳定,统治者开始将重心转向大力发展农业经济,北魏政权的财政收入也由依赖战争掠夺转为依赖农业经济收入,即依赖建立在农业经济基础上的赋税收入。正如太武帝在延和三年的诏书中所

---

[1] (宋)司马光编著、(元)胡三省音注:《资治通鉴卷第一百一十·晋纪三十二·安帝隆安二年(三九八)》,中华书局2013年版,第3586页。

[2] (北齐)魏收撰:《魏书卷七下·帝纪第七下·高祖纪》,中华书局1974年版,第168页。

[3] (北齐)魏收撰:《魏书卷七下·帝纪第七下·高祖纪》,中华书局1974年版,第172页。

[4] (北齐)魏收撰:《魏书卷一百一十三·志第十九·官氏志》,中华书局1974年版,第2993页。

说的"今四方顺轨,兵革渐宁,宜宽徭赋,与民休息"[1]。北魏班禄酬廉(俸禄制)的顺利实施必须要有充足的财政收入作保证,而财政收入源于赋税,赋税状况的好坏直接关系财政收入状况的好坏,财政收入状况的好坏又直接关系俸禄制能否良好运行。太和八年全面颁行班禄酬廉之初,北魏以"九品混通"的方法征收和输送租调。所谓九品混通,根据太武帝在太延元年(435年)下发的诏书"若有发调,县宰集乡邑三老,计赀定课,哀多益寡,九品混通,不得纵富督贫,避强侵弱"[2]可知,当朝廷需要征收租调时,由县宰和乡官三老依照编户资产的多寡,将需要被征收的编户划分为九等,分别征收不同数量的租调,无论是官吏、地主,还是平民百姓,都要按照其所处等级向朝廷缴纳租调,即所有九等编户混通着向朝廷缴纳租调,以做到"哀多益寡",防止"纵富督贫,避强侵弱"。九品混通法在西晋时确立,北魏自西晋承袭而来,同时将西晋按丁征租、按户征调的做法改为租调都按户征收。九品混通法除用于征收租调外,还用于输送租调。献文帝时"遂因民贫富,为租输三等九品之制。千里内纳粟,千里外纳米。上三品户入京师,中三品入他州要仓,下三品入本州"[3],即将租调物分为上、中、下三等,每等又分为三品,上三品租调物输送到京师,中三品租调物输送到他州要仓,下三品租调物留归本州府库。以九品混通法征收和输送租调,一直沿用到孝文帝全面颁行班禄酬廉之初,孝文帝全面班禄酬廉之初还有关于是否要

---

[1] (北齐)魏收撰:《魏书卷四上·帝纪第四上·世祖纪》,中华书局1974年版,第83页。

[2] (北齐)魏收撰:《魏书卷四上·帝纪第四上·世祖纪》,中华书局1974年版,第86页。

[3] (北齐)魏收撰:《魏书卷一百一十·志第十五·食货志》,中华书局1974年版,第2852页。

改革"九品差调"[1]的讨论。

在租调数量问题上,根据《魏书·食货志》[2]的记载,北魏在孝文帝全面颁行班禄酬廉之前,"户调帛二匹,絮二斤,丝一斤,粟二十石。又入帛一匹二丈委之州库以供调外之费",至孝文帝全面班禄酬廉之后,"户增帛三匹,粟二石九斗以为官司之禄",即孝文帝为了保证官吏的俸禄来源,在原有租调的基础上增加了租调数量,使租调总量变为帛六匹二丈、絮二斤、丝一斤、粟二十二石九斗,显然,孝文帝出于保障官吏俸禄考虑加重了编户赋税负担。太和九年(485年)起,为了进一步完善赋税制度,孝文帝先后实施了均田制、三长制、新租调制等一系列赋税改革措施。[3] 太和九年,孝文帝颁布均田令,其中涉及俸禄制的规定"诸宰民之官,各随地给公田,刺史十五顷,太守十顷,治中别驾各八顷,县令、郡丞六顷。更代相付。卖者坐如律"[4],负责管理百姓的官吏,在其任职地分配给公田,刺史分给十五顷,太守分给十顷,治中和别驾分给八顷,县令和郡丞各分

---

[1] (唐)杜佑撰:《通典卷第三·食货三·后魏》,中华书局2016年版,第62~63页。"后魏(北魏)初不立三长,唯立宗主督护,所以民多隐冒,五十、三十家方为一户,谓之荫附。荫附者皆无官役,豪强征敛,倍于公赋矣。"面对地方豪强隐匿人口,横征暴敛,损害朝廷赋税和官役的问题,孝文帝太和十年(486年),给事中李冲向朝廷建言设立三长制:"宜准古,五家立一邻长,五邻立一里长,五里立一党长,党长取乡人强谨者。邻长复一夫,里长二,党长三。所复复征戍,余若人。三长三载亡愆则陟用之一等。"冯太后认为李冲提出的三长制很好,便将李冲设立三长制的建议引入朝堂供群臣讨论。反对者之一的著作郎傅思益认为:"人俗既异,险易不同,九品差调,为日已久,一朝改法,恐成扰乱。"最终冯太后定调:"立三长,则课有常准,赋有恒分,苞荫之户可出,侥幸之人可止,何为而不可?"于是北魏"遂立三长,公私便之。"

[2] 参见(北齐)魏收撰:《魏书卷一百一十·志第十五·食货志》,中华书局1974年版,第2852页。

[3] 参见张金龙:《北魏均田制颁行时间再议》,载《烟台大学学报(哲学社会科学版)》2014年第27卷第5期;周鼎初:《试论孝文帝改革后北魏的特殊政治形态》,载《社会科学战线》1996年第3期。

[4] 《通典卷第一·食货一·田制上(后魏)》;《魏书卷一百一十·志第十五·食货志》。

六顷,当宰民之官离任时,其所分的公田转交给接任者,擅自买卖所分公田要依律治罪。太和十年(486年),孝文帝又推行三长制和新租调制。所谓三长制[1],是在五家中设一邻长,在五邻中设一里长,在五里中设一党长,邻长、里长、党长的职责包括协助朝廷核查户口、监督耕作、征收租调、征发徭役和兵役等;所谓新租调制,最重要的一点是重新确立按丁征收租调的原则,对九品混通法中按户征收租调的做法予以了调整。三长制和新租调制对于破解地方豪强隐匿人口问题、强化朝廷对地方赋税的控制起到了积极作用。均田制、三长制、新租调制三者相互配合,使北魏的赋税制度更加完善和成熟,为俸禄制的良好运行创造了可靠的经济基础。

四、北魏班禄酬廉对当代廉政建设的启示

北魏班禄酬廉,有着一个系统的开端、确立和完善的动态发展过程,简言之,其开端于道武帝时期、正式确立和颁行于献文帝时期,在延兴三年获得进一步发展,最终于太和八年全面颁行,其后孝文帝又陆续推行一系列配套措施对班禄酬廉予以了完善,这些措施包括严厉惩治贪污腐败、明确以品颁俸原则和完善赋税制度等。北魏班禄酬廉,全面实施俸禄制,无论是在当时的现实背景下还是在整个中国历史上,都收获了良好效果,在讨论北魏班禄酬廉对当代廉政建设的启示之前,有必要先论述一下其所产生的良好效果,毕竟,在研究历史问题时,需要善于从好的事物中借鉴经验,从不好的事物中汲取教训。

(一)北魏班禄酬廉的良好效果

一方面,从整个中国历史的宏观视角来评价北魏班禄酬廉,其促进了民族融合和多民族国家的发展。北魏前期坚持官吏无俸的传

---

[1] 高敏:《北魏三长制与均田制的实行年代问题辨析》,载《史学月刊》1992年第5期。

统，中央和地方官吏都处于无俸的状态之下，推行班禄酬廉，实施俸禄制，对于鲜卑拓跋部而言是树立一项全新的制度，对于汉族人而言是旧有制度的恢复和延续。如同其他汉族政权一样，北魏的俸禄制也是建立在农业经济的基础之上，俸禄的主要内容是向编户征收的以租调物为表现形式的赋税。随着北魏政权越来越依赖农业经济，鲜卑拓跋部封建大地主和大贵族阶层也开始产生，这些大地主和大贵族有的被"封绢二千匹，粟一万石"[1]，有的可以"岁禄万余，粟至四万"[2]，他们掌握了数量庞大的农业成果和财富，基本实现了汉化和封建化，与传统的汉族大地主大贵族逐渐趋同。与此同时，北魏太和八年全面颁行班禄酬廉，是孝文帝改革的重要内容，以全面班禄酬廉为序幕，孝文帝其后接连推行均田制、三长制和新租调制等一系列配套改革措施，孝文帝改革的目的之一是要实现北魏政权的汉化，包括全面班禄酬廉、均田制、三长制和新租调制等在内的改革措施，无疑极大促进和加速了北魏政权的汉化进程。因此，北魏实施班禄酬廉，有利于推动民族地区政权的汉化和封建化进程，促使鲜卑族等民族地区与汉民族融合，对中国多民族国家的发展具有积极意义。

另一方面，北魏实施班禄酬廉，在当时的现实背景下，对于遏制贪污腐败和改善吏治状况起到了良好效果。在北魏前期官吏无俸的背景下，北魏官吏从中央到地方普遍贪污腐败，吏治状况极度恶化，严重危及北魏政权的统治质量和统治稳定性。关于北魏班禄酬廉对改善吏治状况所能够起到的良好效果，北魏名臣高闾曾有过精辟的论解。高闾将班禄和不班禄的后果进行对比，班禄之后"清者

---

[1] （北齐）魏收撰：《魏书卷十九下·列传第七下·景穆十二王传下（城阳王）》，中华书局1974年版，第511页。

[2] （北齐）魏收撰：《魏书卷二十一上·列传第九上·献文六王传上（高阳王）》，中华书局1974年版，第556~557页。

足以息其滥窃,贪者足以感而劝善",而如果不班禄,则会"贪者肆其奸情,清者不能自保",高闾将这两种后果进行比较,指出班禄酬廉对于惩贪扬善的重要性。高闾还从经世治国之术的高度出发对班禄酬廉进行辩护,他认为君主向臣子发放俸禄,表明君主"垂惠则厚",臣子领受了君主的俸禄,就会"感恩则深",最终会收获"贪残之心止,竭效之诚笃,兆庶无侵削之烦,百辟备礼容之美"的良好效果,在高闾看来,君主班禄酬廉实为一项高明的经世治国之术。[1] 梳理高闾对班禄酬廉的论解,不难看出班禄酬廉对于抑制贪污腐败、改善吏治状况所具有的积极意义。北魏中后期,战乱不断,六镇起义、河阴之变等战祸持续冲击着北魏政权,使北魏国内陷入无尽的混乱之中,国家赋税和财政都遭受重创,俸禄制的实施失去保障,班禄酬廉成为具文。史称"自魏孝庄帝以后,百官绝禄"[2],百官绝禄的后果就是北魏再次出现"文武在位,罕有廉洁"和"诸勋贵掠夺万民"的恶劣贪污腐败之风和吏治败坏状况[3],这从反面再次论证了班禄酬廉对于遏制贪腐之风、改善吏治状况的积极意义。

---

〔1〕 参见(北齐)魏收撰:《魏书卷五十四·列传第四十二·高闾传》,中华书局1974年版,第1198~1199页。北魏淮南王拓跋他反对俸禄制,上表请求"依旧断禄",文明太后(冯太后)召集群臣商议。高闾反对断禄,并对淮南王予以了批驳。高闾在维护俸禄制时说道:"天生蒸民,树之以君,明君不能独理,必须臣以作辅。君使臣以礼,臣事君以忠。故车服有等差,爵命有分秩;德高者则位尊,任广者则禄重。下者禄足以代耕,上者俸足以行义……君班其俸,垂惠则厚;臣受其禄,感恩则深。于是贪残之心止,竭效之诚笃,兆庶无侵削之烦,百辟备礼容之美。斯则经世之明典,为治之至术……置立邻党,班宣俸禄,事设令行,于今已久,苛慝不生,上下无怨,奸巧革虑,窥觎绝心,利润之厚,同于天地。以斯观之,如何可改?……今给其俸,则清者足以息其滥窃,贪者足以感而劝善;若不班禄,则贪者肆其奸情,清者不能自保。难易之验,灼然可知,如何一朝便欲去俸?淮南之议,不亦谬乎?"最终文明太后:"诏从闾议。"

〔2〕 (唐)李延寿撰:《北史卷七·齐本纪中第七·显祖文宣帝高洋纪》,中华书局2000年版,第158页。

〔3〕 参见(唐)李百药撰:《北齐书卷二十四·列传第十六·杜弼传》,中华书局2000年版,第239页。

(二) 当代廉政建设可从北魏班禄酬廉中获取的启示

北魏实施班禄酬廉,对于吏治建设而言,在总体上确实起到了"苟慝不生,上下无怨,奸巧革虑,窥觎绝心,利润之厚,同于天地"[1]的良好效果,较之官吏无俸时期,班禄酬廉后的官吏贪腐之风得到了遏制、吏治状况获得了改善。在系统分析了北魏班禄酬廉开端、确立、完善的动态发展过程及其良好效果之后,笔者认为当代廉政建设可以从北魏班禄酬廉中获得以下三点启示:

首先,无论是中央官吏还是地方官吏,他们帮国家从事行政管理,开展行政管理工作,都需要国家提供一定的薪酬来保障他们的物质生活,解决他们生活的后顾之忧,从而使其能够尽量廉洁地、安心地开展工作。各级官吏在作为国家公职人员的同时,也是一个有着正常生活需求的人,也要面对生存压力问题,如果国家不为他们的生活提供物质保障,让他们在无保障的情况下开展行政管理工作,就意味着他们要自行解决生存压力问题,此时,这些行使公权力的公职人员,难免会做出以权力谋求利益的行为,继而诱发贪污腐败和违法乱纪现象,甚至酿成严重的贪腐之风和恶劣的吏治状况,给政治稳定和廉政建设造成不利影响。正如北魏前期官吏无俸背景下的吏治状况一样,贪腐之风盛行,吏治败坏,降低了北魏政权的统治质量,给北魏政治稳定埋下了极大的祸根和隐患。因此,在当代廉政建设过程中,国家要十分重视各级公职人员的薪酬问题,制定和实施合理的薪酬制度,能够敦促各级公职人员清廉行政,断绝他们贪污腐败的口实。

其次,制定和实施合理的薪酬制度有助于防止贪污腐败,维护良好的吏治状况,需要坚持制度的长期性和稳固性。北魏在实施班禄酬廉后,曾经普遍的贪腐之风得到了一定程度的遏制,吏治状况获

---

[1] (北齐)魏收撰:《魏书卷五十四·列传第四十二·高闾传》,中华书局1974年版,第1199页。

得了改善，北魏政治上出现了罕有的清明景象。然而，随着北魏政权步入中后期，北魏国内战乱和自然灾害不断，局势陷入无休止的混乱之中，俸禄制度此间也遭遇无法实施的困境，到了北魏快要灭亡的时候，甚至已经到了百官绝禄的地步。俸禄制度名存实亡，百官绝禄，北魏政权最终重回贪腐之风盛行、吏治状况败坏的恶劣局面，这又给了本就已经千疮百孔的北魏政权致命一击，加速了北魏的灭亡。因此，在当代廉政建设的过程中，制定出合理的薪酬制度后，要想始终维持制度的良好效果，就要保证这一制度的长期性和稳固性，避免制度在实施的过程中半途而废。

最后，颁行薪酬制度时，还要重视配套措施的建设，完善的配套措施与薪酬制度结合，有助于保证制度的良好运行，充分发挥制度的应有效果。北魏太和八年，孝文帝在全面颁行班禄酬廉之后，又相继推行均田制、三长制、新租调制等配套改革措施，这些配套改革措施对完善北魏赋税制度具有重要意义。北魏政权在日益依赖农业经济的情况下，赋税状况良好，国家财政才能够做到游刃有余，才能为俸禄制的运行提供扎实的经济保障。同理，北魏前期官吏无俸，导致贪腐盛行、吏治败坏，给官吏实施贪腐行为留下了口实；全面班禄酬廉后，如果依旧允许贪腐之风盛行，则俸禄制度就会形同虚设，推行起来困难重重，因此要想俸禄制能够贯彻落实，就必须严厉杜绝贪污腐败，断绝官吏以无俸为理由实施贪腐的念想，让他们意识到，俸禄制颁行之后，各级官吏应当自觉做到各司其职、各守其序、各得其所，做好自己的本职工作，安分守己地为国家的事务尽忠竭力。所以，在当代廉政建设的过程中，单靠薪酬制度或者其他某个单项制度，很难充分发挥制度的效能和实现廉政建设的目标，善于做到多项制度和措施相互配合、共同发力，才有可能收获到良好的制度效果，更好地向着实现廉政建设目标的方向迈进。

五、结语

北魏前期官吏无俸,没有颁行统一的俸禄制,各级官吏的经济收入秩序混乱,贪污腐败之风盛行,吏治状况恶劣,严重危及北魏政权统治的稳定性。意识到官吏无俸危害的北魏朝廷,开始逐渐颁行班禄酬廉。本文的核心观点是:北魏班禄酬廉的颁行不是一蹴而就的,亦即不是突然产生或者确立于某个时期的,而是有着一个开端、确立和完善的动态发展过程,本文以动态发展的眼光来系统考察北魏班禄酬廉的发展全过程,认为北魏班禄酬廉早在道武帝时期便已发端,道武帝时期,小范围的军府主帅或者军政官吏便已经能够从国家领取俸禄,北魏献文帝时期,雍州刺史张白泽上书恳求"班禄酬廉",获得了孝文帝的采纳,班禄酬廉由此被正式确立和颁行,延兴三年,北魏国内民变此起彼伏,政局不稳,冯太后为了尽快消除变乱,稳定局势,以俸禄和官位为奖赏激励地方官吏积极治理乱局,为朝廷效忠,这进一步强化了俸禄制的地位和功用,促进了俸禄制的发展,太和八年,孝文帝全面颁行班禄酬廉,旨在将俸禄制覆盖适用全国所有官吏,为了完善班禄酬廉,孝文帝又出台了一系列的配套措施,包括严厉惩治贪污腐败、明确以品颁俸原则、推行均田制、三长制、新租调制等以完善赋税制度,在配套措施的加持下,班禄酬廉更加完善成熟,并得以良好运行,对遏制贪腐之风,改善吏治状况起到了积极作用。北魏班禄酬廉的颁行取得了良好效果,可以从中挖掘出一些优秀经验,对当代廉政建设产生借鉴价值,简言之,北魏班禄酬廉对当代廉政建设有三点启示:一是要坚定不移地颁行薪酬制度,为公职人员的生活和工作提供物质保障。二是薪酬制度有助于反腐倡廉,要确保制度的长期性和稳固性,防止制度的实施半途而废。三是加强薪酬制度的各项配套制度和措施的建设,充分发挥薪酬制度的良好效能。

学术动态

【编者按】 本卷《中华法系》"学术动态"专栏部分我们选编了两篇译文,讨论的均为外国法。一篇讨论雅典的审判制度,强调雅典重民意;另一篇讨论中世纪宪法史与法律史学说,强调两者的界限。都能给我们中华法系的研究带来域外的经验和借鉴。

古代雅典的公开审判
——基本原则与当代意义

[希腊]叶西乌－法尔齐[*] 著 顾 元[**] 译

【摘要】 古代雅典创造了一种比较辉煌的审判模式,这一审判模式贯彻了民主的基本理念。法官从公民中选出,司法并不注重纯粹的法律推理,其设计的初衷在于让人民的呼声能够在司法中得到反映,体现了一种人民司法的内涵。

【关键词】 古代雅典;公开审判;民主;人民

一、古代雅典公开审判的经典模式

> "法院可以何种形式设立,现已在考虑之中。第一种形式,法官从全体公民中选出,所有的案件都经过审判,这是民主的方式。第二种形式,法庭仅由少数几个人组成,审理所有案件,这是寡头的方式。"
> ——亚里士多德《政治学》卷四 1301a,10－14

---

[*] 作者系希腊塞萨洛尼基大学(University of Thessaloniki)法律与经济学院教授、院长。

[**] 译者系中国政法大学法律史学研究院教授。本文选自:《欧洲的司法制度:过去与将来》(*Europe's Judicial Systems: Past and Future*, edited by Takeshi Kojima etc., The Institute of Comparative Law in Japan, Chuo University Press, Tokyo, 1996)。

1. 导论

　　古希腊的正义理想是其早期历史的一部分。如果一个民族的传说揭示了这个民族的性格这一点属实的话,我们必须再次记住,根据远古时期的希腊神话,忒弥斯(Themis)是自然和道德秩序的主宰,被认为是天与地的女儿。因此,人际关系基本规则的起源与人类生活的两个基本自然要素有关。在这些规则的基础上公正地解决人类争端,并以狄刻(Dike)——忒弥斯的女儿——为进一步的象征,这一概念也被认为是正义,而且从古典时期起就被认为是司法程序。[1] 根据这些早期古希腊的价值观,我们可以更好地解释后来的政治和法律的演变。

　　根据古希腊的一个基本观念,先进和民主社会的基石是对个人行为的判断在多大程度上构成社会本身的决定,而不仅是他人的意愿。因此,通过回溯公元前六世纪、五世纪和四世纪的雅典,我们发现了最复杂的陪审团审判制度。按照当代的标准,这一制度被认为是有史以来最民主的制度之一,也是社会组织方面最伟大的成就之一。[2]

　　众所周知,法律理论和法律概念的创造者不是古代雅典人,它们是后来罗马人无可置疑的成就。相反,古希腊的法律概念与道德或政治问题不可分割地结合在一起。但是,不存在独立的法律理论,决不表示法律意识的缺失。雅典的法律制度尽管不如几个世纪之后罗马人的法律连贯一致,但现在它仍被认为是任何一个民族都未曾经历的、最全面,而且当然是第一次被建立在民主理想基础之上的法律制度。[3]

---

[1] See Dimakis, 538; further discussion on these notions in: Hirzel. R., *Themis, Dike und Verwandtes; ein Beitrag zur Geschichte der Rechtsidee bei der Griechen*, Leipzig 1907.

[2] See MacDowell, 10 – 11. Cf. Bonner and Smith II, 305 – 306.

[3] See MacDowell Preface; see also Ostwald M., *Nomos and the Beginnings of the Athenian Democracy*, Oxford 1969.

法律问题是古希腊经典文献各分支的核心。[1] 因此古希腊的法律不能作为独立的现象来研究。我们对古代希腊的哲学、历史、政治学及其他文献资料进行研究是必要的。[2] 为了说明这一点,我们可以参考卡拉门德雷(Calamendrei)非常有特色的评论:"苏格拉底(Socrates)为既判力的不可侵犯性写下了最美丽的文字,为即使是不公正的判决也必须得到尊重这一原则作了有史以来最具说服力的辩护。身陷囹圄的苏格拉底,拒绝通过避免被判处死刑来拯救自己,他以神圣的方式为该原则辩护——这一原则已转变为当代的信条,它依旧被今天的法律程序主义者所使用,他们仍在努力解决既判力甚至错误判决所掩盖的令人痛苦的问题。"[3]

2. 文献资料的来源

古希腊法律的大量知识来源有直接的,也有间接的。[4]

直接的渊源是通过铭文和手稿保存下来的立法。因为立法意欲保持永久的效力,因此一项新的法律会被镌刻在石头或木头上,并被置于方便民众查阅的各种地方。所以,这些碑刻铭文不仅是法律的复制本,而且是官方正式的法律文本本身。[5]

但是,我们文献资料的主要来源还是大约一百篇法庭演说的文本。[6]

---

[1] See Biscardi, 40 – 41.

[2] See Paoli U. E., *La scienza del diritto attico e le sue possibilita*, *Studi sul processo attico*, Padua 1933, 1ff.

[3] P. Calamendrei, *Introduction to the work of Paoli, Studi sul processo attico*, XXVII, as quoted by Biscardi, 42.

[4] See Biscardi, 43 – 74; Nakos G. P., *Forms of Ancient Greek Legislaitions*, Thessaloniki 1986 (in Greek).

[5] See MacDowell, 45; on the legal form of the ancient Greek inscriptions, see Klaffenbach G., *Bemerkungen zum griechischen Urkundenwesen*, Berlin 1960, 26 – 27.

[6] See MacDowell, Preface; Biscardi, 53 – 66. See also Wolff, *Demosthenes als Advokat*, Berlin 1968; Faraboli, *Lisia avvocato*, Padova 1980; Bonner R. J., *Lawyers and Litigants in Ancient Athens*, New York-London 1969 (1927); Gernet L., *Antiphon, Discours*, Paris 1923.

有时也包括确立当事方指控法律依据的法律摘录。我们将这种信息的直接来源归功于雅典法律制度的特性,即依其规定,当事人有义务在法庭上就法律的内容及其对具体案件的适用性提出主张和证据,不同于今天盛行的法院知法(jus novit curia)原则——其根据是大陆法的概念,普通法国家并无此原则。[1] 尽管先前有关这些来源真实性的质疑[2]似乎已经不再存在,[3]但必须强调指出的是,[4]法庭上演讲者是站在案件一方当事人的角度提出争辩,因此他们的法律陈述是有倾向性的,也是不完整的。[5] 这些演说词需要通过在喜剧、悲剧、历史、哲学以及其他文字材料中发现的法律记载加以补充。

在雅典公法(Athenian Public Law)的间接渊源中,极有价值的资料是由古希腊历史学家[修昔底德(Thucydides),色诺芬(Xenophon)]和喜剧作家[尤其是阿里斯托芬(Aristophanes)]的著作提供的。此外,在亚里士多德(Aristotle)的《雅典政治》(*Athinaion Politeia*)和色诺芬的《雅典政治》(*Athinaion Politeia*)中,也对雅典的宪法和法律进行了分析。[6] 另外,还有三部著作必须提到:柏拉图

---

〔1〕 See Biscardi,46 - 47.

〔2〕 See Especially during the last century: Westermann, *Untersuchungen über die in den attischen Redner eingelegten Urkunden*, Abhandl. des Sachs. Gesellschaft der Wiss phil-hist. Kl Ⅰ (1850); Droysen, *Zeitschrift fur die Altertumwiss.* 1839, 68ff.

〔3〕 See Gernet L. , *Demostene, Plaidoyers civils*, Ⅰ, Paris 1954, 21ff, Biscardi, 48 - 51; MacDowell, Preface.

〔4〕 See MacDowell, Preface; Biscardi, 54 - 55.

〔5〕 See Wolff H. J. , " Methodische Grundfragen der rechtsgeschichtlichen Verwendung attischer Gerichtsreden", in *the Abstracts of the Second Congress of the Italian Society of History of Law*. Florence 1967, 1125ff. (: Gesamtinterpretation). Concerning the methodological approach see also Wolff, *Die attische Paragraphe, Ein* Beitrag zum *Problem der Auflockerung archaischer Prozessformen*, Weimar 1966, 24 - 25.

〔6〕 See Wilamowitz U. , *Aristoteles und A then*, Berlin 1893; G. de Sanctis, *Storia della republica ateniese, dalle origini all' eta di Peride*. second edition, Torino 1912, reprint Rome 1964.

(Plato)的《法律篇》(Nomoi)、柏拉图的《理想国》(Politeia)和亚里士多德的《政治学》(Politica)。与古代希腊的喜剧[特别是米南德(Menander)的作品]和古希腊悲剧[特别是埃斯库卢斯(Aeschylus)和欧里庇得斯(Euripides)的作品]一样,柏拉图的《法律篇》也有助于探寻规制私人关系的法律。[1]

3. 历史背景

公元前 7 世纪末叶以前,古希腊司法程序的证据只是存在于荷马(Homer)和赫西奥德(Hesiod)的史诗中,这些史诗都是关于神和英雄的故事。[2] 但是,顺便提一下,这里有两篇文献揭示了大量有关早期希腊组织的信息,也包含了关于纠纷解决的某些重要典故。

同时,也有通过以暴制暴[3]或言语[4]解决争端的例子,完全由争端本身解决,没有局外人的任何参与,而司法程序的真正起源是通过向被认为是公正的第三人提出申诉来标示的。[5]

裁断争端最初被认为是国王的职责之一,国王据信受到了神的

---

[1] See Becker, *Platons Gesetze und das griechische Familienrecht*, München 1932; Paoli U. E. , "Zur Gerichtzeit der im attischen Recht", *Studi sul processo attico*, 175ff. the same author, "La notion de prorrhesis en droit attique", *Altri studi*, 243ff, Gernet L. , *Platon: Oeuvres completes*, *Le lois*, Vol. 1 - 2, Paris 1951 (Introduction: Les "Lois" et le droit positif); Klingenberg, *Bemerkungen zum platonischen Bienenrecht*, *Symposion* 1971; the same author, *Vortrage zur griechischen und hellehistischen Rechtsgeschichte*, Koln-Wien 1975; the same author, *Platons und das positive griechische Recht*, München 1976; the same author, "Das Zinsrecht in Platons Nomoi", *Report for the" Coloque International d'histoire du droit grec et hellenistique"*, Chantilly 1 - 3 Juin 1977, Koln-Wien 1982; the same author, "Eine platonische Bestimmung des griechischen Welt-Kampfrechts", *Studi Biscardi*; Vol 6, Milano 1982. For the indirect sources of ancient Greek law see also Pantazopoulos, *A Historical Introduction to the Sources of Greek Law*, second edition, 1968.

[2] See MacDowell. 11.

[3] See Homer, *Iliad* XII. 421 - 4.

[4] See Homer, *Iliad* IX, 632 - 6.

[5] See Homer, *Iliad*, XXIII. 485 - 7.

启示。[1] 但是,在一个荷马式的社会里,除了君主之外,也还有所谓的"判断的给予者"[2](首领们或者年长者),在民众参加的情况下[3],他们于阿哥拉(Agora,集会场所)上举行或多或少的定期会议。这样作出的决定就完全符合公众对正义的感情。[4]

上述关于裁断争端问题的三种方法——包括:(1)通过具有权威的个人来裁断,因为他在其位谋其政(如国王);(2)由一群人来裁断,基于出身或者其他的资格,他们被认为特别适合于作出裁决,以及(3)影响判决的是一群普通人,他们的意见仍然须得到考虑——这些方法可以依次定义为具有君主制、贵族制和民主制的特征。对于古典时期雅典的司法程序而言,后者相对于其他两者居于主导地位。[5]

4. 从君主制到贵族制再到民主制:从地方法官到陪审团的路线

至公元前7世纪,雅典传说时代的国王不再是世袭的君主,逐渐失去其各种权力。[6] 国王权力的式微,最为重要的似乎就是表现为其权力向另一官员职位(称为"执政官")的转移。尽管并非君主,但是古典时期"执政官"(Arkhon,统治者)被认为地位甚至优越于国王。

国王权力持续不断地向如下官员转移:指挥官(polemarch),负责战时状态下的指挥;6位"立法者"(thesmothetai),其名称意为"立法"或者"制定规则"。因此,至公元前6世纪,除了其他几种类型的

---

[1] See Homer, *Iliad* Ⅱ. 205-6, Ⅸ. 98-9. Cf. H. Lloyd-Jones, *The Justice of Zeus*, 1971, 6-7, Bonner and Smith, Ⅰ, 9-10.

[2] Homer, *Iliad*, Ⅰ. 237-9.

[3] See Homer, *Iliad*, Ⅱ. 807, ⅩⅤ. 387, ⅩⅧ. 497.

[4] See MacDowell, 17, 18. Cf. the detailed analysis by Bonner and Smith, 1-56.

[5] See MacDowell, 22-23. Compare Biscardi, 92; Harrison, 1-4.

[6] See The Fullest account is given in *Athenaion Politeia*, Third Chapter. For the doubts presented by particular scholars see nevertheless MacDowell. 24, with further references.

官员["阿克赫"(arkhe),作为将军,市场管理者,等等]之外,还有9位"执政官"。

公元前487年以前,他们的正常任命方式似乎一直是选举。但公元前487~486年,这一制度发生变化,9大执政官由抽签选出(最初从先前选定的候选人中抽签,可能在公元前457年之后全部通过抽签选出)。[1] 所以,在民主制的雅典,执政官最终成为一个没有特殊出身或资格的人,只是一个门外汉。[2]

尽管"立法者"主要处理案件,但是在负责裁决纠纷的官员中,他们并不是唯一的。

"执政官"将与财产和家事相关的案件提交法院审理,巴赛勒斯(basileus,国王)提交与宗教相关的案件,而指挥官则负责提交涉及非雅典公民的案件。[3] 因此,与公元前7世纪时执政官自行决定案件不同,[4] 公元前4世纪将案件提交法院审理,意味着只是安排陪审团审判。

在这种自君主制到贵族制再到民主制的转变期间,对于裁判权力的主要限制来自成文法律,判决必须与之一致。基于这样的理由,在介绍陪审团制度之前,必须先讨论梭伦(Solon)的成文法律。关于阿雷奥帕戈斯(Areopagos)的一些评论也是必要的。

---

[1] See MacDowell, 25. See also Andronikos, "The Athenian Democracy" (in Greek), *To Vima* (20/10/91). For a detailed discussion Lipsius, 57ff. Cf. Biscardi, 106 – 108 with further references; Kahrstedt U., *Studien zum öffentlichen Recht Athens*, II *Untersuchungen zur Magistratur in Athen*, Stuttgart 1936; Glotz G., *La cite grecque*, (*Greek translation by A*. Sakellariou), Athens 1981, 99 – 109 and 214 – 238.

[2] See Demosthenes (Vol. Ⅵ) L Ⅸ. 72: "Theogenes had been drawn by lot as king... poor and without experience". See also Andronikos, supra, note 27.

[3] See Aristotle, *Athenaion Politeia*, Chapter 56 – 59. For a detailed presentation Biscardi, 412 –117; Lipsius, 57 – 74; Harrison, 4 – 17; Heitsch E., "Der Archon und die attischen Gerichtshofe für Totungsdelikte", Symposium 1985, 71 – 88.

[4] See Aristotle, *Athenaion Politeia*, Chapter 3 – 5.

5. 阿雷奥帕戈斯

阿雷奥帕戈斯,即相当于当代审理民事和刑事案件的希腊最高法院(Supreme Court of Greece),它传奇的名称来自古希腊司法理事会(Greek Judicial Coungcil),因其在阿克罗波利斯(Akropolis)以西的阿雷斯山(Ares)上举行会议而得名。在公元前7世纪,阿雷奥帕戈斯——早期可能是由贵族领导成员组成的委员会(其影响力足以将其观点强加于国王,尤其是重要的决定)[1]——亚里士多德描述[2]其司法权力几乎是无限的:"阿雷奥帕戈斯的委员会(the Council of Areopagos)具有宪法赋予的保护法律的责任;但事实上,它管理着国家政府中更大和最重要的部分,对所有不守规矩之人立即施加人身惩罚和罚款"。亚里士多德认为古希腊阿雷奥帕戈斯(Ancient Greek Areopagos)是法律的守护者,这一观点实际上让人想起了法国大革命(French Revolution)的哲学之一,而法国大革命正标志着法国最高法院(French Cour de Cassation)的孕育。尽管阿雷奥帕戈斯在实践中并不审理所有的争议,但它确实对于某些特别严重罪行进行审判。[3]

然而,公元前461年以后,阿雷奥帕戈斯的司法权力削减至只审理故意杀人案件。[4] 另外一种享有司法权力的组织爱芬泰(Ephetai,审理上诉案件的官员),在阿雷奥帕戈斯旁边建立起

---

[1] See MacDowell, 27; Biscardi, 93. Although there is no reliable evidence concerning its early, history, Aeschylus mentions that it was the Ancient Greek Goddess of Wisdom Athena who instituted the Areopagos. See Aeschylus in *Eumenides*. 480 – 485, 680 – 705: "This tribunal I do now establish, inviolable by lust of gain, august, quick to avenge, a guardian vigiland in defense of them that sleep" (700 – 705). Further discussion by Philippi A. , *Der Areopag und die Epheten*. Berlin 1874.

[2] See *Athenaion Politeiay* Chapter 3. 6.

[3] See For concrete examples MacDowell, 27 – 29. Detailed analysis by Bonner and Smith, Ⅰ , 251 – 278, 362 – 365; Harrison, 37 – 39.

[4] See Biscardi, 93.

来,在公元前 5 世纪和 4 世纪时,他们由 51 名经抽签选出的男性组成。[1]

6. 梭伦成文法律的影响:通向民主制司法最具决定性的一步

在雅典第一个立法者德拉古(Drakon,公元前 7 世纪末一个介于传说和历史之间的人物)[2]制定其著名的立法之后数十年,梭伦通过选举成为雅典继任的执政官(594 - 593B. C.)。这不仅对于雅典,而且对于民主制度的演进,都是一个决定性的历史时刻。尽管本文对梭伦的令人印象深刻的政治和积极改革没有直接的兴趣,[3]但必须强调的是,它们是不能完全地与他的法律创新相分离的。[4]亚里士多德指出:"梭伦宪法中有三点显示了其最为民主的特征:首先,也是最重要的是,为保护债务人的安全,禁止借贷。第二,每个有此意愿的人,有权代表受到不公正对待的任何人要求补偿。第三,向陪审团法庭上诉的制度;他们说,群众的力量主要归功于最后这一点。因为,民主是选举权的主人,是宪法的主人。"[5]亚里士多德提到的陪审团法院就是由梭伦创建的赫里埃法院(Court of Eliaia),这是第一个全体公民都可以无差别地担任法官的法院。[6]

现在一般认为,梭伦的法院只不过是雅典公民的"集会"(Ekklesia)。

---

[1] See Biscar di t 95; MacDowell,27 - 28,116 - 121; Harrison,39 - 43. See also Aristotle,*Athenaion Politeia*, Chapter 57. 3; Demosthenes, (Vol. III), XXIII. 71 - 74; Tsitsiklis M. I., "The Origins of the Attic Court of the Ephetai", Memory of G. A. Petropoulost Athens 1984, Vol. 2,369ff, (in Greek).

[2] See MacDowell,40 - 43. For a global analysis see Bonner and Smith I ,83 - 148;Ruschenbusch E. " zum Recht Drakons und seiner Bedeutung für das Werden des athenischen Staates", *Historia* IX (1960),129ff.

[3] See Masaracchia,*Solone*, Firenze 1958; Martina,*Solon*, Roma 1968; Martini, "Imposta (diritto greco)",*Nuovissimo Digesto Italiano* (: NNDI), Vol. 8 (1962),300 - 304; Cantarella,"Solon", *NNDI*, Vol. 17 (1970),837ff.

[4] See MacDowell,29.

[5] *Athenaion Politeiat* Chapter 9.

[6] See Biscardi,97.

当公民大会的目的在于司法时,它被称为赫里埃,以代替埃克利西亚。[1] 向法院上诉是一种补救办法,它赋予人们做出司法决定的权力。[2] 还需强调的是,向赫里埃法院上诉是不收取费用的。[3]

7. 赫里埃:公开的审判

我将依照雅典人民和五百人会议的法律和法令作出判决……我将对原告和被告都进行公正的听证,我将严格地按照起诉中的指控做出判决……

——赫里埃誓词,德摩斯梯尼(Demosthenes),

(Aigainst Timocrates) XXIV,149,151

赫里埃十个法庭的组成人员只能是具备适当资格并且愿意参加的公民。陪审员必须年满30岁,而且拥有完全的公民权。每年通过抽签选出6000名陪审员。[4] 他们在立法者(Thesmothetae)的主持下分成十个独立的法庭。[5] 每年年初,所有的陪审员(赫里埃分子)都要进行宣誓,誓词被称为赫里埃誓词。[6] 不同的法庭不是每天都坐下来审案。埃里克西亚集会(公民大会)期间,所有法庭都不

---

[1] See Bonner and Smith, Ⅰ, 152 – 157; Wade-Gery H. T. , *Essays in Greek History*,1958,173 – 174; Hignett C. ,*A History of the Athenian Constitution*. Oxford 1952, 97.

[2] For the two different interpretations given to Solon's term "appeal" (ephesis)—as the right of the party of access to Eliaia in cases of dissatisfaction with the magistrate's judgment or the obligation of the magistrate, who wished to exceed the Pen ties fixed by Solon's laws,to refer the case to the Eliaia see references and comments by MacDowell,30 – 33,notes 21 and 22. For a detailed analysis see Bonner and Smith, Ⅰ,149 – 180, Ⅱ,232 – 253.

[3] See MacDowell,32.

[4] See Harrison,44.

[5] See Biscardi, 97. For more details Hommel H. , *Heliaia*, Leipzig 1927; Ruschenbusch, *Untersuchungen zur Geschichte des athenischen Strafrechts*, Koln-Graz1968, 68ff.

[6] See Harrison,48. For its text see under the title 17.

办案。[1] 同样,并不是组成每一个法庭的所有 600 名非专业法官 (lay judge,即陪审员,或称公民法官)在会期中都参加审理案件。在公元前 5 世纪,501 名非专业法官开庭审理涉及公共利益的案件,而仅有 401 名或 201 名法官负责审理私人利益案件,非专业法官的数量取决于诉讼标的之价值。[2]

每一名陪审员只有在他开庭审理案件的那一天才能拿到工资。[3] 给予公民法官以补偿,旨在让较贫穷阶层在陪审团中有公平的代表权。[4]

得益于构成了丰富信息来源的法庭演说,[5] 我们所获得的关于雅典程序性法律的知识,要比其实体性法律规则的知识更广泛。

尽管在古代雅典不存在与罗马执政官(Roman Praetor)相似的裁判官(Arkhon,Magistrate),人们也不能要求得到类似于罗马裁判官法(ius praetorium)的规则,但是在诉讼与实体权利之间还是存在明显的关联性。此外,对实体性权利的程序性处理完全取决于每个原告的法律地位,因此,根据原告的不同,可以对同一项权利主张作出不同的处理。[6]

雅典法中所谓的正常诉讼被认为是公共的或私人的。除此之外,还有一些复杂的称为非同寻常的公共诉讼。[7]

---

[1] See MacDowell,34. See also Demosthenes (Vol. III),XXIV. 80.

[2] See Biscardi,425. See, however, for details and for the still existing doubts MacDowell 56 – 64;Harrison,47.

[3] See Cf. Harrison,49.

[4] See MacDowell,34. Harrison,48 – 49.

[5] See Lammli F. , *Das attische Prozessverfahren in seiner Wirkung auf die Gerichtsrede*,Paderborn,1938.

[6] See Biscardi,392 – 394. See also MacDowell,61.

[7] For details Biscardi. 402 – 412; Harrison,7482; MacDowell,57ff; Bonner and Smith II 1 – 6. The most analytical presentation is given by Lipsius,237 – 785. See also Hausen,*Apagoge,endeixis and ephesis against Kakourgoi,atimoi pheugontes,A study in the Athenian administration of justice in the fourth century*,Odense,1976.

正常诉讼程序的开始,是在一名或两名证人面前,向被告或被告人发出口头传票。原告有义务在五天内向有管辖权的地方治安法官(Arkhon)提交一份法律文件,内容包括控告的根据(在公共诉讼的情况下),或者诉讼请求的缘由(在私人诉讼的情况下),以及法律上的依据。被控告者或被告人有权提交自己的陈述文件,[1]而双方当事人都要确认其经宣誓而声称的事项。[2]

只有在具备管辖权的地方治安法官完成预审(anakrissis)阶段后,才能向赫里埃法院提起诉讼。这种审判的准备阶段,在很多方面可以认为它所依据的指导方针,与当代普通法国家的审理前程序所依据的指导方针相同。[3]治安法官的权力主要限于向诉讼当事人提问,[4]帮助他们选择举证方式。[5]总体而言,预审程序的目的在于对问题作出法律定义,并为在案件成熟时作出裁决作准备。[6]

当这一准备阶段结束时,治安法官的责任就是将诉讼记录在案以供审判,这意味着他负责确保案件能够进入赫里埃法院十个法庭之一的审理议程中。[7]有关组建赫里埃法院中不同法庭和指定案

---

〔1〕 See Biscardi, 418 – 419. A detailed description is given by Lipsius, 804ff., 845ff.

〔2〕 See Antomosia: Biscardi, 419; MacDowell. 240; Ruschenbusch E., *Untersuchungen zur Geschichte des athenischen Strafrechts*, Koln-Graz 1968, 74 – 77.

〔3〕 See Cf. Lammli F., *Das attische Prozessverfahren*, 84ff. (: the anakrissis gave litigants some chance of seeing into their opponent's cards).

〔4〕 See Harrison, 94 – 105.

〔5〕 See Evidence in general is described by MacDowell, 242 – 247; Biscardi, 421 – 424; Lipsius, 866 – 900; Harrison, 133 – 154; Bonner R. J., *Evidence in Athenian Courts*, Chicago 1905. It is, however, a point of controversy what amount of evidence had to be produced at the anakrissis. See Harrison, 97 – 98.

〔6〕 See Harrison, 45. For the anakrissis see also the details given by MacDowell, 240 – 242, Lipsius, 829ff.

〔7〕 See the analysis by Lammli, *Das attische Prozessverfahren*, 74 – 128.

件审理人的权限属于立法者。[1] 治安法官以公民法庭主持者的身份,选择(通过抽签)十名非专业法官委以额外职责;1 人负责使用水钟(water-clock,滴漏)监督发言者的时间限制,另外 4 人负责监督投票,而剩下 5 人的职责则是在一天结束的时候支付陪审团的费用。[2]

在公开审判确定的那一天,诉讼当事人连同他们的证人和支持者,来到已被证明能胜任该案地方治安法官的法庭。公众站在构成法庭的围栏外面进行旁听。[3] 公民法官不需要进行宣誓,因为他们在年初时已经进行过宣誓。[4]

法庭传呼员宣布公开审判程序(kalein tin diken,或者 kalein tin graphen)开始,法庭书记员当众宣读[5]诉讼请求和反请求的文件。然后,每一方当事人被允许站在一个高台座上(vima)陈述己方意见。双方都有权在规定时间内发表支持自己观点的言论,给予双方的时间等同,由滴漏(klepsydra)计算。[6] 相对于现代的观念而言,雅典法律制度的一个特点是,证据是在演讲时向法庭提出的。法律规则、证人证词以及其他演讲者希望陪审团听取的文件,皆由法庭书记员大声宣读。在私人案件中,水钟则会被塞住,使这段间隔的时间不算在当事人的所被允许的时间范围内。[7] 在公元前 4 世纪,

---

[1] See Aristotle, *Athenaion Politeia*, Chapter 48.5. See also Cantarella. "Tesmoteti," *NN DI* (= Nuovissimo Digesto Italiano) 19 (1973),234ff.

[2] See Biscardi,425.

[3] See Demosthenes (vol. I),XX. 165; (Vol. VI),LIV,41.

[4] See MacDowell,248,44; Harrison,48. For the important role attributed to oaths see Bonner and Smith, II ,145 – 191.

[5] See Aristophanes,*Sphikes* (Wasps),894,Aeschines I. 2.

[6] For details MacDowell,249 – 250.

[7] See MacDowell,250 with further references.

当事人的法庭演说实际上已被职业的记录人(logographos)[1]记录下来,同时出现了双方都有权做第二次发言的规则。[2]

法庭演说结束以后,陪审团在对立的诉讼当事人提出证据的基础上进行投票,治安法官并不预先提出指导或者意见。投票不仅包括事实,也包括法律与平等的问题。[3] 公元前 5 世纪,每名陪审员有一票权(psephos)——他将一枚卵石或者贻贝壳带到法庭,投到两个瓮中(一个表示有罪,另一个表示无罪)之一,同时以柳条编织的漏斗予以保护投票的秘密性。[4] 公元前 4 世纪,青铜投票开始使用。[5] 投票的多数意见决定判决。双方的票数相等时,意味着案件转到被告一方。[6]

当涉及公共利益案件中的起诉公民获得的票数不足 1/5 时,他须缴纳罚款(1000 德拉克马),同时被剥夺将来进行同类起诉的权利。还可以补充一点,原告如果在私人诉讼中败诉,有时还必须向被告支付其索赔金额 1/6 数额的罚金(epobelia)。[7]

---

[1] See MacDowell, 250: Many of the surviving speeches attributed to Antiphon, Lysias, Isokrates, Isaios and Demosthenes are written for delivery by someone else. See also Lavency M, *Aspects de la logographie judiciaire attique*; For a very interesting analysis of An Antitrust Case, as it is given by Lysias in his famous speech "Against the Grain Dealers", see Kotsiris L., "An Antitrust Case in Ancient Greek Law", *The International Lawyer*, Vol. 22, 451 – 457.

[2] See Biscar di. 425 – 426.

[3] See MacDowell, 251 – 252.

[4] See MacDowell, 252; Harrison, 164 – 166.

[5] They are described in Aristotle, *Athenaion Politeia*. Chapter 68. Some have been found in the Athenian Agora excavation. For the description of the procedure of voting in the fourth century B. C. see MacDowell, 252; Lipsius, 920 – 923.

[6] See Aristotle, *Athenaion Politeia*, Chapter 69. 1; Lipsius, 923, 927; Staveley E. S., Greek and Roman Voting and Elections, 1972, 95 – 100; Thompson H. A. and Wycherley R. E., The Agora of Athens. 1972, 56.

[7] See MacDowell, 252 – 253; Bockh A., *Die Staatshaushaltung der Athener*, Berlin 1851, 477 – 487.

然而,某些案件的刑罚或定罪的类型法律已有明确规定,而在另外一些案件中,陪审团不仅要对判决作出决定,还要对惩罚作出决定,他们需要从成功的控告人或原告一方和被告人一方提出的建议方案中做出选择。因此,与现代的非专业法官的通常职责有所不同,古代雅典的陪审员有更多更棘手的任务要完成:他们有义务就一方或另一方当事人提出的惩罚方案进行表决。为此,双方都会向法庭作补充发言,提出各自建议的处罚。[1] 决定提出一个严厉程度合适的惩罚方案,这一定是一件非常困难的事情,对于被告来说尤其如此。因为如果提出的惩罚太轻,公民法官们就会投票采用其对手提出的建议。[2]

赫里埃法院的判决是终审判决。[3] 上诉权利仅在特殊情况下才被认可。[4]

8. 公众仲裁

对于大型的公民法院(popular court)和诉讼漫漫无期之缺陷的救济,就是公众仲裁。现在有人认为,雅典的这一制度几乎涉及实践中所有的私人纠纷,与现代最好的制度相比,它是一种有利的挑战。[5]

所谓的公共诉讼直接诉至赫里埃法院,而属于地区法官(district judge)权限的私人诉讼——称为四十名法官[6]或部落法官[7]团

---

[1] See Aristotle, *Athenaion Politeia*, Chapter 69. 2; Aeschines, Ⅲ. 197; Demosthenes, (Vol. Ⅱ), ⅩⅨ. 290. See also Bonner and Smith, Ⅱ, 274; Lipsius, 923ff.

[2] See MacDowell, 253. For a description of the various penalties see the same author, 254 – 258. On the Penalties in classical Athens see also Aristotle, *Athenaion Politeia*, Chapter 67, 5; Thonissen J. J. *Le Droit Penal de la republique athemenne*. Bruxelles-Paris 1875.

[3] See Biscardi, 429; MacDowell, 65.

[4] See Ⅱ 5 and 9.

[5] See Bonner and Smith, Ⅱ, 296.

[6] See Aristotle, *Athenaion Politeia*, Chapter 53.1; Biscardi, 416, 427; MacDowell, 206.

[7] Today by MacDowell, 206; Lipsius, 81 – 83. See also Aristotle, *Athenaion Politeia*, Chapter 48. 5.

体(body of Fourty or Tribe judges)——则事先由公共仲裁人(Public Arbitrators)审理。

雅典公共仲裁制度实际上是从地区法官制度发展而来的,最初有30名地区法官,围绕着阿提卡(Attika)进行审判,公元前5世纪末人数变成40人,由抽签挑选(phylai,十个部落中每个选出4名)。[1] 公元前4世纪,四十人团有权管辖大多数私人诉讼,尤其是涉及财产法的案件,但不包括遗产继承和商事案件,(前者由地方治安法官处理,后者由立法者管辖)。[2] 属于四十人团司法管辖的案件,由原告向被告所属部落具备资格的4名法官提出申请。若案件标的金额不超过10德拉克马时,4位部落法官即可自行作出裁判。否则案件则强制性且自动地提交公共仲裁员。[3]

像地方法官和大多数治安法官一样,公共仲裁员是没有特殊出身或者资格条件限制的普通公民。所有六十岁[4](这一年龄是服兵役义务的最后一年)的雅典人都有义务担任公共仲裁员,审理继而通过抽签分配的案件。他们为此目的要在一份特别的公开名单(lixiarchikon grammateion)[5]上登记,同时会按照所属部落被分配成十个组。[6] 以这种方式,仲裁是要委托给那些随着年龄增长而获

---

[1] See Aristotle, *Athenaion Politeia*, Chapter 53.1; MacDowell, 206 – 207; Harrison, 18 – 21.

[2] See MacDowell, 206; Biscardi, 416. For a detailed discussion and further references Bonner and Smith, Ⅱ, 97 – 116. See also Hazzell, "Public Arbitration in Athenian Law", *University of Missouri Studies*, Ⅺ, No. Ⅰ, 36ff.

[3] See Aristotle, *Athenaion Politeia*, Chapter 53, 2. See also MacDowell, 207; Biscardi, 416, 427.

[4] See Aristotle. *Athenaion Politeia*, Chapter 53, 4. Cf. Bonner and Smith, Ⅰ, 346; Harrison, 66 – 67.

[5] See Harrison, 66 – 67. A complete list of the names of 103 arbitrators for the year 325 – 324 B. c. has been preserved in an inscription. See MacDowell, 208.

[6] So that each tribe had its own arbitrators. See Biscardi, 427; Harrison, 67. For more details Bonner and Smith, Ⅰ, 346 – 347.

得生活经验的人。[1]

当出现案件标的金额超过10德拉克马时,上文提到的4名有资格的被告所属部落的地区法官,就会通过抽签为其部落选定一位仲裁员,然后该仲裁员就负责处理这个案件。[2]

每一次公共仲裁都会在公开的地方举行,任何人都可参加。[3] 公共仲裁员有义务进行宣誓,这表明宣誓是其裁判有效性的前提条件。[4] 人们期待他们按照公平的精神作出裁决。[5] 在一次或多日多次举行的听证会上,公共仲裁员公开地听取仲裁申诉人提出的论辩和证据,并且同时试图进行调解,然后作出裁决,并立即把报告提呈将案件交其审理的4位部落法官。[6] 裁决是终局的,除非有争议的一方拒绝接受它。在这种情况下,双方当事人都有权提出上诉,如此争议就会诉至赫里埃法院。所以,他们得到陪审团审判的权利依然保留。[7] 但是在仲裁中没有提出的证据,在这种陪审审判中不得提出。证据被封存入两个瓮中——一个为原告而设,另一个为被告而设。[8] 这样就安全了。

---

[1] See MacDowell,208.

[2] See Harrison,67; Gernet L. ,*L'institution des arbitres public a Athenes*,*Droit et societe dans la Grece ancienne*, Paris 1955,103ff. (115 note 6).

[3] See Demosthenes,(Vol. Ⅳ),XL. 11; (Vol. Ⅴ),XLⅦ. 12.

[4] See Demosthenes, (Vol. Ⅳ), XXIX. 58; (Vol. Ⅴ), XLI. 15; Gernet, supra, note 89; Biscardi,128.

[5] See Gernet,*supra* note 89; Aristotle,*Rhetorica*, Book Ⅰ. 13; 1374b. See also Goodwin W. W. ,*Demosthenes against Midias*, New York,1979.

[6] For more details about the proceedings before the public arbitrators see MacDowell,207 - 209.

[7] See Gernet,*supra* note 89; Jones J. W. ,*Law and Legal Theory of the Greeks*, Oxford 1956,130ff.

[8] See Aristotle,*Athenaion Politeiat* Chapter 53. 2 -3; Demosthenes,(Vol. Ⅳ), XXXIX. 17;(Vol. Ⅴ),XLⅤ. 57 -8. Cf. Harrison,97.

9. 私人仲裁

私人自行安排的仲裁,是指将争议自愿提交给公正的第三人,其裁决所有的争议方都同意接受。在雅典的任何时期,这都是一种常见的做法。[1] 仲裁员的裁决要具有拘束力,[2] 双方必须订立协议(书面的或者非书面的),内容包括指定仲裁员、确定争议的对象以及规定仲裁员有义务在作出仲裁裁决以前进行宣誓等。[3] 当诉讼已在法院提起之时,如果写有提交争议进行仲裁内容的协议,被交给有管辖权的治安法官,那就具有了撤诉的充足理由。[4] 不似公共仲裁的裁决,私人仲裁作出的裁决被认为是终局的,不可以通过上诉进行挑战。[5]

二、古代雅典司法过程中形成的原则和概念之当代意义

1. 导言

公元前2世纪以后发生的历史事件,不允许我们讨论古典时期的雅典法律对于当代法律制度的直接影响,甚至提到对现代希腊制度的影响也不行。

罗马人的扩张(146 B.C.)——继而罗马法(Roman Law)(212,卡拉卡拉法令(decree of Caracalla))——扩张至所有古典希腊法律已经正式形成的地区,这自然剥夺了它进一步进化的机会。雅典法的连续性同样也突然中断。外部的因素阻止了它作为一个独立的

---

[1] See MacDowell, 203ff; Bonner and Smith, I, 353; Lipsius, 220ff.
[2] See however, MacDowell, 204; Gernet, *supra* note 89; 104 note 7.
[3] See MacDowell, 204; Lipsius, 222-223; Harrison, 65-66.
[4] See Demosthenes, (Vol. IV), XXXIV. 18; (Vol. V), L II. 30; MacDowell, 204.
[5] See MacDowell, 209; Biscardi, 428 note 48; Talamanca, "Le legge di Dem. or. 21,94 e l'appellabilita delie pronuncie dell'arbitro privato in diritto attico", *BIDR* 78/1975, 93ff.

法律体系的存在。[1]

几个世纪以后,在原罗马帝国的东部——古希腊法律曾经繁荣的地方——罗马法正式地取而代之,形成拜占庭帝国(Byzantine Empire)的法律。[2] 它最初用拉丁文编纂为查士丁尼皇帝(Emperor Justinian,533,534)的《民法大全》(Corpus Juris Civilis),[3] 在接下来的一个阶段中,系统地用希腊文呈现的《瓦西里克》(Vassilike,886 - 892)[4] 一书,为"智者"里奥大帝(Emperor Leon the Wise,886 - 991——译者注:应为886—912年在位,原文有误)[5] 所成。最终再次以希腊文摘编为一本私人集子《埃克赛毕罗斯》(Exabiblos),是由法官塞萨洛尼基·康斯坦丁·哈门诺普罗斯(Thessaloniki Konstantin Harmenopoulos,1345)[6] 编辑而成的。上述这些源于罗马法的精致法律制度,在拜占庭帝国被土耳其人(Turks,1453)征服之后继续得到适用,至少在处理与基督徒(Christians)之间的法律关系时如此,[7] 甚至在现代自治独立的希腊国家(Greek State,Hellas)建立以后,它依然保留成为私法实际上的渊源。在一项特别法令(1835)[8] 中还明确地指出,在新的民法典制定以前,包含在哈门诺

[1] See Petropoulos, 1 – 3; Pantazopoulos. Ⅰ., 1 – 5, 200, 251 and passim. See in particular Pantazopoulos, *History of Greek Law* Ⅱ, 67ff.

[2] See Pantazopoulos. Ⅰ,. 4.

[3] For a detailed discussion Pantazopoulos, Ⅰ., 199 – 252; Petropoulos, 77 – 85.

[4] See Imperial Law.

[5] This condification, consisting of 60 "book" (Echsikontavivlos), aimed at the systematic classification of the legal institutions contained in the legislation of the *Corpus Juris Civilis* of Justinian, so that its practical application could be facilitated. See also Pantazopoulos, Ⅰ., 273 – 278; Petropoulos, 93 – 97.

[6] See Pantazopoulos, N., *Konstantin Harmenopoulos, Guardian of Laws* (= *Nomophylax*) *and judge* (= *Krites*) *in Thessaloniki*, Thessaloniki, 1953 (in Greek); Petropoulos, 2, 111.

[7] See Petropoulos, 109 – 121.

[8] See Petropoulos, 149 – 154.

普罗斯《埃克赛毕罗斯》中的拜占庭帝国的法律依然在适用。但是，同一部法令允许不成文的、流行的法律规范(ethima)保持优先的地位。[1] 当代希腊的法典因而受到德国和法国模式的强烈影响，其法律尤其显著地具有两国的罗马法的背景。[2]

另外，罗马法中逐渐得到详细阐述的令人敬佩的法律概念，体现出雅典法律体系一些基本理念相当深刻的影响。在罗马人征服古希腊(146. B. C.)期间，雅典法律事实上——相较于罗马法——更加自由，更加灵活，也更加充满人文主义精神。[3] 除了一些直接影响的具体事例外[4]，这一重要影响必须归功于希腊的政治哲学家。[5] 大量抽象的法律概念，如平等(aequitas)或者诚信(bona fides)等，都通过古希腊的哲学学说被引入罗马法中。[6] 罗马的修辞教学是沟通两大文明的最好方式之一，也是将希腊法律思想传播到罗马世界的最佳方式之一。[7] 尽管如此，希腊法律对于罗马人最深刻的影响，一定是在公元前30年以后，彼时由于受到希腊文化的(Hellenistic)影响，罗马法发生变革，罗马法历史演进中的所谓的希腊——罗马时期开始了。[8] 正是因为这一点，路德维希·米特伊斯(Ludwig Mitteis)创立的学派把当代法律史研究的方向定为罗马法

---

[1] See Petropoulos, 2, 153.

[2] See Details by Petropoulos, 122 - 132.

[3] See Petropoulos, 3; Pantazopoulos Ⅰ., 19 - 21; Kousoulakos G. P., "in greek Thought," *Xenion of P. Zepos*, Vol. Ⅰ, 213ff.

[4] Given by Pantazopoulos, Ⅰ., 162 - 170.

[5] See Pantazopoulos, Ⅰ., 176 - 177.

[6] For a detailed discussion Pantazopoulos, Ⅰ., 177ff; Petropoulos, 66 - 68.

[7] See Pantazopoulos, Ⅰ., 170 - 175. For the Greek rhetoric Tsatsos K., *History of the Greek Nation*, 2, Ekdotiki Athinon, Rhetoric (in Greek).

[8] See Petropoulos, 5. Cf. Dimakis, "History of the Greek Nation, E', Ekdotiki Athinon," *Hellenistic Law*, 355 (in Greek), Zepos, "History of the Greek Nation ET', Ekdotiki Athinon", *The Law*, 478 - 482 (in Greek).

和古希腊法的综合研究。[1]

从以上引言中可以得出这样的结论:雅典司法过程中发展起来的机制之当代意义——由于它们所属的法律制度在过去数个世纪中没有得到持续的历史发展,但仍然能够间接地影响当代大陆法的一些基本取向——必须在原则的层次上而不是在具体制度的基础上加以考察。因此,本文接下来将试图分析这些具有普遍重要性的例子。

2. 权力分立原则

两千多年以前,亚里士多德构想过如下的权力分立的原则:"所有的宪法有三个部分的内容……即(1)商议公共事务的部分,(2)涉及地方行政长官事务的部分……以及(3)享有司法权力的部分。"[2]这种基本的区分——今天的人们普遍认为是不言自明的,而且常常认为这源于孟德斯鸠(Montesquieu)——仍需作进一步的深入探讨。[3]

雅典宪法事实上对这三种权力作了区分:行政、司法和商议公共事务的功能,[4]尽管这第三种功能与当代严格意义上的立法机构的概念,并不完全相似。[5]

然而,早期雅典人的分权与这一原则的当代方法——它指的是

[1] See Petropoulos,139-140.
[2] *Politica*, Book IV,14,1297B,1298a.
[3] See also Beys,1.
[4] See Biscardi,122.
[5] See Biscardi, 122 - 124. See also Paoli, "Legge et giurisdizione in diritto attico," *Studi sul processo attico*, Padua,1933,52—56; the same author,"La sauvegarde de la legalite dans la democratic athenienne", *Festschrift Lewaid*, Basel 1953,133ff. This is due to the different approach to the concept of "law" (Nomos) by the ancient Athenians who distinguished between the fundamental regulations of social conduct (Nomos, "law") and the secondary rules (Psephisma). See Biscardi,117-121; MacDowell,70-74; Quass F., *Nomos and Psephisma*, München 1971,30-39; Jones. J. W., *The law and legal theory of the Greeks*, Oxford 1956,126ff; Gschnitzer, Zum *Normenhierarchie im offentlichen Recht der Griechen*, Abstracts of the "IV Colloque international de droit grec et hellenistique",Athens 1981,181ff.

独立的、分立的机构,建立每个机构都是为了避免其他机构越权,同时避免它自身的软弱——两者的本质区别,来自雅典制度本身绝对民主制的结构。

正如我们将要讨论的,埃克利西亚(Ekklesia,全体雅典公民参加的以多数制投票制定新法律的集会)[1]审查和废除违宪法令的程序,在任何雅典公民都可进行所谓的"对非法行为的控告"以后发生了变化,[2]该权力被授予赫里埃法院。但是,因为该法院也是由雅典人民的代表组成,又是一些同样的公民称谓不同而已:现在是以赫里埃法院法官的身份,通过投票废止不合法的行为,而在此之前他们的身份是埃克利西亚公民大会的参加者。[3] 这种审查的缺点毋需加以强调。

3. 对不合宪法令和其他其他国家活动的司法审查

现代社会保护宪法合法性的一种基本方式源于雅典法律制度。

雅典人关于"法律"的先验性质的基本概念,[4]不允许不断地改变法律,而只允许做最终的、补充性的修正。因此按照当代的标准,雅典人的"法律"(Nomoi)应当被视为等同于今天严格意义上宪法的条款。[5] 对这些宪法性规则的保护被恰当地赋予法院。雅典公民大会埃克利西亚通过投票对不合宪的法令进行司法审查,它可

---

[1] See Biscardi,111 – 121;MacDowell,44 – 45.

[2] See Biscardi, 120 – 121, 128 – 130; MacDowell, 50 – 52; Wolff H. J., "Norkenkontolle and Gesetzesbegriff in der attischen Demokratie", *Untersuchungen sur Sitzungsberichte der Heidelberger Akademie des Wissenschaften Philosophisch-historische Klasse*,1970; Hansen M. H. , *The Sovereignity of the Peoples' Court in Athens in the Fourth Century B. C. and the Public Action against Unconstitutional Proposals*, 1974. It was also possible for each Athenian citizen to proceed against the Presidents of the Ekklesia by the so called "Presidential" prosecution. See Biscardi,127.

[3] See Biscardi, 129 – 130; cf. Paoli "La sauvegarde de la legalite dans la democratie ethenienne", *Festchrift Lewaid*, Basel 1953,133ff (140ff.).

[4] See the references included in note 21.

[5] See Biscardi,125; cf. Pantazopoulos, I. ,83.

以指导赫里埃法院根据公民提出的具体诉讼宣布其无效。[1] 在这一归属于赫里埃法院的权力方面,古代雅典对不合宪法律的司法审查不太接近于现代的弥散性违宪审查制度[2],而当代希腊任何法院都可依职权偶然行使这种司法审查。[3] 从其产生后果的视角观之,雅典制度所呈现的并非被委托给当代宪法法院所进行的那种审查。[4] 它的最大优势被认为在于这样的事实,即不合宪问题可以在任何个人深受其害之前得到解决。[5]

但是,与宪法合法性有关的雅典司法职能的概念更为广泛。古典雅典的合宪性被看作对于各种国家活动的限制。[6] 正因为这样的原因,当选的雅典官员(arckon)都要接受几次司法的审查:一

[1] See note 23. Whether a new proposal was for a new law or for a decree (Psephisma), the proposer had the responsibility to check that it did not contravene any existing law, either in form or in content. If it did, the proposer could be prosecuted through a graphe paranomon and, if found guilty, he was punished usually by a fine. In the case of three such convictions, the proposer suffered disfranchisement (atimia). See Demosthenes, vol. Ⅵ, LI, 12. See also Harrison Ⅱ, 176.

[2] For a comparative approach of the judicial review of the constitutionality of laws in contemporary legal systems see Cappelletti M., *Il controlo giudiziario di constituzionalita delle leggi nel diritto comparato*, Ristampa inalterata, Miland 1975; the same author, "The Significance of Judicial Review of Legislation in the Contemporary World", *Ius Privatum Gentium I*, *Festschrift für Max Rheinstein* I, Tübingen, 1969, 147ff.

[3] The judicial review of unconstitutional laws in modern Greece leads only to the denial of their application within the limits of the concrete case and not to an official proclamation of invalidity. An action aiming exclusively for a judicial annulment of the law is inadmissible. Only the Special Supreme Court may, under special conditions (art 100 of the Const, of 1975), officially declare the invalidity of unconstitutional laws. See Yessiou-Faltsi P., "Judicial Responsibility in Greece, n A National Report on the topic", Judicial Responsibility, H Caracas Congress 1982 (general reporter: M. Cappelletti), *Revue hellenique de Droit International* 1982 – 1983, 281 (306 – 311).

[4] For a comparison with the relative function of the Supreme Court of the United States Bonner and Smith Ⅱ, 296 – 297.

[5] See Bonner and Smith Ⅱ, 297.

[6] See Biscardi, 125.

方面,法院的陪审团要进行预防性的审查,以便检查他们是否具有任职的资格(dokimasia)[1];另一方面,若在担任公职期间滥用职权[2],或者因各种不端行为而被开除以后[3],都会面临指控或者审判。司法功能对于执行机关活动介入如此地步——对当代制度来说很大程度上是不同寻常的——这与雅典民众至上主义及其在司法民主结构中的表现依然密切相关。[4]

4. 诉诸司法

目前,诉诸国家所提供的司法机制的权利,以各种形式被当代多数法律制度承认。[5] 在现代的希腊,司法救济的提供是由宪法条文(1975年《宪法》第20条)来保障的。

但是,正如我们已经看到的,这一基本原则在梭伦改革以后已经演变成为雅典宪法的一个主要原则。[6]

依据雅典的理念,诉诸司法不仅指将争议提交第三方、不偏

---

[1] See MacDowell, 167 – 169; Harrison, 201 – 203; Biscardi, 108 – 109; Beys, 4; Bonner and Smith Ⅱ, 289 – 290. See also more specifically Aristotle, *Athenaion Politeia*, Chapter 55, 2; Busolt G., Swoboda H., *Griechische Staatskunde*, München 1920 – 1926, 1074 – 1079.

[2] See MacDowell, 169 – 170; Biscardi, 109; Bonner and Smith Ⅱ, 290. More details in Aristotle, *Athenaion Politeia*, Chapters 61.2 and 43.4; Hansen M. H., *Eisangelia. The Sovereignty of the People's Court in Athens in the Fourth Century B. C. and the Impeachment of Generals and Politicians*, Odense 1975.

[3] See MacDowell, 169 – 170; Biscardi, 110; Beys, 4; More information in Aristotle, *Athenaion Politeia*, Chapters 48, 4 – 5 and 54.2; Two speeches by Demosthenes (ⅩⅨ) and Aeschines(Ⅱ), under the title "on the False Embassy" were delivered by the plaintiff and the defendant respectively in a trial of this kind in 343/2 B. C.

[4] See Beys, 4; Bonner and Smith Ⅱ, 290.

[5] See Schwab K. H. and Gottwald P., "Verfassung und Zivilprozess" (Constitutional Order and Civil Procedure), General Report for the Ⅶ International Congress in Procedural Law, in the vol. *Effectiveness of Judicial Protection and Constitutional Order*, edited by W. Habscheid, Bielefeld 1983, 7ff. (37ff.).

[6] See Ⅰ 6. Distinctions depending on the quality of the parties as Athenian citizens do not lie within the scope of this report. For a detailed description Lipsius, 789 – 803.

不倚的法官解决,而且更是指法庭是由代表人民的公民法官组成。"Ephessis"一词在现代希腊法律术语中是上诉之意,而在古代雅典则注定有广泛得多的含义:这是一种补救办法,无论治安法官或仲裁员先前的行为是否受到质疑,通过这种办法才有可能诉诸法庭。[1]

在法律援助或免除法庭费用方面,消除不合理的司法障碍的方法不需要详细说明,因为诉诸赫里埃法院通常不需要任何费用。[2]

在某些方面,将私人纠纷提交强制性公共仲裁,使人想起美国一些州制定的将小额民事索赔转交强制性司法仲裁的综合程序方案。[3] 但是,即使按照现代的标准,古代雅典的公共仲裁也不会被认为是对自由诉诸司法的违背。这不仅因为当事人上诉至赫里埃的人民法庭的权利是保留的,而且也是因为根据挑选法官的方法、充分的公开性和所允许的证据艺术,在雅典公共仲裁员面前进行的程序,在现代意义上亦可被视为司法程序。基于同样理由,部落法官依其个人权威对于小额索赔案件的裁判,也不能被想象为对这一原则的限制。

5. 辩护权

在现代希腊,像许多其他法律制度一样,[4] 辩护权是由宪法条款来保障的(1975年《宪法》第20条)。[5] 这一基本权利的起源,可以又一次在雅典法律体系中的一些程序性制度中得到揭示,其中只有最重要的制度被提及。关于辩护权的重要性,一个无可辩

---

[1] See Velissaropoulou-Karakosta, 185 – 186 and note 3. For more details see the discussion by Harrison, 72 – 74; 190 – 191.

[2] See MacDowell, 32. For the three kinds of court dues (pritaneia, parastassis, and parakatavoli) see Harrison, 92 – 94.

[3] See Schwab and Gottwald, *supra* note 37, 40 – 41.

[4] See Schwab and Gottwald, *supra* note 37, 55ff.

[5] See Apalagaki Ch., *The Right of the Parties to Be Heard in Civil Proceedings*, Diss Thessaloniki, 1989, 1 – 26.

驳的标志是雅典公民法官宣誓的内容(eliastic oath)。正如我们所看到的,雅典陪审员需要庄严地承诺在两造面前公正地听审案件。[1]

被告不仅享有提出反对意见的权利,而且在提出辩护方面具有影响深远的途径。尤其是在公元前5世纪结束之后,所有反对意见主要是在非常广泛的意义上(远远超出了程序上的先决条件,Prozessvoraussetzungen)处理程序问题,而且是在一个称为"paragraphe"(反对的起诉)的特别程序中行使的。[2] 原先的原告接下来被迫变成了被告,法庭上演讲的顺序发生反转。[3] 关于是非曲直的决定,被推迟到单独的"paragraphe"案件决定之后。[4] 这种审判的两分法,在某些方面可能使人想起一种当代关于诉讼程序对象区别的讨论。

在连续的案件中,被告有权根据一种相当有效的法律补救办法,即所谓的"diamartyria"[5],申辩诉讼并不存在。被告也可提出反诉,称之为"antigraphe"[6]。

缺席也本着同样的精神设想,如同现代的法律制度一样。如果

---

[1] For the entire text of this oath see Demosthenes, (Vol. Ⅲ), XXIV. 149 – 151; but also MacDowell, 7; Bonner and Smith Ⅱ, 152 – 155.

[2] See MacDowell, 214 – 217; Harrison, 106 – 124; Biscardi, 397 – 402; Wolff, *Die attische Paragraphe*, Weimar 1966, Bonner and Smith, 78ff. Examples of circumstances in which paragraphe was used in the fourth century B. C. are provided by the group of seven speeches included in the Demosthenic corpus (32 – 38). See Demosthenes (Vol. Ⅳ), XXXⅡ – XXXⅥ11.

[3] See Isokrates, *Against Kallimachos*, 18. 1 – 3. Cf. Harrison, 107.

[4] See MacDowell, 215; Wolff, *Die attische Paragraphe*, 84, 136ff; Harrison, 107 – 109. See nevertheless Biscardi, 400 – 402: the whole trial remained undivided.

[5] Harrison, 124 – 131; Gernet L., "La diamartyrie, procedure archaique du droit athenien", *Droit et Societe dans la Grece ancienne*, Paris 1955, 83 – 102.

[6] Harrison, 131 – 133.

陪审团裁定缺席的理由是不能接受的[1]，或者当事人没有提供缺席理由，案件就会自动地按照缺席一方败诉进行判决。在缺席情况下进行的判决，在判决送达后两个月内，被告享有重新审理案件的权利。如果被告没有被通知参加庭审，或者他的缺席具有正当的理由，缺席判决就会被宣布为无效，新的程序就会开启。[2] 为了保护这种辩护权，即使是公共仲裁的裁决也可能被宣布为无效。曾经申请延期审理的争执当事人——在他们缺席的情况下，判决会被宣布为"废弃"(deserted, eremos)——通过在十天之内向部落法官提出申请，争执者可以成功地重新诉诸仲裁。[3]

6. 陪审制度

由于公民大会可用于审理案件的时间不是无限的，所找到的解决办法今天被视为"对民主制和司法作出的最大贡献之一。就是将有限数量的普通公民视为全体公民的代表：共同体的一部分代表整体，部分人的决定视为全体公民的决定。"[4] 接受由普通公民组成的陪审团审判的权利，在古代雅典第一次建立起来，而这种权利普遍被认为是现代国家民主制的一种基本表达。

尽管我们尚不清楚陪审团制度的理念是谁提出的，但是有充分的证据表明，在公元前5世纪中叶非专业法官的补偿制度引入之时，

---

[1] When either of the litigants was unable to attend, because of illness or absence abroad, he could send a friend to seek for postponement; but if the opponent party opposed, the jury voted whether to postpone or give a decision in favour of the present litigant. See Demosthenes (Vol. V), XLVIII. 25 - 26, (Vol. IV), LVIII. 43.

[2] See Demosthenes, (Vol. IV), XXXII. 27; cf. Biscardi, 418 - 420, 429; MacDowell, 248 - 249; Bonner and Smith, 269; Harrison, 197 - 199; Lipsius, 960ff. See, however, also Behrend, *Die und das Scholion zu Plato Nomoi* 937d, Symposion 1971, 131 - 156.

[3] See Demosthenes, (Vol. III), XXI. 90. See also MacDowell, 209 - 210; Hazel! H. C., "Public Arbitration in Athenian law", *University of Missouri Studies*, 1936, 33 - 34.

[4] In the words of MacDowell, 32.

陪审即已存在。[1] 分配陪审员至法庭的制度周密甚至有时显得复杂,目的在于防范贿赂,因为人们不可能在一个特定案件开庭日期之前知晓哪些陪审员参加审理。[2]

7. 公开原则

公开性是雅典司法程序固有的元素。即使是公共仲裁的程序也是在公开的地方进行的。[3] 雅典人的信仰强调在公众参加的情况下作出裁判的重要性,这是一种早在史前时期就生发的观念[4],至赫里埃法院实行公开审判时表现达到最高峰。[5] 像我们当代法律制度中法院的审议一样,只有公民法官的投票是秘密的。[6]

8. 自由天性与自由发展

雅典的司法机构早期是在有能力的官员的倡议下运作的。[7] 然而,当政治制度发生变化和作出裁判的权力完全交给人民的时候,司法程序的运作很大程度上也被委托给个人。[8] 仅在例外的特殊案件中,雅典官员才保有这样的权力。[9] 作为一种规则,雅典治安法官排他性地负有指导司法程序和维持秩序之责。[10]

当事人在大多数方面控制着诉讼。"当事人具有提起诉讼的权利"(nemo judex sine actore)之原则受到绝对的尊重。[11] 无论是公共诉讼还是私人诉讼,诉讼最经常由一方提起,同时也详细陈明诉

---

[1] See Aristotle, *Politico*, Book Ⅳ, 1297a, 13; Aristotle, *Athinaion Politeia*, Chapter 27,3-4; Wade-Gery H. T., *Essays in Greek History*, Oxford, 1958, 235-238; Hignett C. A., *A History of the Athenian Constitution*, 1952, 342-343.

[2] See MacDowell, 35-40; cf. Harrison, 45-46.

[3] See *supra*, Ⅰ8.

[4] See *supra*, Ⅰ3,4.

[5] See *supra*, Ⅰ7; cf. Dimakis, 545.

[6] See *supra*, Ⅰ7.

[7] See Biscardi, 395.

[8] See Biscardi, 396-397.

[9] See Described by Biscardi, 395-397; cf. MacDowell, 235-237.

[10] See Biscardi, 395.

[11] See Biscardi, 397.

讼请求的对象和范围。[1] 梭伦的一项主要创新,事实上就是确立了个人自愿提起诉讼的权利,如果有人做错了事情的话。[2]

司法程序的执行主要是根据当事人的主动性(Parteibetrieb)。[3]

证据的主导原则是当事方提供。选择证明手段并将其提交法院的责任由利害关系方承担。[4]

如前文所述,司法程序对于法律规范的处理是雅典法律制度的一个特点。法院知法权(ius novit curia)是不被接受的。这是缺乏职业法官而导致的自然结果。将争议的裁判权委托给专门由非专业法官组成的法院,当然意味着不能期望他们具有任何有关法律规则存在及其内容的知识。[5] 所以在这方面,实体法律的规则被视为事实。[6] 因此,它们受制于当事各方进行的证据程序。[7] 不能期待雅典的法院适用利害关系当事方未提供的法律。[8]

将个人视为司法程序主人的基本观念,在当代民事诉讼程序中表达为当事人享有自由地处分其私人利益的权利,而在古代雅典则具有广泛得多的意涵。而且,它代表着个人逐渐获得的政治自由的

---

[1] See MacDowell, 237-240.

[2] See details by MacDowell, 53-54; cf. Bonner and Smith II, 291-292. Despite the parallel appointment of public prosecutors, most public cases were brought by volunteers. See MacDowell, 61-62; cf. Dimakis, 546. To avoid prosecuting without justification (: sycophants), systems of penalties were elaborated. MacDowell, 62-66; Lofberg J. O., *Sycophancy in Athens*, Chicago 1917.

[3] See Dimakis, 546.

[4] See Biscardi, 421; Dimakis, 546.

[5] See This is an explanation given by Biscardi, 47. Cf. Harrison, 134.

[6] See Dimakis, 545.

[7] See Biscardi, 421. See further Soubie, "Les preuves dans les plaidoyers des orateurs" *RIDA* 29 (1973), 171-253; Maffi, "Nomos e mezzi di prova nella teoria aristotelica e nella prassi giudiziaria attica", *Seminario romanistico gardesiano* I, Milano 1976, 115ff.

[8] See Biscardi, 421-422.

水平。[1]

9. 公平——误差的重要性

公平,是古希腊哲学家们详细论述的概念,[2]并不代表一种技术性的术语,类似于英国法律中发展出的公平概念那样。它更能代表一种雅典司法运作的基本理想。

公民法官承诺依据雅典人民的法律和法令进行投票。但是,当法律并不存在的时候,他们被期望像其当代瑞士的同事们那样,[3]作出"最具正义性的裁判意见"[4]。

从按照人类的标准找寻最合乎正义的解决方案这个意义上,亚里士多德[5]将公平定义为"一种超越成文法的正义",或者是"弥补共同体成文法典的缺陷"。与孟德斯鸠的概念不同,法官创造法律,也被认为是司法的内在功能。

错误是不能接受的。尽管赫里埃法院的裁判具有终审的性质,但是可以错误为理由对其提出挑战,进行法律救济,而不管这种错误的属性是程序性的还是实体性的。[6] 因此,基于伪证的判决受到所谓的伪证诉讼的制约(dike pseudomartyrion)。[7]

三、古代雅典司法制度的总体评价

说服任何现代的司法程序主义者相信由外行的法官所组成的

---

[1] See Biscardi,394-395.

[2] See Aristotle, *Rhetorica*, Book I. 13,1374a,1374b; cf. Pantazopoulos I,84, 177-178.

[3] See According to the famous provision of the Swiss Civil Code (art 1 par 2), the judge has the power to deliver a judgment in accordance with his own belief about the content of a law,if no such legal rule exists.

[4] See Demosthenes (Vol. I),XX. 118; (Vol. III),XXIII. 96; (Vol. IV), XXXIX. 40; (Vol. VI),VII. 63; Aeschines, III. 8; cf. MacDowell,44; Harrison,48.

[5] See Aristotle, *Rhetorica*, Book I. 13,1374a,20-25.

[6] See Biscardi,429.

[7] See Details by MacDowell,244-245; Harrison,192-197.

大型会议,曾经建立起恰当的审判法庭,并按照我们当代的标准来确认事实或者决定法律问题,不是一件容易的事情。我们也不能否认,当庞大的公民群体被要求作出判断时,个人责任感在很大程度上已经丧失。这类组织堕落为"一群暴徒,受政治影响,为激情所鼓动,煽动群众集会",几乎是不能避免的。[1] 这的确是古代雅典民主制度下司法程序消极的一面,尤其是因为演说家的演说常常会诉诸政治偏见。[2] 而诉诸陪审员的情感是另一种十分常见的做法。[3]

而且,古代雅典公开审判的制度并不鼓励法律推理的发展。[4] 当司法判决的结论纯粹只是肯定或者否定时,法律理论难以找到灵感的源泉。法律与事实之间的区分完全是未知的。司法裁判只是对具体的案件有约束力。因为法庭不可能进行审议[5],所以他们的推理只有外行的法官个人知晓。[6] 具有民意代表性特性的公民法院应当是独立的,且彼此都是平等的,基于这样的一种信仰,具有拘束力的司法先例概念没有发展出来。

或许有人认为,一方面司法的功能涉足于许多国家行为;另一方

---

[1] See the critical remarks by Rogers, *Introduction to Aristophanes Wasps*, XXVIff., as quoted by Bonner and Smith Ⅱ,288.
[2] See Wyse, in Whiblev, *Companion to Greek Studies*, 173, as also quoted in Bonner and Smith Ⅱ,288.
[3] A litigant was allowed to impress the court by the so-called supporters, very often by parading wife and weeping children. The supporters simply appeared by him, without acting or giving evidence. See Harrison,163 – 164; Bonner and Smith Ⅱ,298.
[4] See Beys,7.
[5] According to Harrison,39, there was a probable difference between Areopagos and other tribunals, as the Areopagos was possibly permitted to discuss its verdict.
[6] See Harrison,39 note 2, even assumes, that some discussion was possible in all courts.

面诉诸司法又是自由的,自然而然地会引发大量的诉讼和法庭的拥堵。[1]按照色诺芬的说法,[2]雅典人"不得不对比其他所有人加起来还要多的诉讼、起诉和审计作出判决"。

大量的公民法院并不仅仅肇基于意识形态的概念。此外,它们还是用以矫治强大的、公共或私人的罪犯唯一有效的机构。他们的人数,不可能预先知晓谁会参加具体案件的庭审,以及秘密投票制,这些都是阻止腐败和有钱有势者的威胁的方法。[3]

另外,大多数私人案件[4]在最终诉诸法院之前都要提交公共仲裁,这甚至在现代方法的视角下也是具有创新意义的。因为私人的争议非正式地由一位富有经验的独任法官进行审理,他最初的目标就是要解决案件,其裁判不会受到修辞学的影响[5],所以司法程序似乎达到我们当代的一些目标。

最后需要强调的一点是,按照古希腊的政治理论,一个人如果没有实际参加司法运作的活动,他就不会被看作一个积极的公民。亚里士多德[6]只将那些分担公职管理工作的人定义为公民:民主制应该通过大型的民众陪审团才能实现。因此,这些庞大法庭不可避免的缺点,在一定程度上被雅典公民中形成的公民责任感的良知所

---

[1] See Bonner and Smith Ⅱ,289-292.

[2] See *Athenaion Politeia*, Ⅲ,2.

[3] See Grote, *History of Greece*, 237ff, as quoted by Bonner and Smith Ⅱ,305. According to Grote the magnitude of the popular courts, "extravagant according to our ideas of judicial business," rendered "the trial solemn and the verdict imposing on the minds of parties and spectators. Nor was it possible by any other means than numbers to give dignity to an assembly of citizens of whom many were poor, some old, and all were despised individually by the rich brought before them".

[4] See Bonner and Smith Ⅱ,296,however,note that the settlement of estates was a rather important exception.

[5] See Bonner and Smith Ⅱ,296.

[6] See *Politica*, Book Ⅲ,1275af,20-25.

抵消。[1] 亚里士多德的话说明了这一点:"因为法律不是以简单且明确的语言来起草的……所以纠纷的出现不可避免,法庭不得不对每一件事情作出决定,无论是公共的还是私人的事务。事实上有人相信,梭伦有意识地将法律变得不确定,目的在于让最终的决定权掌握在人民的手里"[2]。

---

[1] See Bonner and Smith Ⅱ, 293. See also Velissaropoulou-Karakosta J., *The City*, 94 – 109 (in Greek).

[2] *Athenaion Politeia*, Chapter 8, 9.

中世纪宪法史与法律史研究

[德]卡尔·克罗施尔(Karl Kroeschell)* 著　王银宏* 译

【摘要】 宪法史和法律史,虽然同样带有"法律的历史"之名,但是其内涵和研究方法、研究旨趣有内在的根本区别,法律史实际上不能涵盖宪法史,尤其是在解释宪法之时,必得凭借专门的概念和方法。因此传统的法律史研究,也得与时俱进,不断跟上法学概念的发展。

【关键词】 中世纪;宪法史;法律史;研究

一、宪法史

"宪法史"的称谓引起了日耳曼法律史学者诸多不同的联想。"宪法史"最初是作为法律史的一部分来理解的,其内容涉及人们现在所认同的宪法制度层面。在此意义上,法律史教科书至今仍习惯于将"宪法"作为次级标题来使用,以日耳曼宪法、法兰克宪法、中世纪宪法来进行论述。[1]甚至依据国土、国民和国家治理来进行划分。[2] 与

---

* 作者(Karl Kroeschell)(1927—),德国弗莱堡大学法学院教授,曾任哥廷根大学法学院院长、弗莱堡大学法学院院长等。
* 译者系中国政法大学法律史学研究院副教授。
〔1〕例如,H. 康拉德(H. Conrad):《德意志宪法史》(一)(1964 年第 2 版):"日耳曼国家的宪法""法兰克帝国的宪法"等。
〔2〕参见 H. 普拉尼茨、K. A. 埃克哈特:《德意志法律史》(1971 年第 3 版),第 10~12 节。

"法兰克私法"相比,"法兰克宪法"的范畴也经常受到质疑,对此,人们现在毫无疑问很容易达成一致意见。无论是前者还是后者,都没有成为独立的研究对象。这两个称谓仅是临时交流和理解的权宜之计,它们在人们对相关事物的认识方面所起的阻碍作用甚至大于对其深入理解的作用。因此,这种概念对于认识和理解宪法史具有何种价值很难予以确定。

对所谓的"近代宪法史"进行的思考和研究,需要提及埃克哈特于1935年进行的学制改革[1]以及今天的法律史学者和公法学者共同的研究领域。[2] 前述所言是否适于这些研究中的宪法概念,笔者不能作出评断。这些研究者极少表达出他们对此的理解以及与此相关的宪法概念。[3] 或许,我们首先应超脱对"近代"(Neuzeit)[4]所进行的不甚合理的限制,而后才能将问题看得

---

[1] 近代的宪法史和私法史被视为德意志法律史研究的继续深化,当时将"日耳曼法律史"限于远古时期和中世纪。作为大课(Vorlesung)讲授的私法史仍保留着大学学制中期的课程地位。而宪法史则大多成为大学课程学习开始时的大课,成为现行国家法的历史导论。

[2] 然而,大多数关于宪法史的新近论著是由公法学者撰写的。出自法律史学者之手的作品只有R. 沙伊欣(R. Scheyhing)所著的《德意志近代宪法史》(1968年版)。

[3] 弗里茨·哈通(Fritz Hartung)在《德国宪法史研究的发展》,载弗里茨·哈通:《近代国家形成中的各种力量》(1961年版,第431页及以下)中试图将宪法史与产生于"法学"的法律史区分开来。E. R. 胡贝尔(E. R. Huber)在《1789年以来的德国宪法史》(第1卷,1957年版)中放弃了原来的基本阐述,并且相信,"相关事物从自身的形成中能得到清晰明确地阐释"(第Ⅶ页)。他还补充道,这里所关涉的"不仅仅是宪法的历史,甚至首先不是关涉宪法的历史"。而沙伊欣(R. Scheyhing)则将宪法史理解为法律史,准确地说是现代国家的法律史。值得注意的是,将宪法史作为法学进行理解的历史前提,参见K. 胡贝尔(K. Huber):《封建制与臣民的联合:关于宪法史研究发展的论述》,载《E. R. 胡贝尔纪念文集》,第17页及以下页,特别是第55页。

[4] 大多数论述[哈通、福斯特霍夫(Forsthoff)、门格尔(Menger)]将"帝国宪法"的年代确定为1648之后。这无疑有碍于人们对中世纪晚期德意志诸邦国中国家起源的理解和认识。与此相比,沙伊欣的观点则相对合理(参见《德意志近代宪法史》,第19页及以下)。此外,新近的私法史论述则涵括了中世纪晚期,甚或更早。他们将重要的起始时期确定为中世纪盛期,而非近代早期。

更清。

无论如何,法律史学者终究要从"宪法史"的角度来理解中世纪学者(mediävistisch)——这是他们的自我称谓——的研究。[1] 在第二次世界大战的前十年和后十年,他们的研究不仅从诸多方面剧烈地摇动着传统的日耳曼理论大厦,而且以其宪法概念有意识地进入法律史的研究领域。因而,这种意义上的宪法史尤其应为法律史学者所关注。

新宪法史的研究趋向可追溯至20世纪二三十年代,其研究主题有阿洛伊斯·舒尔特(Aloys Schulte)和奥托·冯·东格恩(Otto von Dungern)所进行的关于中世纪贵族统治的研究[2],以及关于中世纪的村社和自由民的研究,对于中世纪村社的研究应首推维纳·舒勒(Wiener Schule)以及阿尔方斯·多普施(Alfons Dopsch)、赫尔曼·维斯纳(Hermann Wießner)、埃尔纳·帕泽尔特(Erna Patzelt)[3],对于中世纪自由民的研究,特别值得一提的是特奥多尔·迈尔(Theoder Mayer)所进行的关于中世纪宪法生活的研究,他的研究具有重要意义。[4]

这方面研究的一个标志性突破是奥托·布鲁纳(Otto Brunner)于1939年出版的著作《国家与政权》。[5] 该著作在维纳·舒勒的研

---

[1] 例如,奥托·布鲁纳最初在1939年发表的纲领性论文《现代的宪法概念与中世纪宪法史》,载 H. 肯普夫(H. Kämpf)编:《中世纪的政权与国家》("研究之路"丛书第2册,1956年版),第1~19页。

[2] 参见阿洛伊斯·舒尔特:《中世纪的贵族与德意志的宗教》(1922年第2版);奥托·冯·东格恩:《中世纪的贵族统治》(1927年版)。

[3] 参见阿尔方斯·多普施:《德国的自由边区》(1933年版);赫尔曼·维斯纳:《德意志文化区判例汇编的事件内容及其经济意义》(1934年版);埃尔纳·帕泽尔特:《奥地利判例汇编的产生及其特点》(1924年版)。

[4] 参见特奥多尔·迈尔:《中世纪近代国家的形成与自由民》,载《法律史杂志·日耳曼法分卷》1937年第57期。

[5] 参见奥托·布鲁纳:《国家与政权:奥地利中世纪宪法史的基本问题》(1939年版,1965年第5版)。

究基础上摒弃了中世纪宪法中的"国家"视角,转而研究近代国家法意义上的"主权"问题。布鲁纳将中世纪后期的"国家"视为一种具有自身特性的宪法产物,而"政权"则是源于家族统治的一种特殊的社会组织类型。布鲁纳在该著作中以一整章的篇幅对法律史学者进行了批评,在他看来,法律史学者们错误地运用现代概念来阐释中世纪世界的特性。[1] 此后不久,在第二次世界大战期间的1941年,瓦尔特·施莱辛格(Walter Schlesinger)出版了《邦国统治的形成》一书,该书是前述研究的继续,当然施莱辛格运用了不同的资料和研究方法。[2] 作为施莱辛格后来所规划的、但尚未完成的著作的第一部分,该书试图阐明近代早期的贵族统治中较晚时期的邦国统治的产生根源。施莱辛格的研究与鲁道夫·科茨施克(Rudolf Kötzschke)在莱比锡的地区史研究学派一脉相承,他因此也是卡尔·兰普雷希特(Karl Lamprecht)早前创立的文化史研究流派的一员,我们现在将其称为社会史研究。

宪法史理论研究的进一步发展出现在第二次世界大战之后。我们在此仍要列出特奥多尔·迈尔、奥托·布鲁纳与瓦尔特·施莱辛格的名字;此外,海因里希·丹嫩鲍尔(Heinrich Dannenbauer)和卡尔·博斯尔(Karl Bosl)也加入宪法史研究的行列。[3] 特奥多尔·迈尔领导的"康斯坦茨研究组"自1953年起在每年的春季和秋季举办著名的"赖兴瑙会议"(Reichenau-Tagungen)。[4] 形成了一个组织

---

[1] 参见《国家与政权》第111页:"国家、法与宪法"。

[2] 参见瓦尔特·施莱辛格:《邦国统治的形成:主要基于德意志中部地区文献的考察》(1941年版,1964年再版)。

[3] 这些学者的重要著述分列如下:特奥多尔·迈尔:《中世纪研究》(1959年版);奥托·布鲁纳:《社会史研究的新路径》(1956年版,1968年出版的第2版增订版名为《宪法史与社会史研究的新路径》);瓦尔特·施莱辛格:《德意志中世纪宪法史研究文集》第1卷和第2卷(1963年版);海因里希·丹嫩鲍尔:《中世纪世界的基础》(1958年版);卡尔·博斯尔:《中世纪欧洲社会的早期形式》(1964年版)。

[4] 自1955年开始以"演讲与研究"系列文集的形式出版。

化的研究团体。其研究成果展现出一种全新的关于中世纪的观念，其中政权统治占据中心地位。奥托·布鲁纳已经对家族统治是邦国统治的基础这个主题进行了研究。瓦尔特·施莱辛格现在则突出强调王侯统治作为其中相连的关键一环所具有的重要历史意义。[1] 海因里希·丹嫩鲍尔在其颇受关注的论文中最终试图阐明日耳曼时期的政权组织。[2]

　　对自由进行根本性的重新评价与对政权统治的突出强调有着密切联系。在以前的地区史研究的基础上，特奥多尔·迈尔在"二战"前就已经提出，农民的自由之基础在中世纪盛期已经在很大范围内重新确立，准确地说，已经处于诸侯和其主人所推进的垦殖殖民化之中。[3] 海因里希·丹嫩鲍尔和特奥多尔·迈尔这时已经将关注点从这种"垦殖自由"转到加洛林时期的"国王的自由"。[4] 中世纪的自由似乎越来越展现为统治者的自由，尼采所言的"自由的目的是什么"经常被引用。[5] 对于中世纪的诸多制度，从政权统治和统治特权的角度可以得出一些新的观点和看法；例如，笔者所提出的伯爵领地宪法、帝国财产（Reichsgut）或者部（部长）的特性。[6]

---

〔1〕参见瓦尔特·施莱辛格：《日耳曼—德意志宪法史中的政权与王侯统治》，载氏著：《德意志中世纪宪法史研究文集》第1卷，第9~52页。

〔2〕参见海因里希·丹嫩鲍尔：《日耳曼人的贵族、城堡与统治》，载氏著：《中世纪世界的基础》（1958年版），第121~178页。

〔3〕参见特奥多尔·迈尔：《中世纪近代国家的形成与自由民》，载《法律史杂志：日耳曼法分卷》第57期（1937年），第210~288页。

〔4〕参见特奥多尔·迈尔：《中世纪早期的王国与公共自由》，载氏著：《中世纪研究》（1959年版），第139~163页；海因里希·丹嫩鲍尔：《作为行政组织与管理单位的百人组（Hundertschaft）》，载氏著：《中世纪世界的基础》（1958年版），第179~239页。

〔5〕这方面的学术史研究，参见卡尔·克罗施尔：《德意志法律史》第1卷（1982年第5版），第104页及以下；H. K. 舒尔策（H. K. Schulze）：《中世纪研究及其概念史》，载《H. 博伊曼（H. Beumann）纪念文集》（1977年版），特别是第400~401页。

〔6〕参见卡尔·克罗施尔：《德意志法律史》第1卷，第94页及以下、第201~202页。

学术研究中形成新的关于中世纪观念的一个基本标志是对中世纪盛期重要发展阶段的深入阐释。用特奥多尔·迈尔的语词来表述,就是从"人合国家"(Personenverbandsstaat)到"制度性的领土国家"的转变。[1] 同样的转变也发生在其他领域,特别是对于"流血司法"(Blutgerichtsbarkeit)的产生或者真正的刑法的产生,对此,奥地利历史学家汉斯·希尔施(Hans Hirsch)依据地方长官文件格式的变化进行了阐释。[2] 在此之前,法律史研究几乎没有注意到这种从古老的惩罚到残酷的刑法的根本性转变。在汉斯·希尔施的著作《中世纪时期德意志的刑事司法》出版的同一时间,鲁道夫·希斯(Rudolf His)在1920年出版的著作《中世纪时期德意志的刑法》中仍采取之前较为稳定的论述结构,没有明确区分惩罚与刑罚。[3] 在此后的很长时间里,法律史学界仍就是否应赞同汉斯·希尔施的观点而犹疑不决。[4] 与此相对,新宪法史中关于中世纪的观念则很快接受了希尔施的理论。

城市史研究的进展也与此类似。这里,城市是作为与其形成过程的背景中越来越多的经济—社会路径相对的法律产物而言的。教会—领主统治下的城市与商人共同体之间在地志上的二元区分

---

[1] 参见特奥多尔·迈尔:《中世纪盛期近代国家基础的形成》,载《历史杂志》第159期(1939年),第457~487页,载 H. 肯普夫编:《中世纪的政权与国家》("研究之路"丛书第2册,1956年版),第284~316页。

[2] 参见汉斯·希尔施:《中世纪时期德意志的刑事司法》(1922年版,1958年第2版)。

[3] 参见鲁道夫·希斯:《中世纪德意志的刑法》第1卷(1920年版,1964年再版),特别是第342页及以下:"刑罚体系"。

[4] 参见关于"刑罚的产生"[这也是 V. 阿赫特(V. Achter)于1951年所出版的著作的名称]的观念,K. S. 巴德尔(K. S. Bader)批评道:"作为社会反应的一部分,刑罚是一直存在的,因为若没有刑罚,法律秩序的存在是不可能的。"(参见《法律史杂志:日耳曼法分卷》1952年第69期,第440页。)

使得各种力量明晰易辨,在各种力量的共同作用下,城市产生了。[1]
领主的积极主动性遇到商人的创业精神以及弗里茨·勒里希(Fritz
Rörig)提出的关于"企业主临时性联合组织的成立"的观点表
明[2],现代研究在重新认识过去历史方面的臆测和误解是多么明
显。

　　当然,越来越多的重要方面已经得到澄清,亦如本文提及的这些
关于法律史研究所提出的具有挑战性的新观点。但是,与新研究成
果相比,更令人印象深刻的是特殊研究方法的多样性,而法律史学
者目前在这方面还没有跟上。由于长时间以来,宪法史研究与地区
史研究在不同的研究方法方面相互联系,宪法史研究像是地区史研
究的女儿。[3]

　　这里首先要提及的是聚落的历史—地理学研究方法,这种方法
尤其受到鲁道夫·科茨施克的莱比锡学派的重视和运用。他们将
田地类型的研究连同确定年代的证书文契共同形成一种类型编
目[4],但这并不能最终保证对于中世纪晚期荒村田地研究结果的
可信性。同时,从地理学的聚落研究中发展出田地"基因学"研究的
方法,依据18世纪末和19世纪初的土地登记册可能重现中世纪早

---

〔1〕 这方面的基础性著作是 S. 里彻尔(S. Rietschel):《集市及其法律关系中的城市》(1897年版)。参见 F. 拜尔勒(F. Beyerle):《城市宪法中的类型问题》,载《法律史杂志:日耳曼法分卷》1930年第50期。这种观点由 H. 皮雷纳(H. Pirenne)提出,由 F. 费尔康特姆(F. Vercauterm)和 F. L. 甘绍夫(F. L. Ganshof)继续予以发展。

〔2〕 参见弗里茨·勒里希:《吕贝克(Lübeck)的集市》(1921年),载《中世纪的经济力量》(1959年版),第36~133页。

〔3〕 关于这种关系,特别是参见瓦尔特·施莱辛格的论文《宪法史与地区史》,载氏著:《德意志中世纪宪法史研究文集》第2卷,第9~41页。施莱辛格运用了丰富的文献资料,同时也涉及下文中的方法问题。

〔4〕 参见 K. H. 施罗德(K. H. Schroeder)和 G. 施瓦茨(G. Schwarz)所著的《中欧的农村聚落形式》(1969年版)。

期的田地状况。[1] 较长时期以来,对聚落形式的解释以及特别是城市规划研究已经成为法律史研究重要的信息来源。[2]

此外还有一些狭义上的地区史研究方法。这些研究方法经常是从地区的历史地图册研究发展而来。借助于"在乡村……在(郡)县"的形式,人们试图理解中世纪的地区划分及其逐步变化,同时也试图以此明确行政区与伯爵领地之间的关系问题。[3] 在学术上重新建构原始教区和百人组曾作为辅助方法短暂地发挥过基础性作用;此外,特别是地名和教会的地方庇护权被视为研究的基础。[4]

研究人的历史的方法是实质性扩展理解的一种可能途径。贵族研究和群体传记学(Prosopographie)是弗莱堡的特伦巴赫学派(Tellenbach-Schule)的一个特别贡献。[5] 他们在一定程度上使研究东法兰克帝国逐渐解体并转变为一个德意志帝国以及加洛林王族贵族的"地方化"成为可能。[6] 借助于家谱学和所有权的历史而进行研究的谱系学方法使研究更为精致,赖因哈德·文斯库斯

---

[1] 参见1961年哥廷根学术研讨会关于田地"基因"问题的报道,载《德国地方研究报道》第29期(1962年)。

[2] 参见K. 弗勒利希:《中世纪德意志城市的地形状况》,载《法律史杂志:日耳曼法分卷》1938年第58期;《法律史与关于荒村的知识》,载《法律史杂志:日耳曼法分卷》1948年第64期。

[3] 这方面的学术史研究,参见卡尔·克罗施尔《德意志法律史》第1卷(1982年第5版),第94~95页;H. K. 舒尔策(H. K. Schulze):《加洛林时期莱茵河东岸地区的伯爵领地状况》(1973年版)。

[4] 这种研究方法中一个令人印象深刻的例子是卡尔·博斯尔的著作《公元800年的法兰克人:一个国王行省的结构分析》(1959年版)。

[5] 参见K. 施密德:《中世纪贵族的家庭、氏族和家族、王室和王朝问题》,载《上莱茵地区历史杂志》第105期(1957年);K. 施密德:《中世纪早期的贵族组织》,载《法兰克国家研究年鉴》第19卷(1959年),第1~23页。基础性研究,参见G. 特伦巴赫:《人的研究对于理解中世纪早期的意义》(1957年版)。

[6] 参见G. 特伦巴赫:《德意志帝国发展时期的王国与部族》(1939年版)。

(Reinhard Wenskus)的最新研究成果推动了这方面的研究。[1]

此外,已经有学者通过语言学的方法进行地名研究和人名研究。尤其是新近的宪法史对于"作为意义史的概念史"研究的强烈兴趣(瓦尔特·施莱辛格)。[2] 通过对关键词"城市"和"城堡"的研究,人们试图了解中世纪城市的建筑结构要素,贵族的称谓(如 frô、truhtin、hêrro)则作为理解领主和王侯发展变化的标志,进而理解国王的发展变化。[3] "翻译问题"不可避免地发挥重要作用:本国语言中的哪一个概念可以用来表达拉丁术语背后所隐藏的内涵? 瓦尔特·施莱辛格主要是试图借助于古高地德语词汇来对这个问题作出回答。[4]

最后,历史—文献学的方法所具有的意义不断增大。特别是相对于"规范的"法律文献,维也纳学派强调原始文献的优先性,前文已经提及,汉斯·希尔施开启了法律史研究一个非常重要的时期,他从地方长官文件格式的变化来阐释残酷的刑法的产生。[5]

若对此进行概括,那么人们现在仍然要作出评判:这些宪法史研究在何种程度上恰好能吸引住 20 年前或者 25 年前年轻的法律史学者。当然,当时没有人不会认识到,这种挑战在日常工作中的难度

---

〔1〕 参见赖因哈德·文斯库斯:《萨克森的部族贵族与法兰克的帝国贵族》(哥廷根科学院研究文集,哲学historical学类第 3 类第 93 册,1976 年)。

〔2〕 参见瓦尔特·施莱辛格:《对三篇关于氏族、扈从及其忠诚的论文的评注》,载氏著:《德意志中世纪宪法史研究文集》第 1 卷,第 286 页及以下(这里是第 302 页)。

〔3〕 参见瓦尔特·施莱辛格:《城堡与城市》,载氏著:《德意志中世纪宪法史研究文集》第 2 卷,第 92~147 页;《日耳曼—德意志宪法史中的领主及其扈从》,载氏著:《德意志中世纪宪法史研究文集》第 1 卷,第 9~52 页。

〔4〕 参见瓦尔特·施莱辛格:《邦国统治的形成》,第 111 页及以下。关于研究方法,参见他与 J. 普拉斯曼的讨论:《日耳曼—德意志宪法史中的领主及其扈从》,第 12 页。

〔5〕 参见汉斯·希尔施:《中世纪时期德意志的刑事司法》(1922 年版,1958 年第 2 版)。

有多大，特别是在民法和商法领域，需要在课堂讲授和考试已占据绝大部分时间的情形下来推进该领域的研究。

或许因为这种原因，人们能够很容易理解，法律史学者的最新研究成果是在同时承担繁重工作的情形下做出的。当然，每个人的实际情况有很大的不同。老一辈的法律史学者所处的境况就非常不同。例如，赫尔曼·康拉德（Hermann Conrad）在压力较小的情况下，在其《德意志法律史》第 1 卷第 1 版（1954 年）和第 2 版（1962 年）中都提出了新的理论观点。[1] 再如，卡尔·西格弗里德·巴德尔（Karl Siegfried Bader），作为一个对地区史有着浓厚兴趣的法律史学者，参加与宪法史学者的学术讨论并在该领域作出重要贡献，他完全是一个例外。[2] 当然，较年轻一代的法律史学者一般也能做到。笔者记得，我在从 1958 年开始的法律史大课（Vorlesung）上有意识地关注和讲授新的学术问题。当然，笔者对这些问题存在一定的疑问，也许其他人也是如此；这些问题留待后述。

让人记忆犹新的是，在 1967 年的弗莱堡历史学者会议上出现的一种争论不决的状况，一方是奥托·布鲁纳，另一方是汉斯·蒂梅（Hans Thieme）和赫尔曼·克劳泽（Hermann Krause）。[3] 宪法史学者"亲切和善地"减弱了对法律史研究的批评，而法律史学者虽然谨慎地对个别的新研究成果表示赞同，但是仍坚持法律史所具有的特殊任务和使命。

---

〔1〕 参见赫尔曼·康拉德：《德意志法律史》第 1 卷（1962 年第 2 版）；例如第 11 页关于中世纪的村社，第 19～20 页关于贵族统治，第 104 页关于伯爵领地的状况（没有提及瓦尔特·施莱辛格的研究）等。

〔2〕 除了一系列个人专著之外，特别值得一提的是卡尔·西格弗里德·巴德尔所著的《民众、部族、领土》，载 H. 肯普夫编：《中世纪的政权与国家》（1956 年版），第 243～283 页。

〔3〕 参见奥托·布鲁纳：《历史学家与宪法史和法律史》，载《历史杂志》第 209 期（1969 年），第 1～16 页，赫尔曼·克劳泽的讨论文章见第 17 页及以下，汉斯·蒂梅的讨论文章见第 27 页及以下。

这令人回想起在历史学者和法律史学者之间曾经短暂出现的对于两个研究领域的界限及相近研究所进行的十分激烈的争论。相对立的矛盾观点经常会通过两个学术流派的科学发展而逐渐消弭。这已经在奥托·布鲁纳的尝试中表现出来,他试图以其"宪法史"与"法学理论"相对。而"法学理论"的一个权威代表人物是奥托·布鲁纳和特奥多尔·迈尔都认同的弗莱堡历史学家格奥尔格·冯·贝洛(Georg von Below),他以其关于"中世纪的国家"的理论得到人们的认可,但是新宪法史学者则不予赞同。[1]

　　"法学理论"的一个重要特性是其与时代错位的概念。当然,恩斯特·沃夫冈·伯肯弗尔德(Ernst Wolfgang Böckenförde)在1961年就已经指出,19世纪的所有研究都具有"时代特性"——绝不仅仅是法律史学者如此。[2] 当然,宪法史学者不愿意承认这种评判结果也适用于他们,并且坚决否认他们自己的研究是受时代制约的。[3] 笔者记起本人在1961年和1962年的"赖兴瑙会议"上与瓦尔特·施莱辛格和卡尔·博斯尔的交谈。笔者提出了一个问题:"领主的自由"的观念是否也不被当时的时代精神所接受？但是笔者的问题被恼怒地驳回了。如此,人们现在所理解的中世纪是符合历史实际的吗！无论如何,作为一个与当时的历史疏远的观察者,伯肯弗尔德倾向于认为,新近的研究对于古代德国和中世纪政治秩序本质的

---

　　[1] 参见奥托·布鲁纳:《现代的宪法概念与中世纪宪法史》,载H.肯普夫编:《中世纪的政权与国家》(1956年版),第2~3页(他也使用了"法学理论"这个语词);特奥多尔·迈尔:《中世纪盛期近代国家基础的形成》,载H.肯普夫编:《中世纪的政权与国家》(1956年版),第288页。

　　[2] 参见恩斯特·沃夫冈·伯肯弗尔德:《19世纪的德意志宪法史研究:时代问题及其特性》(1961年版)。

　　[3] "'新理论'的代表者也……必须……面对的问题是,其价值观源于何种时代观念,何种观念使其如此激烈地站在传统德意志法律史研究的对立面";参见P.利弗尔(P. Liver)在《自由的问题》文集的评论,载《法律史杂志:日耳曼法分卷》第76期(1959年),第369页及以下(此处参见第376页)。

认识和理解比之前的研究要"恰切准确得多"。[1]

无论就此以何种态度待之——在我看来,法律史的批评无疑是应予接受的,问题是宪法史研究在多大的程度上也是受时代制约的。争论的主题包括家族、扈从及其忠诚,[2]还有领地统治[3]或者中世纪的城市。[4] 法律史出乎意料地偶然得到了支持,如捷克斯洛伐克历史学家弗朗蒂塞克·格劳斯(Frantisek Graus)的支持。[5] 现在,瓦尔特·施莱辛格的重要论点看起来受到了剧烈的动摇。一个特别能引起人们兴趣的个例是宪法史中关于自由的学说,这

---

[1] 参见恩斯特·沃夫冈·伯肯弗尔德:《德意志宪法史研究》,第20页。

[2] 参见F. 根茨默尔:《作为法律概念的日耳曼氏族》,载《法律史杂志:日耳曼法分卷》第67期(1950年),第34~49页;卡尔·克罗施尔:《日耳曼法中的氏族》,载《法律史杂志:日耳曼法分卷》第77期(1969年),第1~25页(现载该卷第13页及以下);H. 库恩:《日耳曼扈从的界限》,载《法律史杂志:日耳曼法分卷》第73期(1956年),第1~83页;F. 格劳斯:《论所谓的日耳曼忠诚》,载《历史》第1卷(1959年),第71~121。对这些研究的商榷,参见瓦尔特·施莱辛格:《对三篇关于氏族、扈从及其忠诚的论文的评注》,载其著:《德意志中世纪宪法史研究文集》第1卷,第286~334页。此后的继续讨论,参见I. 维布罗克:《远古时期至民族大迁移时期末期日耳曼的氏族》(马尔堡法学博士论文,1979年);卡尔·克罗施尔撰写的"扈从"词条,载《德意志法律史简明词典》第1卷(1971年版),第1433栏及以下;卡尔·克罗施尔:《德意志法律史中的忠诚》,载A. 朱塞佩·埃尔米尼(《中世纪研究》第11卷,1970年),第465~489页(现载该卷第157页及以下);F. 格劳斯:《统治与忠诚》,载《历史》第12卷(1966年),第5~44页;W. 纳基斯特(W. Kienast):《日耳曼的忠诚与"国王之福"》,载《历史杂志》第227期(1978年),第265~324页。

[3] 除上述引用的F. 格劳斯的研究之外,还参见卡尔·克罗施尔:《德意志早期法中的家族及其统治》(1968年版)(该卷第113页及以下)。

[4] 参见G. 克布勒(G. Köbler):《城市与城区、城堡与国家、村庄与乡村》,载《中世纪欧洲城市的史前与早期形式》第1卷(1973年),第61~76页。关于基本的方法问题,参见卡尔·克罗施尔与C. 哈泽(C. Haase)的讨论,《威斯特伐利亚城市的形成》(1960年),载《北德意志地区史年鉴》第32卷(1960年),第417页及以下;哈泽的回应,见其著作第2版(1965年)的"批评性后记"(第254页及以下);本人对于讨论的回应,载《北德意志地区史年鉴》第37卷(1965年),第193页及以下。

[5] 参见F. 格劳斯:《论所谓的日耳曼忠诚》,载《历史》第1卷(1959年),第71~121页;《统治与忠诚》,载《历史》第12卷(1966年),第5~44页。

方面的继续讨论表明,历史学者自始就采用了不同的方法。基于思想史的论据,赫伯特·格伦德曼(Herbert Grundmann)在1957年就已经开始批评"领主的"自由的观念。[1] 法律史学者赫尔曼·克劳泽(Hermann Krause)在1969年主张,几乎被弃置不用的日耳曼"公共自由"应在学术传统的传承中再次重新使用,[2] 瓦尔特·施莱辛格的学生汉斯·库尔特·舒尔策(Hans Kurt Schulze)于1975年最终将"国王的自由"与"垦殖自由"的概念用于所有形态之中。[3]

由此,从不同的视角对宪法史的研究成果进行讨论,历史学和法律史学的立场会达到意想不到的趋同和一致结果,但是一些基本的不同和差别似乎应继续存在下去。人们已经认识到一些表达形式的不同;因而,海因里希·米特斯(Heinrich Mitteis)在1938~1941年与奥托·布鲁纳所进行的讨论中,法律史与权力史的对立发挥了主要作用。[4] 事实上,他们之间争论的是关于复仇与武力自卫、和平与法律的问题。弗朗茨·拜尔勒(Franz Beyerle)是将法律史理论中的法视为一种和平秩序的代表性人物,与此相对,奥托·布鲁纳将

---

[1] 参见赫伯特·格伦德曼:《作为中世纪的宗教、政治和个人理论的自由》,载《历史杂志》第183期(1957年),第23~53页。
[2] 参见赫尔曼·克劳泽:《巴伐利亚法典中的自由》,载《马克斯·斯宾得勒(Max Spindler)纪念文集》(1969年),第41~73页。
[3] 参见汉斯·库尔特·舒尔策:《垦殖自由与国王的自由:关于新宪法史理论的形成与批判》,载《历史杂志》第219期(1975年),第529~550页。
[4] 参见海因里希·米特斯:《法律史与权力史》,载《经济与文化:A. 多普施(A. Dopsch)祝贺文集》(1938年版),第547~580页,现载《历史中的法律思想》(1957年版),第269~294页;奥托·布鲁纳:《国家与政权》,第1~10页;奥托·布鲁纳:《现代的宪法概念与中世纪宪法史》,载 H. 肯普夫编:《中世纪的政权与国家》(1956年版),特别是第3~4页;海因里希·米特斯:《国家与政权:对奥托·布鲁纳同名著作的评论》,载《历史杂志》第163期(1941年),第255页及以下页,载 H. 肯普夫编:《中世纪的政权与国家》(1956年版),第20~65页。

中世纪晚期的武力自卫描述为一种法律设施[1]——一种主张场域的观点,尽管海因里希·米特斯仍试图坚持将武力自卫与和平、权力与法律视为相对的概念。[2] 在第二次世界大战之后,前文提及的捷克斯洛伐克历史学家弗朗蒂塞克·格劳斯(现在在巴塞尔任教)已经将奥托·布鲁纳的理论特征化,认为他将早期宪法观念中的"法用政权统治代替了"。[3] 这种评判比人们记忆中的其他正面评价更具影响。由于马克思主义的观念在当时具有十分重要的影响,格劳斯将中世纪的法律思想仅视为统治者的一种意识形态。[4]

尽管笔者从未与其他人分享这种观点,但是在笔者看来,弗朗蒂塞克·格劳斯将奥托·布鲁纳的理论特征化完全是中肯的。在奥托·布鲁纳的中世纪理论中,法被政权统治所代替的原因在于他的法观念。这种法观念受到另一位历史学家弗里茨·克恩(Fritz Kern)于1919年提出的"古代良法"观点的影响,[5]这种观点也曾短暂地得到法律史学者的赞同。但是,我们中的大多数已不再坚持这种观点。这种"古代良法"的观点是关于日耳曼中世纪观念的一种想象,实际上是古代传统的遗产,在一定程度上成为中世纪盛期和晚期接受习惯法中的共同法理论的一种基准。[6] 奥托·布鲁纳

---

[1] 参见奥托·布鲁纳:《国家与政权》,第1~110页。

[2] 参见海因里希·米特斯:《国家与政权:对奥托·布鲁纳同名著作的评论》,特别是第28页及以下。

[3] 参见弗朗蒂塞克·格劳斯:《封建制度初期的权力与墨洛温王朝圣徒传记中的"囚徒解放"》,载《经济史年鉴》第1卷(1961年),第61~156页,这里参见第63页。

[4] 现在对于"传统马克思主义的阐释"持更为谨慎和保留的态度,F. 格劳斯:《理解中世纪的权力与法律》,载《巴塞尔历史经济文集》(1974年),第7~21页,这里参见第17~18页。

[5] 参见弗里茨·克恩:《中世纪的法律与宪法》,载《历史杂志》第120期(1919年),第1~79页(1952年再版)。

[6] 参见卡尔·克罗施尔:《12世纪的法与法观念》,载《演讲与研究》第12期(1968年),第309~335页(现载该卷第277页以下);G. 克布勒:《中世纪早期的法:对德意志语言地区中世纪早期法观念的起源与内容的考察》(1971年);G. 克布勒:《德意志地区习惯的早期继承》,载《历史年鉴》第89卷(1969年),第337页及以下。

无疑仍然完全沉浸于弗里茨·克恩的理论之中。[1] 虽然"古代良法"作为一种永恒不变的价值标准可以为反抗统治和武力自卫提供合法性,但是并不符合社会实际。这里,政权统治起到支配性作用。

宪法的概念与此最相适应,奥托·布鲁纳明确地援引卡尔·施密特的宪法概念,将其作为"政治统一体和社会秩序的整体实际状况"。[2] 在笔者看来,迄今为止,宪法史的研究从未对他们所用的这种描述性的宪法概念进行批判性检讨,而是明确地一再确认和强化这种概念,但是坚持规范性研究的法律史学者则对此持拒斥的态度。奥托·布鲁纳的"宪法的现实性"概念[3]则是来源于瓦尔特·施莱辛格的"法的现实性",[4]奥托·布鲁纳将此予以接受并作为自己的宪法史研究对象——在一些法学家看来具有特殊意义的语词,对于另一些法学家看来则完全没有任何意义。[5] 因此,如下论断是毫无疑义的:这种宪法史明显不应是法律史。[6]

二、法律史

现在,我们从宪法史转向法律史,首先应指出的是,这里并非意在对当前的法律史研究状况进行回顾总结。施滕·加格纳(Sten Gagnér)的著作在出版前就进行了多次宣传,在该著于 1967 年出版

---

[1] 参见奥托·布鲁纳:《国家与政权》,第 113 页及以下。

[2] 参见奥托·布鲁纳:《现代的宪法概念与中世纪宪法史》,载肯普夫编:《中世纪的政权与国家》(1956 年版),第 5~6 页;也见其《国家与政权》,第 111 页。

[3] 参见奥托·布鲁纳:《历史学家与宪法史和法律史》,载《历史杂志》第 209 期(1969 年),第 13 页。

[4] 参见瓦尔特·施莱辛格:《对三篇关于氏族、扈从以及其忠诚的论文的评注》,载氏著:《德意志中世纪宪法史研究文集》第 1 卷,第 16 页。

[5] 参见 W. 亨尼斯(W. Hennis):《宪法与宪法的现实性:一个德意志问题》(1968 年版),特别是第 13 页。

[6] 对于这种状况的批评,参见卡尔·克罗施尔:《德意志早期法中的家族及其统治》(1968 年版),第 45 页及以下。

后,弗朗茨·维亚克尔(Franz Wieacker)在当年就予以援引[1],但是该著现在已经不再出版。所以,我们的评判只能作为暂时的指引;其他学者在多年前已经从宪法方面作了评判。

法律史中对法律的"唯心主义的"或者"实证主义的"理解成为对相关思想批评的主要方面,这种理解导致产生历史上法律规范或者法律概念的"自我发展"的观念。[2] 应当指出的是,马克思主义在这方面的批评与宪法史研究相关。[3]

此外,在马克思主义的批评者看来,弗朗茨·维亚克尔继汉斯·格奥尔格·伽达默尔(Hans Georg Gadamer)之后予以发展的诠释学方法的研究是法律史的唯心主义研究中特别值得予以思考的方面。[4] 伽达默尔最初在1962年出版的著作《真理与方法》中完全是赋予法律史以一种典范意义,因为他想表明,历史理解毕竟不能与教义学解释分离开来;历史理解不是别的,是法律文本的解释和适用,是"作用的一种方法"。[5] 与维亚克尔相对,意大利的罗马法学者埃米利奥·贝蒂(Emilio Betti)[6] 此前也强调理解所具有的纯粹

---

[1] 参见施滕·加格纳:《新法律史研究的方法》[斯德哥尔摩/哥德堡(Göteborg)/乌普萨拉(Uppsala),1967年版];弗朗茨·维亚克尔:《近代私法史》(1967年第2版),第424页注释3;弗朗茨·维亚克尔:《新私法学科的现状》,载《G. S. 马里达基斯(G. S. Maridakis)纪念文集》(1963年),第345页。

[2] 参见U. 韦泽尔(U. Wesel):《关于法律史的方法》,载《司法评论》第7期(1974年),第337~368页;也参见研究小组:《资产阶级的法律史批判》,第110~111页。

[3] 参见奥托·布鲁纳:《现代的宪法概念与中世纪宪法史》,载H. 肯普夫编:《中世纪的政权与国家》(1956年版),第1~19页。

[4] 参见U. 韦泽尔:《关于法律史的方法》,载《司法评论》第7期(1974年),第340页及以下。

[5] 参见汉斯·格奥尔格·伽达默尔:《真理与方法》(1965年第2版),特别是第307页及以下。

[6] 参见埃米利奥·贝蒂:《解释问题中的法学与法律史》,载《法哲学与社会哲学档案》第40期(1952年),第354页及以下;埃米利奥·贝蒂:《作为人文社会科学一般方法的诠释学》(哲学与历史78/79,1962年)。

的思想性,这使法律史从法教义学中解放出来之后,就与以解决现实问题为目的的应用型解释方法区别开来。[1] 通过这种方法,法律史事实上从历史法律传统的效果历史(Wirkungsgeschichte)中被排除出去——这是一个仍然应予以思考的主题。[2]

借助于经济基础和上层建筑模式,易言之,通过复归"最终"决定着法律发展的生产力和生产关系[3],重新构建法律史基础的马克思主义的理论要求至今仍未实现。[4] 其批评性意见中附带引用的事例已不能令人信服。

然而,早先固有的法律史的自我批评此时也加入对非历史的"实证主义的"法律概念的批评,并且突出强调法律史也应像社会史那样进行文献史或者教义史相关主题的研究。对此,如下印象是决定性的:法律史研究中的社会现实只发挥了次要作用,并且法律史

---

[1] 参见弗朗茨·维亚克尔:《新私法史学科的现状》,载《G. S. 马里达基斯(G. S. Maridakis)纪念文集》(1963年),第339~366页;弗朗茨·维亚克尔:《法律史诠释学笔记》(哥廷根科学院研究文集,哲学历史学类1963年第1册);弗朗茨·维亚克尔:《近代私法史》(1967年第2版),第13~25页。

[2] 这方面的批评,参见卡尔·克罗施尔:《德意志早期法中的家族及其统治》(1968年版),第48页及以下,特别是第57页及以下。U. 韦泽尔从马克思主义的角度对维亚克尔的批评,参见U. 韦泽尔:《关于法律史的方法》,载《司法评论》第7期(1974年),特别是第347页及以下。

[3] 参见U. 韦泽尔:《关于法律史的方法》,载《司法评论》第7期(1974年),第355页及以下。对这方面的批评,参见J. 吕克特(J. Rückert):《法律史方法的讨论中唯物主义立场的认识问题》,载《历史研究杂志》第5期(1978年),第257~292页。对于马克思法律史研究的"典范"文本的研究,参见P. 兰道(P. Landau):《卡尔·马克思与法律史》,载《法律史杂志》第41期(1973年),第361~371页。然而,U. 韦泽尔在《关于法律史的方法》第363~364页最终不再坚持之前多次表达的对于弗里德里希·恩格斯在"晚年通信"中的意见,依据这种观点,历史的发展"最终"仅取决于经济关系。

[4] 马克思主义的支持者也承认这种"新的"或者"解放的"法律史。参见《法律史——一个没有选择可能性的学科:1976年2月13~15日在不莱梅大学法律史学术研讨会上的报告》,第218页(用胶版誊写板印刷)。很遗憾,没有对于这些令人感兴趣的专门学术报告和研讨文集的更详细、深入的探讨。

主要从法律文献中摘取关于过去的法律时代的相关信息。[1] 但是，对于日耳曼法律史的研究状况而言，这种观点已经成为过去时。或许从一个大的法律史研究机构并且于此推进法律史研究的角度而言，这是易于理解的。[2] 此外，这种研究针对的是诠释学的方法讨论和普遍性的论述，很少针对个别的研究。[3] 所以，这种研究完全忽略了长时间以来在中世纪的法律史研究中已经存在的基本的新研究方向。

在进行更详细的探讨之前，请允许我对此做初步的说明。首先，人们究竟可以在何种程度上讨论"法律史"，这是非常不确定的。[4] 众所周知，罗马法学和日耳曼法学这两个不同的学科有着各自的研究方法，对此需要完全不同的专门学术训练。同时，这两个学科在"学术政治上"也处于十分不同的地位。罗马法学是一个国际性的学科，在德国和苏格兰，在意大利和南非，在波兰、日本和巴西都有这方面的专家，罗马法学毫无疑问是一个非常重要的学科。罗马法学的研究对象涉及优士丁尼法典编纂之前古代罗马法上的历史现象，从中世纪开始，罗马法就成为欧洲法学的基础。[5] 因此，罗马法

---

[1] 参见 D. 格林：《法学与历史》，特别是第 18 页及以下。

[2] 格林和肖尔茨的研究与马克斯—普朗克欧洲法律史研究所的工作有关。

[3] 参见 D. 格林：《法学与历史》，第 22 页注释 22 对《资产阶级的法律史批判》（见注释 69）进行了批判，然而他的总统评价至少没有涉及日耳曼法学的专题著作。另外，参见 J. M. 肖尔茨：《历史的法律史》，第 120 页。

[4] 当然，这也涉及法律史方法论的最新观点：F. 维亚克尔：《法律史的地区性》，载《埃尔温·塞德尔（Erwin Seidl）纪念文集》（1975 年版），第 220～23 页；H. 柯英（H. Coing）：《法律史学者的使命》（1976 年版）；F. 维亚克尔：《关于法律史的方法》，载《弗里茨·施温德（Fritz Schwind）纪念文集》（1978 年版），第 355～375 页；P. 兰道：《法律史方法评论》，载《新法律史杂志》第 2 期（1980 年），第 117～131 页。对于这些研究，最后应指出的是，罗马法、日耳曼法和教会法研究都存在各自的特殊问题。

[5] 作为罗马法学在受到外在威胁的时期证明自我的明证，令人印象深刻的仍然是 P. 科沙克尔（P. Koschaker）的著作《欧洲与罗马法》（1947 年版，1966 年第 4 版）。此后再也没有类似的著作对于罗马法学的研究对象和使命进行基础性思考。

学的问题视界必然是由古代和中世纪法学的概念所决定的,与近代法学具有特别的亲缘关系。[1]

日耳曼法学仅是一个民族性的学科,[2]其研究对象在任何时期都是不确定的。虽然在18世纪和19世纪,人们经常宣称确实存在"德意志法",但是"德意志法"的内涵从未真正得到阐明。[3] 在"德意志法"与近代法的关系方面,区别大于联系。更确切地说,中世纪法的发展结果与近代法更接近。然而,中世纪法的结构和概念极具特性,若德国学者不运用能经常取得成果的法律比较的方法,就会想当然地认为,虽然在英国或者美国,人们的所思所说完全不同,但是问题和问题的解决最终跟德国人都是一样的,所以,我们有充足的理由去认真理解中世纪法的特殊性。

私法在罗马法律史和德意志法律史上具有不同的重要性,这具有特殊的意义。对罗马私法文献的阐释始终是罗马法研究的重点。就此而言,罗马法研究是一种文献学研究,同时与现代的、大多数以罗马法为基础的私法制度有着密不可分的联系。[4] 与此相反,德意

---

[1] 民法学者的日渐冷淡使其在新的时期变得更为必要,这令人忆起民法基于这种密切关系而从中获得的益处。参见G. 雅尔(G. Jahr):《罗马法学对于近代民法的贡献》,载《民法事务档案》第168期(1969年);Th. 迈尔-马利(Th. Mayer-Maly):《法的形象的复归》,载《法学杂志》1971年,第1~3页。

[2] 过去曾是"日耳曼"法律史繁荣昌盛的标志的历史的法律比较现在严重衰落。甚至日耳曼法学视野中的盎格鲁撒克—逊法和斯堪的纳维亚法现在也在很大程度上消失了。参见汉斯·蒂梅:《日耳曼法律史的目的与方法》,载《法学杂志》1975年,第725页及以下。

[3] 参见汉斯·蒂梅撰写的"德意志法"词条,载《德意志法律史简明词典》第1卷(1971年版),第709~712栏;G. 古迪安(G. Gudian):《中世纪的德意志普通法?》,载《普通法》第2期(1969年),第33~41页。18世纪和19世纪的日耳曼法学家为证明存在"共同的德意志私法"所作的努力,参见文中的论述。

[4] 关于这种紧张关系所产生的问题,参见F. 维亚克尔:《文本批评与事件研究:基于当代罗马法学者的立场》,载《法律史杂志:罗马法分卷》第91期(1974年)。

志私法长时间以来不是法律史课程大纲的讲授内容,这并非偶然。[1] 私法与其他法学领域的区分在较古老的德意志法中是少见的,潘德克顿体系中的私法表述以及教义学上确定的主要概念,如财产的司法保障(Gewere)、监护(Munt)或者关于债和担保的概念,这些都受到现在的日耳曼法学家的强烈质疑,只是还没有通过新的表述来将其代替。[2] 所以,德意志私法史自认为首先应更多地回到法律渊源和法律共同体的历史以及司法制度和司法裁判的历史,到中世纪晚期,它们已经涵括了人们现在称为宪法的所有内涵。

在这种情形下,连同旧时的德意志私法所没有解决的问题,日耳曼法学面对19世纪的遗产感觉到双重困难。探寻中世纪和近代德意志法中的"日耳曼因素"只占极少的部分,对此,马克思主义的批评具有非常重要的意义。[3] 非达尔文主义的产生理论已经得到更多的重视,例如,以海因里希·布鲁纳(Heinrich Brunner)关于"放逐的消失"或者奥托·吉尔克(Otto Gierke)的共同共有或者共同体的"分支"理论为代表的著作。[4] 但是,特别应指出的是,宪法史学者

---

[1] 参见 H. 克劳泽的报告:《现代大学课程中的"德意志私法"与"近代私法史"》,载《法律史杂志:罗马法分卷》第74期(1957年)。

[2] 参见汉斯·蒂梅撰写的"德意志法"词条,载《德意志法律史简明词典》第一卷(1971年版),第702—709栏,H. 施洛瑟(H. Schlosser):《日耳曼私法制度的"经济原则":意义变迁及其现实的效果影响》,载《法律史文集:H. 康拉德(H. Conrad)纪念文集》(1979年版),第491~514页。

[3] R. 瓦斯纳的《德意志法律史与法西斯主义》给人留下的印象是日耳曼法学现在仍"探寻日耳曼—德意志法的精神",这仅仅是基于一些概论的导言,如米特斯/利贝里希(Lieberich)与什未林(Schwerin)/蒂梅。事实上,二十多年以来,日耳曼法学特别喜爱的表述,如氏族、扈从及其忠诚、监护、财产的司法保障或者放逐,有时简直会遭到毁灭性的批评,但是他们对此隐而不语。

[4] F. 拜尔勒已经对此做出批评,参见 F. 拜尔勒:《法的发展思想》,载《A. 舒尔策(A. Schultze)纪念文集》(莱比锡法学研究文丛第100册,1938年版),第229~249页。

与马克思主义的批评者一样,将实证主义的法律概念作为批评的对象。[1] 事实上,人们至今仍可以从重要的法律史著述中产生如下印象:法律史研究涉及实证法(公法或者私法)的发展,而法的概念、渊源以及经济状况或者社会状况,甚至财产宪法和等级制度作为研究的"基础",只能在"导论"中找到其位置。但是,这种印象只是表象并且与法律史研究状况不相适应,这在不久前还是含蓄不明的。因此,我们现在应致力于这方面的研究。

法律史的批评和自我批评在很大程度上没有认识到,日耳曼法学至少在近十年呈现出一种根本性的新发展。现在的德意志法律史早已不是 1930 年或者 1950 年的德意志法律史。例如,更多地将注意力转向近代,甚至更近的时期。[2] 即使仅对日耳曼时期或者法兰克时期感兴趣的日耳曼法学家也曾经如此——现在这种情形已经不再存在了。基本文献也能反映出这种新的发展方向。例如,对于汉斯·哈滕豪尔(Hans Hattenhauer)(最初在 1971 年)或者阿道夫·劳夫斯(Adolf Laufs)(最初在 1973 年)的著作[3],即使再挑剔的批评者也不再一味地批评其过分强调古代或者与实证主义的法

---

[1] 参见奥托·布鲁纳:《现代的宪法概念与中世纪宪法史》,载 H. 肯普夫编:《中世纪的政权与国家》(1956 年版),第 1~19 页。

[2] 这里不再举具体的例子。一个重要标志是五位德国、瑞士和奥地利的日耳曼法学者在 1979 年创立的《新法律史杂志》。

[3] 参见汉斯·哈滕豪尔:《在等级与民主之间》(1971 年版,1980 年第 2 版的标题为"德意志法的思想史基础");阿道夫·劳夫斯:《德国的法律发展》(1973 年版,1978 年第 2 版)。R. 格米尔关于哈滕豪尔的著作的书评,参见:《国家》第 12 期(1973 年),第 237 页及以下;R. 格米尔关于劳夫斯的著作的书评,参见《国家》第 14 期(1975 年),第 261 页及以下。此外,R. 瓦斯纳反驳两本著作的观点,参见 R. 瓦斯纳:《德意志法律史与法西斯主义》,第 172~181 页,在日耳曼法学文献方面缺少对于国家社会主义的相关讨论。因此,作者根本没有提及也在 1979 年再版出版的论文,载《非正义的国家:国家社会主义时期的法律与司法》("司法评论"特刊,1979 年版),第 95 页及以下。

无关。[1]

对于中世纪的主题范围,德意志法律史的新发展方向也是不可忽视的。这里引用三个例证:

第一,克服日耳曼法学的片面性,特别是怀疑古代法中的日耳曼因素[2]、中世纪时对于教会司法权与法学(甚至以此为基础对于学术性的法)所具有的明显的开放性;温弗里德·特鲁森(Winfried Trusen)的著作是这方面令人印象深刻的成果。[3]

第二,非规范性文献,特别是原始契据资料不断增多[4],构建中世纪的"法律体系"的诱惑明显减少。

第三,与其他学科的密切联系——从考古学、历史地理学和科学史到语言学和宗教学——完全已经制度化的"赖兴瑙会议"[5]、哥

---

〔1〕 与此类似,我也希望本人尚未完成的总体研究《德意志法律史》第1卷(1972年版,1982年第5版)和第2卷(1973年版,1981年第4版)也能得到类似的评价。参见G. 迪尔歇尔(G. Dilcher)的书评,载《法学杂志》1975年,第134~135页(《德意志法律史》第3卷将于1989年出版)。

〔2〕 参见卡尔·克罗施尔:《德意志法律史》第1卷,第29页及以下,特别是第53页及以下、第70页及以下。最近对所谓的日耳曼法律制度进行批评的令人印象深刻的例子是关于放逐的批评;参见H. 尼尔森(H. Nehlsen):《日耳曼法律记载中关于坟墓的犯罪》,载H. 扬孔(H. Jankuhn)、H. 尼尔森、H. 罗特(H. Roth)编:《史前时期和古代关于坟墓的犯罪》(哥廷根科学院研究文集,哲学历史学类第3类第113册,1978年),第107~168页;E. 考夫曼(E. Kaufmann):《日耳曼法中关于放逐的理论》,载《法律史文集:H. 康拉德纪念文集》(1979年版),第329~365页。

〔3〕 参见温弗里德·特鲁森:《德意志学术性的法的升端》(1962年版)。此外,卡尔·克罗施尔:《德意志法律史》第2卷,第9~58页:"中世纪后期的教会与法学"。

〔4〕 这里将例证限于引用少数重要的著作:G. 兰德韦尔(G. Landwehr):《中世纪德意志帝国城市的典当》(1967年版);B. 迪斯特尔坎普(B. Diestelkamp):《卡策内尔博根(Katzenelnbogen)伯爵领地的采邑法》(1969年版);H. 施洛瑟:《巴伐利亚文献中中世纪晚期的民事诉讼》(1971年版);C. 肖特(C. Schott):《信托形式的"支柱"》(1975年版)。

〔5〕 该会议出版的"演讲与研究"系列文集已在注释15中注明。

廷根科学院的古代史和中世纪晚期研究委员会[1],或者明斯特的比较城市史研究所。[2]

尽管如此,人们发现还是同样存在对于19世纪的法律史学家所用的实证主义法律概念的质疑。无论如何,法律史中的社会史方法在1960年就已经明确提出了。[3] 当时提出的法律史必须考虑"法律作为社会的效果结构"的要求明显是以维尔纳·康策(Werner Conze)所理解的作为"结构史"的社会史为基础的,这种观点也为奥托·布鲁纳所接受。[4] 近十年来,这种方法已经在一系列专著和论文中单独得到了运用。[5]因此,我们不能承认,社会现实始终在法律史研究中仅发挥次要作用。类似的批评——在法律史学者看来,社会现实仅是作为法的适用领域——并不适用于日耳曼法学。日耳曼法学所持的观点是,中世纪的法律是一种实证的规范秩序,若将法

---

[1] 哥廷根科学院研究文集第3类迄今为止出版的研究成果有:《"农民"的概念与观念》(第89册,1975年)、《铁器时代与中世纪早期的乡村》(第101册,1977年)、《关于坟墓的犯罪》(第113册,1978年)、《铁器时代与中世纪早期的田地研究》第1卷和第2卷(第115册和116册,1979年和1980年)、《中世纪晚期的市民、城市和城市文献》(第121册,1980年)。

[2] "城市研究A"系列迄今为止出版了如下文集:《中世纪和近代早期的主教城市与主教座堂城市》(1976年);《东南欧中世纪城市的形成》(1977年)。

[3] 参见卡尔·克罗施尔:《地区法:威斯特伐利亚中世纪乡镇的结构与形成研究》(1960年版),特别是第23页及以下。

[4] 参见维尔纳·康策(Werner Conze):《学术研究与课程教学中社会史的地位》,载《科学与课程教学的历史》第3期(1952年),第648页及以下,特别是第654~655页;奥托·布鲁纳:《社会史研究的新路径》(1956年),第9页及以下。

[5] 本人对于老一辈的两位法律史学者在重要成果方面的提示表示满意。W. 埃贝尔(W. Ebel)对基于誓言的协议作为中世纪法律共同体的特殊结构形式作出了准确的评价[W. 埃贝尔:《任性专断:关于古代德意志法的思维形式的研究》(1953年);W. 埃贝尔:《市民誓言作为德意志中世纪城市法的效力基础和结构原则》(1958年)]。K. S. 巴德尔论述了作为和平地区和法律共同体社区的中世纪乡村结构所具有的广泛的农业史基础和社会史基础[K. S. 巴德尔:《中世纪乡村的法律史研究》,其中第1卷为《作为和平地区和法律地区的中世纪乡村》(1957年),第2卷为《乡村共同体与乡村社区》(1962年),第3卷为《中世纪乡村田产使用的法律形式与阶层》(1973年)]。

社会学和法学理论视为较疏远的邻居而不予考虑,那么日耳曼法学像其他没有参与其中的学科一样,恰恰因此而从原则上受到质疑。这方面将在后文述及。

三、当前的问题视界

当前对于中世纪德意志法律史的问题视界,下文首先拟从三个方面概略地予以论述:语词史、概念史和社会史,最后再次转向法律史与宪法史的关系问题。

(一)语词史

对于语词史,人们首先会记起,维尔纳·康策所提出的社会史的使命是研究"狭义的语词史和事件史";瓦尔特·施莱辛格明确地将此用于宪法史。[1] 二人当时(在19世纪50年代)可能已经将以前关于"语词和事件"的研究方向纳入研究的视野,从1909年至1952年,甚至出现了专门以"语词和事件"为研究内容和以"语词和事件"命名的杂志。[2] 实用性是这种研究方向的出发点。雅各布·格林(Jacob Grimm)确信,"语词源于事件",因而,名称的变化是事件变化的证据。

现代语言学无疑使语词之间的交流大大地复杂化。现代语言学认为,语词与事件之间的关系不仅具有一种基本的随意性(树木之所以被称为"树木",并不是基于事实),而且主要分为三个层面:语词、概念和事件。[3] 它们可以用一个三角形来直观形象地表述。语

---

[1] 维尔纳·康策:《学术研究与课程教学中社会史的地位》,载《科学与课程教学的历史》第3期(1952年),第656页;瓦尔特·施莱辛格:《对三篇关于氏族、扈从及其忠诚的论文的评注》,载氏著:《德意志中世纪宪法史研究文集》第1卷,第302页。

[2] 参见R. 施密特-维甘德(R. Schmidt-Wiegand):《语词与事件:中世纪早期研究方法的意义》,载R. 施密特-维甘德编:《名称研究视角中的语词与事件》(早期中世纪研究文丛第1册,1981年版),第1~41页。

[3] 这里没有引用关于语词研究的基本表述,而是参考R. 施密特-维甘德:《历史名称学与中世纪研究》,载《早期中世纪研究》第9期(1975年),第49~78页。

词是其中的一个角:语词是作为名称而使用的。另一个角是概念,概念用语词来描述,易言之,概念由语词的意义所组成。第三个角是事件本身。[1]

本文不想对两种不同的语言学思路着墨太多,两个思路的共同点是都不把事件本身考虑在内。一个是名称学或者名称研究,以语词为出发点对名称进行研究,这与其称谓"名称学"相适应;另一个是语义学或者意义研究,以名称为出发点对意义进行研究,其中涵括了对语词的研究。[2] 对于我们的问题而言,对这些语言学语词范畴的可用性进行简要的解释说明是有必要的。对此,我们不考虑如下困难的问题:在何种程度上用语词对事物直接予以称谓是可行的,亦即两点之间的连接线是构成三角形的基础,但是它们如何在具体的领域完全成为语源学的基础。[3] 但这种有界分的思考使我们不得不考虑,这些事件本身没有成为思考对象(如地球、判决、放逐)的领域中,概念和事件是否就不能相互区分,而是相互交叉重叠。概念与语词之间的关系问题也与此类似,因为在法律领域,意义与名称也经常不是相互区分开的。这里用一个例子来加以说明。

这里选择一个看起来简单的例子:"农民"这个语词。在现代日常语言习惯中,这个语词的意义是众所周知的;它指的是用犁来耕种其田地的人。当然,在这一点上,法学家会认为,农民的概念还存在其他含义。1933年的《帝国关于继承性农庄的法律》将农民仅界定为继承性农庄的所有者,而这在我们的口语中意为"农场主"。[4]

---

[1] 参见 R. 施密特-维甘德:《历史名称学与中世纪研究》,载《早期中世纪研究》第9期(1975年),第53页。

[2] 参见 R. 施密特-维甘德:《历史名称学与中世纪研究》,载《早期中世纪研究》第9期(1975年),第49页。

[3] 参见 R. 施密特-维甘德:《历史名称学与中世纪研究》,载《早期中世纪研究》第9期(1975年),第71页。

[4] 1933年9月29日《帝国关于继承性农庄的法律》第11条(帝国法律公报第1号,第685页)。

在19世纪晚期,人们有时倾向于将其称为"庄园主"。

当然,中世纪的情况更为复杂。[1] 当时,农民的名称是 bur 或者 gebur,相应的拉丁语表述是 rusticus 或者 colonus,自中世纪盛期才开始使用"农民"的称谓。这里是将农民作为一个社会阶层来理解的:

上帝创造了三种生命:农民、骑士和牧师。

这是弗赖丹克(Freidank)创作于13世纪的诗歌。农民这个阶层是通过其特殊的法律地位而被标识的;禁止使用武器和维护和平是其基本的特征。应当指出的是,在中世纪盛期之前,不存在关于农民的确定的名称。虽然 bur 或者 gebur 的称谓较为古老,但是与另一个概念有关。在《萨克森之镜》(*Sachsenspiegel*)中,bur 与 gebur 及其拉丁语表达 concivis 并非意为现在意义上的农民,而是指同室居住之人或者乡村共同体的成员。Burschaft、Burmeister、Burding 和 Bursprache 这些以土地为基础而形成的关于早期地方性制度的所有名称构成一个完整的词族(Wortfamilie),这同样适于发展变化中的城市。很明显,"农民"概念的产生基础不同于农场主。

因此,我们首先应认识到,"农民"的这个名称在中世纪时存在两种概念!一个始终未变的名称绝不能保证其意义的同一性。这种相互关系说明,一个语词的语源并非必然能表明概念的内容。"农民"这个语词 bur 可能来自"房屋";人们可能会联想到我们现在的"鸟笼"。因此,giburo 源于同一房屋内的合住成员,而后(在 nahgebur 的意义上)产生了"邻居"。这样,"农民"的古老概念完全得到解释,它并非现在意义上的"农民"。

---

[1] 参见《"农民"的语词与概念》(哥廷根科学院研究文集,哲学历史学类第3类第89册,1975年),特别是 G. 克布勒的论文:《中世纪早期的"农民"(agricola, colonus, rusticus)》,第230~245页,以及 R. 施密特—维甘德的论述:《历史名称学与中世纪研究》,载《早期中世纪研究》第9期(1975年),第55页。

关于"农民"的语词和概念,这里已经述及太多!对于事件,即人用犁来耕种其田地呢?考古学的研究毫无疑问地表明,在远古时期就已经存在这种事件了。发掘出的犁具以及史前时期的耕地遗迹对此都有一种明确的表达。尽管如此,对于远古时期的农民,还没有与其相对应的名称和概念。虽然在拉丁语文本的译本中,我们能找到一些古高地德语的语词,例如 burman、ackerman、dorfman 或者 lantsidilo,但是这些语词只是纯粹翻译尝试的结果,不存在概念上的稳定性。在中世纪早期的日耳曼法中,我们甚至没有发现任何试图定义一个名称的尝试。这里,尤为重要的是,某人是否是自由的或者不自由的,而非某人是否耕种自己的田地。

然而,这里必然要面对的问题是,这究竟是否就是与法律史相关的事件:非概念性的、不能用语言来表达的事实。笔者不认为如此,并且同样不认为,作为纯粹思想产物的概念是我们真正的研究主题。在笔者看来,我们所研究的"事件"是能产生概念的事实:一种社会现象,这种社会现象通过语言的表达在概念上能被理解,唯有如此才能成为社会现实的法律结构要素。[1]

当然,强调和阐释"事件"的任务现在变得更为复杂化,在很大程度上面临中世纪的拉丁语文献的翻译问题。[2] 然而,这个问题在近十年间已经得到了实质性推进。瓦尔特·施莱辛格意在将拉丁语术语翻译为德语,这最终导向研究事件本身。例如,在他看来,拉

---

[1] 在语言学文献中,笔者迄今为止没有发现对于这种问题的答案。文中所述与本人早前的观点是一致的。参见卡尔·克罗施尔:《地区法:威斯特伐利亚中世纪乡镇的结构与形成研究》(1960年版),第23页及以下以及(关于从文献中的语言运用得出的"结构模型")第108页及以下。这种方法原理令人信服的论述,尤应参考 C. 肖特(C. Schott):《信托形式的"支柱"》(1975年版),特别是第13页及以下。相关讨论,参见 C. 哈泽:《威斯特伐利亚城市的形成》(1960年),载《北德意志地区史年鉴》第32卷(1960年),第417页及以下。

[2] 关于这个关键词,经常引用的著作是 Ph. 黑克(Ph. Heck):《中世纪早期的翻译问题》(1931年版),但对于当前的问题提供不了帮助。

丁语的 dominus 与高地德语中的 herro 相对应,因此也与日耳曼概念世界中的"统治"相对应。[1] 现在,人们知道,很多德语词汇是从拉丁语而来的,因此能够表达拉丁语文本中所指涉的概念。这里继续引用上述例子:古高地德语中的 herro 并非以拉丁语 dominus 为模型,而是以拉丁语 senior 为基础而来的,这个词有年长之人、德高望重之人、"有威严之人"(heriro)之意。[2] 这种语义场的详细分析表明,这里的讨论存在两种不同的语词领域:dominus 的名称意为某物或者奴隶的所有者,也可意指国王或者上帝,而 senior 的名称则意为领主。[3] 日耳曼语与此不同,如人们所见,一个日耳曼语的语词不存在两种概念。

翻译的同等对应性只存在于从拉丁语到德语的翻译,反过来则不然。对于这种简直是反转了翻译问题的理解,我们应感谢日耳曼语言学家维尔纳·贝茨(Werner Betz)[4]和法律史学者格哈德·克布勒(Gerhard Köbler)[5]。对于这种方法论转向的影响,笔者使用另一个例子加以阐释,即一个重要的法律语词"习惯"。古高地德语中的"giwonaheite"是从拉丁语词语"consuetudo"发展而来的,是从德

---

[1] 参见瓦尔特·施莱辛格:《日耳曼—德意志宪法史中的领主及其扈从》,载《德意志中世纪宪法史研究文集》第1卷(1963年版),第10页及以下。富有启发性的是第12~13页注释8中与 J. 普拉斯曼(J. Plassmann)的讨论。
[2] 参见 H. 埃格斯:《德意志语言史Ⅰ:古高地德语》(1980年版),第113页及以下。
[3] 参见卡尔·克罗施尔:《德意志早期法中的家族及其统治》(1968年版),第18~27页(该卷第120~131页)。
[4] 参见维尔纳·贝茨:《德语与拉丁语》(1965年第2版)。
[5] 参见格哈德·克布勒:《中世纪早期的法:对德意志语言地区中世纪早期法概念的起源与内容的考察》(1971年)。对于该书的背景介绍,特别应参考格哈德·克布勒的个人著述:《法官—裁判—法院》,载《法律史杂志:日耳曼法分卷》第87期(1970年),第57~113页;《南德德语中的"Esago":关于普通日耳曼法律语言机构规范的研究》,载《法律史杂志》第40期(1972年),第501~537页;《埃瓦特:关于古代日耳曼神职规范的研究》,载《法律史杂志:教会法分卷》第89期(1972年),第36~319页。

语语言材料中一代代流传下来的,用维尔纳·贝茨的表述,这是一种"借译"。[1] 但是,是否存在一个本地的概念与这个古高地德语的语词相对应,这个问题仍有待解答。所有这些都表明,这里接受了一种以拉丁语为基础来进行表述的概念,并用一个新的德语语词来重新表达。由此,古代的"德意志法"可能是罗马法概念上的"习惯法",因而也是现代概念上的"习惯法"。即便如此,至少仍然可能不存在相关的概念和语词。这两者在古高地德语时期最初是从拉丁语文献中接受而来的。

我们现在重新回到语词史!前述已经表明,语词没有提供直接与事件相联系的通道,就像人们很长时间以前所认为的那样,若人们不将事件置于纯粹事实的领域,那么这个通道是不存在的。尽管如此,如下两个方面是确定的:第一,作为法律领域中某个事件概念的称谓,语词的"固化"表明了事件本身的重要变化——或者是概念最初在一个确定的名称中接受了其形态,或者是名称获得了一种新的意义。易言之,承载了一种新概念。第二,任何名称与概念之间"固化的"联系都表明了一种独特的事件概念。作为乡村共同体成员的"gebur"并不是作为农民的"gebur"。[2] 或者,可以从笔者以前的研究中举例说明:中世纪的一个自由人的乡镇被称为"wikbilde"时,它就不仅是在后来或者在其他地方被称为"stat"的另外一个名字。[3]

---

〔1〕参见 G. 克布勒:《德意志地区习惯的早期继承》,载《历史年鉴》第 89 卷(1969 年),第 337 页及以下。

〔2〕参见《"农民"的语词与概念》(哥廷根科学院研究文集,哲学历史学类第 3 类第 89 册,1975 年),特别是 G. 克布勒的论文:《中世纪早期的"农民"(agricola, colonus, rusticus)》,第 230~245 页,以及 R. 施密特-维甘德的论述:《历史名称学与中世纪研究》,载《早期中世纪研究》第 9 期(1975 年),第 55 页。

〔3〕参见卡尔·克罗施尔:《地区法:威斯特伐利亚中世纪乡镇的结构与形成研究》(1960 年版),第 108 页及以下。与 C. 哈泽的讨论,《威斯特伐利亚城市的形成》(1960 年),载《北德意志地区史年鉴》第 32 卷(1960 年),第 417 页及以下。

应当附带指出的是,这里存在一个特殊的诠释学问题。其所涉及的问题是,想象过去时代的文献资料可以被理解,并以此来"讨论所要理解的时代的概念"是否适宜的问题。[1] 人们谈论 forum、burgum 和 civitas 时,讨论 wikbilde 或 bleek 时,或者讨论城市时,所讨论的是其早期的形式还是较小的形式?人们谈及 polis、regnum 或者 imperium 时,所谈论的全是国家吗?笔者认为,对于历史学家而言,这些问题的答案并不难。符合现实情况的"翻译"肯定是必要的,并且使用现代的概念是不可能予以避免的。然而,现代的概念不可能完全消解旧时的语词和名称以及在此基础上产生的事件概念,而是必须创造可能性,打通其与现代概念意义之间的联系,以此至少可以通向距我们非常遥远的历史的真实性。

(二)概念史

关于现代法律史方法的语词史方面,上文对其中的一些创新之处和难点作了较多的论述。在概念史方面,本文将简要地予以概述。在我们所熟悉的领域中,特别引人注意的是《历史的基本概念》辞典中确定的重要研究规划。

首先应予说明的是,本文并不依循《历史的基本概念》中所用的术语,特别是不使用其中对于语词和概念在语用学上新确立的区分。[2] 尽管笔者赞同该概念史辞典的奠基者的观点:这种思维模式只有进行一定的修改对于我们而言才是可适用的,但是为保证语言应用的统一性,这里再次以语言学上的"三角形"(语词—概念—事件)为基础进行论述。在此意义上,语词和概念(或者名称和意义)经常几乎不会分离开来。这里再次令人想起中世纪晚期"农民"的

---

[1] 参见汉斯·格奥尔格·伽达默尔:《真理与方法》(1965年第2版),特别是第374~375页。

[2] 参见 R. 科泽勒克(R. Koselleck),载《历史的基本概念》第1卷(1972年版),序言第XXⅡ – XXⅢ页。

概念,这个概念根本就是现在的名称获得了一种新的意义。耕种田地之人在那时之前不仅没有特定的名称,而且也没有被定义。对于我们而言,概念和事件处于一种特殊的关系之中。事件不是站在耕犁后面的人,不是一次秘密的谋杀,也不是城墙里和钟楼下人口稠密的居住区,而是社会现实的结构要素中作为概念化的现象的农民、谋杀和城市,这是法律史要研究的内容。法律史学者的研究主题不是概念与事件的分立,而是它们之间的相互关系,因此,相较于事件史,他们更倾向于研究概念史。

对于该概念史辞典,这里想提出两个方面的意见。一是在笔者看来,应更多地关注概念与事件之间的关系。二是似乎强调发展的线索,但它有时退回到概念与事件之间联系的特殊结构上。而这些恰恰是法律史学者特别关注的方面。[1]

(三)社会史

现在,本文转向第三个方面——现代法律史研究的社会史方面。[2]

在具体的历史法律概念中,始终不可避免地要涉及社会现实的一部分内容,但是依前文所述,本文不再进行过多的阐释。只有在这些概念的具体结构形态中,它们才成为法律史研究的对象。对于之前多次引用的例子,这里再引用最后一次:对于作为中世纪的一个阶层的农民,法律史可以用相应的法律特征来对其加以认识和理

---

[1] 类似的研究方向,参见 H. K. 舒尔策:《中世纪研究及其概念史》,载《H. 博伊曼纪念文集》(1977年版),第388~405页。

[2] 这方面的研究,参见卡尔·克罗施尔:《德意志法律史》第1卷(1972年版,1982年第5版),第208页及以下;P. 兰道:《法律史与社会学》,载《社会史和经济史季刊》第61期(1974年),第145~164页;D. 格林:《法学与历史》,载 D. 格林编:《法学与相邻学科》第2卷(1976年版),第9~34页;U. 沃尔特:《法学、历史与社会学》,载《历史研究杂志》第5期(1978年),第61~69页。关于法律史研究中的社会史问题,一系列富有教益的典型范例,参见 G. 迪尔歇尔、N. 霍恩(H. Horn)编:《法学研究中的社会学Ⅳ:法律史》(1978年版)。

解。考古学从耕地遗址、木制犁具和其他地下出土文物所能得知的，只能是曾经进行过耕作的事实。

法律上所研究的社会现象是相对长时间的形成物，用另一个语词来表达就是：结构。[1] 在结构主义大行其道的浪潮逐渐退去之后，人们现在可以再次无偏见地使用这个语词。它能较早地就在法律史中占有一席之地，这并非偶然。笔者后来发现，在20年前，本人就在教授资格论文中以很大的篇幅讨论了结构和结构模型[2]，当然，当时并非只有笔者对此进行了研究。总的来看，法律史中的社会史研究更多的是结构史研究，而非发展史研究。

然而，作为法律上所研究的社会结构的历史，法律史不久之后感觉自己再次受到现实性的法对于其脱离实证法的批评。事实上，法律史中的结构史不同于卡尔·博斯尔在其众所周知的著作《公元800年的法兰克人》（1959年版）中所进行的对于"一个国王行省的结构分析"。[3] 在宪法史的规划纲领的意义上，这里应论述的是现实性而非法律——这是一个法律史不能予以内在化的目标。尽管如此，在笔者看来，针对现在的法律史所进行的实证主义的批评是不能成立的。这里以笔者自己研究领域中的两个例子加以说明。

第一个例子：在20多年前，笔者进行过"地区法"（Weichbild）的研究。在纯粹的法律技术的意义上，这个语词无疑是一个法律语词，因此，这个概念是一个法律概念。这个概念所蕴含的意思是，这

---

[1] 对于这个概念，笔者更倾向于P. 兰道所使用的"类型"的概念，参见P. 兰道：《法律史与社会学》，载《社会史和经济史季刊》第61期（1974年），第154页；G. 迪尔歇尔、N. 霍恩编：《法学研究中的社会学Ⅳ：法律史》（1978年版），第90页。关于结构和类型的之间关系，参见F. 格劳斯：《结构与历史》（1971年版），特别是第13页及以下。

[2] 参见卡尔·克罗施尔：《地区法：威斯特伐利亚中世纪乡镇的结构与形成研究》（1960年版），第25～26、108页及以下。

[3] 参见卡尔·博斯尔：《公元800年的法兰克人：一个国王行省的结构分析》（1959年版）。

里的"地区"不同于农民的聚居区,而是由拥有地产的自由人所组成的共同体(一个聚居区),这个区域是一个被解放出来的地区。[1]这些特征让我们想起中世纪的城市,但是这里讨论的恰恰不是城市,而是具有前后连续性的"地区法"。地区法的具体形成状况——由瓜分了其领主主庭院的一个教会领主所创建,仿照教区教堂而建(连同加固和改建教堂墓地),由此形成了具有这些特征的封闭的居住区——在笔者看来是无疑义的:对于使用"地区法"这个语词的地区,其产生地区只有威斯特伐利亚地区的明斯特(Münster)和奥斯纳布吕克(Osnabrück)周边,这些地区以其特殊的农业和聚居区发展历史的现实条件而进入研究的视野。[2]

第二个例子是中世纪晚期的黑森(Hessen)及其邻近地区的土地垦殖法律,自由民出租土地的权利是受到限制的,其所出租的土地明显是经过重新测量而形成的大面积的胡符(Hufen)*土地,并且这种权利经常被扩展成为部分耕种权,租种的农民不需要上交固定的租金,但是必须上交1/3或者一半的收益。[3] 在整个结构中,此时的自由民出租土地的权利根本不用于中世纪盛期垦殖聚居区的自由民的权利,那时自由民的土地具有可继承性、可分性以及收取固定租金的特征。在历史现实中,这种权利所赖以产生的土地的地理位置非

---

[1] 参见卡尔·克罗施尔:《地区法:威斯特伐利亚中世纪乡镇的结构与形成研究》(1960年版),第38页及以下。关于"地区法"在不同意义上的细微差别,参见第108页及以下关于地区法"结构模式"的总结概括。

[2] 参见卡尔·克罗施尔:《地区法:威斯特伐利亚中世纪乡镇的结构与形成研究》(1960年版),第193~262页。"法律上的结构产物在其社会'环境'中的牢固关系及这种关系的确定性在此是显而易见的。也就是说,制度不仅仅来源于其他制度,也并非完全受到经济发展过程的局限"(第25页),这是笔者写作这本《地区法》的目的。

* 胡符(Hufe)是当时德国农户占有土地的计量单位,大小因地而异,约合七至十五公顷。——译注

[3] 参见卡尔·克罗施尔:《卡塞尔地区的森林法和土地垦殖法》,载《黑森地区史年鉴》第4卷(1954年),第117~154页。

常重要。它所产生的时期不是居住区不断扩大的时期,而是中世纪晚期因地多人少而出现荒村的时期,这个时期的庄园主成为地租庄园主,其收益的增多系于农民所耕种土地产量的增加。[1]

对于法律史学者或者历史学者而言,上述论述可能会产生两种结果:或者是对此毫无兴趣,或者是对此争论不休。[2] 在聚居区和农业的发展历史方面,这得到了证实[3],本文在这里不是想以此来证明其正确性,而仅仅是想以此来证明,法律史可以成为有助于认识过去时代的社会和经济现实的法律史。

我们从语词史、概念史和结构史的角度对法律史的方法问题所进行的论述不可避免地会导致产生如下问题:在历史的社会结构中,法律究竟是以何种方式在场的。这个问题突破了方法论的视野,同时法律史也要面对自己的立场问题。何为法律?面对法律的历史,法律史所能做的到底是什么?这是一个很难回答的问题——然而,幸运的是,这个问题并不像关于历史的客体问题那么难回答!

四、法律史中的法律概念

几乎毫无疑问的是,现代"规范性的"法律概念是法律史研究需面对的一个重要问题。虽然法律史的批评者批评法律史不能坦率地直面社会现实,但是这些批评者本身也不得不面对这种"规范性的"法律概念问题。他们将法律理解为一种规范结构,而他们高度重视的现实性仅仅在两个方面发挥作用:一方面是提出法律的规则

---

[1] 参见卡尔·克罗施尔:《卡塞尔地区的森林法和土地垦殖法》,载《黑森地区史年鉴》第4卷(1954年),第147页及以下。

[2] 这方面的一个例证首先是关于本人所著的《地区法》一书的诸多书评,在此不一一引用。

[3] 关于地区法,参见H. 耶格尔(H. Jäger)的书评,载《德意志地区文献通讯》第37期(1967年),第147页及以下;关于土地垦殖法,参见I. 博格(I. Bog):《中世纪的黑森土地垦殖法》,载《百年变迁中的经济与社会结构:W. 阿贝尔(W. Abel)纪念文集》(1974年版),第66~76页。

问题;另一方面是形成其适用领域。[1] 因而,很长时间以来,对于法律史而言存在的一个问题,这样一种规范性的规则到底是否有其自己的历史。人们经常援引的法的"历史意义"最终所表明的通常仅仅是其社会效果领域的可变性。[2]

引人关注的是,这种对法律的理解如何经受得住对立学派对其本质的强烈质疑。萨维尼曾写道:"从一个特殊的方面来看,法律不是此在(Dasein),其本质毋宁是人的存在本身。"[3] 众所周知,卡尔·马克思曾激烈地反对历史法学派,但是他令人惊讶地分享了上述观点。他最初在1845~1846年所著的《德意志意识形态》中强调,所有的意识现象都是由生产关系所决定的:"不是意识决定存在,而是存在决定意识。"因此,语言、法律、道德或者宗教只是"人的大脑中的幻象",只是意识形态,充其量是独立的表面现象。"它们没有历史,没有发展,而是发展出物质生产和物质交往的人类通过这种现实改变了他们的思想和思想的产物。"[4] 在一些新近出版的文献中,有论者提出了几乎与这种观点相对立的观点。例如,像弗朗茨·维亚克尔这样十分杰出的法律史学者不认为法律设施具有历史的特性,他的结论是:"它们本身像自然法或者逻辑原理一样很少有自己的历史……它们的发展实际上仅是意识上的转变以及历史

---

[1] 参见 D. 格林:《法学与历史》,载 D. 格林编:《法学与相邻学科》第 2 卷(1976 年版),特别是第 22 页及以下。

[2] 参见卡尔·克罗施尔:《德意志早期法中的家族及其统治》(1968 年版),第 58 页。

[3] F. C. 冯·萨维尼:《论我们时代的立法和法学的使命》(1814 年版),第 30 页。

[4] 参见卡尔·马克思、弗里德里希·恩格斯的著作第 3 卷(1958 年版),第 26~27 页。在《德意志意识形态》的另一处,作者写道:"不应忘记的是,法律与宗教一样,其历史同样很少。"(第 60 页)一个旁注中也有类似的表述:"不存在政治的历史、法律的历史、科学的历史等等,也不存在艺术的历史、宗教的历史等等。"(第 539 页)相关阐释,参见 P. 兰道:《卡尔·马克思与法律史》,载《法律史杂志》第 41 期(1973 年),第 361~371 页。

上的法律共同体的信念和行为准则的变化。"[1]

这些观点是令人惊讶的,它们完全怀疑法的历史意义,根据主流的"规范性"的法律概念,这些观点是不正确的。[2] 与此相对的观点是,中世纪的法律史,特别是早期的德意志法律史必须接受另一种法律概念,这种法律概念存在于古代时期并且具有一种完全不同的结构。

这首先让我们想起新近法律史研究中的两项重要成果。格哈德·克布勒的研究已经确证,中世纪的法律概念在结构上不同于现代的法律概念(因而也不同于古典时期的罗马法上的法律概念)。虽然古罗马的"法"(ius)与现代的"法"(Recht)在术语上可以将主观法和客观权利的观念相互联系起来,但是在中世纪,拉丁语中的 ius 和 lex 以及德语中的 reht 和 êwa 分别属于不同的观念领域,正如今天英语中的 right 与 law 之间的区别。[3] 此外,克布勒指出,看似非常古老的"古代良法"的观念并非源于日耳曼的法律思想,而是受到习惯法里中世纪的罗马法学说的影响。[4]

关于古代德意志法的研究,或许有相当一部分研究——比较尖锐地讲——不具有规范性的特征。至少这里——从程序规则的方面来看——不存在普遍适用的规范,也不存在不成文的法律规则。在今天的法学家看来,这种思维观念是陌生的,而威廉·埃贝尔

---

[1] F. 维亚克尔:《近代私法史》(1967年第2版),第17页注释14;F. 维亚克尔:《关于法律史的方法》,载《弗里茨·施温德纪念文集》(1978年版),第355~375页,特别是第372页及注释36。

[2] 在笔者看来,维亚克尔的方法仅在法学思维形象的意义上对于法律原理和法律设施而言是正确的,对于其自身已经提供了一种历史—政治解释模式的制度或者类型概念而言,在类似的意义上也是如此。而对于上述讨论意义上的法律结构——通过这种法律结构可以理解历史上的社会生活现实,笔者坚持认为,它们有自己的历史。

[3] 参见格哈德·克布勒:《中世纪早期的法:对德意志语言地区中世纪早期法概念的起源与内容的考察》(1971年),特别是第107页及以下、第186页及以下。

[4] 参见格哈德·克布勒:《德意志地区习惯的早期继承》,载《历史年鉴》第89卷(1969年),第337页及以下。

(Wilhelm Ebel)、汉斯·鲁道夫·哈格曼(Hans Rudolf Hagemann)或者海因里希·德梅利乌斯(Heinrich Demlius)的研究则证明这种思维观念是可信的。[1] 如前所述,虽然法律行为规则的适用是长久不变的,例如,在契约形式中,这种规则的适用经常历经百年而不变,但是其规则的法律约束力总是仅存在于个案之中,并且对于现行法而言,不存在思维上的其他可能性。[2] 毫无疑问,法律史学者至今仍没有阐明这种论断的整体影响。[3] 对此,与法学理论、法社会学和人类学的密切合作是必不可少的。

无论如何,法律史要想准确地理解自己的任务和使命,就必须致力于研究一种新的——或许是变化了的,或许是扩展了的——法律概念,并将其作为真正的研究对象。对于宪法史也是如此。对于具有不同于法律史特性的宪法史而言,在笔者看来,关于其宪法概念的问题是根本性的。试图对这个问题作出回答,自然不是本文的目的;这个问题应由对此感兴趣的宪法史学者来回答。

---

[1] 威廉·埃贝尔:《中世纪的债务契据中"为了我和我的继承人"的表达形式》,载《法律史杂志:日耳曼法分卷》第84期(1967年),第236~274页;汉斯·鲁道夫·哈格曼:《仆役违反法律》,载《法律史杂志:日耳曼法分卷》第87期(1970年),第114~189页;海因里希·德梅利乌斯:《中世纪晚期维也纳的婚姻财产权》,载《奥地利科学院会议报告》,哲学历史类,第265册,第4篇论文(1971年)。

[2] 对于非成文的但是普遍适用的法律规范的意义上的习惯法,这里不予讨论。笔者曾建议,这里应称为"法习惯"。参见卡尔·克罗施尔:《德意志法律史》第2卷(1973年版,1981年第4版),第84页及以下。

[3] G. 古迪安通过对因格尔海姆(Ingelheimer)的判决进行分析(G. 古迪安:《15世纪因格尔海姆的法律》(1968年版)(第3页)后所产生的印象是,这些60余年中的判决在内容上前后一致,合乎逻辑,在这种情形下就不与上述所述产生矛盾。至于人们是否可以就此得出当时的法官已经在案件判决中运用非成文规则的结论,在笔者看来,这种结论对于实体法而言是有争议的。

教育部文科重点研究基地·中国政法大学法律史学研究院《中华法系》约稿启事（修订版）

《中华法系》由教育部文科重点研究基地·中国政法大学法律史学研究院主办，为我国面向国内外发行的专门研究中华法系及相关问题的学术性连续出版物。本着"弘扬中华法律文化，探讨现代中国法治；比较中外法律传统，构建新型中华法系"的目的，坚持"坚持学术自由，鼓励学术创新；守护学术经典，培育学术新人"的宗旨，致力在法律制度、法律思想、法律人物、法律文化、法律作品等方面向社会贡献出优秀的研究成果，推动社会主义法治建设。现面向国内外广大作者诚挚约稿，具体栏目设置如下：

一、学术研究

关于中国传统法律、中国近现代法律、中外法律比较等方面的学术论文。特别注意发掘中国古代优秀法律传统、分析中国近代法律发展在理论与实践方面的经验与教训。

二、学术聚焦

结合学术界的学术热点以及社会关注的法律学术问题，聚焦注目，邀请相关学者进行多视角探讨，对于热点问题进行学理分析和文化解读。

三、法治人物

介绍、分析在中国历史上有重要影响的法治人物，包括在法律思想、法律学术方面提出过重要观点，在国家法治进程中发挥重要作用的法律人物。

四、经典案例

介绍、分析国内外经典案例。通过经典案例分析，探讨法律发展的实证轨迹，展示法律发展的多元图景。

五、学术新人

本着培育学术新人的宗旨，为法律史学的年青学者（包括青年教师、在读法律史专业博士研究生、硕士研究生）提供专门园地，发表其研究成果。

六、学术动态

介绍法律史学著作和相关作品、法律史学界的著名学者、法律史学重要的学术活动、法律史学研究机构等。

投 稿 须 知

一、来稿必须为原创作品，未经其他书籍、报刊、网站等媒体以整体或部分的形式公开发表。请勿一稿多投，来稿应注明专投本出版物，坚决反对抄袭、剽窃等一切学术不端行为。

二、稿件格式请参阅本出版物文章的体例。文章首页请标明题目、内容摘要（200~300字左右）、关键词（3~5个），以及作者的基本信息，包括作者姓名、工作单位、职务职称、联系地址、电话、邮编和电子信箱等内容。

三、对决定采用的稿件，编辑部有权更改格式、润饰文字。如有必要，将请作者根据审读意见进行修改。

四、本出版物收到来稿后，将尽快审读处理，采用与否，均在3个月内告知作者。

五、来稿应采用Word文档格式，页码自首页按顺序编排。注释采用页下脚注，格式请参照本出版物体例。

稿件的电子文本请以附件形式发到电子信箱：lawchen1978@163.com；也可同时邮寄文字稿（A4纸打印），邮寄地址：100088　北京西土城路25号中国政法大学法律史学研究院《中华法系》编辑部收。

六、从本卷开始（第四卷），本出版物对于除中国政法大学法律史学研究院研究人员以外的来稿，按照50元/千字支付稿酬。具体支付方法，由本出版物编辑部与出版单位协商后通知作者。

格 式 体 例

一、内容提要和关键词

请在来稿首页的题目、姓名下面列出文章的内容提要和关键词。内容提要一般不应超过 300 字,但也不宜过短,关键词 2~5 个。

二、正文格式

1. 小标题及子目序列方式　正文小标题以及不同部分的子目可依照如下顺序标列:一,(一),1,(1),a,(a)等。

2. 引文　出现在正文和注释之中的引文,加双引号"",引文之中的引文加单引号''。引文的注释序号加在引号之外;如果引文是完整的句子或段落,应在句子或段落的结尾加上句号或问号等,再加引号和注释序号。

3. 附加说明　正文和注释中涉及外文人名、地名、著作、短语和专用术语等,一般应以通行的译法译成中文,为准确和便于查证起见,必要时可在中文之后以圆括号加上原文。

4. 注释

(1) 本出版物采用页下注(脚注),每页依序重新编号。

(2) 中文文献的注释:

A. 中文著作各个类项的标注次序为:著者／编者,书名,出版社及版次,页码。

B. 中文译著各个类项的次序为:(可以[ ]标明著者国别)著者,书名,译者,出版社及版次,页码。

C. 中文文章的注释:

如果引用刊物上的文章,各类项次序为:作者,文章题目(加双引号),刊物名称及期号,页码。

若为报纸上的文章,则在作者、文章题目后注明报纸的名称和日期。

如果引用文集中的文章,则次序为:作者,文章题目(加双引号),文集编者名称,文集(书)名,出版社及版次,页码。

D. 研讨会论文,则格式为:作者,论文题目(加双引号),研讨会名称(加双引号)论文,地点,时间。

E.学位论文　其格式为:作者,论文题目(加双引号),发表地点:学校(名称)博(硕)士论文,年份,页码。

(3)外文文献的注释:

A.注释外文著作,各个类项的标注次序为:著者／编者,书名(斜体),出版社及版次,页码。外文作者名字一律以名前姓后的顺序书写。

B.外文文章的注释　文集中的文章,其各类项次序为:作者,文章标题(加双引号),文集编者,文集名称(斜体),出版社,版次,页码。

出版物上的文章,则各类项次序为:作者,文章标题(加双引号),出版物名称(斜体),期号,页码。报纸上的文章,则标注作者、文章标题(加双引号)、报纸名称(斜体)、时间即可。

(4)互联网资料　如实有必要,可以使用互联网资料,标注时著作者、文献名称等类项同上述相应体例,同时注明详细的互联网网址和登录的具体时间。

(5)重复引用　在同一篇文章中,如重复引用同一文献,则标注格式如下:

A.连续引用。中文文献,标注为:同上(书),第×页。外文文献,则标注为:Ibid., p.×。

B.非连续引用同一文献,不论中外文,皆只需注明著作者、文献名和页码。

5.图表　图示和表格应该分开,如图1,图2,…… 表1,表2,……。如果图表系出自其他书刊,应在图表下方说明其出处。也可以给图表附加说明。

6.数字　原则上,准确的数目字都应以阿拉伯数字表示,如年代、数量、年龄等,但在某些特定情况下,也应遵循汉语数量词的惯用法。

三、参考文献

作者根据来稿的情况,可以列出参考文献(不包括注释中已经出现的文献),但本连续出版物一般在所收录的文章后面不另开列"参考文献"。

中国政法大学法律史学研究院

《中华法系》编辑部